中国社会科学院学部委员专题文集
ZHONGGUOSHEHUIKEXUEYUAN XUEBUWEIYUAN ZHUANTI WENJI

吠陀经和奥义书

巫白慧◎著

中国社会科学出版社

图书在版编目(CIP)数据

吠陀经和奥义书/巫白慧著.—北京:中国社会科学出版社,2015.2(2023.4重印)

(中国社会科学院学部委员专题文集)

ISBN 978-7-5161-4374-2

Ⅰ.①吠… Ⅱ.①巫… Ⅲ.①印度教—文集
Ⅳ.①B982-53

中国版本图书馆CIP数据核字(2014)第126243号

出 版 人 赵剑英
责任编辑 冯春凤
责任校对 韩天炜
责任印制 戴 宽

出 版 中国社会科学出版社
社 址 北京鼓楼西大街甲158号
邮 编 100720
网 址 http://www.csspw.cn
发 行 部 010-84083685
门 市 部 010-84029450
经 销 新华书店及其他书店

印刷装订 北京君升印刷有限公司
版 次 2015年2月第1版
印 次 2023年4月第6次印刷

开 本 710×1000 1/16
印 张 27.75
插 页 2
字 数 436千字
定 价 88.00元

《中国社会科学院学部委员专题文集》
编辑委员会

主　任　谢伏瞻

委　员　（按姓氏笔画排序）

马　援　王　巍　李　扬　李培林

卓新平　周　弘　赵剑英　郝时远

高培勇　朝戈金　谢伏瞻　蔡　昉

统　筹　郝时远

编　务　李　沫　黄海燕

前　言

哲学社会科学是人们认识世界、改造世界的重要工具，是推动历史发展和社会进步的重要力量。哲学社会科学的研究能力和成果是综合国力的重要组成部分。在全面建设小康社会、开创中国特色社会主义事业新局面、实现中华民族伟大复兴的历史进程中，哲学社会科学具有不可替代的作用。繁荣发展哲学社会科学事关党和国家事业发展的全局，对建设和形成有中国特色、中国风格、中国气派的哲学社会科学事业，具有重大的现实意义和深远的历史意义。

中国社会科学院在贯彻落实党中央《关于进一步繁荣发展哲学社会科学的意见》的进程中，根据党中央关于把中国社会科学院建设成为马克思主义的坚强阵地、中国哲学社会科学最高殿堂、党中央和国务院重要的思想库和智囊团的职能定位，努力推进学术研究制度、科研管理体制的改革和创新，2006 年建立的中国社会科学院学部即是践行“三个定位”、改革创新的产物。

中国社会科学院学部是一项学术制度，是在中国社会科学院党组领导下依据《中国社会科学院学部章程》运行的高端学术组织，常设领导机构为学部主席团，设立文哲、历史、经济、国际研究、社会政法、马克思主义研究学部。学部委员是中国社会科学院的最高学术称号，为终生荣誉。2010 年中国社会科学院学部主席团主持进行了学部委员增选、荣誉学部委员增补，现有学部委员 57 名（含已故）、荣誉学部委员 133 名（含已故），均为中国社会科学院学养深厚、贡献突出、成就卓著的学者。编辑出版《中国社会科学院学部委员专题文集》，即是从一个侧面展示这些学者治学之道的重要举措。

《中国社会科学院学部委员专题文集》（下称《专题文集》），是中国社会科学院学部主席团主持编辑的学术论著汇集，作者均为中国社会科学院学部委员、荣誉学部委员，内容集中反映学部委员、荣誉学部委员在相关学科、专业方向中的专题性研究成果。《专题文集》体现了著作者在科学研究实践中长期关注的某一专业方向或研究主题，历时动态地展现了著作者在这一专题中不断深化的研究路径和学术心得，从中不难体味治学道路之铢积寸累、循序渐进、与时俱进、未有穷期的孜孜以求，感知学问有道之修养理论、注重实证、坚持真理、服务社会的学者责任。

2011 年，中国社会科学院启动了哲学社会科学创新工程，中国社会科学院学部作为实施创新工程的重要学术平台，需要在聚集高端人才、发挥精英才智、推出优质成果、引领学术风尚等方面起到强化创新意识、激发创新动力、推进创新实践的作用。因此，中国社会科学院学部主席团编辑出版这套《专题文集》，不仅在于展示“过去”，更重要的是面对现实和展望未来。

这套《专题文集》列为中国社会科学院创新工程学术出版资助项目，体现了中国社会科学院对学部工作的高度重视和对这套《专题文集》给予的学术评价。在这套《专题文集》付梓之际，我们感谢各位学部委员、荣誉学部委员对《专题文集》征集给予的支持，感谢学部工作局及相关同志为此所做的组织协调工作，特别要感谢中国社会科学出版社为这套《专题文集》的面世做出的努力。

《中国社会科学院学部委员专题文集》编辑委员会

2012 年 8 月

目 录

自序 哲学探玄 …… (1)

《梨俱吠陀》节选

译者导论 …… (3)
天父—地母神 (Dyāvā – Pṛthivī) …… (26)
婆楼那(Varuṇa,包拥神) …… (30)
苏利耶(Sūrya,太阳神) …… (35)
乌莎(Uṣas,黎明女神) …… (39)
毗湿奴(Viṣṇu,遍入天) …… (45)
因陀罗(Indra,雷电神) …… (49)
摩鲁特(Maruts,风暴神队) …… (63)
伐陀—伐尤(Vāta – Vāyu,风神) …… (71)
祷主神(毕利诃斯主,Bṛhaspati) …… (74)
阎摩(Yama,阎罗) …… (82)
苏摩(Soma,苏摩树神) …… (87)
阿耆尼(Agni,火、火神) …… (97)
序 …… (107)
《原人歌》(Puruṣa) …… (115)
《因陀罗赞》(Indra) …… (122)
《婆楼那赞》(Varuṇa,包拥神) …… (125)
《创世主赞》(Viśvakarman) …… (130)
《阎摩赞》(Yama) …… (134)
《幻分别颂》(Māyābheda) …… (137)

《万神赞》(Viśvadevas)(一) …………………………………… (140)
《意神赞》(Manas) ………………………………………………… (145)

印度唯物论思想探源 …………………………………………………… (149)
印度古代辩证思维 ……………………………………………………… (163)
原人奥义探释 …………………………………………………………… (176)
《梨俱吠陀》梵文美学诗选 ……………………………………………… (198)
吠陀轮回说探源 ………………………………………………………… (219)
古代和中世纪印度自然哲学 …………………………………………… (244)
吠檀多——吠陀的总结 ………………………………………………… (273)
印度吠檀多主义哲学 …………………………………………………… (281)
《奥义书》及其唯物论哲学 ……………………………………………… (307)
奥义书的禅理 …………………………………………………………… (319)
奥义书的禅理(下篇) …………………………………………………… (331)
印度哲学中的场有思想 ………………………………………………… (338)
奥义书哲学和佛教 ……………………………………………………… (351)
摩耶(幻)的奥义 ………………………………………………………… (367)
译序 ……………………………………………………………………… (381)
文殊菩萨与梵本《金刚针论》 …………………………………………… (396)
大乘二十颂论(梵汉对照) ……………………………………………… (403)
梵本《因明入正理论》
——因三相的梵语原文和玄奘的汉译 ………………………… (411)

术语表(中文与梵文对照) ……………………………………………… (426)

自序　哲学探玄

本文集是我遵循恩格斯关于《吠陀经》的科学论述，从事印度传统哲学研究过程中的一个阶段性小结、一些吠陀梵典新知的收获。

《吠陀经》是印度传统哲学史的第一页，记录着为吠陀早期仙人智者所首先提出的印度哲理中的核心理想概念——puruṣa（原人之神）、manas（识、意、心、灵魂）、māyā（幻、空、假）、sat - asat（存在—非存在、有—无对立）。《奥义书》继承《吠陀经》哲学，对原人原理加以发展、深化，创立原人即梵（brahman）、即我（ātman）、即幻（māyā）三位一体的新奥义哲学理论。正是《奥义书》这一超验性的微妙哲理，恰好成为婆罗门教繁荣鼎盛时期的主流哲学，同时也是影响一批新哲学流派形成的思想源泉。

这批新生哲学流派，随着婆罗门教持续传播，吸收徒众，逐渐分成甲、乙两批。甲批称作“正统”哲学流派，由六个哲学派别组成；它们是数论、瑜伽论、正理论、胜论、业弥曼差论、智弥曼差论。乙批称作“非正统”哲学流派，有四个哲学派别加入。它们是：佛教哲学、耆那教哲学、顺世论、外道六师。

“正统”与“非正统”是印度传统宗教哲学流派特有的标签。其缘起，似是基于两个哲学常识的问答。其一，是否承认《吠陀经》神圣权威？其二，是否承认神（原人、梵天）是创世主、是永恒的存在？讨论这两个问题的回答是：凡持肯定态度的论述，属于“正统”哲学理论范畴；凡持否定态度的论述，则归“非正统”哲学理论范畴。

这样的问答讨论，显然只是要说明“正统”与“非正统”这两个标签的外延范围；而二者的内涵却是两则超验性的绝妙奥义的储存秘藏——藏着印度人世界观中的两个根本观点：“永恒的观点”（常见、Śaśvatadṛṣṭi）和“断灭的观点”（断见、Uccheddṛṣṭi）。

如果把这两个观点放在哲学发展史范畴内来观察，便即发现这两个观点就是传统印度哲学史的两条发展基线。正统哲学或非正统哲学不是沿着常见路线发展，构建对“永恒精神实在”肯定的理论；便是沿着断见路线发展，构建对“永恒精神实在”否定的理论。换句话说，正统哲学或非正统哲学不是以常见为它的思想基础，便是以断见为它的思想基础。以上就是一元论哲学发展的路线图；后者也同样适用于二元论哲学。[①]

如上，是《吠陀经》《奥义书》主要的核心哲理，同时也正是印度古仙人、神学家和哲学家在印度哲学史初期徘徊在唯心论与唯物论之间的思想形态。

巫白慧

2012年10月20日

① 巫白慧：《原人奥义探释》，载《纪念中国社会科学院建院三十周年学术论文集》，方志出版社2007年版，第215—216页。

《梨俱吠陀》节选

译者导论

一切宗教都不过是支配着人们日常生活的外部力量在人们头脑中的幻想的反映，在这种反映中，人间的力量采取了超人间的力量的形式。在历史的初期，首先是自然力量获得了这样的反映，而在进一步的发展中，在不同的民族那里又经历了极为不同和极为复杂的人格化。根据比较神话学，这一最初的过程，至少就各印欧民族来看，可以一直追溯到它的起源——印度的吠陀经……①

——恩格斯

一 "吠陀经"释名

恩格斯说的"吠陀经"是梵语原文veda的音译。veda一词，我国古代佛经译师有各种各样的音译。大抵在唐玄奘（600—664）之前，多译作"韦陀、围陀、毗陀、皮陀"② 等；在玄奘之后，多译作"吠陀、吠驮、薜陀、鞞陀"③ 等。至于意译，按婆罗门教原义，veda意即"圣智、圣学、圣典"。佛家的译师通常译为"明、明论、明智"。这些译法表明，veda实际上就是"学科、学问"的意义。在后吠陀时期（约公元前数百年间），世间学问，综合起来看，共有几种？正统婆罗门学者历来看法不一。乔底利耶（Kautilya，或称"阇那迦"，Canakya，约公元前

① 《马克思恩格斯选集》第三卷，人民出版社1995年版，第667页。

② 分别见于《金光明最胜王经》慧沼疏五；《摩登伽经》上，《一切经音义》卷七十二，《金七十论》中。

③ 分别见于《大唐西域记》卷二；《南海寄归内法传》卷四，第34页。

3—前2世纪），在他的名著《利论》（Artha - śāstra）第一章中介绍三个学派的看法。一、摩奴学派（Mānavaḥ）认为，世间的主要学问不外是“三明”：（1）三吠陀（trayī）即《梨俱吠陀》、《娑摩吠陀》和《夜柔吠陀》；（2）经济学（varttā）；（3）政治学（dandāniti）。二、祷主学派（Bārhaspatyāḥ）认为，所谓“三吠陀”只不过是那些消极厌世者的手册而已，不应算作学问。因此，世间的学问不出“二明”，即经济学和政治学。三、金星学派（Auśanasāḥ）概括世间一切学问为“一明”，即政治学，因为一切学问都与政治密切联系着，立“一明”足已，无须另立他明。三派中，第一派的观点无疑是正统婆罗门的观点；第二派的观点似有实用主义成分，比较切合实际而全面；第三派的看法，忽视经济基础，空喊“政治就是一切”，似有“偏颇”之嫌。乔底利耶本人主张，世间的主要学问应该是“四明”，即（1）逻辑学（推理之学）；（2）三吠陀学；（3）经济学；（4）政治学。他解释说，逻辑是研究推理、判断是非的学问，它包括数论（Sāṁkhya）、瑜伽论（Yoga）和顺世论（Lokayatika）的学说。三吠陀是（婆罗门教）圣典，教人知“法”（dharma）。法者，即正义与道德。故用三吠陀来识别法与非法的事情，从而在行动上拥护法，反对非法。经济是理财的学问，教人经营工、农、商事业，为社会和个人创造和积聚物质财富，并处理好与财富有关或无关的事情。政治是统治学，教人如何制定治理国家的战略和策略，在外交上区分强者和弱者，妥善处理国与国的关系。乔底利耶原是孔雀王朝（Maurya - kingdom，315B. C.）的创建者月护王（Candragupta，322B. C.）的开国功臣。[①] 他对世间学问的看法典型的是一位注重实用的封建王朝政治家的观点。值得注意的是，他也讲“四明”，但在他的“四明”次序的排列中，他把推理逻辑放在首位，而把吠陀圣典放在第二位。这至少反映他有如下两点基本看法：第一点，他在形而上学上比较重视理性主义，不是婆罗门反理性主义传统的盲目支持者；第二点，推理逻辑是当时盛行的辩论术，他赞成在宗教哲学界中自由讨论，百家争鸣。他为此写了一首颂诗，对推理逻辑，赞扬备至。颂曰：

① 乔底利耶辅佐月护王战败希腊在旁遮普地区的代理人塞留古（Seleucus），推翻腐败的难陀王朝（Nnd - vamśa），建立新的孔雀王朝（Mauriya - vamśa）。

"一切学问之明灯，成就众事之方便，一切达磨（dharmas）之依据，推理之学恒如此。"

略晚于《利论》的《摩奴法典》① 总结世间学问为"五明"，即在四明之外，又加一明，"我明"（心灵修养学）。五明中，三吠陀学、政治学、经济学、逻辑学四者称为"外明"；我明，则称为"内明"。外明，意即有关客观世界的学问；内明，意即有关主观世界的学问。随后，又有婆罗门教学者将五明扩展为十四明、十八明、② 三十二明。③

公元初，佛教在宗教—哲学方面受到婆罗门教的影响和所谓外道学说的冲击，产生了本教意识形态领域里的"造反派"——大乘论者。他们批判佛教小乘的厌世观点，摆脱僵死戒条的缚束，深入社会，接近群众。他们以婆罗门教学者为榜样，研究一切经验的和超验的学问——四明、五明、十四明、十八明、三十二明等等，无所不学。他们也总结出一套关于学问的看法：世间一切学问不出"五明"，即：声明、工巧明、医方明、因明、内明。④ 窥基（632—682）在他的《因明入正理论疏》卷首引《菩萨地持经》说，"菩萨求法，当于何求？当于一切五明处求……"菩萨（Bodhisattva），即大乘佛教导师。菩萨的"法"即是五明。故作为菩萨，必须研究五明，博学强记。对于佛家五明的解释，我国古代佛教徒，时有望文生义，随意附会，产生误解。然而，公认为正确的诠释者，彼乃玄奘法师。法师在《大唐西域记》（卷二）说："……一曰声明，释诂训字，诠目疏别。二曰工巧明，伎术机关，阴阳历数。三曰医方明，禁咒闲邪，药石针艾。四曰因明，考定正邪，研核真伪。五曰内明，究畅五乘因果妙理。"佛教五明之名无疑是婆罗门教五明的借用，但在内容上，除了因明一项外，其余四明佛教和婆罗门教不一样。（婆罗门教的五明，同前文窥

---

① 约在公元前 2 世纪，出现多种有关婆罗门教伦理法规的专书，其中《摩奴法典》（Manava - Dharma - śāstra，Ⅷ. 43）是最主要的一部。

② 十四明、十八明：参见《大智度论》卷 59 中；《百论疏》上之下。

③ 三十二明：参见宋法云编《翻译名义集》（第 216 项），即今荻原云来的《梵汉对译佛教辞典》（第 216 项）。

④ 大乘五明之说，散见于各种佛教大乘经论。无著的《大乘庄严经论》卷五和卷十，有较详细的说明。

基法师所引《菩萨地持经》中的五明）佛教的五明，即玄奘法师所列的五明；其中“五乘因果妙理”为内明，余下四明（声明、工巧明、医方明、因明）为外明。五乘者，谓佛乘（Buddha）、菩萨乘（Bodhisattva）、缘觉乘（Pratyeka－Buddha，独觉、辟支佛）、声闻乘（śravaka）、人天乘（Deva－manuṣya）。五乘，实即五类之人。他们并不是什么天外来客，而是这个现实世界中大脑高度发达的动物。他们之间的根本区别在于精神世界，即在精神境界上有五个级别。第一级，即最高级，是佛的精神境界，第二级是菩萨的精神境界，第三级是缘觉的精神境界，第四级是声闻的精神境界，第五级是天神与人类的精神境界。这五个级别的精神境界就是“五乘之果”；而在此之前，按大乘教义所做种种自利他利的功德善行和定慧兼修的瑜伽净行，便是“五乘之因”。这些就是所谓五乘因果妙理的大意。①

二 “吠陀经”本典

“吠陀经”本典是特指四吠陀本集而言：一、《梨俱吠陀本集》（Ṛgveda）；二、《娑摩吠陀本集》（Sāmaveda）；三、《夜柔吠陀本集》（Yajurveda）；四、《阿闼婆吠本集》（Atharveda）。四吠陀的传统汉译名称是：《歌咏明论》、《赞颂明论》、《祭祀明论》和《禳灾明论》。若就广义上说，吠陀经就是吠陀文献，涵盖一切与四吠陀有关的参考资料，其中重要的、必需的，则是解释四吠陀的梵书（Brāhmaṇa）、森林书（Āraṇyaka）、奥义书（Upaniṣads），以及经书（Sūtras）。此外，称为吠陀支（Vedānga）的六种学习吠陀经专用辅助学科，也十分重要。它们是：毗耶羯那论（Vyākaraṇa，语法学）、尼禄多论（Nirukta，语源学）、阐陀论（Chandas，音韵学）、式叉论（Śikṣa，语音学）、竖底沙论（Jy-

① 玄奘关于佛教五明的解释是很清楚的。他说五明中的“内明”就是指佛教大、小乘学说；“外明”就是指非佛教的世俗学说和外道学说。但在这一点上，玄奘的入室高足窥基却有不同的看法。窥基说：“因明论者，源唯佛说，文广义散，备在众经。”因明既是源出佛说，自然属于内明，不是外明。但事实是：因明不是出自佛说，而是出自婆罗门说。窥基这种“掠美”之言，如果不是出于宗教的偏见，便是对“外道”学说不够充分的了解。

otiṣa，天文学）、劫波论（Kalpa，仪轨学）。然而，应知四吠陀本集中以《梨俱吠陀》为最原始、最古雅、最完整，因而是四吠陀集的根本经典。其余三吠陀（《娑摩吠陀》、《夜柔吠陀》、《阿闼婆吠陀》）是它后出的派生作品，是对它的复述和发展；如果不是全部，至少也是部分地或大部分地如此。

《梨俱吠陀》(Ṛgaveda)。约在公元前2000年，雅利安（Āryas）游牧部落由印度西北狭窄小道入侵印度，到达印度河（Sindhu，Indus）两岸和五河[①]地带。定居下来后，雅利安诗人、歌者——婆罗门种姓的智者、仙人、祭司（ṛṣis），凭仗着他们天生的强记力，采用口头唱诵方式，创造出大量讴歌自然和幻想中有相自然神和无相抽象神的神话形式的诗歌；经过若干世纪后，编纂成集，一部伟大的集体创作的诗史式的神曲集，题曰：《梨俱吠陀本集》。这是记录上古印度文明最初的一部赍典。然而，这部赍典的外在书貌却涂着一层奇妙的神话彩漆。如果洗擦去这层神话彩漆，便立即发现它的实质内容是在朴素而浪漫的语言下，直观地反映当时社会矛盾和阶级斗争的一幅宏伟壮丽的画卷，广泛地涉及战争、政治、祭祀、巫术、种姓、习俗、神话、神学、文学、哲学、天文、地理等；可以说是一部上古印度的百科全书。[②]

《梨俱吠陀》的成书时期，是否有大致推定的上限和下限？关于这个问题，东西方印度学家各有不同的看法。他们，特别是西方著名的印度学家[③]，先后花了将近一个世纪的时间进行考证，仍未获得一致的结论。一般地说，《梨俱吠陀》成书时期的下限，约为公元前800年，这似乎没有大的异议。但是，对于它的上限，则分歧很大，始终没有取得共识。然而，约在20世纪中期，印度考古学界在一次具有重大历史意义的考古发

① 五河，即印度河在旁遮普地区的五条支河：1. 杰卢母河（Jhelum）；2. 切纳河（Chenai）；3. 拉维河（Ravi）；4. 比雅斯河（Beas）；5. 苏特列李河（Sutlej）。

② 从世界文学角度说，《梨俱吠陀》可以和我国的《诗经》、希腊的《奥德赛》和《伊利亚特》相媲美，而就分量与内容而言，则远远超过后三者。

③ 如：英国的马克都尼尔（A. A. Macdonell）、基思（A. B. Keith），德国的马斯穆勒（F. Max Muller）、温特尼茨（M. Wintarnitj）等。

掘中获得大量与古印度文明有关的出土文物。[①] 印度和欧洲印度学家有幸根据这一奇迹般的印度考古文物出土的发现进行缜密的研究，并推定《梨俱吠陀》的成书时期的上限约为公元前 2000 年。这一结论似被公认为比较合适。

《梨俱吠陀》全书 10 卷，包含神曲 1028 支。神曲的结构模式是：每支神曲由若干颂诗构成，按颂诗计算，共有 10600 首颂，平均一曲十颂。通常，一个颂包含 4 个诗行（4 句），少数有 3 行或 5 行的。诗行一般由 8 个、11 个或 12 个音节组成。一个颂的诗行照例格律一致，长短相同，但也有个别罕见的式是由长短不一的诗行混合写成。《梨俱吠陀》的诗律约有 15 种，常见的仅 7 种，而最通用的是其中 3 种，即：三赞律（Triṣṭubh，4 × 11 音节）、唱诵律（Gāyatri，3 × 7 音节）、大地律（Jagati，4 × 12 音节）。按这三种格律写成的颂几乎占全书的三分之二。《梨俱吠陀》的格律讲究音量节奏，交替使用长短音节，属于一类普通长短格或抑扬格。一个诗行中，只有最后 4 个或 5 个音节，是最严格规定的；11 音节和 12 音节诗行中间还有一个顿号。《梨俱吠陀》的诗律无疑是后吠陀的古典梵语（Classical Samskrt）诗律的基础，但在格律运用上，显得比较集中和自由，不像古典梵语那样复杂和严格。

《梨俱吠陀》10 卷的分卷法，传统通用的方法有两种。第一种，8 卷划分法：即将全书划分为 8 卷（aṣṭaka），每卷有 8 章（adhyāya），每章有若干组（varga），每组包括若干颂。第二种，10 卷划分法：即将全书划分为 10 卷（mandala），每卷有若干曲（sūkta），每曲含若干颂（mantra）。8 卷划分法中的“组”和 10 卷划分法中的“曲”，含义相同，彼此都是由

① 1922—1923 年，在印度信德省拉尔迦纳县（Larkana in Sindh）的摩罕卓达罗（Mohenjo - daro）山丘上的考古发掘中所得的出土文物，揭示埋藏在这里地下的古城遗址，可以推定它建于公元前 2700 年左右。稍后，又在旁遮普省（Punjab）蒙歌马利县（Montgomer）的诃罗波（Harappā）地方发掘出若干古代遗址，证实这个地区曾经存在过一种相当发达的文明。这一古老文明具有新石器时代和青铜器时代的特征。学者们根据这一重要的考古发现，立即将印度文明起源往前推算到公元前 3000 年左右，使印度和苏美尔（Sumer）、阿卡德（Akkad）、巴比伦、埃及和亚西利亚（Assyrla）同为人类文明的创始者。从考古发现来推论，印度可能有比雅利安更早的文明。但是，有具体史料记载的史前文明，目前只能算雅利安人带来的《梨俱吠陀》文明。近世印欧印度学家由此推定《梨俱吠陀》成书时期的上限约在公元前 2000 年，似较妥当。

若干颂诗组成，只是各自包含的颂诗数目不同而已。10 卷划分法，在使用上，似比 8 卷划分法更为方便，因而也比较通用。在使用 10 卷划分法时，一般只注“卷（mandala）、曲（sūkta）、颂（mantra）”的数目。例如，注：“RV. X. 1. 2”，意即：“《梨俱吠陀》第 10 卷、第 1 曲、第 2 颂”（注意：RV. 是Ṛgveda 的缩写，代表《梨俱吠陀》）。

我们已知《梨俱吠陀》是一部集体创作的、经历几个世纪才完成的诗歌巨著。显然，全书 10 卷不是在同一时期写成，而是各卷成书，先后有别。按公认的审定，全书10 卷中，第2 至7 卷，为比较古奥的部分，分属 6 个仙人作者：

第 2 卷：智最喜仙人（Gṛtsamāda），

第 3 卷：世友仙人（Viśvamitra），

第 4 卷：丽天仙人（Vamadeva），

第 5 卷：噬者仙人（Atri），

第 6 卷：持力仙人（Bharadvāja），

第 7 卷：最富（最胜）仙人（Vasiṣṭha）。

这 6 个仙人的名字实际上就是 6 个家庭的姓氏。比如说，第 2 卷的作者“智最喜”，即表示这一卷《梨俱吠陀》是“智最喜仙人”一家成员所写的。所以，这 6 卷《梨俱吠陀》是分属 6 个家族所创作的。其次：

第 8 卷（及第 1 卷第 1—50 曲）：甘婆族仙人（Kaṇva），

第 9 卷：诸家之作（苏摩净化颂专集 Soma – Pāvamāna），

第 10 卷：诸家之作（比前 9 卷晚出）。

10 卷《梨俱吠陀》神曲的歌颂对象是吠陀仙人、婆罗门祭司在他们奇妙的幻想中塑造出的两类艺术角色：一类是带神性的，另一类是非神性的。这两类艺术角色在印度文明的三维空间上似是两道永恒闪耀的星光，照亮着远古的雅利安人创作的《梨俱吠陀》，正是印度文明和印度神话最重要的、最原始的源头。

三 《梨俱吠陀》的创世神话

吠陀仙人、智者和神学家把《梨俱吠陀》的两类艺术角色（神性的、非神性的）完全放在以神话为主要内容的神曲形式上来表述。神话内容主要有两部分：一部分是关于宇宙三有的创造；另一部分是关于三有“居民”（神与人）的创造。

甲、关于宇宙三有的创造。

吠陀仙人、神学家和哲学家在他们对宇宙的直观观察和幼稚蠡测的过程中，执定宇宙万有中存在着人类无法认识的物质现象和无法抗拒的自然力量；而在这种人类无法抗拒的自然力量背后，似有一个看不见的暗中操纵者或制作者；他是无形相的、超验性似的，是不可思议力量的来源。他也许就是神秘的神，是宇宙的创造主。这里所说的宇宙，它的具体形式就是“天”与“地”。住顶仙人（Parameṣṭhi）在他写的神曲里说，“天—地”是神秘之神创造的。[①] 天，是光，在空间的大气层之上；地，是僵硬的物体，在空间的大气层之下，其状如圆碗，又如车轮，周边围以海洋；如是，天（div）、空（大气层，antarikṣa）、地（pṛthivī）三者合称为“宇宙三有”（tribhuvana）。[②] “三有”亦称“三界”（tridhātu）。[③] “天”与“地”原是上下分开，但借神的威力而自然地结合起来；二者的范围也是由神划定，宽广无边，没有界限。至于“天”距离“地”有多远，吠陀作者都没有提供具体的距离里数，因为从“地”登“天”的路上，或从“天”落“地”的路上都未见有“里程碑”的树立。他们只是泛泛地说，天地之间的距离，如此遥远渺茫，“即使长着飞翔双翼的鸟儿，也无法飞到毗湿奴大神（Viṣṇu）的仙居”[④]。其次，神曲里常有表示“天”或“地”的单数名词，改写为“天—地”合一的双数名词；或者改写为表示“天、空、地”三有（三界）的复数名词。例如，div（天，单数阳性名词），在变格中，它的主格是 dyaus；双数是 dyāvā（两个天、二重天界），但不表示“天—地”二者的合称。若 dyāvā 与 pṛthivī（地，单数阴性名

① RV. Ⅲ. 38. 2—3。

② RV. Ⅲ. 38. 2—3。

③ RV. IV. 5—6。《梨俱吠陀》的三界说，在稍晚的《阿闼婆吠陀》（AV. Ⅳ. 14, 3—4）增加了一个“光明界”，立宇宙四界说（四有说）。之后，出现六界说（三界各分为二）和九界说（三界各分为三）。后吠陀的奥义书、婆罗门教和佛教对吠陀的三界说又作了更新的、更复杂的发展。

④ 毗湿奴（Viṣṇu）的仙居是在三界的天界之上。

词）联合起来，组成一个复合形式“dyāvā－pṛthivī”，这便是一个表示“天—地”合称的双数名词（即神曲中常见的一个复合词）。此外，bhuvana（有界，中性单数名词），吠陀仙人喜欢使用它的复数形式bhuvanāni来表示“天、空、地”三有（三界）合称。有时候，这个复数名词还用来表示三有（三界）各有三重形式，即天，有三光天界；空，有三层气层；地，有三层地界或多层地界。不过，不要忘记，rodas[①]或rajas[②]都是中性单数，意即“天”。如果把这二词改写为复数形式：rodasī或rajasī，既可读作双数名词“天—地”二有（二界），也可读作复数名词“天、空、地”三有（三界）。

乙、关于三有居民（神与人）的创造。

吠陀仙人、神学家根据自己的观察和猜测，相信在宇宙万有的背后存在着神秘的创造者“神”，因而对自然力量，不可抗拒的和可以抵御的，进行了最广泛的神圣化、神格化和拟人化，塑造出多如恒沙的自然神众（有相的和无相的），并赋予他们以创世神力；在吠陀神话史上形成《梨俱吠陀》最早的泛神论。到《梨俱吠陀》神话末期，泛神论逐渐转向有限多神论，直至发展到一神论，或所谓尊一神论。在《梨俱吠陀》神话发展的全过程中，吠陀仙人、神学家总共塑造出多少个这样的自然神？又如何把他们分别送到三有（三界）落户安居？阿耆尼仙人（Agni）说，据他估计，大约共有3339位神。[③] 这个数字显然过于夸大，未见普遍接受。在《梨俱吠陀》里，经常被提到这样的自然神，不过33位（以及一些低级小神，一些与主神有关联的神畜、神树、神物等）。“33”也只是一个泛数，真正的首要大神还不足此数。有好几支题名为《一切神赞》[④]（也称《万神赞》），它们所歌颂的大神也不出33个。事实上，吠陀仙人作者把这33个神分成三组，每组11个，分别安置在天界、空界和地界。（三界的具体神名列在本书的第一章）

① RV. Ⅳ. 3. 1。

② RV. Ⅰ. 35. 4。

③ RV. X. 52. 6。

④ RV. Ⅰ. 164. 1—52；X. 31. 1—11，33. 1—9；35. 1—14；36. 1—14。此中“Ⅰ. 164”是《梨俱吠陀》神曲中最长的一支，共有52个颂。

三界神众是《梨俱吠陀》神谱上的全部神名。他们都是被吠陀仙人们按照具体事物、抽象概念，以及幻想进行神格化和拟人化而塑造成的。他们之间由是出现两类不同形象的神。一类是有相自然神，另一类是无相自然神；后者除了有11个抽象之神，还包括毗湿奴、鲁陀罗、祷主、原人，其余全是有相自然神。国际吠陀神学、神话学权威（如 A. A. Macdonell）还按三界各神在《梨俱吠陀》里占得神曲数目的多寡而把他们划分为五个级别，借以判断他们在吠陀神谱上的主次地位。例如：

第一级神：因陀罗、苏摩、阿耆尼；

第二级神：阿须云、摩鲁特、婆楼那；

第三级神：乌莎、莎维特利、祷主神、苏利耶、补善；

第四级神：伐尤、狄奥斯－毕利提维、毗湿奴、鲁陀罗；

第五级神：阎摩、波罗阇尼耶。

将三界神人区分为五个级别，虽然未必完全符合吠陀神话的实际形态（如，婆楼那应是第一级大神，但被划入第二级），但也不失为一个重要的分析性提示：三界神众中有强势的神组和弱势的神组；具有创世神通的神只是强势组中少数超级大神，如因陀罗、婆楼那、苏摩、阿耆尼、原人等，而不是弱势组中的任何神。那罗延仙人（Nārāyaṇa）在他的《原人歌》中（RV. X. 90）所歌颂的主角"原人"，便是吠陀神话中最典型的创世大神，是强势神组中神威最著的代表。梵语 Puruṣa，意即"人"。那罗延仙人用拟人化和神格化来"提炼"这个"人"的概念，直至把它塑造成一个无相自然神。他在《原人歌》里制作了一个以"原人"为首要范畴的神学范畴系统，凸显"原人"的创世神力——原人以其超验威力创造了以山河大地、日月星光为主要物质现象的物质世界和以人类四种姓为主要精神现象的精神世界。这似乎是在揭示"原人"创造人类四种姓的方式方法是何等绝妙而奇特的："原人之口，是婆罗门；彼之双臂，是刹帝利；彼之双腿，产生吠舍；彼之双足，出首陀罗。"①

《梨俱吠陀》另有一则关于人类第一人出生的神话：混沌初开，天地苍茫，洪水一片，渺无物迹。正在此时，地上出现人类的第一人，竟是

① 参看拙著《印度哲学》，东方出版社2000年版，第49—53页。

"阎摩王"（Yama，Yamarāj），也就是我们俗称的"阎罗王"。他原是太阳神的儿子，生活在天边一个乐园似的角落。一天，他突然离开天角乐园，下凡人间，投胎于一对神性的父母。父亲是阳神系谱上之一神，名曰：毗伐斯瓦特（Vivasvat）。母亲是迅行女神莎兰妞（Saraṇyū）。[①] 这对神仙夫妇，共育二子一女。长子阎摩（Yama），他是神定为人类最初出生的第一人，同时也是人类最先死亡的第一人。[②] 次子摩奴（Manu），是人类14个人祖中的第一祖。小女阎美（Yamī），她与乃兄阎摩是一对孪生兄妹。兄妹二人同在娘胎之时，承天帝的神谕相爱结了婚。二人先后从母腹出来，妹妹阎美即要求哥哥阎摩与她正式举行婚礼，并坦然表白她一定要与哥哥结合，共享性爱的欢乐："我愿如妻子，将身献夫子，合卺齐欢乐，如车之二轮。"但阎摩拒绝了妹妹做爱的要求，痛斥之曰："汝身与我身，不能相结合，私通己姐妹，称为有罪者。"而阎美发誓，不与哥哥结婚，将终身不嫁。[③]

四 《梨俱吠陀》的哲理内涵

至此，我们已基本上了解：10卷《梨俱吠陀》的绝大部分篇幅，除了用来阐述吠陀创世神话外，还相当充分地用于反映印度远古社会，特别是吠陀时期的社会现实的方方面面。因此，如果你把《梨俱吠陀》创世神话的纱罩移去，便即发现隐蓄在神话内核的吠陀智者的智慧闪光。这正是我们在本书准备论述的《梨俱吠陀》的哲理内涵——吠陀仙人（神学家、哲学家）在《梨俱吠陀》里，从宇宙本原问题开始所阐述的一系列朴素的自然哲学的对话与观点。

A. 关于宇宙本原问题。这是问谁是宇宙万有的创造者的问题。吠陀仙人们（神学家、哲学家、诗人）从直观宇宙千变万化的现象进行冥思参究，从而猜测事物变化背后存在着操纵者或创造者；后者无有形相、绝对

① 类似基督教《圣经》创世神话中的亚当（Adam）与夏娃（Eve）。

② RV. X. 4. 1。

③ RV. X. 10。参看拙著《印度哲学》，第84—88页。

抽象，是永恒不灭的超验实在。超验实在自体外化的第一个形式就是所谓“神”。神的容貌基于物质和非物质而表现为两大系列：一个系列是“有相自然神群”，另一个系列是“无相自然神群”。两系列的神群遍现于天界、空界和地界（即所谓三界，或称三有世界），他们的数目随着吠陀神话三个阶段的发展而有所增减。第一阶段为泛神论。出现在这个阶段是所谓“万神论”（所有物质的和非物质的现象几乎全被拟人化或神格化而变成神）。第二阶段为“有限多神论”。在这个阶段，发现具超验性创世威力的神仅仅是强势神组中少数几名大神，而不是弱势神组中较低级的神。到了第三阶段，有限多神论开始向一神论或尊一神论过渡。所谓一神论，是指强势创世大神队伍中具有超级神威与神通的个别大神。他被公认为强势大神的典范、表率，遍受人天的敬礼与歌颂（如因陀罗、婆楼那、阿耆尼、苏利耶等便是这类超级大神）。

然而，吠陀仙人（神学家、哲学家），尽管阐明了神的形式在吠陀神话三个阶段中的演化和差别，但他们执神创世说的思想路线始终贯穿在这三个发展阶段的全过程。毫无疑义，吠陀仙人中的多数是神创世论的执著者；而持相反意见的仙人，只是少数。不过，不能忽视少数仙人的意见。且看住顶仙人（Prājāpati Parameṣṭhi）对神创世说提出质疑。他说：“世界先有，诸天后起；谁又知之，或不知之。”[①] 世界，谓物质世界，山河大地；诸天，谓天上神众，特别意指那些具有创世神力的大神。住顶仙人在此提问：物质世界的形成是在天上神众出现之前，还是在天上神众出现之后？（用我们的话说，物质与精神，是物质先有，精神后起；还是精神先有，物质后出？）住顶仙人进一步质疑：“世间造化，何因而有？是彼所作，抑非彼作？”[②] “世间造化”意即“自然物质世界”。“彼”意指吠陀仙人设想的“创世大神”。这四句颂意反映住顶仙人不大相信人类的现实世界是所谓神创造的。他接着发表自己关于什么是宇宙本原的观点：“太初宇宙，混沌幽冥，茫茫洪水，渺无物迹。”[③] 但水中孕育着一个“宇宙

① RV. X. 169。

② 同上书曲。

③ RV. X. 128。

胎藏”；孕育期满，宇宙迸发出胎，乾坤立定。与住顶仙人同时，出现了若干直接持宇宙原素说的朴素唯物主义者。他们中有执“风”是“诸天之灵魂，诸有之胎藏”[①]。有执“火”是生命的源泉，宇宙的本原：“彼如生产者，人类及天地。”[②] 还有仙人哲学家如古陀沙（Kutsa），认为宇宙本原是由多种物质原素——火、水、风、土等和合构成的。[③]

看来，吠陀仙人们（神学家、哲学家）在宇宙本原问题上，显然有两种对立的观点，或者说，有两派不同的说法。一派执宇宙是神创造的，故神是创造主，是宇宙本原；另一派则否定神创世说，认为宇宙（世界）是由物质构成的，故宇宙本原是地、水、火、风的集合体，而不是幻想中之神。这两种对立的观点，从历史角度说，属于印度古代哲学史初页的内容，是印度文明萌芽期思想形态的反映——反映吠陀仙人、神学家、哲学家在这个时期的思想是在原初的唯心主义与朴素的唯物主义之间徘徊、摸索、斗争。

B. 关于设想的“神”及其“不死”的特征问题。梵语 deva，意为“天神、神”；amṛta，意即“不死”[④]。这里的“神”是吠陀仙人（神学家、哲学家）在《梨俱吠陀》里设想的创世大神。吠陀仙人们特赋予这个创世主神几个基本特征，即“不死”、“无生”、“唯一”。关于“不死”，迦叶波仙人（Kaśyapa）说，“生不死地”、“人不死界”、“证取不死”[⑤]。这阐明“不死”是精神上的一种永存不灭的圣洁境界。一般说来，睿智高人，或超级神明，可能已体验到了这种内在超验圣境；凡夫俗子，尘心未尽，只能通过苦修瑜伽、勤练三昧，才会有望如理成就。关于“无生”，地有子仙人（Viśvakarma Bhaumana）说，“无生脐上，安住唯一。”[⑥] 长阇仙人（Dīrghatama－Aucathya）解释说，“博学诸诗仙，何物此唯一？无住之相中，建立六国土。”[⑦] 此中“唯一”反映矛盾现象的统一心理状

① RV. X. 168. 3－4。

② RV. I. 149. 2。

③ RV. Ⅰ. 95. 5－10。

④ “不死”（amṛta）在神曲里泛指天上神众或地界神格化的低级神。“死、有死”（mṛta）泛指包括人类在内的生物。

⑤ RV. Ⅸ. 113. 1－11。

⑥ RV. X. 82。

⑦ RV. Ⅰ. 164。

态。“死”与“生”是一对绝对对立的矛盾现象。有死必有生，有生必有死；无死则无生，无生则无死。死、生现象，如同黑夜与白昼，永恒对立。但是，如果一旦悟证“不死”，便立得“无生”；在“无生”中自然“不死”，在“不死”中自然“无生”；如是，“不死”意即结束“死”的存在，“无生”意即拔掉“生”的根源。此刻便是“不死”与“无生”圆融统摄于“唯一”无二的绝妙境界；这也正是设想之神的超验绝对的一面——神之体。依体外现的形式，则是设想之神的经验相对的一面——神之相。后者即是“宇宙容器”，包容着由神之体异化出来的所有有相自然神众和无相自然神众，以及其中有创世神力的大神所创造的宇宙三有。在这些设想的创世大神中，“原人”是最典型、最突出的一位。在《原人歌》作者那罗延仙人（Nārāyaṇa）笔下，“原人”在神话里的至高无上的神圣形象是这样描绘的：

原人之神，微妙现身，
千首千眼，又具千足；
包摄大地，上下四维；
巍然独立，十指以外。

唯此原人，是诸一切，
既属过去，亦为未来；

唯此原人，不死之主，
享受牺牲，升华物外。①

那罗延仙人似乎先将“原人”拔高到超验绝对的神体高度，故“原人”的超验绝对的特征就是“不死”、“升华物外”。“原人”的神体本具不可思议的奇妙力量，外现奇妙的形体——“千首千眼，又具千足”，“唯此原人，是诸一切”；这就是“原人”的神相。神相的神功表现在包容、统

① RV. X. 90，1－2。

摄：（一）物质世界（天、空、地三界，上下四维，日月星辰，三世时间）；（二）精神世界（神性生物：天上不死者、雷神、火天等；非神性生物：人类四种姓，以及其他生物）。扼要地说，"原人"，就其神体而言，是超验绝对，无生不死，遍摄宇宙，不可描述；就其相而言，"原人"既是"千首千眼"、躯体奇妙宏大之神，又是经验的娑婆世界的创造主。①

C. 关于吠陀仙人的辩证思维科学问题。在印度哲学史初页上，最早发现并建立辩证思维科学（辩证法）的仙人哲学家，可能就是住顶仙人（Prājāpati Parameṣṭhi）。他在其著名的《有无歌》② 第一颂中首先提出"无既非有，有亦非有"的对立统一辩证模式：

$$\left\{\begin{matrix}无\\\\有\end{matrix}\right\}矛盾（对立）\rightarrow\left\{\begin{matrix}非有\\\\非有\end{matrix}\right\}统一$$

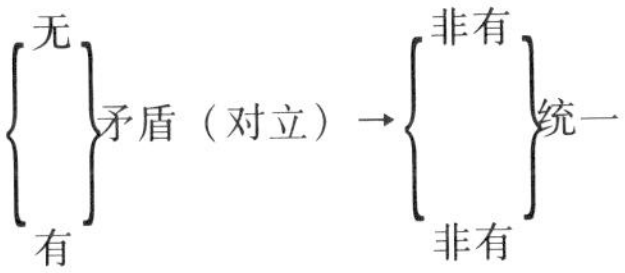

这个模式反映吠陀仙人哲学家的思想中已隐约地长出了辩证法的萌芽，在直观方式上认识到客观事物的矛盾在运动。"无既非有，有亦非有"这两句话标志着吠陀仙人哲学家在辩证的认识上有了一个飞跃，因为这两句话是对"无"与"有"作进一步的规定，是意味着"无"与"有"并非静止固定，而是在不断的运动中变化；"无"不是永恒为无，"有"也不是永远是有；故从辩证视角看，"无"与"有"二者既是对立的，又是可以统一的。这一点，吠陀仙人哲学家也许尚未完全认识到，但随着对自然进行不断而深入的观察和反思，他们似乎已能够辩证地推断"无"与"有"这对矛盾将会走向统一。

但是，须知道，这个"无—有"的辩证模式是纯抽象的，是吠陀仙人哲学家在思辨深入的过程中所发现的辩证思维规律。毫无疑义，这一思维规律毕竟是来自客观事物；因而，反过来，它又反映、适应客观事

---

① 参看拙文《"原人"奥义探释》，载《纪念中国社会科学院建院三十周年学术论文集·哲学研究所卷》，中国社会科学院哲学研究所编，方志出版社2007年版，第196—216页。
② 又称《有转神赞》（Bhāva-vṛtta），RV. X. 129。

物。为此，住顶仙人把这一思维规律放到客观实践中去检验。他在《有无歌》第二颂中举例说，"死既非有，不死亦无"。"不死"即是"生"。"死"与"生"是对立的矛盾。但是"死"的现象不会永恒地存在，"生"也不可能永不消失。正如"黑夜白昼，二无迹象"。其模式完全可按前述规律来观察：

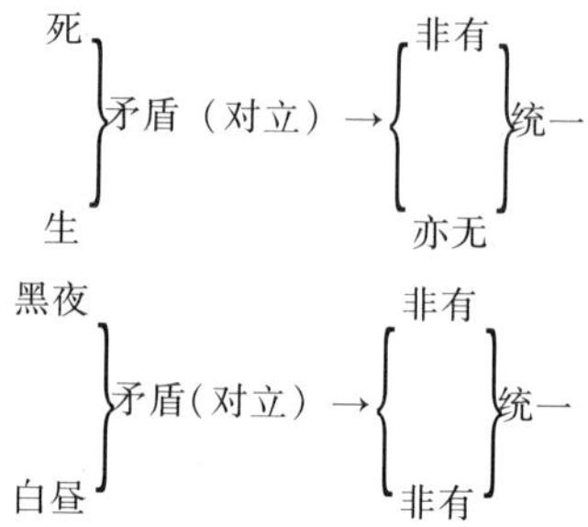

其中"二无迹象"寓意"黑夜"与"白昼"的统一。

在从"无"到"非有"和从"有"到"非有"的运动过程中，有一个起决定性作用的辩证环节。住顶仙人特在第三颂中再举例来强调这个环节的重要性；"由空变有，有复隐藏"。此中"空"不是空无所有，而是一种物质原素。在《梨俱吠陀》里经常提及五种物质原素，即除"空"原素外，还有"地、水、火、风"四原素。"有"是物质现象，是物体。"变"是客观事物内在的变化与发展。在这里，"由空变有"点明从"空"原素直到形成"有"（物质现象）中间的整个运动过程是在支配事物内在变化、发展的客观规律下完成的：

$$\left.\begin{array}{c}空\\水\\火\\风\\地\end{array}\right\} \to 变 \to 有 \to 有复隐藏（支持物质现象的条件消失）$$

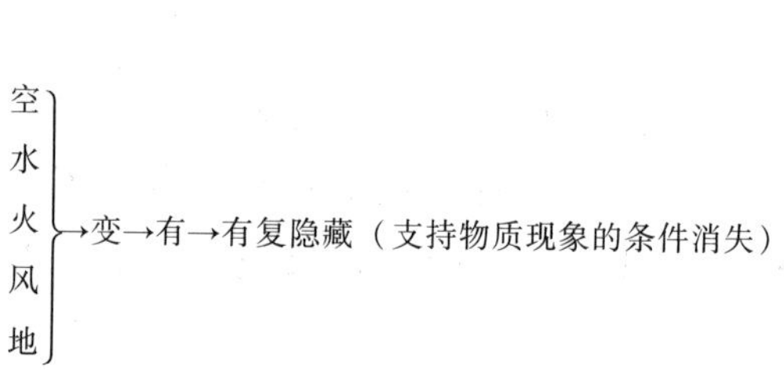

住顶仙人这个对"无"与"有"的辩证模式的创立和阐释，似有相当浓

厚的朴素历史唯物主义辩证法的意味。

D. 关于“末那”（识）的问题。梵语 manas，音译“末那”，意译“识、意识”。[①] 在《梨俱吠陀》里还有若干与 manas（识）义同形异的单词。它们是：ātman（我、思想、精神、灵魂）、hṛd（心）、asu（气、精气）、prāṇa（呼吸、气息）、jiva（个我、生命、生活）、śvāsa（气、呼吸）、manīṣā（智慧、理解）；还有 kāma（欲）、prathama－manas（第一种子识）。

以上这些抽象单词是描写人的心理现象的专用术语。吠陀仙人哲学家采用和阐释它们，目的似乎在于表明吠陀仙人们虽然以无限的幻想创作了近 10 卷《梨俱吠陀》[②] 神话故事，但是他们并没有完全忽略现实社会中人的思想意识，特别是有关人的心理活动。故可以说，吠陀仙人哲学家列出上述心理现象，其意在于构建一个扼要的、以第一种识为首位的心理范畴体系。且看下表：

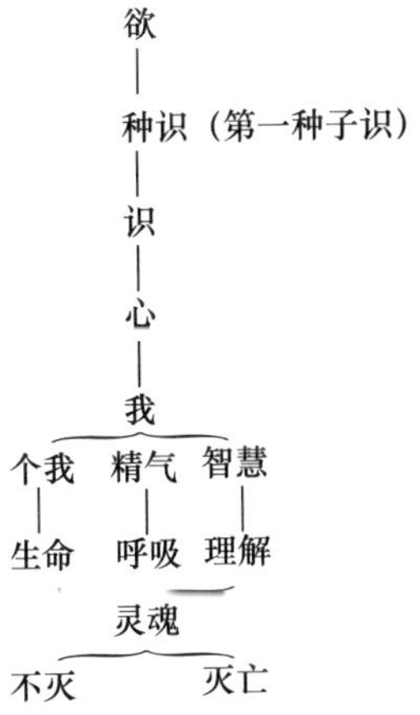

兹就表中范畴的内涵加以说明：

（子）首先，“欲”与“第一种识”。这是一个关系到人类意识起源的

① RV. X. 58. 1－2。

② 《梨俱吠陀》，一般地说，共有 10 卷。今说“近 10 卷”，意为 10 卷书中仍然有若干篇章记述现实社会人的生活和思想。本页所列的心理范畴便是其中写实部分。

问题，即人类的主观世界（精神世界）如何产生的问题。住顶仙人对这个哲学基本问题的看法是：

初萌欲念，进入彼内，
斯乃末那，第一种识。①

梵语 kāma，意即“欲、欲念、欲爱”。manasaḥ retaḥ prathamam 意为“第一种子的识”，也可译作“识的第一种子”。颂意是，“欲”即识的第一种子，由“欲”产生的“识”，便是“第一种子的识”，简称为“第一种识”。“初萌欲念，进入彼内”寓意：最早出现在世界太初之际的人，萌生“欲念”；“欲念”进入他肉体之内，随即产生第一个“末那”——第一种识。由此看来，作者住顶仙人的观点是，能使“识”产生最初种子的，就是“欲”，而不是别的什么。然而，“欲”毕竟是抽象概念，属于精神界范畴，它反映着一定的物质现象，或者说，它是产生于一定的具体事物。若问“欲”所反映的是什么物质？“欲”是否就从所反映的物质产生？遗憾的是，作者住顶仙人却未明言，而是把问题推给“智人”去苦思冥想，去从内心探索答案。虽然如此，他这个颂仍然具有哲学思想发展史的重要意义，它反映在《梨俱吠陀》时期吠陀仙人哲学家中多数在宇宙论上执所谓神创世说；在意识形态上也认为意识是神所赐予的，而不是产生于任何物质性的东西。

（丑）“识”（manas）与“心”（hṛd）。这里的“识”与“心”同依“第一种识”产生，故二者是同质，不同形。所谓“同质”是说“识”与“心”同一性质，同一作用。还有，神曲中不时见有这样的变格单词：mansā（manas“识”，中性单数具格，意即“用心思，下决心”）；vimanasā（带前缀 vi 的 manas“识”，中性单数具格，意为“用宽宏的心，心胸宽大”）；manasaḥ（manas“识”，中性单数属格，意为“心的……属于心所有”）。以上诸词都是 manas 在附加前缀或后缀之后构成转义似的形式。

其次，第一种识是“母识”，表上写的“识”（包括“心”）是“子

① RV. X. 129. 4。

识”。子识，一般是五个：眼识、耳识、鼻识、舌识、身识。这便是“母识”生“子识”的吠陀重要哲理之一，也可以说这是吠陀仙人哲学家对印度唯心主义哲学发展的一项独特的哲理创见。吠陀仙人哲学家这一理论：“母识”生“子识”，对后吠陀的哲学，特别是对佛家唯识宗的所谓“八识心王心所”系统的产生，如果说没有直接的关系，但间接影响的痕迹似是抹去不了的。

（寅）“我”（Ātman）。“我”是来源于“第一种识”的一种“识”的特殊功能。这一功能就是“心智”、“认识”。“认识”有两种对象：一是具体的，一是抽象的。具体的对象是指由物质原素和合构成的生物的肉体，特别是四肢完好的人体。支持人的肉体（具体之我）存在的是哪一类物质原素？我们可以听一听长阇仙人（Dī-rghatama Aucathya）的高见：

谁人曾看见，最初出现者，
不具实体者，支持实体者？
从地生气血，何处有我在？
谁去寻智人，请教此道理？[①]

长阇仙人在这个颂里阐述（a）他说的“我”是肉体之我。这个“我”是由“地、气、血”三种物质原素和合而成。（b）支持肉体之我的物质原素——“地、气、血”三者的和合，是会在自然的客观规律制约下自行解散，以至完全消失。这时候，靠“地、气、血”支持的“我”（具体之我——肉体）还能存在吗？长阇仙人似乎在点明，离开“地、气、血”这些物质原素，肉体之“我”是不存在的；“何处有我在？”此时的正面意义就是“无处有我在！”至于抽象之我，从“识”的本源视角看，“第一种识”就是“我”，是“我”之根本；从“识”的功能说，“识”（意识、认识）的本身就是“我”（具有智慧、精气、生命、灵魂的内涵）。

（卯）灵魂。这是指第一种识的内在运动接近终点，也就是抽象之“我”（识）的功能发展到达极限。此时的“我”就是“灵魂”，也叫作

① RV. X. 168。

“末那”（识、意识）；而“灵魂”（末那）将会是“不灭”的（继续存在），还是“灭亡”的（中断存在）？这是一个涉及神学和灵魂信仰的基本问题；也是一个在哲学上引起有神论与无神论之间争议的问题。因此，在吠陀仙人哲学界里出现两派对立的观点。一派执神是二界（天界与地界）的创造主，故认为“灵魂”（末那）不会因具体之我（肉体）的死亡而断灭，它是“不灭的”。在《梨俱吠陀》里，用来肯定这一灵魂（末那）不灭论的例证，最突出而有力的，莫过于《意神赞》①。兹先引读该曲的头两个颂：

1. 汝之末那，已经离开，
远至阎摩，太阳之子。
我等请之，返转归来，
住此人间，长享生活。

2. 汝之末那，业已离开，
飘悠远至，天上地下。
我等请之，返转归来，
住此人间，长享生活。

这支《意神赞》共有12个颂，每个颂的主题和结构基本上是一致的。它是人死后、亲眷在其尸体跟前所做的悲悼与默祷。吠陀诗仙基于同情活着的人对死亡的亲友所表达的深切悲痛和善良祝愿，创作了一系列反映这些自然情感的神曲；其中最典型的一支，便是在此引用的《意神赞》。此曲作者是三位仙人②。他们以此曲来强调：（a）在死者亲眷的思想中，死者的“末那”（灵魂）在死者的肉体死亡之后，自然继续存在，不会因肉体的死亡而随之消失；它在离开已死的肉体后，还会自动地去寻找新的依托（肉体），投胎再生。（b）死者的亲人一厢情愿地相信，死者的亡灵会

---

① RV. X. 58. 1－12。

② 即：友爱仙人（Bendhu）；闻友仙人（Śrutabendhu）；智友仙人（Viprabendhu）。

投奔阎摩王国，或飞往海角天涯，或漫游空间四方，或航行汪洋大海。他们潜心默祷，劝请死者的灵魂不要前往这些遥远的地方，最好还是返回阳世，和活着的亲人团聚，像往常那样，共享人间福乐。

另一派（即第二派吠陀仙人哲学家）对第一派（吠陀仙人）执人死后，其亡灵不灭、继续存在的论点表示质疑。达摩那仙人（Damana）在他的《阿耆尼赞》中说：

知生者火神，烧熟彼身时，
请将之献给，天国诸祖灵。
当彼寿终际，魂归该天界；
斯时得服从，诸天之神意。

唯愿汝双眼，回归于太阳，
愿我回归风，借法归天地。
若为汝利益，托住诸水域，
或在草木中，安住己身形。

这两个颂是《阿耆尼赞》（《火神赞》）① 的第2、3颂。作者达摩那仙人在这两个颂里强调如下意见：（a）生物的肉体，特别是人的肉体，实际上是一个物质的复合体，由地、水、火、风、空五大原素构成；肉体死亡后，尸体被分解或火化，复归于本来所属的原素，即还归于五大原素。（b）颂中的“我”有二重含义，即“具体之我”和“抽象之我”。具体之我（肉体）是由五大原素和合构成；五大原素一旦分解，肉体随即死亡。原来存在肉体内的“末那”（抽象之我、灵魂）此时也就丧失其依存的物质基础。这就是说，在肉体内的“末那”（灵魂、抽象之我）随着肉体的死亡而消失。这一观点似含有浓厚的朴素唯物主义的意味。

E. 关于“轮回”与“解脱”问题。“轮回”与“解脱”这类宗教观念形态，纯粹是执神创世论的神学家和哲学家在冥思幻想中虚构出来的产物。

① 参看拙著《印度哲学》，第95—96页。

兹先讲“轮回”。梵语 saṁsāra，是一个阳性单数的抽象名词，源出吠陀词干“√sṛ”。词干“√sṛ”的原义是“走动、行动”；加上前缀 sam，构成 saṁ - sṛ，把原义加强为“到处走动，从一地走到另一地”；到了后吠陀时期，被转义为宗教概念，即所谓“轮回”（动词形式）。跟着，又用一个可以强化的元音后缀“a”接上，使之变为“saṁsāra”。这是一个阳性抽象名词形式，但仍保留其宗教意义上的“轮回”。很显然，saṁsāra（轮回）这个名词形式是经过相当长的词形变化而形成的，并在最后似被公认为一个“一词二义”的宗教专用术语（神学上和哲学上的重要范畴）。它的第一则意义（现实性的），在于说明在活人体内的意识（灵魂）无论何时何地绝不离开活人的肉体。这就是说，意识（灵魂）是因所依附的肉体（活人的肉体）的存在而存在，是跟着肉体的活动而活动。它的第二则意义（非现实性的），在于阐明命终者体内的意识（亡灵）“突然出窍”，自然而然地离开死者的尸体，飘飘然在迷茫明灭的空间游荡，寻找新的活人的肉体，投胎再生。

轮回说，在《梨俱吠陀》还未见有专章或系统的论述，但在各卷神曲中，不时出现有关此说的颂文。综合执神创世说的吠陀仙人们关于此说的议论，他们似有三个重要的共识：（1）在活人身中的“末那”（意识、灵魂）是不灭的；即使所依附的活人因故死亡，它也不会“殉葬”，随人之尸体火化而消失。相反，它（亡灵）会接受火神（阿耆尼）的引导沿黄泉古道，“移民”到天陲的阎摩王国，长享快乐。或者，返回阳世，探寻新生肉体，托胎再生。（2）轮回场所（亡灵应去的地方）。吠陀仙人们为亡灵设想的轮回场所，是天上乐园和地下深渊。[①]（3）轮回业因。须知，“轮回”是果报（天上乐园或地下深渊），“业因”是引生果报的具体善恶行为，即所谓“白业”与“黑业”。客观规则：由因致果。“白业”即善因（推动往上升高的潜质力）；“黑业”即恶因（推动向下沉沦的潜质力）。善因所得的善果是：往生天宫，享受天乐；恶因所获的恶果是：跌

① 吠陀后的宗教为亡灵设想的轮回场所极为复杂；如婆罗门教把吠陀的地下深渊扩充为地下 21 层设有迫害亡灵种种离奇怪异的酷刑的地狱；又如佛教把天上与地下合起来改为“轮回六趣”，或作“六道轮回”——地狱、饿鬼、畜生、阿修罗、人间，天上。其中“天趣”又分欲界天、色界天、无色界天，合称“三界”。又欲界有 6 个天，色界 18 个天，无色界 4 个天，三界共成 28 个天。

入深渊，无有欢乐。所以，生前积足白业的善因，死后必能使亡灵获得登天享乐的果报。反之，生前所作所为属黑业恶因，也必然获得坠入深渊受苦的果报（注意：早期吠陀仙人们还未有“地狱”的设想）。

吠陀仙人们这三点共识，无疑反映了轮回说的原始“雏形”（这个轮回雏形为吠陀以后的各种宗教、神学和哲学流派接受，并加以发展使之成为他们各自理论体系中一个不可或缺的要点和范畴）。

其次，关于“解脱”。梵语√muc（muncati）是动词；mukti 是名词。动词和名词，二词的汉语翻译，通常同作“解脱”。若作为动词，则“解脱”需要有直接或间接宾语。解脱，在印度宗教传统上，常作宗教专用成语。因此，宗教上解脱的宾语，总是采用表示身心伤痛和苦恼的词句。“解脱”也可以说是一种果报；不过，宗教意义上的“解脱果报”是纯善纯美、庄严超越，是精神世界里的真美善的顶峰。这实际上是一种神圣不二的超验性的“无漏”果报。不消说，取得这样“超凡入圣”似的果报，只能通过纯善纯净的“业因”才能实现。纯善纯净的“业因”，按婆罗门教的说法，就是指这样的具体生活实践：离尘脱俗，遁入林野，苦修瑜伽密法，参究梵我真理；按佛家教义说，就是指在一切实际活动中必须坚持戒、定、慧三学，断绝贪、嗔、痴三毒。“轮回”实际上也是“解脱”的宾语。前边提到的“轮回场所”有六趣（或六道），其中“天、人”二趣，一般地说，是由实行“白业”的善因而取得；其余四趣，是由所作“黑业”的恶因而导致。这就说明，获得轮回中的“天、人”二趣也是一种解脱，解除四恶趣的痛苦，换得“天、人”二趣的快乐（虽然按佛教教义说，这种快乐仍然是“有漏的”，远不是“无漏的常、乐、我、净”的圣乐）。

最后，必须理解，所谓“轮回”与“解脱”纯粹是执神创世论的绝对唯心主义者错觉上的幻象而已！

天父—地母神
(Dyāvā - Pṛthivī)

梵语 dyaus，意即“天、天父”；pṛthivī，即“地、地母”。天地是自然现象，拟人化后，合成复合双数的二神——天父—地母神。或者简称为“天地二神”。二神关系，天然密切，是《梨俱吠陀》里最常见的神名之一。吠陀诗人创作了6支歌颂二神连体形相的神曲，但没有单独描写“天父 Dyaus”的神曲。“地母 Pṛthivī”也只在一支短曲的三颂之一中提及（RV. V. 84）。《梨俱吠陀》把“天”与“地”合称为两个世界一百余次，但也经常把二神分开称呼，“天”为父亲，“地”为母亲；或合作双亲，甚至把他们拔高为万神之双亲，众生之父母。作为一切神与人的父母，二神对众生似有亲缘之情，喜爱、保护众生，不让他们遭受屈辱与不幸。二神是智慧之神，恢弘伟大，维护正义，是广阔而适宜的生物住地；赐给善男信女们以食物、财富、荣誉和领地。二神的拟人化，完整完美，有足够资格被誉作祭典的领导者；据称，在祭典中二神自己围着祭品，坐下应供；但是二神始终没有取得活的人格化或重要之神的地位。二神的神格，同等同级，无异无别，而二神之一（天父或地母）在大部分其他双神组中格外突出、显著。此外，在某些诗颂里，说二神自己是由别的个别神所创造的；说二神之一是多产的公牛，另一是多彩的母牛；而二者都有足够的育种潜力。

下引《天父—地母神赞》是6支歌颂天地二神的神曲之一，即《梨俱吠陀》第1卷，第160曲：

《天父—地母神赞》

(《梨俱吠陀》第1卷，第160曲，共5个颂。作者为长阇仙人，Dīrghatamā Aucathya)

1. 天地斯二元，普利一切物，
恪守世秩序，支持空中仙；
是此二巨碗，合创宇宙美；
光辉太阳神，如律行于中。

2. 伸延远无际，宏伟超极限，
父亲与母亲，庇佑一切物。
是此二世界，如二娇美人，
慈父给穿上，华丽靓衣裳。

3. 是彼运输神，圣洁双亲子，
智仙施幻力，净化众生界；
牝牛身斑点，牡牛富精子，
如常日挤奶，新鲜有淳脂。

4 彼在诸天中，作业最精勤，
创造二世界，利益一切物；
妙智表丈量，上下二空间，
支持无衰变，普遍受赞扬。

5. 天地诚伟大，周遍受颂扬，
惟愿赐我等，荣誉及领地；
随此祈带来，值赞赏力量。
我等将永远，治民遵此章。

提要：此曲共有 5 个颂，集中叙述天地的起源，并说天地乃超验大神所创造；形象地描绘天地好像两只超巨型的大碗，光辉灿烂，庄严无比，合创真美善；天地二神与太阳神和火神阿耆尼天然地相互联系；太阳神是按规律在天地之间运转，火神同样按规矩在天地之间为缺席应供的神运送斋主的供品。最后，赞叹天地二神受到普遍的崇敬和歌颂，给人间的善男信女带来利益和福乐。

以下按颂序逐一讲解：

颂 1：描绘天地的伟大形相。天地：梵语 dyo（天），阳性名词（亦作阴性），主格单数是 dyaus；主格双数是 dyāvā，常与 pṛthivī（地）组合，构成双数复合名词：dyāvā－pṛthivī（天—地）。世秩序：宇宙规律。空中：在半空中。仙：诗仙（kavi）是对火神阿耆尼（Agni）的敬语，也表示阿耆尼与天父—地母有“血缘”关系，因为传说阿耆尼诞生于天地交合中。二巨碗：吠陀诗人直观宇宙现象，猜测天地就如两只巨碗，合在一起，共创美妙的世界。行于中：意谓太阳在天地之间，按照自然规律运行，表明天地与太阳的自然关系。

颂 2：讲慈父创造主创造天地。父、母：即是天地。二世界：天地二界，万物庄严，辉煌宏大，犹如娇柔窈窕美人。慈父：意指创世主（Viś vakarman）。此神在《梨俱吠陀》（RV. X. 81. 1、2）称为“我们的父亲”。靓衣裳：意谓创世主给天地化妆打扮，美化成一对具大魅力的美人。

颂 3：讲述火神与天地的“血缘”关系。双亲子：意即火神阿耆尼，他的双亲就是天地，故称为“双亲子”（RV. X. 2. 7）。火神又被称为运输神，因为他有一个特殊使命，经常驾驶自己的天车，将天上的神仙送到人间的祭坛上，共同享受斋主的献供；之后，将剩余供品收集起来，运上天宫，分给缺席而未随他下凡的天神。智仙：对火神的另一尊称。牝牛：喻如地母。牡牛：喻如天父。挤奶：火神挤牝牛的奶汁。意谓火神作为神坛祭官，祈祷上天（喻如牡牛）行云致雨，滋润大地（喻如牝牛）；后者因而变得肥沃，适宜于庄稼的生长。

颂 4：彼：本颂歌颂创造天地的创世主，故“彼”是指他而言。诸天中：在众多天神之中。作业：创造天地的事业。二世界：天界和地界。一切物：包括生物界和非生物界。妙智：神的内在超验智力，以此智力对宇宙空间进行测量。二空间：天上和地下的空间，亦即宇宙空间。无衰变：无变化、无时限；意思是，创造神对所创造的天地二界的支持是不会变化的，不会中断的，因而备受赞扬。

颂5：本颂讲信徒们赞颂天地，祈求赐福。领地：统治者的统治地域，统治范围（似是人间的统治者向天地二神提出请求）。力量：统治者的统治力量、势力。此章：意指天地神明所赐给的治国力量、神谕。

婆楼那
（Varuṇa，包拥神）

婆楼那（Varuṇa）意译“包拥神”。婆楼那与因陀罗原是雅利安人崇拜的古神。他们从中亚移民时把这两个古神分别带进波斯和印度。古波斯神曲集《阿维斯特》中的二神——阿修罗（Ahura Mardah）和因陀罗，就是印度神曲集《梨俱吠陀》中的婆楼那和因陀罗。“阿修罗”在早期的《梨俱吠陀》神话中是对最高之神的尊称，而这个最高之神正是婆楼那（包拥神）。“包拥、遍摄”（varuṇa）是一个抽象名词，但吠陀诗仙似乎把“包拥、遍摄”看作宇宙本然的作用，因而又可看作是一个具体实词。吠陀仙人和神学家把这个词的内涵神性化，把它的外延神格化，从而使它变成为一个具有二重神格的神名——婆楼那（包拥神、遍摄天），既具有（有相的）自然神格，又具有（有相的）超自然神格。

婆楼那的“有相自然神格”是他在天上人间的庄严形相和神圣功行的集中反映：婆楼那头戴金色斗篷，身披金色长袍，庄严地端坐在天界的最高层。围绕着他有他一队精干敏捷的“神探”在侍候。他们为主神婆楼那准备了由数匹神驹牵引的华丽彩车，随从他在宇宙间巡回视察世间生物的一切活动。婆楼那是支配自然规律的主宰。他开天辟地，让天地按他的法令一上一下各自分开。是他为太阳修筑了一条宽广的运行轨道，让太阳按照他的指令在太空中回旋转动。他规定月亮只在夜晚放光照耀，规定遍布高空中的星群要在黑夜出现，白昼消散。婆楼那还把火置于水域，把太阳吊在空中，把苏摩（树）栽在岩壑。婆楼那同时是主管道德法理的主神，因而受到在众神之上的尊敬和赞扬。他严肃地贯彻“赏善罚恶”的原则。他加庇、保护皈依他的信众，用智眼关照他们，鼓励他们举办祭典，祈祷天地神灵，赐给他们前来婆楼那神宫共享圣食的恩典。那些真正实践婆楼那神谕的苦行者有望未来在他的世界亲自瞻仰天国乐园的二大主管——婆楼那、阎摩王。婆楼那痛恨犯罪者，对破坏他的法令的人尤为恼火，要给他拷上桎梏。不过，知罪悔过者也会获得婆楼那的饶恕，免受惩罚。

婆楼那是一位超验大神，一身体现"有相自然神格"和"有相超自然神格"。这就是一体二相、二相一体的哲理。歌颂婆楼那的6支神曲中，有的神曲侧重写他的有相自然神格，有的神曲重点写他的有相超自然神格。下边所引的《婆楼那赞》便是从一个侧面描写婆楼那的有相自然神格。

《婆楼那赞》
（Varuṇa，包拥神赞）

（《梨俱吠陀》第7卷，第86曲，共8个颂。作者为最富仙人，Vasiṣṭha）

1. 依彼大威德，众生获知觉，
亦缘彼主持，宇宙分乾坤；
穹苍广无际，繁星耀其间；
二者及大地，俱因彼展开。

2. 且我乃如此，对自己说言：
我将于何时，融入婆楼那？
如何我祭品，始获彼欣赏？
何时我快乐，感受彼慈祥？

3. 婆楼那！
请问该过失，我欲知其详。
往谒众智仙，恳赐我启示；
智仙告诉我，竟乃同一事：
"是此婆楼那，因汝而恼怒。"

4. 请问婆楼那，何罪为最大？
礼赞者朋友，汝欲诛之乎？
伏祈对我说：
神明具自力，绝难被蒙骗！
我清白无过，渴望敬礼汝！

5. 伏祈汝赦免：父辈之罪业，
及我等自身，所犯诸过失。
国王请释放，最富大仙人；
如劫畜盗贼，如脱绳小犊。

6. 此非我本意，而是有诱惑，
酒浆与恼怒，骰子及非心；
复有老一辈，误导年轻人。
即使是睡梦，矫枉亦徒然。

7. 我清白无罪，愿如一奴隶，
诚心来服侍，慈爱盛怒尊。
至上提婆天，让无知者变为有知；
更大睿知仙，让机敏者迅获财富。

8. 婆楼那！
依自威力者，愿此颂神赞，
完美复动听，印在汝心上。
让我等获得财富！
让我等善用财富！
求汝赐福祉，长久护吾人。

提要：本曲共有 8 个颂，首先歌颂婆楼那（包拥神）创造宇宙，划分天地的广大威力。信徒们举办祭典，向婆楼那顶礼祈祷，奉献祭品，虔诚地默愿有朝一日在心灵上融入婆楼那的清净超验神境。婆楼那被尊为道德伦理的维护神，有绝对的神权，在天上人间实施赏善罚恶、护正驱邪的准则。信徒们请教他如何可以忏悔免罪，何日可以获得他赐予财富的恩典。

以下按颂序逐一解说：

颂1：知觉：即意识，意谓婆楼那既创造了物质世界，又创造了精神世界——意识，分乾坤：宇宙本来浑然一体，婆楼那妙施幻术（摩耶，māyā），使之分成两半，一半在上为天，一半在下为地。二者：指穹苍（天）与繁星（空间），意即天、空、地三界俱由婆楼那创造。

颂2：我：指信徒们，自言自语，暗示对婆楼那的祈求。融入：悟入、进入，意即达到与婆楼那同一的境界。欣赏：享受、享用祭坛上的美味供品。快乐、感受：前者是果，后者是因；意谓由感受到包拥神的慈祥和庇佑而获得快乐。

颂3：（从颂3至颂7重点写信徒向婆楼那神乞求赐福、赦罪）过失：指违反婆楼那神规的行为。智仙：精通吠陀的智者、具有吠陀知识的仙人。同一事：众智仙同说婆楼那因我有过失而生气的事。恼怒：即婆楼那因信徒违背其教导而引起的恼怒。

颂4：罪：主要是指不信或背离婆楼那法规的罪。礼赞者：敬礼、赞叹婆楼那神德的人，是朋友，是善人；他犯了罪，但愿忏悔改过。这样的朋友似应受到婆楼那的宽容与饶恕，而不应把他诛灭？自力：自身内在的超验智力。婆楼那具有这样的智力，所以明察秋毫，明辨是非，赏善罚恶，不受反对婆楼那法规者的蒙骗。无过：没有背离或反对婆楼那神谕的过失。婆楼那信徒在此表白：众智仙虽一致说婆楼那因我而生气，但我自问清白无过，因为给婆楼那叩首顶礼，献花上供，始终是我强烈的愿望。

颂5：赦免：请求婆楼那宽恕两种罪：一是吾人父辈所犯之罪，二是吾人自己所犯的过错。国王：世友王（吠陀传说中的一位圣王）。关于世友王（Viśvamitra）与最富仙人（Vasiṣṭha）的关系，据吠陀传说，（1）世友王一日往访最富仙人的静修林，见仙人的牛栏里有一群乳牛。提出愿以巨额财宝换取仙人的母牛群。最富仙人拒绝了世友王的要求，后者因此生气，欲以强力来夺取母牛群，结果引起他与最富仙人之间一场长时间的斗争。本颂作者似在劝世友王放弃与最富仙人的斗争。（2）世友王出身于婆罗门教的第二种姓刹帝利（Kṣatriya，武士族）。为了要取得像最富仙人那样的智慧与神通，他舍弃王位，出家专修苦行。苦修结果，他成功将自己的刹帝利种姓改变为婆罗门种姓，取得王仙、大仙、婆罗门仙的系列神圣称号；同时悟入和最富仙人一样的神秘境界，成为名正言顺的“世友仙人”。《梨俱吠陀》的绝大部分神曲的作者正是这二大仙人——最富仙和世友仙。颂的最后两句“如劫畜盗贼，如脱绳小犊”，是本曲作者给世友王的规劝，叫他放弃与最富仙人的斗争，好让后者获得像被释放的盗贼或像脱了绑绳的小牛那样的自由。

颂6：诱惑：包括物质性和精神性的诱惑。且如酒浆、恼怒、骰子（赌博）和非心（无知），便是物质性的诱惑；老一辈人对年轻人的误导，便是精神性的诱惑。矫枉：意谓即使在梦中也难纠正上述不良嗜好和习惯。

颂7：信徒在此宣誓：衷心愿如奴隶那样忠实、殷勤来侍奉慈爱的，同时盛怒的尊神婆楼那。尊神的慈爱是赐给虔诚信众的；尊神的盛怒是对不信不敬尊神者的谴责。睿智仙：婆楼那的别称。机敏者：是指那些既有对婆楼那的信仰，又有处理纷繁俗务的精明的信众。

颂8：信徒在这最后一颂中，热烈赞叹婆楼那威力广大，同时，再次请求婆楼那惠赐财富与福寿。

苏利耶
(Sūrya，太阳神)

《梨俱吠陀》约有10支有关苏利耶（太阳神）的神曲。苏利耶（太阳）这个名字反映着太阳的运行轨道。吠陀诗仙人格化太阳为自然之神——太阳神，使之成为吠陀神话的阳神家族中最具自然神格的一员。太阳神自身的光是与所有带光的神和物相关联的。太阳神的这一特点深深刻印在诗人的脑门上，从而形成了激发他们创作太阳神话的物质基础和思想源泉。最突出的例子是，苏利耶与乌莎（Uṣas，黎明女神赞）的关系。乌莎是生产苏利耶的母亲。苏利耶躺在乌莎怀里，并由此放出他的太阳光照。有时候，乌莎又被说成是苏利耶的妻子。但据另一则神话，苏利耶的父亲是蒂奥斯（Dyaus，天父、天帝），母亲是阿迪娣（Aditi，无缚女神）。苏利耶因此得到一个属于母亲的名字“阿迭多”（Āditya），意即“无缚女神之子”。苏利耶作为一位善神，天然地具有这样的神圣责任与作用：他的太阳光是为支持、保护天上人间所有神性的和非神性的众生的存在而释放的普照；同时，以其超高温的万道神光消灭世界的黑暗，消灭生物界的疾病。这在神曲中有很形象的表达：苏利耶把黑暗现象当作一张兽皮卷起来，然后把它抛进大海。

在一些神曲中，苏利耶还被塑造成不同的形象，如说苏利耶是一只在空中飞翔的血红色飞鸟，或是一只雄鹰；或说苏利耶是一头白斑点的公牛，或说是乌莎女神带来的一匹骏马。另有神曲把苏利耶作为无生命的物体来描写，如说苏利耶是空中的一颗宝石，或一块镶嵌在天庭中央的斑驳陆离的彩石。

至此，请读下引神曲《苏利耶赞》：

《苏利耶赞》
（太阳神赞）

（《梨俱吠陀》第7卷，第63曲，共6个颂。作者为最富仙人，Vasiṣṭha）

1. 至善福乐神，一切遍照见，
太阳苏利耶，人类所共有。
友天与水天，二神之眼睛；
扫除诸黑暗，如卷一兽皮。

2. 人类唤醒者，正从东升起，
太阳巨旌旗，招展高飘扬。
如同一独轮，欲令其运转；
套讫伊陀娑，牵引此独轮。

3. 放光神升起，是自乌莎怀；
歌唱家祝颂，欣然生欢喜。
在我面前者，似即朝暮神；
此神不损坏，共同之规律。

4. 天中央宝石，远照随升起；
目标极遥远，迅行复放光。
今愿苏利耶，唤醒世间人，
从事众劳务，实现其目的。

5. 该处不死者，为彼筑道路；
彼如一雄鹰，循其路运转。
友天与水天，太阳正升起，

吾人备供品，敬献汝二神。

6. 今恳密多罗，水天友伴神，
赐我及子孙，宽广之空间。
愿求我道路，平易复通畅；
祈汝施福祉，永远佑吾人。

提要：本曲是歌颂苏利耶（太阳神）10支神曲之一，有6个颂，似乎是对别的神曲对太阳神描写的复述与补充；但它也有它的特色。作者在第1颂中便开宗明义点出太阳的光辉遍照三界，为人类所共有，为人类所共爱。接着，强调苏利耶与其两位神友的密切关系：友神密多罗是他的眼睛；水天婆楼那也是他的眼睛（神圣的智眼）。苏利耶与黎明女神乌莎的关系是最令人感兴趣的。按本曲颂3，太阳（苏利耶）是从乌莎怀抱上升中天，放光普照；这就是说，乌莎与苏利耶之间存在着母子的“血缘”关系。此外，作者列举若干有重要意义的事物来比喻太阳神的金光形相。其中最突出的比喻是说太阳像卷一张宽大的兽皮，把世间的黑暗统统卷走。本曲的结尾颂（颂6）是信徒们向三位神明祈祷，乞求赐予恩典，让他们子孙满堂，长享福寿。三位神明是：密多罗（友神）、水天（婆楼那）、友伴神（Aryaman，阿利耶曼）。关于阿利耶曼，资料甚少，没有单独描写他的神曲，但他在天界的一些零星活动，似乎反映他有双重神格，即“友伴神”和“至圣神”。他的友伴神格，表现在他善于和别的天神做朋友，尤其是他经常与密多罗或婆楼那一起现身于天上人间的一切与神有关的神圣场合。他的至圣神格，表现在显示出他的太阳神的原形（苏利耶）。因此，这个颂所谓三神明，其实就是密多罗、婆楼那和苏利耶三大神。

以下按颂序逐一讲解：

颂1：本颂首先歌颂三大神：太阳神苏利耶、友天密多罗、水天婆楼那；同时凸显三神间的密切关系：太阳是密多罗和婆楼那之眼睛。太阳神扫除世间一切黑暗，就像卷走一张巨大的兽皮。

颂2：本颂用独轮来比喻太阳的形象。“如同一独轮”：太阳的形象如同一个独轮。“伊陀娑”（Etaśa）：拉太阳独轮的神马名。意谓如同独轮的太阳是靠伊陀娑神驹牵拉而运转。

颂3：本颂讲太阳苏利耶与乌莎和朝暮神的关系。放光神：指太阳苏利耶。乌莎：黎明女神，太阳神的母亲。从她的怀抱里，太阳出来，升空放光。这表示苏利耶与乌莎的子母关系（一说乌莎是苏利耶的妻子。RV. Ⅶ. 75. 5）。朝暮神（Savitṛ，莎维特利）：此神有两个特征：（a）他是太阳在清早东升前的晨曦；（b）他是太阳在黄昏没落后的余晖、暮色。其次，朝暮神的光源是太阳，故苏利耶的母亲，也是他的母亲（乌莎）。歌唱家：指唱诵吠陀神曲的祭司，祝颂太阳神和朝暮神，令生欢喜及欣赏。我：太阳神。规律：自然规律、神的法规、神谕。

颂4：本颂用宝石来比喻太阳。宝石：在吠陀诗仙看来，太阳就是一块宇宙宝石，绕着地球，回旋光照。“远照随升起”：此中“随”字，表示太阳的“远照”与“升起”是同时的。“目标极遥远”：目标，即是太阳光的射程终点；极遥远，意谓太阳光的射程是没有终点的。

颂5：本颂以雄鹰来比喻太阳。“该处不死者”：该处，似指太阳升起的方位，或神群集中所在地。不死者：梵语有两个词，一是marṭa，意即“有死者、死者、凡夫”；一是amarṭa，意即“无死者、不死者、天神”。这里的“不死者”正是泛指众天神，如密多罗（友天）、婆楼那（水天）、阿利耶曼（友伴神）等。这些天神曾为太阳修筑运行的道路（轨道，RV. Ⅶ. 60. 4）。彼：即太阳。正升起：意指太阳正从东方升起的时候。“敬献汝二神”：汝二神，即友天与水天。意谓汝二神，曾参加为太阳修筑运行轨道的工程，信众因此在太阳正从东方升起时，特设斋供献与汝二神，以示衷心的感激。

颂6：这是结尾颂，信徒们再一次请求三神赐福。“今恳密多罗，水天友伴神”：密多罗（友神）、水天（婆楼那）、友伴神（阿利耶曼）共三明神。信徒们再次设斋献与此三明神，恳求慈爱加庇，赐给我们、我们自己，和我们子孙后代以广阔的生存空间。我：（复数）我们（信徒们）。汝：（复数）三大神（友神、水天、友伴神）。

乌　莎
（Uṣas，黎明女神）

Uṣas，音译“乌莎”，意为“黎明、晨光、晨曦、曙光”。用双数时（Uṣasau），表示“早晨与黄昏”，或者“白天与黑夜”。有时候，Uṣas也单指“黄昏时分”。

“黎明”是自然的现象、幻象；吠陀诗仙在它消失前一刻捕捉到它，把它人格化为一位“黎明女神”，命名为“乌莎”，并且为她编造出一个浪漫主义色彩极浓的神话：乌莎出生于天国，称为天之女儿。她姿容秀美，装扮豪华，正如一个“飞天”的舞娘。她的身体是一个用之不竭的光源；上下罩着网络似的“光子”衣裳，闪耀着柔和悦目的晨光。她特别喜欢在东方展示自己倾倒仙凡的美姿。她好像刚刚在浴池里浴罢起来，全裸着她那无比皎洁的光体，娇嗔地把黑暗驱散，解下黑夜的黑袍。她始终亮着同一色彩，销蚀着人间生命。她一觉醒来便把天际照亮，把天国大门打开；她的灿烂夺目的光芒正像家畜的饲料。她把噩梦、不祥的幽灵和可憎的黑暗一一赶走。她揭开被黑暗密封着的宝藏，慷慨地把里面的珍宝全都发放。她唤醒所有生物起来活动。每当她放光照耀，鸟群立即离巢起飞，世人也去寻觅资生养料。日复一日，她出现在特定的场合，从不违反自然的规律和天神的法令。她唤起她所有的善男信女，点燃早晨的各种祭火，给神群提供良好的服务。她乘坐一辆由红色的神马或神牛牵引的、放射着彩光的辇舆，带领着神众应邀降临人间祭坛共同畅饮献给他们的苏摩神酒（红色的牛马和彩光象征着早晨的红光）。

乌莎女神和太阳族中的福生男神结婚，但太阳神同时在追求她，就像年轻男子追求妙龄少女一样，故又说她是太阳神的妻子，克尽为太阳东升开路的妇道。然而，由于总是走在太阳之前，她偶尔也被看作太阳的母亲，携带着一个金光灿烂的婴儿。乌莎的妹妹是黑夜，同时也是她的死敌，这也是为什么姊妹俩（黎明与黑夜）常常合写成双数（Uṣāsā－naktā和naktoṣāsā）。祭火（Agni，火神阿耆尼）总是在清早点燃，这使得乌莎和阿耆尼的关系密切，甚至说二者是一对热恋中的情人。乌莎还有两个孪生的朋友阿须云（Aśvins，双马童），她往往一清早叫醒他兄弟俩，让他们备车载她去天外天纵情漫游。

乌莎还被塑造成一位福善的女神，庇佑礼拜她的虔诚信众，祝福他们人财两旺，福寿双全。

吠陀诗人在构想乌莎女神美丽而圣洁的形象的同时，进行了心灵上的艺术加工，写成20支富有美学韵味的神曲——对她的赞美诗。

兹从20支歌颂乌莎女神的神曲中，选引《乌莎女神赞》一曲于下：

《乌莎女神赞》
（黎明女神赞）

（《梨俱吠陀》第4卷，第51曲，共11个颂。
作者为爱天仙人，Vāmadeva Gautamā）

1. 此光在东方，照耀最经常，
脱离夜黑暗，纯洁现本相。
乌莎天之女，遐迩放明光；
愿为黎民利，开路示航向。

2. 多彩美晨妃，挺立于东方，
犹如祀神杆，竖立祭坛上。
乌莎放光照，净化尤晶亮，
冲击黑暗闸，砸开两扇门。

3. 博爱富仙子，今日放异彩，

教导开明人，施舍财与物。
黑色波尼怪，昏睡在梦乡，
堕入暗渊中，永不觉天亮。

4. 乌莎圣天女，昔日向古仙，
展示汝财富。古仙名字是：
那瓦格瓦仙，鸯吉罗大仙，
陀娑格瓦仙，什陀阿舍仙。
富有光仙姬，今日之程序，
为汝而安排，该是旧或新？

5. 洁净光仙子，按时套骐骥，
遨游诸有界，一日行程中。
乌莎在唤醒，沉睡生物界，
二足及四足，起来做生计。

6. 请问在何处，是何古仙姬，
群神嘱支援，利普众任务？
乌莎撒银光，慢步银色路，
无异无衰老，同一难分辨。

7. 诚然，
是诸乌莎仙，曾示善吉祥，
光辉助人者，真理性真实。
辛勤主祭司，遵此办祭典，
诵经唱赞歌，立即获财富。

8. 绰约光仙子，全显在东方；
展现其自身，同样从东方。
彼从法理座，雍容觉醒起，

犹如牝牛群，放牧任自由。

9. 同一光仙子，颜色无改变，
即使在今时，行动亦如前。
光闪闪体形，晶莹尤皎洁，
释放金毫光，黑魔被收藏。

10. 艳丽圣天女，放光周遍照，
祈赐予我等，财富及后嗣。
我等已觉醒，向汝卧榻上；
期望将成为，英雄族父亲。

11. 我虔诚高举，祭祀之旗帜；
乌莎天之女，伏祈光普照！
我将享盛誉，在民众当中；
天地与仙姬，佑我成斯事。

提要：本曲共有11个颂，作者细致地描写乌莎女神的形象。乌莎出现于东方，而永恒停留在东方。她的天然美，艳丽绝伦，天人敬羡。她的绚烂多彩的金色光波，首先冲击她“胞妹”司夜女神罗娣莉，揭去后者的漆黑夜幕；进而降伏黑妖波尼怪，收拾凶恶的黑魔。乌莎自身本然地具足精神的和物质的财富。她曾慷慨地向古仙人、智者布施财富。她现在“现身说法”，以身作则，教导皈依她的信众，要高举祈祷、祭祀旗帜，创造财富，普行布施。她预言，这些信众将会因此获得荣誉与幸福的回报。

下边按颂序逐一解说：

颂1：首先点明“此光”，乃黎明女神之光，出自东方，而常留在东方。她释放第一道光束，直接射向她的“胞妹”司夜女神罗娣莉（Rātrī），冲破后者漆黑的夜幕。“脱离夜黑暗”：意谓黎明（Uṣas）与黑暗（Rātrī）虽为同胞姊妹，但又是“有我无你，有你无我”的绝对独立的双方；光明与黑暗的势不两立。因此，随着晨光破晓，黑夜立即消失。“示航向”：有二义，一是为黎民利益而指示光明的方向；一是为紧随自己之后升起的丈夫——太阳神作开路先锋。

颂2：描述乌莎是祭坛的卫护神，喻如围栏神杆。“祀神杆”：是祭坛上的木棍或木桩。婆罗门教徒举行祭祀时，先筑一祭坛，在祭坛四周竖起若干木桩，以示对神坛的保护。黎明破晓，黑夜消失，世间万物复苏，看到了生活的曙光，获得了生命的保护伞——乌莎女神；她喻如在祭坛四周竖立的祀神杆（又叫祭杆），祭坛得到保护免受不祥和不净之物的干扰、污染。

颂3：教导人们要乐善好施，谴责吝啬鬼波尼怪。“波尼怪，Pani”：是吠陀神话中的一种鬼怪，专门劫夺人间财富，由此引申为守财奴、吝啬鬼、不愿布施财物者。乌莎在此鼓励、表扬乐善好施的人们，而对专门损人利己的吝啬鬼波尼怪们，则予以申斥和谴责，让他们堕入黑暗深渊，永睡不醒，罪有应得。

颂4：信众问乌莎天女，我们应以何种方式礼拜、供养你？是照你过去向古仙们献宝的方式，还是按今日之方式？“程序”：即方式、仪式。“该是旧或新”：旧，意指乌莎天女过去向古仙人献财宝的方式。新，意指现在的供神仪式。四古仙名字：那瓦格瓦仙（Navagva）、鸯吉罗大仙（Angira）、陀娑格瓦仙（Daśagva）、什陀阿舍仙（Sapta－āsya）。

颂5：写乌莎光仙子乘其神驹周游宇宙三界，唤醒各类众生起来从事劳动生产、生活。“诸有界”：诸有，即天、空、地三有，亦即三界（吠陀神学家把宇宙幻想地划分为天、空、地三界）。“二足及四足”：二足，指高级动物的人类；四足，指低级动物的四足兽类。

颂6：讲乌莎、阿耆尼（火神）和利普（天工匠）三神之间的关系和故事。“古仙姬”：意指众古女仙中之一（乌莎）。“群神嘱支援，利普众任务”：意谓天上众神仙嘱托乌莎女神帮助、支持利普工艺神完成后者众多的任务，“利普”：原文是一个复数名词Ṛbhus，是吠陀神话里三个半凡半仙的神的名字。他们是：利普（Ṛbhu）、伐阇（Vā ja）、毗婆梵（Vibhvan）。这三个半仙，三位一体，而以利普为首，一提利普，便包括其余二仙。诗人设想，半仙们生活在太阳城里，是超天才的工艺家。他们的工艺作品，出神入化，几乎可与创世工匠神的作品媲美。“众任务”：意谓利普三仙此前曾经完成了许多神奇的任务，而现在尚有不少等待他们去完成的任务；其中首要的一项是火神阿耆尼要求他们仿照火神的一个神杯，制作出另外四个神杯；而它们的式样和神妙的作用，必须与火神的神杯一模一样。利普幸运地得到乌莎女神的暗助和加庇，从而顺利地完成这一神奇的挑战性任务。“乌莎撒银光，慢步银色路”：乌莎（Uṣas），通常按名词单数变格，在本颂却是一个复数主语。这个复数主语（Uṣasas）的含义相当复杂：乌莎出现，一日一个，两日两个，如是逐日往下计算，便会出现数不清的乌莎。然而，乌莎的光辉本相天然自在，始终如一，没有丝毫的异变，更不会随着日数的多寡而有所增减；她每日清晨，如律现身东方，如常留在东方。故颂曰：“无异无衰老，同一难分辨”（表述“一”与“多”的哲理）。

颂7：本颂的前四句，讲乌莎从前曾因祭司主持“乌莎祭典”而赐予祭司财物。“是诸乌莎仙”：乌莎在此是复数主语，含义同上一颂。“曾示善吉祥，光辉助人者，真理性真实”这三句是形容乌莎的定语，其中“真理性真实”是说乌莎的存在是真实不虚，是与真理完全契合的。这是把乌莎的存在哲理化为超验境界。（颂的后四句，讲现在的祭司应以过去的祭司为榜样，设办乌莎祭典，便同样得到乌莎赞赏，获赐财富。）“遵此办祭典”：意即按过去的祭司所办的祭典来办现今的祭典。

颂8：赞叹乌莎按自然规律出现于东方。“法理座”：符合自然规律的座位、自然规律的位置、自然规律。

颂9：阐述乌莎的颜色，过去与现在，如一不变。“颜色”：意指乌莎的本相不因时间的不同而有所改变。“黑魔”：即黑暗的夜幕。“收藏”：即消失。黑夜随着黎明的出现，便立即消失。这也寓意，当夜黑幕暂时隐藏，但可待机（次夜）恢复。

颂10：信徒们祈求乌莎赐予财富与子嗣。“我等”：信徒们。“向汝卧榻上”：意谓我们把卧榻安放在朝向乌莎黎明升起的方向。我们是从这床卧榻上醒觉起来。“英雄族”：即国家的将士、军官与士兵，武装部队。“父亲”：国王、将帅。

颂11：本颂和颂10同说国王或将帅向乌莎女神提出愿求。“祭祀之旗帜”：是说国王或将帅礼拜乌莎女神，请求赐福时，他们所举的旗帜，不是军旗，而是“祭旗”（祭神用之旗）。

毗湿奴
(Viṣṇu,遍入天)

在《梨俱吠陀》里，歌颂毗湿奴的神曲仅有五六支，因而他在吠陀神谱上所占的位置显得比较次要。这些关于他的神曲，主要描述他仅有的人格化的特征——走路时所迈的三大步，他已不是小孩，而是一个有大肚皮的青年。毗湿奴这三大步是他个性的中心特点，他就是用这三大步走完整个地球或地上的空间；他因此获得他独有的称号："走阔步者"（urugāya）和"迈大步者"（urukrama）。他三大步的前两步是肉眼看得见的，但他的第三步，即最大最高的一步则远超飞鸟所及的范围，是在凡人视野之外。他这最高的一步就像安装在天上的一只眼睛，亮光光地照耀着下界尘寰；它又是他的神堡，让虔诚的信众和神群在那里伴着他共享欢乐。毫无疑问，这三大步是寓意太阳的运行轨道，而最有可能是说太阳所通过的宇宙三大区域，即地界、空界、天界的所谓三界。毗湿奴以其神威驱使他的90匹骏马（意即90天）和这些马的四个名字（意即四季）一起像旋转的车轮那样循环运转。这是寓意阳历一年360天的循环往复。由斯看来，毗湿奴似乎原来就是太阳活动的拟人化；而太阳就是一个快速运动的发光体，以其广阔的步伐穿行整个宇宙。此外，毗湿奴是为人的存在而使用他的脚步，他把大地当作住宅授予人。毗湿奴最突出的第二个特征是他与因陀罗的友谊，他常与后者结盟，共同与黑魔弗栗多进行战斗。在一支单独写毗湿奴的神曲里，因陀罗是唯一一位偶尔和他在一起的另一神。另有一支神曲（RV. Ⅵ. 69）是将二神合起来歌颂。通过与弗栗多战斗的神话，也将因陀罗的伙伴摩鲁特（Maruts）引入与毗湿奴的联盟。因为这一联盟，毗湿奴受到一支神曲（RV. V. 89）通篇的赞扬。

下面所引的神曲《遍入天赞》正是描绘毗湿奴“三大步”的神妙力量。

《毗湿奴赞》
（遍入天）

（《梨俱吠陀》第1卷，第154曲，共6个颂。
作者为长阇仙人，Dīrghatamā Aucathya）

1. 我今乐意说，毗湿奴神力，
地球上土地，彼悉丈量已，
空间凝聚层，构造并完成；
彼迈大步走，数有三大步。

2. 赞叹毗湿奴，具大威神力，
犹如可怖兽，出没峰峦间；
所迈三大步，跨度广无边，
遍及于诸有，一切众生界。

3. 愿我激情曲，上献毗湿奴，
山间林栖者，大步走公牛；
聚众此会场，宽广又漫长，
独自以三步，完成其测量。

4. 彼之三大步，充满甜蜜味，
持久不消失，滋滋享欢乐。
唯被独使用，智慧三方便，
总持天与地，诸有众生界。

5. 可爱彼神域，我愿能达到；

虔诚善男子，该处得欢乐；
斯人真近似，迈大步行者。
明神至上步，正是蜜源泉。

6. 汝二神圣地，我等欲朝礼；
该处牝牛群，多角复轻捷；
复有此牡牛，迈大步行者，
彼之最上步，朝下施光照。

提要：本神曲共6个颂，作者以多视角来歌颂毗湿奴和他的“三大步”的神妙功用。毗湿奴具大神力，他只迈开“三大步”，便横跨整个宇宙，准确地测量天地的纵横方位。本曲的颂6，有一半叙述毗湿奴与因陀罗之间的神交关系，表明这二神同具创造宇宙的神力。毗湿奴在神格上还有一个十分重要的特征，即他在创造宇宙的同时，他对宇宙和众生的存在表示肯定的支持与保护。这一特征使他在后吠陀的印度教时代，被拔高为三大宇宙明神之一。印度教三大明神是：宇宙创造神大梵天、宇宙保护神毗湿奴、宇宙毁灭神湿婆。

以下按颂序逐一解说：

颂1：首先阐明毗湿奴的神力，丈量地球上的土地，开始迈开他的三大步。“空间凝聚层”：即空间的大气层。毗湿奴以其神力丈量地球上的土地，同时还创造空间大气层。三大步：意谓毗湿奴迈步行走，仅走三步，便走完整个宇宙。他的三大步的前两步，凡人肉眼可以看得见；他的第三步是最高最大的一步，超出凡人视野之外。毗湿奴的三大步神话是一则影响深远的吠陀神话，它是在后吠陀的婆罗门教（印度教）中最受教徒接受、传播的神话。

颂2：赞叹毗湿奴的威神力，赞叹他的“三大步”的神妙功能，统摄诸有及一切众生。可怖兽：意指兽王狮子。毗湿奴以其超级威力，喻如兽王狮子，雄踞深山，百兽臣伏，无所畏惧。诸有：天、地、空三有（三界）众生。（颂2和下边各颂均述毗湿奴的“三大步”所起的各种神奇作用）

颂3：赞叹毗湿奴独自一神用三大步完成对天界、空界、地界的测量。公牛：同上颂2的可怖兽（狮子），借喻神通广大的毗湿奴；“山间林栖者，大步走”是公牛的定语。聚众：一切众生的集合（共同的存在）。会场：“宽广又漫长”的会场（意指天、空、地三大世界，是一切众生赖以存在的物质基础），毗湿奴独自以其三大步便完成对这个广大无边的场所的测量（寓意完成了宇宙的创造）。

颂4：阐述“三大步”拟人化理论。三大步：拟人化（为一无相自然神物），但具有超凡的特征。首先，三大步自身自然充满奇妙的甜蜜气味；这气味持久存在，永不消失，三大步就在此享受神圣的欢乐。“智慧三方便”：三方便，即三方式，也即是三大步。意谓唯彼毗湿奴运用超验智慧的三大步创造宇宙，以及天、空、地三有众生界。

颂5：鼓励信众皈依毗湿奴，可以达到毗湿奴的神圣境界。神域：毗湿奴的神宫、他的超验境界。皈依毗湿奴的善男子到达毗湿奴的神域后，便可享受毗湿奴所赐予的神圣欢乐（精神上的解脱）。斯人：皈依毗湿奴的善男子、虔诚的信徒。真近似：意谓虔诚的信徒所得的欢乐，是真正近似“迈大步行者”毗湿奴神的境界。明神：明神毗湿奴的第三大步就是“至上步”，而至上步正是神圣蜜味的源泉。

颂6：本颂前四句，陈述毗湿奴与因陀罗二神的神交关系；颂的后四句讲毗湿奴的最上步（第三大步）从上施光，照这下方世界（空界和地界）。二神：即因陀罗和毗湿奴二神。圣地：二神共同的神宫、神殿。该处：二神所在的圣地。牝牛群：在二神住地牧放着一群牝牛（牝牛，寓意晨光或阳光）。牡牛：公牛（喻“迈大步行者”毗湿奴）。牡牛（毗湿奴）同在二神所在的圣地，以其最上步（他的第三大步）朝下方释放神光（下方，意指天界下的空界和地界）。

因陀罗
（Indra，雷电神）

一 人间英雄本色

梵语 Indra，音译“因陀罗”，意思是“最胜、最优秀、最优越、征服”。作为专有名词，“因陀罗”似是印伊时期前（约公元前三四千年）中亚各地雅利安部族共同敬奉的神灵。随着雅利安人在印伊时期（约公元前 2000 年）分两路向外大迁移——一路南行，进入伊朗，一路东行，入侵印度，因陀罗的神格发生了变化。定居在伊朗的雅利安人改变了因陀罗的性质，使之从一个善神一变而为恶神（如见于《阿维斯特》）；而移民印度的雅利安人则奉因陀罗为一位福善的大神（如见于《梨俱吠陀》）。在雅利安远征军征服印度土著民族的过程中，因陀罗被拔高为一位民族之神。

因陀罗在印度文明早期究竟是神还是人，晚近，印度有不少学者对此进行了探讨，并推论：因陀罗原是中亚雅利安部族的一个英勇善战的首领，类似今日的 Senāpati（将军）。他率领雅利安侵略军，越过兴都库什山脉，从西北入侵印度，征服了当时的土著居民。由于他在这场征服异族的战争中屡建奇功，为雅利安人对印度（北部五河地带）的统治奠定了基础，雅利安诗人和歌手用一种独特的威严美和崇高美的艺术形式，创作了数以百计的神曲（赞美诗），虔诚而又纵情地对他歌功颂德。在《梨俱吠陀》中献给他的神曲约有 250 支，占全书四分之一（如果加上那些涉及他或者他和别的神一起被歌颂的神曲，则至少有 300 支）。这些神曲把因陀罗神格化的形象拔高到一位具有无限神力、不食人间烟火的超级大神。他在人间所创立的许多英雄业绩，统统被编造成一个个不可思议的离奇惊人的故事（这正好说明，因陀罗首先是人间的英雄，其次才是天上的大神）。

二　凡与非凡身世

吠陀诗人又把因陀罗人格化，把他当作一个活生生的、有血有肉的，但被赋予超凡力量的英雄来刻画——因陀罗有一个完整的人的肉体，头、臂、手、足，四肢齐全，上下一身呈黄褐色（金黄色）。他有生身父母。他的母亲一说是一头牝牛，一说是无缚女神（Aditi），一说是生主神（Prajāpati）的女儿。父亲是天父神狄奥斯（Dyaus），故传说因陀罗出生在天上，一出娘胎便成为三十三天主，威震天上人间的英雄。因陀罗（雷电神）和阿耆尼（火神）是一对孪生兄弟。雷电也是火的一种形式。传说因陀罗在两片石块摩擦过程中找到他的兄弟阿耆尼。又说，阿耆尼原来潜藏在水里，后被他的哥哥因陀罗发现。因陀罗的妻子叫做“因陀罗尼”（Indrānī）。《他氏梵书》说波拉婆诃（Prasahā）和舍娜（Senā）二女神才是因陀罗的妻子。《梨俱吠陀》则确认散脂（Śācī）是因陀罗妻子的真名（吠陀后的佛典沿用此说）。在《阿闼婆吠陀》（Ⅶ. 38. 2）还有一则因陀罗的罗曼司：阿修罗（Asura，恶神）是因陀罗的死敌，但因陀罗却爱上一个美赛天仙的阿修罗女维莉登伽（Vilisteṅgā）。为了接近她，因陀罗化身为阿修罗前往后者的住处。在阿修罗女众中，他变成女性阿修罗，在阿修罗男众中，他变成男性阿修罗，借此来向维莉登伽求爱。

因陀罗虽然在三十三天上享有“九五”之尊，但仍然和其他大小神明保持平等的友好关系。他和司法大神婆楼那、太阳神苏利耶、风神伐尤（Vāyu）等过从甚密。不过，他的主要友伴和同盟却是摩鲁特（Maruts，风暴神群）。在数不清的《梨俱吠陀》诗句中，叙述着摩鲁特如何无私地、忠诚地支持、协助因陀罗降妖伏魔的战斗。因陀罗和摩鲁特的关系如此密切，以致他获得这样的称号——“Marutvat”（有摩鲁特陪伴的）和“Marudgaṇa”（有风暴神群侍从的）。这两个称号偶尔也用来尊称别的大神，但主要还是指因陀罗。

三　苏摩酒仙生活

因陀罗是神群中的美食家和酒仙。他特别爱喝苏摩（Soma）酒，可以说嗜酒如命。酒瘾发作时，他甚至偷别人的苏摩酒。正因他如此酷爱苏摩饮料，《梨俱吠陀》不断地使用“Soma－pā，Soma－ pāvan”（爱饮苏摩酒者）这样的词来形容他这一嗜酒特性。苏摩酒，对因陀罗来说，是一种特别的兴奋剂，它能够刺激因陀罗去表演惊天动地的角色；尤其是因陀罗在准备与黑魔弗栗多决战前饮了它，便会立即鼓足勇气，冲杀敌人，直至黑魔在他的金刚神杵下服罪消亡。有一支神曲（Ⅷ.66.4）说，因陀罗为了除掉黑魔弗栗多，事先竟喝了三池苏摩酒。作为“美食家”的因陀罗，食谱是多样化的，除了苏摩酒，他还喜欢喝牛奶加蜜糖，爱吃献给他的祭典上的供糕和主食。他还打破神规，开创吃牛肉的先例——他爱吃公牛肉，或吃由火神烤熟的水牛肉。《梨俱吠陀》（V.2.9）说，他曾吃掉300头水牛肉。

四　超验神格境界

乌莎（黎明女神）和阿耆尼（火神）是自然现象神格化的形象（自然神）。因陀罗不是自然现象的雷电，但在《梨俱吠陀》的神谱上他竟被列作一个完整的雷电神，并且被吠陀诗人用无限夸张的艺术手法刻画出他的超级神格（形象）——他现身广大，包摄宇宙三界（天、空、地）；空界在三界的中央，他是空界的神王，一伸手就能抓到上边的天界和下边的地界；天地空三界只等于他身体的一半，还不够做他的腰带；如果大地比现在大十倍，他的形体也会和它相等。他的神通如此广大，天上地下，没有一个神或人，无论其为现在的或未来的，能够超过他或与之匹敌——在世间，无论过去、现在、未来都不可能有人能够获得像他那样压倒一切的英雄气概；在天界，神群中也没有一个神能够得到像他那样显赫的知名度，那样超强的神变力。他的行动，他的目的，任何神祇都无法进行干预或阻挠。即使是支配宇宙规律的婆楼那和太阳神苏利耶也得听他使唤。他被誉为宇宙主、自在主，是天人同拜的“排头”神。在《梨俱吠陀》里有好几个专门用来颂扬他的威力的定语，如“Śakra”（能天主）、“Śacīvat”（力量主）、“Śacīpati”（力主）等等。总之，因陀罗在《梨俱吠陀》神谱中是一个近乎超验的超级主神。

五 降魔救世神功

因陀罗既是人格化的雷电神，雷电现象便是他的本相，而雷电棒（闪电行雷）也自然成了他杀敌的主要武器。雷电棒又叫作金刚神杵（Vajra），用纯金制成，色泽黄褐光亮；杵身铸成百角百节，杵顶镶有千端，尖锐锋利非常。它的铸造者，一说是创世工匠神，一说是天上神群集体为因陀罗制作的。这根金刚神杵原藏在海洋深水底下（Ⅷ. 89. 9）；一说原搁在太阳所在的地方（X. 27. 21），因陀罗把它拿来作为手中最犀利的武器。因此，凡是用 Vajra（金刚神杵）这个词和别的词构成的复合词几乎全被看做是因陀罗的别称。在《梨俱吠陀》里常见的这样的复合词有如下几个：

Vajra - bhṛt （持金刚神杵者）；
Vaira - vat （有金刚神杵者）；
Vajra - dakṣiṇa （右手执金刚神杵者）；
Vajra - bāhu （臂携金刚神杵者）；
Vajra - hasta （手持金刚神杵者）；
Vajrin （金刚神杵所有者）。

前三个词专用于因陀罗，后三个偶尔也用来称呼鲁陀罗（Rudra）、风暴神群和嗔怒神（Manyu）。

因陀罗还有几种次要的武器，即神弓和神箭，金钩和神网，后者专门用来捕捉所有的敌人。因陀罗还有一辆运载工具——他的二马牵引的金辇，车速超过意念；因陀罗经常乘坐去飞赴祭坛，享受供品；或者追捕在逃的牛鬼蛇神。

在《梨俱吠陀》里，吠陀诗人在创造善神角色的同时，还创造了与之对立的角色——恶神和妖魔鬼怪。其中黑魔弗栗多（Vṛtra）和乌蟒阿醯

（Ahi）是魔众的头目，也是因陀罗的首要敌人。弗栗多专门在由云致雨的过程中制造障碍，阻止雨水下降；阿醯躺在水里，封锁河川，不让水流通畅，灌溉农田。这两只魔鬼，其实就是旱灾的制造者，农作物生长的破坏者，给人类生存和社会发展造成极大的危害。因陀罗出于善神的本性，出于对这些妖魔的罪恶行为的深恶痛绝，立下誓愿，为民除害，因而摆开和弗栗多、阿醯决战的阵势。正是这些和妖魔作殊死战的宏伟场面构成了歌颂因陀罗的绝大部分神曲的主题。

在本书，从二百余支歌颂因陀罗神曲中选择三支，分为“一、二、三”；虽然数量上极少（不到因陀罗神总数的百分之一），但在反映这一主题思想和吠陀美学中威严美的艺术创造方面，是具有典型意义的。

《因陀罗赞》

（一）

（《梨俱吠陀》第1卷，第80曲，共16个颂。这里选译其中10个：1、2、6、7、8、9、10、12、15、16颂。

作者为牛最仙人，Gotamo Rāhugaṇa）

1. 强大金刚神杵挥舞者！
如是畅饮已，醉人苏摩酒；
婆罗门祭司，唱毕赞美诗；
运用汝力量，打击魔阿醯；
即从大地上，将之逐出去。
欢呼汝显示，至大之神威。

2. 金刚神杵挥舞者！
香醇苏摩酒，神鹰自天取，
斟出作供品，令汝狂欢喜；
施展汝神力，空中斩黑魔。
欢呼汝显示，至上之神权。

6. 天帝因陀罗，酒醉喜若狂，
高擎雷电器，百刃金刚杵，
攻击弗栗多，在彼脑门上。
愿供众友好，醍醐甘美食。
欢呼彼显示，至高之神权。

7. 云生因陀罗，金刚神棒主！
天然即具有，无比勇猛威；
妙施摩耶法，杀彼幻变鹿。
欢呼汝显示，至上之神威。

8. 因陀罗！
挥动金刚杵，施放雷与电，
遍及众河川，数有九十九。
具大勇猛威，双臂藏力量。
欢呼汝显示，最高之神权。

9. 千人齐集合，向他致敬礼，
祭司二十名，朗诵祈神诗，
复有百仙人，再三唱赞歌。
为供因陀罗，祭品俱备已。
欢呼他显示，无上之神权。

10. 天帝因陀罗，施展神力量，
制服弗栗多，彼之魔力量。
正是因陀罗，有此大胆量，
斩除该黑魔，雨水得释放。
欢呼他显示，最神圣力量。

12. 黑魔要伎俩，震撼加狂吼，
但俱吓不倒，神王因陀罗。
金刚雷电杵，铁制镶千刃，
神速发射出，击中此恶魔。
欢呼他显示，至圣之威望。

15. 神王因陀罗，遍入一切者；
吾人实不知，在此世间上，
有谁能胜过，彼巨大力量？
此缘诸天众，集中他身上；
财富与祭品，及所有力量。
欢呼他显示，神威乃无上。

16. 阿闼婆梵仙，或人祖摩奴，
或达驮廷支，俱按古规矩，
举行祭天礼；供品及颂歌，
集中齐献给，神王因陀罗。
欢呼彼展示，超级神力量。

提要：本曲原有16个颂，今此选译其中10个，即颂1、2、6、7、8、9、10、12、15、16。这10颂中的颂1、2、6、7、10、12，详写因陀罗与黑魔弗栗多和巨蟒阿醯战斗的场面。因陀罗每次出击魔敌之前，必先痛饮信众献给他的苏摩神酒。他的杀敌武器“雷电神杵”，被喻如百刃金刚棒和千刃利棒。其次，8、9、15、16四个颂赞叹因陀罗受到天上神仙和地上凡人的礼拜，同时也受到超凡入圣的仙人道者的礼敬。

如下，按颂序讲解：

颂1：因陀罗在畅饮苏摩神酒之后前去攻击乌蟒阿醯魔，并把它从大地上驱逐出去。（阿醯Ahi，意指蟒蛇或黑魔；在本颂是指蟒蛇。）金刚神杵挥舞者：因陀罗的称号。金刚神杵：即雷电，为因陀罗的主要武器，他正挥舞这件武器去与乌蟒和黑魔战斗。苏摩酒：因陀罗习惯在去和黑魔

（本颂说在去和乌蟒）斗争之前，必然畅饮苏摩神酒，借以提神壮胆，打败敌者。（苏摩树，被神格化为一树神；吠陀诗人在《梨俱吠陀》第9卷里竟写了114支歌颂他的神曲。此外，还有不少关于他的神话和传说，苏摩树长在山上，人们去采集时，只能乘月夜上山时进行；又说，苏摩酒原来密藏在天宫，由神鹰飞上去取下来交给住在空界的香音神乾达婆保存。）阿醯：乌蟒，蛇妖。

颂2：上一颂讲因陀罗饮苏摩神酒后制伏了阿醯蛇妖，本颂则说因陀罗饮了神鹰从天宫取来的苏摩神酒后去斩杀另一妖怪黑魔弗栗多。神鹰：它飞上天去，将存在天宫的苏摩神酒取下来，奉献给因陀罗（有学者解释，神鹰是伽耶德莉 Gāyatrī女神插上鹰翼，像鹰一样飞上天宫，取出藏在天宫的苏摩神酒，献与因陀罗。“伽耶德莉 Gāyatrī”原是《梨俱吠陀》神曲格律之一，神格化为诗韵女神）。黑魔：弗栗多（Vṛtra，意即“乌云、黑暗”，拟人化后，变成一个黑色妖魔）与乌蟒阿醯都是因陀罗的死敌。弗栗多和阿醯拟人化后变为两个恶魔，专门阻止降雨，制造旱灾；但其罪行无法使它们逃脱被因陀罗消灭的命运。

颂6：描绘因陀罗高举其雷电武器；对准黑魔弗栗多的脑门，狠狠一击，置之于死地；另外，因陀罗将斋主送来的醍醐美食，分与同来的（和未同来的）神友，和他们共同享用。天帝：即三十三天主，为因陀罗的一个有特权含义的称号。（吠陀诗人、哲学家和神学家幻想宇宙划分天、地、空三界；每一界居有11个天神，合称三十三天神。地界神实际上不止11个。因陀罗是统治空界的主神，但他的神权神威扩张到其他二界，故被称为三十三天主，也就是三十三天的大帝、天界霸主）。众友好：意指因陀罗每次降临人间应供时，总是带着一群侍从（如摩鲁特风暴神队）和神友（如火神、太阳神、婆楼那、毗湿奴等）同来，与他分享祭坛上的上好供品。

颂7：叙述黑摩弗栗多在被因陀罗的迅猛打击中，败下阵来，施展幻术，化身为一只小鹿，迅速逃离战场。因陀罗穷追不舍，终于逮住它，并将之消灭。云生：意即“产生于云层”，是因陀罗的另一别号。因陀罗是空界的主神，亦称为雷电神。空界即大气云层，是雷电的“诞生地”，故因陀罗又被称为“云生因陀罗”。摩耶意即“幻”，颂中的“摩耶”与

“幻”同一含义：“魔术、幻术、幻变、把戏。”在因陀罗与黑魔的战斗中，黑魔战败，却采用幻术，化作一小鹿逃跑。因陀罗也施幻术去追捕。最后逮住这只在逃的“小鹿”，并立即把它宰杀掉。

颂8：因陀罗在取得捕杀黑魔弗栗多的胜利后，紧接着行雷闪电，普降甘雨，使“九十九”条河川，满溢流动。九十九：意为无限数，指所有河川都因雷电神王因陀罗的致雨神通而恢复“水声激激”，奔腾流动。

颂9：描述由千人参加的、向因陀罗祈祷礼拜的祭典。千人中有一部分是直接参与祭典等办事宜的信众。他们是：祭司，20名；婆罗门仙人，100名。在20名祭司中，又分为：正式祭司，16名；斋主夫妇，2名；祭典程序主持者，2名。

颂10：盛赞因陀罗的神力量战胜弗栗多的魔力量；因陀罗勇猛胆大，斩杀黑魔，从而释放雨水，清除旱灾。

颂12：称赞因陀罗发射像铁制千刃的雷电神杵，准确地击中恶魔弗栗多。铁制：因陀罗的武器是雷电，不是铁器。本颂说“铁制”是比喻说法，意谓因陀罗的雷电杵就像铁制的千刃棒，犀利无比。

颂15：赞叹因陀罗为“遍入一切者”。遍入一切：意谓因陀罗的威力遍及三界（天、空、地）的每一角落。因陀罗是神王，所以诸天神众把财富、祭品，以及所有物质的和精神的力量统统集中在他身上。这也示意，在另一方面，因陀罗天然地具有一切物质的和精神的财富。信徒们通过歌颂和礼拜他的祭祀，可以从他身上获得所求的财富。

颂16：介绍吠陀传说中的几位仙人。他们是，阿闼婆、摩奴、达驮延支。这三位仙人，不论分开或集合，同样按照吠陀古老规则，制作祭天仪轨，向因陀罗献供致敬。梵仙：意即婆罗门种姓的仙家、道士。这里似是特指阿闼婆（Atharva，事火僧）而言（从种姓常识看，三位仙人不可不属于婆罗门种姓）。“人祖摩奴”：按吠陀神话（RV. X. 4. 1），阳神族的毗伐斯瓦特（Vivasvat）与他的妻子迅行女神莎兰妞（Saraṇyū）生有二子一女：长子阎摩（Yama），次子摩奴（Manu）及小女阎美（Yamī）。其中阎摩是人类初生的第一人，同时也是人类先死的第一个。他的弟弟摩奴则是生产人类最初第一人的始祖，故称他为“人祖”。

《因陀罗赞》
（二）

（《梨俱吠陀》第10卷，第112曲，共10个颂。作者为云散仙人，Nabhaḥprabhedana）

1. 因陀罗！
开杯酣饮，醇味苏摩；
我之晨祭，即汝早食。
英雄气概，杀敌为乐；
激情赞歌，颂汝功果。

2. 因陀罗！
汝之战车，速超意念，
愿驭此车，来饮苏摩。
汝之战马，迅行骐骥，
愿乘此马，愉快降临。

3. 因陀罗！
汝如阳神，相好殊胜，
光芒遍照，照触我身。
我乃汝友，诚心召请；
偕汝扈从，欢喜就座。

4. 因陀罗！
庄严伟大，欢乐融和，
霄壤一体，两难分开。
汝之玉驹，上轭配鞍，
驾驭前来，食汝喜食。

5. 因陀罗！
愿汝常饮，苏摩妙味；
挥起武器，杀敌无比。
苏摩令汝，气力充沛，
苏摩为汝，提供欢娱。

6. 受百祭者！
是此酒杯，置备久矣，
供汝使用，盛饮苏摩。
甘酒满溢，香醇喜人，
诸天神祇，莫不冀求。

7. 因陀罗！
各色人等，广设供养，
向汝祷告，圣恩普扬。
吾等甜食，味美非常，
作为供物，祈汝品尝。

8. 因陀罗！
我今宣讲，汝之往昔，
最初成就，英雄业绩。
汝下决心，拨云降雨，
便利梵志，寻回母牛。

9. 风群之主！
坐在风群，彼等呼汝，
智者之中，最大智人。
慷慨施主！
若不求汝，无事能成，

愿汝获得，种种尊敬。

10. 慷慨施主！
愿汝关注，吾等请求。
朋友，财富之主！
愿汝理解，朋友心意。
骁勇战士！
汝具实力，为我战斗；
未分财富，祈赐一份。

提要：本曲共有10个颂，集中讲述因陀罗在不同的场合接受信众献来的苏摩美酒和他喜食的食品。他一边欣赏这些供品，一边指导信徒们制作醇厚的苏摩甜酒。因陀罗畅饮苏摩之后所感到的刺激是：兴奋、愉快、力量、勇气，也就是所谓陶醉状态。在这状态里他顿觉天地混成一体，没有区别（见颂4）。因陀罗乘酒后产生巨大的力量和胆量，挥起神奇的雷电杵，直冲魔阵，斩杀弗栗多和阿醯，夺得大量战利品（财富）。信徒们十分喜悦地向因陀罗表示祝贺，并恳求因陀罗赐予他们一小部分战利品。

如下，按颂序详解：

颂1：信徒早起，设立晨祭，给因陀罗献上早供，包括味道醇厚的苏摩甜酒和美味斋食；歌颂因陀罗降魔杀敌的伟大功德。杀敌，即斩杀黑魔弗栗多和巨蟒阿醯。

颂2、颂3：信徒在把晨祭仪式摆设妥帖后，随即祈请因陀罗驾驶战车或战马，率领扈从，迅速降临祭坛，接受信徒的礼拜和祈祷，享受信徒奉献的香醇的苏摩美酒和精制的斋食。扈从：即侍从、近身卫士；这里主要是指摩鲁特风暴神队，后者是因陀罗的助手和卫队。

颂4：信徒请因陀罗尽快给马上轭配鞍，驾之前来祭坛享用他最喜欢的食品——苏摩神酒和苏摩制品。“霄壤一体”：是说因陀罗畅饮苏摩神酒之后，精神振奋，达到极点。这时候，在他的超验意念中，乾坤相交，浑然一体，难分难辨；也就是说，天与地的自然美，以及经过明神内在加工的再生美，完全融成一体，集中体现在因陀罗身上——因陀罗就是天地。

颂5：信徒劝请因陀罗常饮苏摩神酒，因为对因陀罗来说，苏摩神酒有神奇的功效——（因陀罗饮后）能使因陀罗气力充沛；能使因陀罗照常享受到天上娱乐；能使因陀罗英勇奋发，挥动武器降魔杀敌，无有阻碍。武器：即因陀罗日常使用的金刚神杵，雷电“操纵棒”。杀敌：因陀罗所要杀的主要敌人是黑魔弗栗多和大黑蟒阿醯。

颂6：“受百祭者”：谓有资格接受百家或百种祭礼的神灵。这又是因陀罗的一个称号。此酒杯：一只久已为因陀罗准备使用的杯子。苏摩神酒，香醇喜人；诸天神众，都在寻找去尝一尝它的机会。今天，偏爱因陀罗的信徒敬请因陀罗在此祭典里，使用这只为他准备已久的酒杯去装苏摩神酒，开怀畅饮，享受陶醉的欢乐。

颂7：上一颂（颂6）讲信徒请因陀罗下凡畅饮苏摩老陈酒，本颂则讲信徒请因陀罗来享用美味食品。“各色人等”：似乎不包括所谓贱民种姓的“首陀罗 Śūdra”。不过，在吠陀文明早期，种姓制（阶级社会）尚未形成，四种姓（婆罗门 Brāhmaṇa、刹帝利 Kṣatriya、吠舍 Vaiśya、首陀罗 Śūdar）的群众均有设祭供神的权利与自由。各色人等，应该包括四个种姓的信众（“色”意即种姓）。

颂8：信徒讲述因陀罗过去的“英雄业绩”，并突显其中两项利乐有情的善业。一是“拨云降雨”，这是说因陀罗消灭了乌云化身的黑魔弗栗多和乌蟒阿醯，解放了被堵住的甘雨，解除了大地上的旱灾。二是，帮助梵志寻回母牛。梵志：梵，原文 bṛṁh 的音译，它派生出三个常用名词：（a）Brahman（音译“梵”，中性，抽象名词，宗教哲学中的最高存在、宇宙本原）；（b）Brāhmaṇa（阳性名词：婆罗门种姓的男人）；（c）Brāhmaṇī（阴性名词：婆罗门种姓的妇女）。中性的抽象名词“梵”，拟人化后，便是婆罗门教的上帝——梵天。梵天，在乾坤始定之际，为印度创造了四个种姓的男女。“梵志”是一个梵汉合译的复合词，意思是说，一个信奉梵天的婆罗门教徒，是有志于实践婆罗门教的一切严格教规和教条的瑜伽行者或苦修行者。母牛：婆罗门教奉母牛为圣牛，不杀不食，除挤其奶之外，不加任何约束，大街小巷，草地平原，任其自由行动，随便觅食，拉屎撒尿。“……拨云降雨，便利梵志，寻回母牛”，意思是，气候骤变，乌云四起，母牛看不见回栏道路；此时婆罗门祭司或家主（梵志）祈请因陀罗“拨云降雨”，驱散乌云，以便寻回迷路的母牛。

颂9：信众歌颂因陀罗为大智人，同时高呼他的两个称号。第一个称号是“风群之主”。风群：即因陀罗的近身侍从摩鲁特神组，亦即风暴神群。因陀罗是他们的主帅、主人。第二个称号是“慷慨施主”。因陀罗是天神中的财神，富有精神财富和物质财富。他爱护信众，有求必应。信众说，“若不求汝，无事能成”，这意思是，信众无论在精神上或物质上遇到困难，如果诚心诚意请求因陀罗帮助解决，因陀罗定会垂念你的请求，帮助你圆满地解决困难。反之，若不请求因陀罗帮助，困难是难以解决的。

颂10：信众敬呼因陀罗的三个称号——慷慨施主！财富之主！骁勇战士！同时向因陀罗表示“朋友心意”。朋友：信仰因陀罗的信徒。心意：信徒们的心愿：第一，愿求因陀罗赐福寿，赐财富；第二，愿求因陀罗从其战胜敌人所斩获的大量战利品中分出一小部分给崇拜他的信众。

本颂是本曲的第10颂，似是一个结尾颂，总结因陀罗在前边（9个颂所述）战胜黑魔弗栗多和乌蟒阿醯的英雄业绩和他所斩获的大量战利品。因陀罗在此接受信众的请求，将战利品的一小部分赐给他们。

摩鲁特
(Maruts,风暴神队)

《梨俱吠陀》神话载有一个有名的神队，队名“摩鲁特”(Maruts，复数形式的名词)。队里成员，一说有21个神，一说有180个神。吠陀诗仙创作了33支专门赞美他们的神曲，以及7支表扬他们和因陀罗一起与恶魔战斗的活动。此外，还有两支神曲，其中一支是写他们和火神阿耆尼，另一支是写他们和育生神补善(Pūṣan，RV. Ⅵ. 54)。摩鲁特的出生故事有好几说，一说他们是鲁陀罗与毕莉斯妮(一头象征多彩风暴云片的母牛)所生的儿子(RV. Ⅱ. 33)；另一说，是风神在天之子宫里生产他们。他们因此被誉为“天之儿子”。不过，有时候，他们也被说成“自生的”。摩鲁特全队成员是同龄、同心的兄弟，同时出生于同一诞生地，共同成长，居住在地上、空中、天上(三层天界)。女神卢达西(Rodasī，原义：天地)是摩鲁特的神友，她在摩鲁特的仙车上，站在他们的身旁，俨然就是他们的新娘。这就是为什么在天界里常有关于她和他们之间的绯闻。

摩鲁特神队，乃天界卫士，英勇忠诚，常得吠陀诗仙称赞：他们的形相，俊美而威严，金色红色，交相映现，像火光一样，火红照耀；而且是自我照明。在空中，摩鲁特常见与毗刁特(Vidyut，闪电)连成一体。《梨俱吠陀》里有五个复合词，都是用“Vidyut”分别与别的单词组合而成；而这五个复合词完全是对摩鲁特神队的描绘。摩鲁特手上的长矛正是闪电，正如他们的称号“闪电枪”(ṛṣtividgut)所反映的。他们还执有一把金斧；有时候，还以弓箭来武装。这一特点可能是从他们的父亲鲁陀罗那里借接过来的。摩鲁特是这样打扮自己的：脖挂花项圈，肩披金罩衣，头戴金头盔；双手和双足分别系着臂环和脚环；坐上电光闪烁的坐车(由若干神骥牵引；这些马匹一般是雌性的，体色褐红，带有斑点，跑速如意念）；显得他们是英俊伟大，具大威力，年轻而无衰老；像兽王狮子那样，干净、凶猛、可怕，但也像幼童或牛犊那样柔和可爱。

摩鲁特发出的声音常常被认作雷鸣、狂风的怒吼。他们的威力，引得山摇地动，震撼天地二界；摧折树木，像大象那样，吞噬森林。他们的一项主要任务，就是行云致雨，用雨水遮挡太阳，用宽厚的云片制造黑暗；但同时，他们保持警惕，防止热浪冲击，驱散自己制造的黑暗，施放光明，为太阳东升铺路。

摩鲁特多次被誉为善歌唱者，是天上的歌星。他们经常一边压榨苏摩汁，一边唱歌曲；而当因陀罗战胜恶龙（大黑蟒）时，他们特为因陀罗唱赞歌。他们的歌声虽然首先表示风声，但也同时被构想为一支赞美诗式的神曲。因此，他们可被比作念诵吠陀神咒的祭司；而在有因陀罗作伴时，他们就被直呼为神圣的祭司。

由于与雷电和雷雨有关系，摩鲁特神队作为因陀罗的朋友和同盟者，永远陪伴着因陀罗（RV. Ⅱ. 12）。他们为因陀罗祷告、诵神曲、唱赞歌，用以提高他与黑魔弗栗多战斗的力量和勇气。诚然，因陀罗是在他们的配合下成就了他所有的神圣功绩。然而，有时候是摩鲁特独自完成这些战功——直接把弗栗多打倒，肢解其尸体，救出被困的牝牛群。

在没有和因陀罗在一起时，摩鲁特偶尔也表现他们父亲鲁陀罗的凶神特征。因此，信众恳求他们避用霹雳、箭头和石块等，以免伤及家庭的人畜；同时还求他们要像他们父亲那样，给人间带来治疗疾病的药方。他们的药方和药物似乎就是水，因为他们是把雨水当作药物赠予人间。

《梨俱吠陀》神话资料证实：摩鲁特就是雷雨神队。Maruts 这个名字可能来源于词根“mar”（光照），因而得名为“光照之神队”。

兹从 33 支专用于赞扬摩鲁特的神曲中选译一支于下：

《摩鲁特赞》

（Maruts，风暴神赞）

（《梨俱吠陀》第 1 卷，第 85 曲，共 12 个颂。

作者为歌陀摩仙人，Gotamo Rāhūgaṇa)

1. 鲁陀罗子众，神奇迅行者，
沿途自装扮，犹如美妇人。
正因摩鲁特，天地得进化；
激动英雄队，陶醉祭仪中。

2. 鲁陀罗子众，魁梧体健壮，
证明乃伟大，天界筑殿堂。
歌颂因陀罗，获得神力量。
毕莉斯妮子，以此戴荣光。

3. 牝牛神诸子，饰物自庄严，
光辉随身带，晶亮锐利器。
以此全扫除，一切不吉祥；
沿其所行径，酥油在流淌。

4. 伟大诸战士，挥舞其长矛，
以威力摧毁，未曾摧毁者。
摩鲁特神力，迅行赛意念；
所驯雄马队，强壮气力大，
但将雌斑马，套于其车上。

5. 摩鲁特！
汝将雌斑马，套于汝车前，
速祭一巨石，镇妖战斗中。
随后复释放，血色雄马流，
滋润地上土，如沾水兽皮。

6. 摩鲁特！
让汝疾跑者，载汝到此来；
尽速往前奔，伸开汝双臂。
伏祈坐圣草，汝之大宝座；
甘美苏摩汁，敬请汝品尝。

7. 彼等自力强，益彰具伟大；
直登太虚空，制作宽广座。
毗湿奴驾到，协助醉公牛；
彼等如鸟群，喜坐圣草上。

8. 酷像英雄众，迅行如战士；
又若求荣者，列阵战场上，
诸有众生界，敬畏摩鲁特；
是此一班人，如可怕暴君。

9. 天匠达斯陀，技艺臻绝顶，
巧制雷电棒，金色镶千刃。
因陀罗用之，创立英雄业，
斩杀弗栗多，恢复水流动。

10. 彼等展威力，翻起深井水；
坚硬大山头，旋亦被劈开。
慷慨摩鲁特，吹响长笛管，
醉饮苏摩酒，创造光荣业。

11. 彼等将水井，横移到那边，
井泉便喷向，苦渴乔达摩。
光辉英俊者，趋前献帮助，
以神力满足，智仙所冀望。

12. 汝等为善信，营造庇护所，
扩充成三界，授予给彼等；
亦祈摩鲁特，将之赐我等，
财富与牛群，及优秀战士。

提要：本神曲共有12个颂，首先介绍摩鲁特（全体队员）是鲁陀罗与毕莉斯妮所生的儿子和他们与因陀罗大神的关系，他们的力量和威势是从因陀罗那里得来的，然后综述他们随因陀罗（有时单独）在天上人间利乐有情，降伏妖魔的种种功能德性的活动。

如下，按颂序详解：

颂1：描述摩鲁特在下凡应供途中，认真自我装扮，他们的行动起着推动宇宙进化增大的影响。“鲁陀罗子众”：是指摩鲁特（风暴神队）全队成员乃鲁陀罗与毕莉斯妮（牝牛）所生的众儿子。沿途：摩鲁特应人间斋主的祈请下凡应供途中。“天地得进化”：意谓摩鲁特伴随着因陀罗在天上人间所进行种种奇妙而神圣的活动对天地产生如此巨大的影响，竟是在推动宇宙不断发展，进化增大。英雄队：摩鲁特风暴神队。

颂2：讲述摩鲁特在天界，而不是在空界，修建自己的宫殿；他们因歌颂因陀罗大神而获得神奇的力量，并且为此而深感荣光。天界：在这里是说，摩鲁特神队（和因陀罗）本是天、空、地三界中的空界大神；但他们不在空界修筑自己的宫殿，而是在天界修筑。这反映摩鲁特的神威是和因陀罗及其他天界神明一样伟大。神力量：指因陀罗给摩鲁特的力量。因陀罗是吠陀神谱上主要大神之一。摩鲁特是他的助手和侍从。在这里，摩鲁特热烈地歌颂因陀罗的殊胜功德与神通，因而受到因陀罗的赞赏，并授给他们非凡的力量以示奖励。戴荣光：意谓摩鲁特因歌颂因陀罗而获得超凡力量，感到无限荣光。

颂3：描写摩鲁特，武器（雷电、风暴）随身带，用以扫除一切不吉祥的事物；一边飞行，一边降雨。牝牛神：即毕莉斯妮女神（母牛神），诸子：母牛神的儿子们（摩鲁特神队）。锐利器：摩鲁特随身所携带的霹雳、雷电、风暴。酥油：寓意摩鲁特的雷雨；暗指摩鲁特在其飞行的路线上，一边飞行，一边降雨，故说“酥油在流淌”。

颂4：称赞摩鲁特具有巨大无比的威力，能够摧毁一切未曾被摧毁过的坚硬之物；又有为其服务的强壮力大的雄马队和雌马队。诸战士：即摩鲁特神队。长矛：意指摩鲁特的闪电、雷雨、暴风雨。雌斑马：这说明摩鲁特平时喜欢用雌马来拉他们的座车。

颂5：信众向摩鲁特神队祈祷，恳求神队在把雌斑马套好于其座车前，即请祭出巨石（喻霹雳）镇压在战斗中的妖魔。然后请释放血红的雄马流，化作一床沾水湿透的兽皮，借此滋润大地。颂中的主词“汝”读复数（即摩鲁特神队的全队成员）。巨石：吠陀神话中雷电的异名。摩鲁特在与妖魔战斗中将手执的雷电霹雳当作巨石抛出以镇压它们。马流：即马群、马队；暗喻摩鲁特从空中释放的雨水。沾水兽皮：寓意：（a）受雨润湿的泥土就像一块宽大沾着水的兽皮；（b）兽皮制的水袋，盛满摩鲁特从天上倒下来的雨水，滋润人间大地。

颂6：信众举办苏摩祭典，祈请摩鲁特神队驾车下凡，尽速前来应供，品尝甘美的苏摩神酒。疾跑者：指摩鲁特的拉车马队。到此来：到人间的祭典中来。“尽速往前奔，伸开汝双臂”：意请摩鲁特坐上车后，伸开双臂，挥鞭督马，向前快跑。圣草：铺在祭坛地上祭礼专用的鲜绿小草，也正是献给摩鲁特的宝座。

颂7：本颂赞叹摩鲁特本身具大力量，能够登上太虚空，就地制作无限广大的宝座；其次表述摩鲁特与大神毗湿奴的关系。彼等：摩鲁特神队。自力强：摩鲁特自身本来强大，因此益显得他们更伟大。宽广座；意谓摩鲁特是以太空为他们的座位。“毗湿奴驾到，协助醉公牛”：这两句颂文有二解。一是，毗湿奴与摩鲁特的关系。摩鲁特是因陀罗的侍从和盟友，常伴因陀罗一起与恶魔战斗。但有时候，摩鲁特也表现为毗湿奴的好友。二是，毗湿奴与因陀罗的关系。吠陀经常说这二大神是亲密的朋友（RV. Ⅵ. 69），在超验的神通活动中，彼此互助。例如，因陀罗运用他的力量，支持毗湿奴迈出三大步走完天、空、地三界间的距离（RV. Ⅷ. 12. 27）。而毗湿奴经常支持因陀罗与妖魔鬼怪作斗争，特别是与大黑魔弗栗多的战斗。本颂说“毗湿奴驾到，协助醉公牛”，便是其中一例。醉公牛：是因陀罗的别称。因陀罗习惯在与妖魔对阵之前，先得痛饮苏摩神酒

“三池”，直至酩酊大醉，故得此名。

颂8：本颂盛赞摩鲁特神队乃惊天动地的英雄众。求荣者：求取战争胜利者的荣誉。诸有：即天、空、地三有（三界）众生。一班人：指摩鲁特神队。“如可怕暴君”：意指摩鲁特发动“霹雳列缺”所造成“雷霆万钧”的态势；在这种态势下，摩鲁特显露出的形相就像暴君的脸面那样凶恶可怕。

颂9：世间凡夫，每见精美绝伦的工艺品，总会“森然魄动”似地感叹曰：此作品真是“巧夺天工！”天工：意指天上的工艺神和他们的工艺作品。但是，人间的工艺品作者并没有登过天，跟天上工艺神学习工艺技术；而欣赏他作品的鉴赏专家或嘉宾也没见过有所谓天上的工艺神或工艺家。本颂作者似乎也知道，所谓“天工”只存在于神话。然而，他在本颂里却说真的有一位生活在天上的工匠，其名曰：达斯陀（Tvastā），并且颂扬他曾为因陀罗大神“巧制雷电棒”，让他用以“斩杀弗栗多”。这是说，黑魔弗栗多在一次魔法恶作剧中截断天上雨水，制造人间旱灾。因陀罗因而盛怒，祭起天工匠达斯陀为他制作的雷电，当场把它打倒，斩杀掉；随即恢复降雨，克服旱灾。

颂10：本颂再次称赞摩鲁特“移山倒海”的威力。彼等：即摩鲁特神队。“翻起深井水”：意谓摩鲁特运用神力，把水井当作水盆，将整个井从井底提拉上来，倒出井水，灌溉田地，“醉饮苏摩酒”：这是说摩鲁特和因陀罗一样爱饮苏摩酒。摩鲁特是因陀罗的侍从，因陀罗习惯在与妖魔对阵之前畅饮苏摩。摩鲁特在旁陪饮，和因陀罗一起，饮得酩酊大醉。光荣业：意指摩鲁特为人间翻井取水，劈山开路，以及和因陀罗一起喝酒降魔的神圣业绩。

颂11：摩鲁特神队将翻上来的水井推移到乔达摩仙人的打坐苦修处，让井水朝着仙人喷射，帮助他解除缺水口渴之苦。彼等：即摩鲁特神队。那边：乔达摩仙人苦修处。乔达摩（Gotama）：（婆罗门种姓）鸯吉罗斯族（Angiras）的一位苦行仙人智者。光辉英俊者：即摩鲁特神队。帮助：摩鲁特神队除用井水解除乔达摩仙人的缺水口渴外，还给他提供别的帮助，以满足他的冀望。

颂12：这是本曲的末尾颂，是一个祈祷颂。斋主可能是一位君主，也许是一个贵族。颂的前四句是为全体善男信女祈祷：后四句是为斋主及自己的眷属祈祷。汝等：即摩鲁特神队。善信：善男信女。庇护所：保证身体安全、心神宁静的地方，亦即所谓安身立命处。三界：天、地、空三界（三有、整个宇宙）。意请摩鲁特运用神力，把人间的普通庇护所，扩大到三界范围，从而使三界众生俱得到保证身心安全、宁静的庇护所。彼等：即善男信女们。我等：即斋主及其眷属仆役、士兵等。

伐陀—伐尤
（Vāta – Vāyu，风神）

风神，梵语有两个名字——伐陀（Vāta）和伐尤（Vāyu）；二者都是表明风神的物质现象（风原素）和它的神圣的人格化（神格）。不过，Vāyu 主要就神格而言，Vāta 主要表示它本身的原素（风）。前者常因与因陀罗合称 Indra – Vāyu（阳性，双数）；后者只是偶尔和致雨神（Vāta – Prajanyā，阳性双数）并列。在吠陀神谱里，风神（Vāta）不是首要大神，但被认为是众神的“气息”（呼吸、生命）；所谓“诸天之精魄，诸有之胎藏”（RV. X. 168. 4），是生物界，特别是人类中，最初出生的第一人（始生者），是宇宙客观规律的支配者（黎多）。他一方面是因陀罗的首席侍从官，另一方面又能够与因陀罗、婆楼那（司法神）、苏利耶（太阳神）、阿耆尼（火神）等大神平起平坐，共享斋供。风神是一位善神，具有崇高而神圣的品质，在他的住处，藏有丰富的“不死”妙药。他能够为人间提供医疗治病的方便，能够延长求长寿者的生命。

在《梨俱吠陀》里，Vāyu 只有一支完整的歌颂它的神曲（和若干与因陀罗并列的神曲）。Vāta 也仅有两支短曲，即第 10 卷第 186 和第 168 两支。本文选译了后者（第 168 曲）。此曲虽然只有 4 颂，却把风神特有的品格刻画得惟妙惟肖、活灵活现，充分体现出立体的审美风格，给人以美的享受。

《伐陀神赞》
（Vāta，风神赞）

（《梨俱吠陀》第 10 卷，第 168 曲，共 4 个颂。

作者为阿利洛仙人，Anilo Vātayana）

1. 风伯之神车，威力极强大，
摧毁敌碉堡，其声如雷吼。
迅行触天际，穹苍吐彩虹，
旋转于大地，尘埃纷飞扬。

2. 风神近卫车，超速随其后，
集合如女眷，节日赴会场。
与诸仙相聚，同坐一车乘，
周行宇宙间，称王全世界。

3. 依所走路线，跨越太虚空，
飞行无中止，一日亦不息。
众水之友伴，始生者黎多，
彼从何处生？从何方出现？

4. 诸天之精魄，诸有之胎藏，
正是此明神，任意逍遥游。
能听彼声音，不见彼身形，
吾应具牺牲，敬献此风神。

提要：本曲只有4个颂，但十分精确和生动地表述了风神超验性似的本性——“诸天之精魄，诸有之胎藏”和他的可感知而不可见的真相。他的运行和活动，无论直上穹苍，或横扫地面，都是飘飘然飞触到天地的极边。所以他能与其他大神同乘一仙车，遍游宇宙，称王全世界。

接下，按颂序详解：

颂1：描写风神独自驾驶神车飘游天际和大地的活动。神车：实际上就是风力本身。敌碉堡：意指高山峻岭。彩虹：意指（a）与风暴神队（摩鲁特）有关的空中电光；或（b）太阳东升之前的晨曦——乌莎女神。

按吠陀神话，风神力大，推动了乌莎施放晨光，故说每天早上天空的“彩虹”是因风力而引起的。

颂2：描述风神有一队近卫军随侍其后；他这次不是独自游荡宇宙，而是约其他神仙和他同车同行。近卫军：风神的近身卫队，意即“雨水”，紧跟在风神之后。集合：意谓风神的近卫军“雨水”，集合之快速，犹如女眷在节日迅速集合，共赴祭神会场。诸仙：既指风神自己的扈从（雨水），也包括风神的嘉宾，如因陀罗、婆楼那、阿耆尼等超级神灵。

颂3：表述（a）风在太空中的飞驰活动是按规定路线进行的；（b）风与水的密切关系；（c）风被拔高为世界物原之一。所定路线：即自然规律所规定的路线或方向。众水：泛指一切水域如河流、川溪、海洋等。友伴：表示风与水的密切关系。始生者：谓世界原初第一次出现的物质。黎多（ṛta）：宇宙原理，客观规律。“始生者黎多”：是把风原素拔高为宇宙本原。“彼从何处生？从何方出现?”是问风神的身世。回答见下文第4颂。

颂4：本颂回答上颂所问风神的身世。（风神是）“诸天之精魄”，诸天：即三十三天上众神明。精魄：即灵魂、神我。（风神是）“诸有之胎藏”，诸有：即天、地、空三有、三界。胎藏：意指孕育宇宙的胚胎、宇宙之母体。（“诸天之精魄，诸有之胎藏”这两句颂文，蕴含着深刻的哲理——风（物质）是物质世界和精神世界赖以形成、产生的基础）

祷主神
（毕利诃斯主，Bṛhaspati）

祷主的原文写法有两个，即 Bṛhas - pati 和 Brāhmaṇas - pati。这两个名词，各由两个成分（两个名词）复合构成。二者的前成分 bṛhas 和bṛah，均为从词根“bṛh”（祷告、祈祷）演变而成的抽象名词。从这个意义上说，祷主是一个无相抽象之神。按《梨俱吠陀》神话，火神阿耆尼人格化后，有两个不同的形相：一个是家庭的主人翁；另一个是家庭的祭司（主持家祭仪式的祭官）。祷主原来似乎就是阿耆尼的“家庭祭司”这一特征的反映。从这个意义上说，祷主同时是一个有相自然之神。

作为有相自然之神，祷主拟人化后，仅有少数几个具体特征。例如，描写他头上有削光的角；背脊蓝色，全身金红色。他用弓和箭武装自己，手上挥动着一个小金斧或一个铁斧。他有辆由红色骏马拉动的座车；这车子在运行中驱散鬼怪，冲破妖精的牛栏，赢得光照。祷主被称为众神之父，他就像一名铁匠（吹风箱）吹出了众神的诞生。他也像火神阿耆尼那样，既是一名家庭祭司，又是一名婆罗门祭司。他是一切祷词和圣诗的作者；没有他，祭祀不会成功。赞美他的神曲，曲乐风飘，直上云天；而他是与歌手联系在一起的。在若干诗篇里，祷主是与阿耆尼同一的，但他与阿耆尼的区别，则更加经常。祷主也常和因陀罗一起接受祈祷，分享因陀罗的光荣称号，如 maghavan（好施者）和 vajrin（执金刚杵者）。他因此像是一个角色被引入因陀罗解救母牛神话之中——由他的歌咏队陪侍着，祷主前去访寻被妖怪劫走的母牛群；他终于找到妖怪的牛栏，就在牛栏门前大声一吼“罗瓦”（rava 咒语），牛栏应声乍毁，石门洞开，所有受困的母牛，冲出牛栏，获得解救。

如上文说的，祷主原来似是阿耆尼的特征的反映；作为一名神圣的家庭祭司，他对早在《梨俱吠陀》初期业已形成独立性质的吠陀信仰进行把关；作为一名神圣的婆罗门教祭司，他又似乎曾经是 Brahmā（梵、梵体）的原型，是后吠陀的印度教“三位一体”中的首席主神。显然祷主纯粹是一个印度“土生土长”的神灵，在古波斯《阿维斯特》神话里找不到任何与之相类似的神迹。

祷主神在《梨俱吠陀》里有一支描写他的完整的神曲。此外，还有两支他与因陀罗合受歌颂的神曲。兹从其中选译一曲如下：

《祷主神赞》

（《梨俱吠陀》第4卷，第50曲，共11个颂。
作者为左提婆，Vāmadeva Gautama）

1. 祷主吼“罗瓦”，占据三座位；
以大威神力，分撑地四端。
聪明古仙人，思量拟推举。
善辞美舌者，作彼等首领。

2. 祷主神！
承汝大神力，夺回母牛群；
依然身安全，未曾受伤损，
肥美色斑驳，鸣声易辨识。
敬谢汝神功，我等制苏摩，
开怀畅饮已，酩酊步踉跄。
伏祈汝仁兹，保护牝牛厩。

3. 祷主神！
彼等众古仙，来自极远地，
如仪设祭典，为汝而坐下。

挖井取净水，运石榨苏摩，
丰富香醇液，滴滴洒十方。

4. 毕利诃斯主，最初诞生于：
顶层众天上，巨大光波中。
种姓至优越，罗瓦吼七口；
释出七道光，灼破诸黑暗。

5. 欢乐者一群，唱着赞神曲；
与之彼联合，怒吼破妖洞。
毕利诃斯主，声仿牡牛鸣，
驱出花牝牛，挤奶薰供品。

6. 万神之生父，此即牡牛神；
我等悉朝彼，合什稽首礼，
筹办祭神典，南无又献供。
我等愿率领，善德儿孙及勇士；
共求彼庇护，成就财富主！

7. 正是该国王，拼搏又英勇；
完全歼灭尽，所有敌势力。
彼善待祷主，供养与尊敬；
赞扬神欣纳，供品前一分。

8. 国王居住在，牢固己宫室，
如常供奉彼，圣化美食物。
国王及臣民，自发敬礼彼；
婆罗门教士，优先于王者。

9. 不可抗拒者，其所赢财富，

有属敌对者，有属己国民。
国王享繁荣，帮助教士故；
诸天明神众，则来支援彼。

10. 帝释因陀罗，毕利诃斯主，
请饮苏摩酒，陶醉此祭典。
是汝二真神，具大财富者！
蜜汁提神剂，滴入汝二神；
伏祈赐我等，财宝及子孙。

11. 毕利诃斯主，帝释因陀罗，
二神同垂顾，繁荣泽我等。
二神施慈悯，神恩惠我等；
赞赏唱圣曲，引生善回报；
敌人及对手，敌意遭弱化。

提要：本神曲共有11个颂，歌颂祷主是万神之父，具大神力，支撑大地四方（宇宙十方）；古今远近仙人智者，络绎前来，谒见致敬。祷主诞生在天界的顶层，属四姓最高的婆罗门种姓。祷主原是火神阿耆尼的一个化身。这个化身游化经验世界，化作人间家庭祭祀的主祭祭司。祷主本身是婆罗门祭司。婆罗门教举办重要的祭典，必须请四位祭司共同主持；四祭司中，他便按规定，选为首要的第一祭司（召神祭师，在祭典开头，持咒召请有关神明降临，启动祭祀活动）。“祷主，Bṛhaspati”一词的哲理含义是超验的“梵 Brahman”。祷主的化身乃“梵”的外观存在。在神学上，祷主的化身则是后吠陀“三位一体”的三大神组中之一：“梵天”。祷主与因陀罗同是吠陀神谱上的一级大神。在本神曲，二神（祷主与因陀罗）表现为爱饮苏摩甜酒的酒仙。二神还有共同的战斗任务：共同出发，挑战凶神恶魔，祭出神通，打倒它们，从而造福、利乐人间信众。

如下，按颂序详解：

颂1：本颂歌颂祷主的威德（神化的特征），并从几个方面进行描述：

第一，吼“罗瓦”：罗瓦（rava），意即“吼声”、“吼叫”，也就是大吼一声。但在这里，“罗瓦”是祷主口念的咒语，特在抢救母牛时使用（吠陀神话：妖怪“伐拉 Vala”劫走一队母牛，并圈在妖怪所在的牛厩里，祷主追去解救，在妖怪围栏门外，高声念出“罗瓦”咒语，围栏石门，应声洞开，母牛群立即冲出石洞，获得解救）。第二，“占据三座位”：三座位，意指“三盏灯火”，是用来指称火神阿耆尼的专用称号，吠陀人的家庭，日常必须点燃灯火一盏，再由一盏点成三盏，分放在三处。这三盏灯火，便是家庭祭火，同时也是火神阿耆尼的代码（化身形式）。家主即请他（火神）为首要祭司，主持家祭，也就是所谓家庭祭官（参看本书《阿耆尼赞》二．RV. V. Ⅱ．2）。祷主和火神的关系，可以追溯到二神的神源——梵（Brhman）。因此，“三座位”——“三盏灯火”，虽然可以说是祷主和火神的共同别称，但在本颂则是突出地和侧重地点明为祷主的特征。第三，“支撑地四端”；地四端，意为地球四周的边界，亦指地球的东西南北的四个方位。支撑，意谓祷主以其超验的大威力创造了地球（宇宙），同时支撑它稳定地存在（这种创世神力是吠陀神话中的大神们所共有的）。第四，被选为古今仙人中的首领，首席智仙。在本颂，祷主的化身有两个形式：其一是，祭司中的首席祭司；其二是，仙人中的首领仙人。仙人：主要是婆罗门种姓的智者、诗人、祭司、苦行者等。美舌者：是说祷主拟人化为婆罗门种姓智识分子。他博览吠陀经，精通奥义书，在任何学术研讨场合，都能解析奥义，精辟独到、深入浅出，口若悬河；而言辞雅善，生动感人、服人、启发人，故曰“美舌者”。

颂 2：虔诚近事祷主神的信众（包括仙人、祭司）倚靠祷主的威德和神通，夺回被“伐拉”妖怪劫走的母牛群。他们特在本颂向祷主表示感谢（请参看前边颂 1 有关“罗瓦 rava”的解说。颂 1 说祷主亲自去夺回母牛；本颂则说，信众借祷主帮助而夺回母牛群）。颂的第 3、4、5、6 四句是描写被救回来的母牛群状况的定语。鸣声：意指人们走到关禁母牛群的妖洞外围时，听到母牛的鸣叫，便确认母牛群是在妖洞里。这些母牛体色斑驳，体格肥美，未受任何伤害。

颂 3：本颂叙述一批古老仙人（苦修得道的古老婆罗门道者）来自遥远的地方，专为设祭、供养礼敬祷主神。“如仪设祭典”：意谓来自远方的仙人，举办礼拜祷主神的祭典是严格遵循吠陀经的规定进行的。“为汝而坐下”（这似是颂的作者对祷主说的话）：古仙人从极遥远的地方来到本处，主办这一隆重祭典，正是为了向你行礼致敬，并且在这祭坛圣草上坐下，为你念诵吠陀神曲。取净水榨苏摩：这是祭典正式启动之前必须事先做好的两件事，即（a）取净水。按规定，设坛祭神、祭坛须先净化，清除秽物；而净化的方法就是取井里的净水来遍洒祭坛外围四周。（b）榨苏摩。苏摩树的树枝，需用石块压榨，榨出汁液，作为主要供品，献与祷主神。香醇液，是说苏摩树汁的味道，如美酒香甜醇厚。

颂4：诗人从下述几个方面塑造祷主拟人化后的具体形象：（a）祷主从最高天上一道强大的光波中诞生，是宇宙最初诞生的第一主神。所谓“最初”，是说在万神中，祷主是最初在宇宙出生之神；他在出生后创造出天、空、地三界诸神。“顶层众天上”的“众天”，按吠陀神话，是指住在天界的11个神。“顶层”是指在这11个神所住的世界之上的世界，也就是最高天界。（b）祷主身份高贵，在四种姓社会中，属第一种姓，即最优越的婆罗门种姓。（c）“罗瓦吼七口”：“罗瓦”是祷主的镇妖密咒，也是他的怒吼声。祷主有七个口，可以同时发出同一怒吼声。妖魔鬼怪，邪神恶人，闻之，莫不魂飞胆丧，夺路逃命。（d）七道光：祷主神体，天然庄严，神光七道，光波辐射整个宇宙，灼破一切黑暗现象（祷主的神光，其实就是太阳神之光。太阳也可以说是祷主的另一化身，即其人格化的另一个有相自然神相。RV. Ⅱ. 35. 10）。其次，祷主的神格在后吠陀发展为婆罗门教的“梵天 Brahmadeva”，宇宙第一神，创世主；但保留祷主的原始特征（Brahmā）。

颂5：本颂再一次讲祷主率领一群信众同去解救被妖怪劫走的母牛群。“欢乐者一群”：一群，意指鸯吉罗斯族的群众（梵语 Angiras，或 Angira，原是一位古仙人的名字。这个族的群众可能是在他之后繁衍起来的后代子孙）。“与之彼联合”：彼，即祷主神。与之，意即和鸯吉罗斯族的群众联合起来，由祷主神率领他们一起前去解救被妖怪劫去的母牛群。祷主和群众发现母牛群被力魔伐拉劫走，圈藏在它的妖洞里。找到妖洞后，祷主领着群众在洞口外，齐声大吼“罗瓦 rava”咒语，洞门应声敞开，立即把母牛群赶出妖洞，带回到安全的牛厩（按 RV. I. 62. 3 颂，鸯吉罗人是在因陀罗及毕利诃斯主的联合带领下，找到被劫走的牛群）。“声仿牡牛鸣”：意谓祷主找到妖洞，救出母牛群，他一边模仿公牛鸣，一边借此声音驱赶母牛群回到安全的牛栏。花牝牛：即被救出来的身带花斑的母牛群。薰供品：被救回来的母牛群在安全地方恢复挤奶，奶香薰供品，使之更加色美味甜。

颂6：本颂描述信众歌颂祷主的神德，并恳求祷主神赐予庇护与帮助。“万神之生父”：意谓宇宙万神皆由祷主所创造，故祷主名副其实，乃一切神的父亲。“此即牡牛神”：吠陀神话，常用牡牛来比喻具有强大威力的神。这里虽以牡牛来喻说祷主，但祷主的威力，远非牡牛能比。“我等悉朝彼”：我等，指国王及其臣民。彼，即祷主神。南燕（namas）：敬礼、行礼；意谓举办祭典，就是为了向祷主致敬礼和献供品。善德：善行的品德。勇士：保卫国家的英勇战士（从本颂至颂9是写祷主与经验世界的关系）。

颂7：本颂赞扬国王的英勇和对祷主神的尊敬与供养。该国王：指上一颂（颂6）说的“我等”（国王与臣民）。彼：国王。神：祷主神。“供品前一分”：前一分，即供品中的第一部分，正是供品中最好的部分。祷主神欣然接纳了这一部分美食；国王认为这是祷主神对他特别垂顾与关爱，衷心感激：神恩广庇，神德无量。

颂8：本颂似是再次强调半奴隶半封建社会四种姓（阶级）高低贵贱的区别。颂的前四句，讲国王在皇家宫室礼拜、供养祷主神。“圣化美食物”：圣化，意同神化、净化。神化，是指供过神明的供品；净化，是指供神之前，事先对供品进行诵咒，点水净化过的供品。颂的后四句，讲国王与臣民自动对祷主神礼拜献供。在“臣民”中有的是婆罗门种姓者。按吠陀教规，在宗教祭神事务上，必须先请婆罗门布置、主持，其次才轮到国王（及普通群众）；因为前者的身份在四种姓社会中比后者高一等。

颂9：本颂讲国王如何分配战利品。“不可抗拒者”：国王。财富：国王战胜敌人所斩获的战利品。战利品中有一部分原属敌对者，另有一部分原属本国国民。“帮助教士故”：故，意同原因。国王所以得享繁荣的国运，是因为他乐善好施，慷慨给予婆罗门教士（祭司）以帮助，特别是给予他们以物质的支持。支援彼：支援国王。国王支援婆罗门教士在先，因而感动诸天神明，给予国王以回报，特去支援国王。

颂10：本颂（及下边颂11）特写因陀罗与祷主神的关系。信众向二神敬苏摩酒，并祈求二神赐财宝及子孙后代。帝释：因陀罗的别称，帝释因陀罗（Śakra－Indra），汉梵合注，复合名词，即因陀罗。“陶醉此祭典”：意谓在此祭典，因陀罗与祷主接受了信众献上来的苏摩美酒，持杯满盛，开怀对酌，竟至酩酊大醉。蜜汁：苏摩树汁，也就是苏摩酒。

颂11：本颂同时颂扬因陀罗和祷主神的神德、神恩，并阐明歌唱吠陀神曲必得福善的回报。“繁荣泽我等”：意谓由于因陀罗和祷主神的照顾，繁荣兴旺便会泽及我等。“赞赏唱圣曲”：意谓因陀罗与祷主鼓励信众唱圣歌，可以因此获得福善的回报。

阎　　摩
（Yama，阎罗）

阎摩，即俗称“阎摩王”或“阎罗王”，为Yamarāja（阎摩罗阇）的梵汉合译称号，是吠陀神话所说的地下世界（地狱）的统治者。《梨俱吠陀》有4支描写阎摩的神曲（RV. X. 14、135、154、10，共39个颂）。其中第135曲载有一个故事：往昔有一个名叫无觉（Naciketas）的婆罗门族青年奉命往谒阎摩王，回来后，朗诵这支神曲（即第135曲）细说他访问的经过。他说阎摩是天神之一，有许多天国神友，与大神婆楼那、祷主神，尤其是与阿耆尼（火神）的关系十分密切。阿耆尼是阎摩的合作伙伴，是他在祭坛上的祭官，同时是死人亡灵去处的向导。他在那里还见到刚辞世的父亲（亡灵）。父亲正在寻求与远古的祖先们建立友谊。他发现阎摩王的领地是一个地道的鬼魂王国，是人间亡灵最理想的归宿地。他描绘阎摩王用作日常起居的寓所，是一座规模宏伟的天上建筑物，是一座雕梁画栋、金碧辉煌的殿堂。阎摩偕同他的天眷生活在那里，日夕与神群仙侣畅饮苏摩神酒和酥油，欣赏他喜爱的管弦乐器，特别是箫笛的演奏。无觉婆罗门肯定地说，阎摩在这遥远天边一角所建立的王国是一个极乐的世界，而不是充满苦难的地狱。

阎摩本来是一位天上的大神，具有不可思议的神威和至善至美的品德；但他同时现身为凡人，而生养他的双亲却是神人。父亲是毗伐斯瓦特（Vivasvat，太阳神系之一神），母亲是莎兰妞（Saraṇyū，迅行女神）。这对神性夫妻共育二子一女：长子阎摩（Yama），次子摩奴（Manu），小女阎美（Yamī）。其中阎摩和阎美是一对孪生兄妹。据《阿闼婆吠陀》，阎摩既是人类最初出生的第一人，同时也是人类最先死亡的第一人。他死后升天，在天边的一角创建了一个鬼魂王国，专门收集先死者和后死者的亡灵；然后和他的合作伙伴阿耆尼一起，引领它们（死人的灵魂）“移民”到他的王国，做他的臣民，安居享乐。故他别称为“人类（亡灵）的收集者”。

阎摩除了有阿耆尼作为合作伙伴外，还有两条天狗作为他的保镖和信使。这两条天狗，其母是帝释因陀罗的爱犬莎罗摩（Saramā），一出生便各有四只眼睛，长着一身浓密的花斑毛，高大鼻子，气力无穷；现在担任阎摩王的助手兼保镖。它俩的主要任务是：作为阎摩王的特使，昼夜游弋人间，传播死亡信息，捕捉死人的亡灵。其次，负责把守（鬼魂或亡灵）进入阎摩王国必经之路的关卡；对那些由火神阿耆尼引导前来的亡灵或鬼魂，进行严厉的盘查与审问。猫头鹰和鸽子也说是他的信使。他用以惩罚鬼魂的脚镣据说等同婆楼那大神的镣铐。他在众多亡灵的恳求下，允应让它们常有阳光的享受。

阎摩的神话史可以上溯到印—伊时期；因为《梨俱吠陀》说的 Yama 和 Yamī（阎摩与阎美）是人类最初由其产生的第一对孪生兄妹（男女），而后者完全同于《阿维斯特》所说的 Yima 和 Yimeh（伊摩与伊妹）。阎摩本身在那个时期可能被尊为黄金世代的一位圣王；其次，在《阿维斯特》，阎摩是人间的统治者，而在《梨俱吠陀》，他是天上乐园的主宰。

兹从四支描写阎摩王的神曲中选择其中一支，即第 135 曲，并解读于后。

《阎摩赞》
(Yama)

（《梨俱吠陀》第 10 卷，第 135 曲，共 7 个颂。
作者为驹摩罗，Kumaro Yamayana）

1. 在该树下，枝繁叶茂，
阎摩天众，开怀畅饮。
我等父亲，一族族长，

正在联系，友好先辈。

2. 彼在寻求，先辈友谊。
行动蹒跚，沿斯恶途。
睹此场景，深感不快，
但仍渴望，与他再会。

3. 孩子！
崭新车子，无有车轮，
但装一辕，朝向十方。
正是此车，汝曾想造，
缘汝升天，故未得见。

4. 孩子！
汝驾车子，滚动往前，
已经离开，司仪祭官。
随后举行，娑摩祭典，
放在舟上，从此远去。

5. 谁生此子？谁开彼车？
今日之事，谁来交代？
与此相应，是何准备？

6. 车子配有，相应装备；
在车顶上，装有顶篷。
车前铺设，操纵底盘；
车后开通，进出道口。

7. 此乃阎摩，神圣宝座；
宝座又称，诸天殿堂。

彼之仙笛，已被吹响；
颂歌高奏，庄严阎摩。

提要：本神曲（RV. X. 135）共有 7 个颂，主要叙述一个婆罗门青年奉父命前往阎摩王国，拜谒阎摩王；回阳世后，详说他在阎摩王国的见闻。其次描写父母对刚刚去世的儿子的哀悼。下边，按颂序讲解：

颂 1：这是关于阎摩王及其王国的描绘。按吠陀神话，往昔有一个名叫无觉的婆罗门族青年，奉家族命前往地府，谒见阎摩王。返回地上后，他向家人朗诵这支神曲（即此 RV. X. 135），细说他访问地府的经过（本颂的第 1 句："在该树下……"他就是从这句话开始讲他这次阴府旅游的见闻——本曲颂 1、颂 2 的内容）。本颂的前四句，是讲阎摩王天上的极乐生活。"阎摩天众"：阎摩王与其神友们。无觉婆罗门说，他在地府看见阎摩王与众神同在大树下畅饮神酒。颂的后四句，是无觉婆罗门讲他在地府见到他刚死不久的族长与早死的祖先相聚的情况。"我等父亲，一族族长"：无觉婆罗门说，他在地府还看见刚死不久的族长（一族之父）正在联系比其早到阎摩王国的先祖们（亡灵），以期友好相处。

颂 2：本颂继续记录无觉婆罗门所讲他在地府的见闻。无觉婆罗门继续说："在地府，我还看见族长（亡灵）正在寻求早到阴府的先祖们（亡灵）的友谊。他蹒跚地行走在这么一条险恶的道路上。这样的情景使我感到恶心，很不愉快，尽管如此，我还想在离开阴府之前再看族长（亡灵）一次。"颂中的"彼"，指无觉婆罗门的族长的亡灵。先辈：比无觉的族长先死，早到阎摩王国的祖灵。恶途：险恶的道路，特指鬼魂前往阎摩王国的必经之路。场景：指无觉婆罗门在阴府目睹族长（亡灵）沿着通往阎摩王国的险途慢步走去的现状，心里难受，不安。再会：无觉在离开阴府返回阳世之前，仍然想再一次与族长（亡灵）相见。

颂 3：（从颂 3 到颂 6 是写父母、亲人对刚死去的儿子的悼念活动）本颂是记父母在亡儿灵前的讲话。孩了：父母（或亲人）对刚死去的儿子（亡灵）的呼唤。新车子：是一辆无轮的小车，车前只装有一根木辕，但能向所有方向驶去。"正是此车"：此无轮小车正是儿子生前想制作的，但未制作的车子。父母今为儿子制成此车，但万分遗憾，儿子已死，亡灵升天，无缘来看曾想制作的车子。

颂4：父母继续在亡儿灵前（可能在亡儿尸旁）讲话。父母告诉亡儿已为他（亡儿）做了两件事。第一件事：父母请来婆罗门祭官，主持他（亡儿）的葬礼。祭官念经持咒，产生奇妙的潜神力。孩子（亡儿），你可以借此神力，驾驶爸爸为你制作的小车，让车轮滚动运行起来。它正载着你（死儿的亡灵），离开主持葬礼的祭官，向阎摩王国方向迅速驶去。第二件事：在此之后（亡儿驾车走了之后），父母还为亡儿举办一台“娑摩祭典”。祭典圆满后，放在小舟上，让它（整个祭典及供品）随小舟乘风破浪，驶向远方，或他世界。此中“娑摩祭典”是指念诵《娑摩吠陀》（Sāmaveda）神曲的仪式。父母举办这个“娑摩祭典”，目的在于祈求阴阳二界的神祇在他们的亡儿的灵魂前往阎摩王国的全程旅行中提供安全的保证与保护。

颂5：死儿（的亡灵）驾着父母给造的小车，直奔阎摩王国。到达后，阎摩王看见这个幼童的亡灵，十分惊奇，因而向左右侍神问道：（a）谁是这个孩子（亡灵）在阳世的生身父母；（b）谁开孩子的车子把他的亡灵送到此地来？（c）今天，这件事情（把死孩的亡灵送到阎摩王国来的事），应由谁来向我（阎摩王陛下）报告；（d）与此事相关的，事先有何妥善的准备或具体的安排？

颂6：本颂似是一张车型图，图上标明死儿（的亡灵）前往阎摩王国时所驾驶的小车的车身和车子内外各部的装备。

颂7：本颂描写阎摩王的王宫和他在这宫里的娱乐现场。宝座：阎摩王的宫室，是一座规模庞大的天上建筑物，是一座金碧辉煌的殿堂，阎摩偕同天眷生活在那里，日夕与神友仙侣畅饮苏摩甜酒和酥油，欣赏他喜爱的管弦乐器，特别是箫笛的演奏。仙笛：特指阎摩王最喜欢的乐器，最爱听它在被吹奏时发出的乐音。

以上是本曲7个颂的内容，综合起来，从正面角度看，是在肯定一个说法（传说），阎摩王国是一个处在天界一隅的乐园，被接引到那里的“移民”（人间死者的亡灵），无有痛苦，但享欢乐。从反面角度看，这些内容是在否定另一说法（传说）：阎摩王国是一个地狱，痛苦的渊薮，被引导到这里来的人间死者的亡灵，没有欢乐，但受万苦。

苏　　摩
（Soma，苏摩树神）

苏摩，原文是 Soma（词根："√Su"，意为"压榨"），是一树名——著名的苏摩树；神格化后，成为"苏摩树神"。《梨俱吠陀》有 120 多支歌颂苏摩的神曲（绝大部分在第 9 卷，约半打见于别的卷里）。所以，苏摩在吠陀神谱上占着仅次于阿耆尼（火神）的重要位置。他的拟人化特征，比之因陀罗或婆楼那的拟人化程度，略有逊色；在神群中，苏摩树身和它的树汁在吠陀诗人的心目中始终似有被偏爱的迹象。苏摩的拟人化形象：手握锐利可怕的武器，挥动一把神弓和装有千支矢镞的尖锐箭矢。他有一辆座车，由天上一队像风神那样的神在牵引，说他驾驶和因陀罗的车子一样的车子，并称他是御者中的特级好手。在大约半打神曲中，苏摩分别与因陀罗、阿耆尼、补善和鲁陀罗组成各个不同的二元神体（二神组合形成）。有时候，因陀罗的近身侍卫摩鲁特（暴风雨神组）也前来伺候他。他不时受请光临信徒们兴办的祭典，坐在铺地的圣草上接受斋供。

苏摩树汁是醉人的酒，通常称之为 madhu（蜜味的饮料）；但人们最喜欢叫的名字是 indu（晶莹的蜜滴）。苏摩树的颜色是棕色、血红色，显得比较普通的是茶色。《梨俱吠陀》第 9 卷一整卷是由献给具体化的苏摩树神的真言咒语所构成，并且附有指导制作苏摩神酒的程序（方式方法）：（1）准备苏摩树茎和合适的石块；（2）用石块压榨苏摩树茎，直至压榨出树汁；（3）引树汁流入一个预制的木质过滤器；（4）树汁经过滤净后便成为净化的苏摩汁——苏摩神酒；（5）最后，将苏摩酒灌入大桶或大缸，用以祭祀端坐在祭坛地面的神圣草褥上的神灵。然而，这个榨取苏摩汁的程序却因混乱和没完没了的神秘想象而变得禁止再用似的。净化后的苏摩汁有时候叫作“纯净的汁”（Śudha），但称它为“白净的汁”（Śukra）则是最普通的。其次，将净化后的苏摩汁放进木桶或瓦缸，会因与水和牛奶混合而成甜的，而这白净的甜汁几乎是单独地献给伐尤（风神）和因陀罗享用的。苏摩汁据说有三种混合法，即与牛奶、酸奶和麦芽三物分别混合而成三种混合饮料。这种混合法还寓意为一种美观的服装或一件靓丽的锦袍；苏摩因此而被描绘成“美所装饰的”。按惯例，压榨苏摩一天三回：暮时榨，请利普（Ṛbhus）工艺神组（三工艺神）来做；午时榨，请因陀罗单独一神来做；晨时榨，这次所榨的树汁则为因陀罗一天的第一次饮料。至于说苏摩有三处住地，这可能是指用于祭仪中的三个盛苏摩汁的木桶。

苏摩与水混合所造成的关系，在表述上是最为纷繁多样的。例如，说苏摩是在诸水中生长的水滴，是诸水的胚胎，或是她们的婴儿。诸水是苏摩的母亲，或说是他的姊妹；又说他是河流的主人和国王；是他生产水，让天地都有雨水。苏摩汁滴下来所造成的声音，总是使用夸张的语言来表示，如采用表示吼叫、咆哮或雷鸣的动词；他因此往往被看作一头公牛，活动在象征母牛的水中。苏摩行动神速，像是“神行太步”，常被比作一匹骏马，或比作一只飞往森林的飞鸟。苏摩的黄颜色，反映他的光辉——他的具体物理化方面；而正是在这一方面，吠陀诗仙是最不惜笔墨来描写的。他因此常被比作太阳，或说他和太阳在一起。

苏摩汁令人饮后产生兴奋的力量导致它被看作一种能让人获得长生不死的神圣饮料。因此，它被誉言为“不死甘露”（amṛta），所有的神性生物都爱饮它，借以求得永存不死的境界。它不仅把长生不死赐给神仙，而且也授予凡人。苏摩还有治病的力量，不论什么病，他（人格化的苏摩）都能医治：让瞎子复明，让瘸子走路；刺激不发音者发音，他因此被誉为语主。苏摩是一位圣诗神曲的创作者、诗歌艺人的导师，唤起信众的热情思维和虔诚信仰。他又是祭官中的智者，智慧渊博，最受敬重；总之，苏摩是一位智神，洞知各种不同的神族。

苏摩蜜汁的刺激性效果最为诗人所强调，认为它是一种在因陀罗与敌对势力斗争时输进他身内的刺激剂。故苏摩能够振奋因陀罗与黑魔弗栗多战斗的勇气。这一点竟占数不完的篇章的记叙。因陀罗的战功和宇宙行动，应该说，主要归功于苏摩。因陀罗是战斗中不可征服的胜利者，是为战斗而降生人间。作为一名战士，他为其虔诚信徒赢取所有的财富。

苏摩虽然被多次说是住在或生长在崇山峻岭，但他真正的诞生地和安居处却被认为是在天上。他被称为天之主宰，统管天国，而他所在的位置是最高层的天界；他就是从这一最高天界被带下人间。体现这一信仰的神话，是雄鹰把苏摩带给因陀罗的神话，并有两支神曲（RV. Ⅳ.26、27）详细记述此事。由于苏摩是草本植物中最重要的植物，据说他曾经降生人间成为植物之主宰；除了他与草本植物的关系，苏摩就像主要的天神，被欢呼为神仙与凡人的国王。在最晚的几支《梨俱吠陀》神曲中，苏摩开始与月亮同一起来；在《阿闼婆吠陀》里，多次说苏摩就是月亮；而在梵书系统里，苏摩与月亮的同一化则已成为通俗的说法。

我们知道，（在印度）制作和供奉苏摩（即波斯《阿维斯特》的豪摩Haoma），曾经是印—伊祭神仪式中的一个重要特点。据《梨俱吠陀》和《阿维斯特》二书中的叙述，人们压榨苏摩（豪摩）树茎取汁，其汁黄色，和以牛奶；二书又说，苏摩生长在高山上，而其神秘之家则在天国，他就从那儿下降地界人间；又说苏摩饮料变成为一位威力强大的神，并且被称呼为王；此外，还说有许多与苏摩有关的其他神话特点。

苏摩是一种产自天国、带刺激性的神圣饮料，这一信仰，可以将其历史追溯到印欧时期。当时一定被认为是蜂蜜制的酒。

兹从众多歌颂苏摩树神神曲中选译如下一曲《苏摩树神赞》：

《苏摩树神赞》

（《梨俱吠陀》第8卷，第48曲，共15个颂。
作者为波拉伽耶仙人，Pragāya Kāṇva）

1. 我凭善机智，享受甜美食，
引生善思维，最能排忧虑。
所有天神众，及世间凡夫，
欢聚在一堂，称之为蜂蜜。

2. 当汝入其内，作为抚慰者，
遂成无缚女，平息神怒气。
蜜汁！
汝有因陀罗，帝释天友谊；
伏祈汝助我，迅速获财富；
如驯良牝马，套轭奔向前。

3. 吾人饮苏摩，成为不死者，
到达光天界，礼见众天神。
请问不死神，今有何敌意，
有何凡夫恨，可以伤吾人？

4. 蜜汁，吾人畅饮已，心灵获快慰！
苏摩，犹如一慈父，酷爱其亲子！
盛名远闻者，犹如一良友，善待其朋友！
苏摩，伏祈佑吾人，生活寿长留！

5. 饮已甜蜜滴，光荣赐自由；
使我与关节，连接成一体；
如牛车套带，调系于一处。
愿蜜滴保护，我腿免折伤；
愿蜜滴保护，我脱离病苦。

6. 正如阿耆尼，摩擦而生火；
汝使我振奋，又启发我等。
让我等更富，苏摩！此刻，
在汝麻醉中，我自觉富裕，
为兴旺发达，请进入我等。

7. 我等以诚心，榨出汝蜜汁；
我等愿分享，如父亲财物。
伏祈苏摩王，延长我寿年；
犹如苏利耶，之于春季日。

8. 神王苏摩！
仁慈爱我等，是汝善信众，
为求福乐故，敬祈汝知之。
苏摩蜜汁！
此中有明智，亦有愤怒生；
祈勿顺敌意，将我等抛弃。

9. 苏摩，
吾人身体保护神！
汝乃人之明察者；
入住人体之四肢。
提婆，
吾人若违汝法令，
恳如良友施仁爱，
为求更大福祉故。

10. 我愿去亲近，慈善好朋友；
彼虽在醉态，不致伤害我。
赤兔马主人！
是此苏摩汁，储存在我处；
帝释我近事，求延我寿限。

11. 疲劳已消失，疾病均速离；
黑暗恶势力，亦已被吓退。
苏摩以威力，扶持护我等；
到达此境界，寿限得长延。

12. 众先祖！
    苏摩树蜜滴，我等心中饮；
    不死者进入，有死者吾人。
    我等备祭品，上供苏摩神；
    幸得沐恩于：彼之慈念与仁爱。

13. 苏摩！
    汝与诸祖先，欢聚在一堂，
    扩展汝自身，充遍天地间。
    蜜汁！
    我等备供品，恭敬献给汝；
    我等将成为，众财富主人。

14. 保护神提婆，说话护我等；
    睡眠与闲淡，不来扰我等。
    我等永远是：
    苏摩树神之亲人；又有众多好子弟；
    我等如仪办圣祭。

15. 苏摩！
    在一切方面，汝赐我力量；
    光之发现者，人之洞察者。
    蜜汁！
    请汝入吾人，惠施助相应；
    祈汝护吾人，于前或于后。

提要：本神曲是《梨俱吠陀》第8卷，第48曲，共15个颂。作者为波拉伽耶仙人。本曲事实上是一首最优美的赞美诗，赞美苏摩树神最完美的神性和神格（形相）：（a）苏摩树的树汁，甜美纯净，天上人间公认它就是和蜂蜜一样。苏摩树在神格化、拟人化后，变为苏摩树神，其神的特质、特征并未减少苏摩树汁原来的甜美程度，因而，像超级醇和的美酒，受到人天共同喜爱。（b）苏摩树神（以其化身）参与俗谛生活。他像慈父或良友那样接受和保护虔诚的信众，鼓励他们修学苏摩树神的神谕，力争在实践上证悟到这样的圣境——苏摩树神的“不死性”（amṛta）顿然进入自己的“凡夫”肉体，后者因此羽化为“不死”之体，上升天宫，和天神同乐。（c）苏摩树神是大神因陀罗和阿耆尼（火神）的好朋友、好伙伴；他们三神在天上人间共创数不清的利乐众生的奇迹。最著名的例子：苏摩树神邀请因陀罗畅饮苏摩神酒；酒后，因陀罗振奋战斗精神，直赴战场，一举打倒黑魔弗栗多。

接着，让我们按颂序逐一讲解苏摩树神展示他的苏摩树汁的神奇妙用：

颂1：诗人（本曲作者）首先赞叹苏摩树汁无比甜美的特质，并肯定地认为，苏摩树汁的甜美等同蜂蜜。我：本曲作者或信仰苏摩树神的善男信女。甜美食：即苏摩树汁。善思维、排忧虑：反映苏摩树汁饮后所产生的效力。“欢聚在一堂”：意谓神仙与凡人无不喜爱苏摩树汁，因而走到一起，畅饮苏摩树汁。蜂蜜：认为苏摩树汁的甜味无异于蜂蜜。

颂2：本颂的前四句，续讲苏摩树汁饮后产生的效果。汝：苏摩树汁神格化的形相（化身）。入其内：入于信徒体内，意即信徒饮了苏摩树汁。抚慰者：苏摩树汁进入人体之后，即作为对饮汁人的心灵进行抚慰的抚慰者（意即，信徒饮了苏摩树汁，即获苏摩树神赐予精神上的安慰与快乐）。无缚女（Aditi）：印度自由女神，能使人消灾免罪。“平息神怒气”：意谓偶因过错而得罪于神；但是如果苏摩树汁入其体内（饮了苏摩树汁），则等同无缚女神在其体内，可以立即为其平息神的怒气。颂的后六句，描述信徒祈求苏摩树神让他加速获取财富的步伐。蜜汁：苏摩树神的别称。因陀罗—帝释：梵汉合译一神名号：“因陀罗”即“帝释”；“帝释”也正是“因陀罗”。意谓苏摩树神，汝在享有因陀罗友谊的同时，祈请汝助我加速我发财致富的步伐。这如驯服的牝马，加鞭使之向目标快跑。

颂3：前两个颂（颂1，颂2）描述苏摩树汁饮后所产生的效应，是物质性和精神性的。本颂（颂3）表述苏摩树汁饮后所产生的效应，则是高级精神性的和超高级精神性的。不死：苏摩树在此神格化为“阿弥利陀，

amṛta，不死树”。不死树的树汁，谁饮谁获“长生不死”（类似希腊神酒nectar）。不死者，既指已饮过不死树汁的天上神众，也指现在和未来欲饮不死树汁的凡夫信众。本颂的“不死者”，是指后者而言。光天界：天上纯光的世界，是不死者天神的世界。人间信众饮了不死树汁，成为不死者，故能上升天神所在的不死世界，礼敬天神，享受天乐。颂的后四句，是说我们现今喝了不死的苏摩树汁，已成为不死者，请问还有什么敌意、怨恨这些烦恼来干扰我们？也就是说，敌意、怨恨的烦恼已离开我们。

颂4：本颂描述苏摩树汁饮后产生与伦常、友谊有关的精神性效应。蜜汁、苏摩、盛名远闻者，都是苏摩树拟人化后的不同形式和名号。

颂5：本颂陈述苏摩树汁饮后产生医治疾病的医疗效果。“饮已甜蜜滴”：句中的“蜜滴”是主语，意谓“为我所饮的苏摩蜜滴”；“光荣赐自由”：是“蜜滴”的定语，意思是，苏摩蜜滴是光荣的，是能够赐给我自由的。这也寓意，凡饮下这样的蜜滴（光荣的、能赐人以自由的），他也会因此而感到光荣，得到神赐予的自由、解脱。关节：人体上各个部位的关节。意谓我饮苏摩蜜滴后，我感到它们（蜜滴）在我体内产生一种独特的作用，使我的意识（心灵）与自己体内各个部位的关节本然似地联合在一起（意即使意识完全支配全身关节；也就是说，身心——灵魂与肉体，融合为同一体）。这正如套牛车的各条绳子或带子，调整妥当，统一绑系在车上，使御者更加顺利地驾驶它往前快跑。在颂的后四句，虔诚的信众一再请求苏摩蜜滴给予保护，以期避免腿伤，脱离病苦。

颂6：本颂阐述苏摩树神与阿耆尼（火神）的关系；以火从摩擦产生为例，说明苏摩树汁饮后在人体内产生“刺激、麻醉”的作用。振奋：即刺激、提神；启发：即启示、开导（这些是苏摩树汁在人体内产生的精神性作用）。更富、富裕、兴旺发达：这些是苏摩树汁饮后在体内产生的物质性作用。麻醉中：意即陶醉在畅饮苏摩神酒之中；或饮酒过量而有醉意。进入：意谓虔诚信徒，为了自己、个人或家族的兴旺发达，请苏摩神汁进入己身，借助神汁的力量来实现这一目的。

颂7：本颂的前四句讲信众榨饮苏摩树汁。我等：婆罗门教祭司。按婆罗门教规，搬石块榨取苏摩树汁的任务，通常必须由婆罗门教祭司来执行。但偶尔亦由非祭司的婆罗门教信众来做。汝蜜汁：苏摩树神的蜜汁。

“如父亲财物”：信众认苏摩树神为父亲，苏摩树汁如同父亲的财物；享受苏摩蜜汁，一如儿子继承、分享父亲的财物。颂的后句，讲信众祈求长寿。苏利耶（太阳）：信众祈求苏摩树神王像太阳延长春季的白昼那样，延长他们的寿数。

颂 8：信众在此颂中向苏摩树神王提出两点恳求。一是请苏摩树神王对他们施以慈悲的关爱；另一是请苏摩树神王不要听从敌意者，而不接受我们。此中：意指祈祷苏摩树神王、饮苏摩蜜汁之事。对待此事，有两种态度，一是明智支持，二是愤怒反对。敌意：是指对待礼拜苏摩树神王、乞求赐福之事，持愤怒反对态度者的意见。善良的信众在此请求苏摩树神王不要听从持反对态度者的意见，而把他们抛弃（不要信徒的祈祷与恳求）。

颂 9：信众在本颂向苏摩树神提出两点恳求：一是请求保护信众的身体；二是请予仁慈地宽恕，如有违反苏摩树神的神谕。明察：明察人之身体，健康与否；人之行为是臧或否。苏摩树神之所以能明察人之思维与行为，是因为他入住人体之四肢。入住：意即苏摩蜜汁饮后，进入人体四肢，体内各部分。苏摩蜜汁是苏摩树神物化形式（化身），一入人体，便能起着指导作用，指导人进行正确的思维与正确的活动。施仁爱：意即请求宽恕过错。如果得到苏摩神王的宽恕，便有机会去谋取更高、更大的福乐。求神宽恕的目的，就是在于求取更大的福祉。

颂 10：本颂描写信徒去亲近爱饮苏摩神酒（苏摩蜜汁）的大神因陀罗，并为他储存神酒（这反映苏摩树神与因陀罗的亲密关系）。我：指虔诚信徒或祭司。彼：即因陀罗、慈善之友。醉态：因陀罗痛饮苏摩神酒后的醉态。在吠陀神话里，常见因陀罗在与凶神（如阿修罗，Asura）和恶魔（如弗栗多，Vṛtra）战斗之前，必先痛饮苏摩神酒；饮至酩酊大醉时，立即投入杀敌战斗，取得胜利。赤兔马主人：因陀罗的别称。储存：意谓信徒为因陀罗保存苏摩神酒，以便因陀罗随时饮用。帝释：因陀罗的别称[佛教神话：因陀罗（Indra），称为“帝释”（Śakra，能天子、三十三天主）。又作 Śakra - devānām Indra 释提桓因]。近事：意谓接近帝释，敬礼侍候求他佑我长寿延年。

颂 11：本颂再说苏摩树汁的威力。颂的第五句“苏摩以威力”：此中“威力”正是苏摩蜜汁的威力。意谓信徒饮此蜜汁后，立即在其体内产生神奇的威力；正是这种威力，使疲劳、疾病，乃至恶势力从其身上消除干净。此境界：蜜汁在体内产生威力的状态。意谓信徒既然在心灵上体会到这一境界，他的寿限便会因此而延长。

颂12：本颂阐述苏摩神信徒继承祖先爱饮苏摩蜜汁的传统，以及苏摩蜜汁的超级精神效应（不死者改造有死者的效果）。众先祖：在信徒们的心目中，他们的祖先原是苏摩“酒迷”，故在此向祖先表示，他们在继承祖先的传统，和祖先一样喜欢苏摩蜜汁，爱饮苏摩神酒。心中饮：意即从内心喜爱饮苏摩汁。不死者：意指神性生物，如神话三界中的高级神祇。这里是说苏摩树神及其蜜滴（蜜汁、神酒）。苏摩树神是不死者，他的蜜滴（蜜汁）是他的物化形式（化身），故能进入饮苏摩神酒的凡夫信徒体内，并产生神奇的刺激，启发他立誓苦修瑜伽功行，求取“超凡入圣”的境界——从有死的存在跃进到不死的圣境。

颂13：信众在本颂赞扬苏摩树神与众祖先（人间先死者的亡灵）欢聚在一堂，同时请求苏摩保佑，让他们将来成为众多财富的主人。“欢聚在一堂”：苏摩树神可能了解这些人间祖灵，生前喜欢苏摩神酒，死后这一嗜好丝毫未减，因而乐意与这些人间祖灵欢聚，共饮苏摩蜜汁。“扩展汝自身，充遍天地间”：在这里，苏摩树神被哲学化，拔高为宇宙大神，他的化身就是宇宙，故说其自身“充遍天地间”。

颂14：信徒在本颂祈求苏摩树神：（a）请苏摩树神为虔诚的信众说话；（b）希望睡眠与闲谈（的琐事）不来干扰；（c）准备办“苏摩圣祭”。颂中的“提婆 deva”，意即“天、天神”，是主语。“保护神”是“提婆”的定语。“说话护我等”：意即请苏摩树神关照，保护信众。“圣祭”：特指“苏摩祭典”。好子弟：泛指斋主（富有家主，或地区的王侯等）的英俊子弟。

颂15：此是本神曲的末后一颂，似是一个总结颂。信众在此综合地向苏摩树神表示总的感恩和致谢。我力量：我，是复数宾语“我等”。光：天上之光（神话：光天界）。入吾人：蜜汁，是苏摩树神的物化形式（化身）。信徒畅饮苏摩蜜汁后，等于树神的化身进入饮者体内，起着启发他心灵的作用。助相应：意即相应的帮助、合适的帮助。“于前或于后”：包括“于左或于右”，意即周边的环境。

阿耆尼
(Agni,火、火神)

阿耆尼原文是Agni，来自词根√ag，音译“阿耆尼”，意译“火”。它既是火神的名字，同时又是火神的武器。火神在《梨俱吠陀》里被歌颂为创世大神之一。他的光和烟遍充三界，支持三界；他创造了“能飞、能行、能止、能动”的四类生物（RV. X. 88. 4、5）。他还被歌颂为神群中的第一神，万神朝拜的对象。他护持众生就像母亲怀抱孩子一样。他虽是地界主神，但天界大神（如天父神、婆楼那、友善神、太阳神、育生神、毗湿奴、黎明女神、双马神等）和空界大神（如因陀罗、鲁陀罗、风神、风暴神等）都是他的神交至友。《梨俱吠陀》全书1028支神曲，约有四分之一歌颂雷电神因陀罗，歌颂火神阿耆尼的占200支，仅少于因陀罗。这说明，阿耆尼在《梨俱吠陀》的神界地位仅次于因陀罗。所以，在《梨俱吠陀》里常见阿耆尼和因陀罗称兄道弟，平起平坐，经常同应人间信徒和斋主的祈求，率领天上神群，搭乘他的神舆一起下凡，接受和享用祭坛上甘美醇厚的酥油、苏摩仙酒和其他祭品。

阿耆尼是地界大神，有关他身世的神话有好几则。其一，说他的出生地有三个，即海洋、天界和空界。作为海底之火，他诞生于海洋；作为天上的太阳，他诞生于天宫；作为空间的闪电，他出生于大气层。也就是说，三界之内，无处不是他的摇篮。其二，说他隐藏在一个秘密地方，并从这个地方出生。这个秘密地似有二解：一指海底深处，一指每块木头的内部。其三，说阿耆尼是一切众生本有的，他面容严肃，宇宙知名，照亮着全人类。他从一个警惕性高、充满青春活力的“十”字出生。这个“十”字，一说是空间的十个方位，一说为十个手指（亦作十个处女）。

人们常用十个手指点火，由于点火需要力气，故又称为“力量之子”。其四，海洋和大气层是阿耆尼的两个出生地。海洋和大气层都与水有关，故又说大地诸水是他的出生处。其五，传说阿耆尼每日出生于两片木块的摩擦。两片木块就是他的双亲。但他一出娘胎，呱呱落地，便立刻把父母（两片木块）吞吃掉（焚烧掉）。其六，天界也是他的出生地，他在天界的名字是“母腹神”。母腹，譬如隐藏在两片木块之间的火种。传说人间有一个与火有关联的毕利古部族（Bhrigu），在他们的祈求下，风神将这个火种带下人间，作为一份厚礼赠给人类（一说是毕利古人发现火种，将它送给人间。这可比较希腊神话：普罗米修斯盗取天火给人类）。

吠陀诗人在献给阿耆尼的200支神曲中，着重塑造他具有如下几个主要特点：(1）阿耆尼常常被地界善男信女在举行事火祭祀时所表现出的虔诚与敬意所感动，亲临祭坛，接纳并享用美味的供品。正因如此，阿耆尼比别的神更加接近人类生活。他是人类家宅的常客，是驻足凡世的超凡圣者。他对人类献给他的供养、敬意的回报和祝福是：家庭和美、财富日增、宗嗣继续、福寿双全。虔诚的皈依者永远敬奉他为施恩者、保护者、拯救者；有时把他当作父亲、兄弟或儿子。(2）在天界与地界之间扮演着一个仙凡互通、天人交感的媒介角色。阿耆尼每日应人间信众的祈请前来享受祭品，随后又把祭品运回天宫，分发给缺席的其他神明。有时候，他带领以因陀罗为首的神群，一同乘他的神车下凡应供。他因此被歌颂为众神中的第一神、最年轻之神、天人之间的使者、联络员、祭品运输者和分发者；他甚至被尊为等同因陀罗、婆楼那、毗湿奴、梵天主、密多罗、鲁陀罗等大神。(3）阿耆尼和阎摩王本是神交密友，二神在繁荣鬼魂王国的事业上经常密切合作，共同策划，收集死人的亡灵，送往阎摩王国定居，目的在于扩大后者的“鬼魂”数量。二神的分工是：阎摩主管鬼魂王国的内部行政，阿耆尼负责天人交际，收集人间亡灵的外部事务——阿耆尼的一个主要任务是，在人间焚烧死尸，勾出死者的亡魂，然后引导它前往阎摩王国。(4）阿耆尼因为专职做焚烧死人尸体的事，所以又别称为“食尸神”。在吠陀神话里，还有一类叫作罗刹（Rākṣasa）的食尸鬼。食尸神和食尸鬼之间常因争食死尸而斗争。斗争的结果，总是食尸神战胜食尸鬼。食尸鬼只知饕餮地以食尸满足私欲，对死者的亡灵是不负责任的。食尸神既要按吠陀仪轨焚食死者的尸体，还要对死者的亡灵负责，把它送往阎摩王国安居享乐。

在印度，人死后，家属祈请火神降临，用火焚烧死者的尸体。这是火葬，也是印度最早的殡葬风俗。按《梨俱吠陀》（X. 15. 14）所记，在《梨俱吠陀》时期，人死后有两种葬法，即火葬和土葬。到了稍晚的《阿闼婆吠陀》时期，又出现两种新的葬法：曝葬和弃葬，合前两种葬法共有四种葬仪——火葬、土葬、曝葬、弃葬。玄奘在他的《大唐西域记》（卷二）中记录了当时印度的葬仪。他说："送终宾葬，其仪有三：一曰火葬，积薪焚燎；二曰水葬，沉没漂散；三曰野葬，弃林饲兽。"其中野葬实际上就是曝葬。"饲兽"似应包括"饲鸟"。西藏地区的一种葬法便是"弃野饲鸟"。在印度，这许多葬法中，从古至今，仍然盛行的，无疑是火葬。此外，今天又有两种混合葬法：一是土火混葬法，先用火焚烧尸体，然后将骨灰埋在土里，二是水火混葬法，先将尸体烧成骨灰，然后投入江河大海。

火神崇拜起源于中亚民间的一种事火宗教。公元前2000年前后，中亚的雅利安部族向西南大迁徙，他们的事火宗教也随之传入波斯（伊朗）和印度。从那时到现在，事火宗教仍然是这两个国家活的宗教。印度今天的事火仪式无疑已有异于伊朗，但将具体的火进行人格化，作为一个自然神来崇拜，两国则无大的差别。如上所述的印度火葬仪式，便是印度事火宗教的一个特点。

如下，选择两支歌颂火神阿耆尼的神曲：

《阿耆尼赞》
（火神赞·一）

（《梨俱吠陀》第1卷，第1曲，共9个颂。
作者为摩图旃达，Madhucchandā）

1. 我赞阿耆尼，家庭主祭司；
   祭典组织者，神圣黎维阇；

诵咒召神师，财富施赠神。

2. 往昔仙人众，现今道者群；
同声齐歌颂，阿耆尼火神；
但愿彼率领，诸天到此来！

3. 皈依阿耆尼，斯人即获得：
丰盛众财宝，一日胜一日；
声誉享光荣，及英雄子弟。

4. 火神阿耆尼！祈祷与祭祀，
汝已全取得，遍在十方界；
是此等法事，奉献诸天众。

5. 火神阿耆尼，诵咒召神司，
诗仙般智慧，真实最荣耀；
惟愿此神明，降临与诸天！

6. 火神阿耆尼，汝曾经想过：
将为虔诚者，做一吉善事；
该事会实现，鸯吉罗斯氏！

7. 火神阿耆尼，迷雾驱散者；
吾人想念汝，一日复一日；
趋前向尊神，南无行顶礼。

8.（火神阿耆尼，）祭典监制者；
黎多自然法，光辉卫护者；
圣火长明照，在己住宅内。

9. 火神阿耆尼，伏祈让我等；
易得亲近汝，如子之见父；
复求来相伴，为我等福祉。

提要：本神曲为《梨俱吠陀》第1卷，第1曲（RV.Ⅰ.1）。吠陀诗人将此第1曲列作《梨俱吠陀》1028支神曲的卷首曲，似乎示意火神阿耆尼乃仅次于因陀罗的吠陀首要大神。吠陀诗人写了约200支歌颂他的神曲，细腻而生动地描写他无数拟人化的化身形象；在天上人间，游戏神通，创造了形式繁多的利乐众生的神圣业绩。本神曲是200支神曲之一，集中描绘火神阿耆尼上从天国，下降人间，神通一变，成为一个未损神性，但人性化十足的家庭祭官；与此同时，兼任祭仪规定的四个主持祭典的祭官，为斋主快速而完善地实现召请神众下凡应供的任务。

至此，让我们依照下边的颂序，逐一解说，欣赏火神化身为特殊的人间祭官，展示他的神奇巧妙又富有人类情趣的表演。

（本神曲的梵语曲为："Gāyatrī，唱颂律"，三行诗式，每行八音节。汉译每行作两句共六句。这一格律的神曲占《梨俱吠陀》全书四分之一。）

颂1：本颂一开始，即赞火神阿耆尼第一个祭官化身形相，即"家庭主祭司"，然后列出他的其他祭司化身形相。主祭司：家庭中所有宗教祭神仪式，统一由某个祭司负责指导进行，这个祭司就是主祭司。主祭司同时是家庭成员，日常礼拜的对象。祭典（yajña）：亦即"祭仪、祭祀"。祭典有大型和小型之分。小型祭典，只需一名主持祭司。大型祭典，如富有斋主举办需请四名祭司来共同主持的祭典。黎维阇：原文ṛtvija的音译，意即"祭司、祭官"，是主持大、小型祭典的婆罗门祭司的通称。不过，祭司亦因在祭坛上承担任务或负责任不同而有不同的称号。例如，大型祭典上四名祭司的称号：（1）请神祭司（负责在祭典启动之际，念诵《梨俱吠陀》神咒，召请天神降临）；（2）唱赞祭司（负责唱念《娑摩吠陀》的赞神曲）；（3）建坛祭司（负责按《夜柔吠陀》的规定组建祭坛）；（4）监坛祭司（在祭典结束时负责对祭坛进行监察检查）。本颂所说"祭典组织者，神圣黎维阇（祭司）"，即大型祭典上四位祭司中的第三位祭司；“诵咒召神师”，即四位祭司中的第一位。“财富施赠神”：这似乎暗示火神阿耆尼的财富如此众多，甚至超过财神古贝罗（Kubera），所以能善行布施，帮助众生。

颂2：本颂叙述火神阿耆尼受到往昔和现在的仙人道者的歌颂；同时信徒们祈愿火神率领诸天神众降临人间祭坛，享受斋供。这反映火神阿耆尼是天上神众中的首要大神之一。

颂3：本颂称赞斯人——善男信女，由于皈依火神阿耆尼，因而获得物质与精神双丰收的回报：物质上得到丰富的财物；精神上享受到光荣的声誉，以及得到繁育英雄子弟的幸福。

颂4：信众歌颂火神阿耆尼在十方世界接受善男信女们的祈祷与祭祀，同时请他把“此等法事”——火神在十方世界所受到的祈祷与祭祀，转献给其他神众。这也寓意请火神发挥他在天地之间运输者和信使者的作用。

颂5：称赞火神化身在一个大型祭典上担任召神师的职责。召神师是大型祭典上四位主持祭司中的第一位，负责念诵《梨俱吠陀》经咒，召请神众降临祭坛，共同应供。最荣耀，此神明，都是火神的称号。

颂6：本颂叙述信徒对火神阿耆尼的绝对信任，认为火神想做任何善事，一定会实现、成功。鸯吉罗斯氏：是火神的家族姓名。

颂7：本颂描述虔诚信徒时刻想念火神阿耆尼，因而前来火神座前叩首敬礼。南无：原文 namas，意为“敬礼”。（注意：在印度人们相遇见面时，彼此合，同念“南无”，互相问候，故“南無”是一个日常互致问候的口头惯用词）

颂8：本颂阐述火神阿耆尼的三个化身形相：一是，祭典监制者（大型黎典四位主持祭司中的第二位建坛祭司）；二是，“黎多”规律的卫护者；三是，住宅内的长明圣火（家庭祭司）。黎多：原文ṛta，意为“宇宙真理、自然规律”（如日月运行轨道、四季循环时令；但也包括人类的社会秩序、道德伦理、生老病死、灵魂轮回转生等法则）。火神阿耆尼是这一自然规律的光辉卫护者。（不过，从吠陀神话角度说，由于祭火每日如常点燃，所以阿耆尼是祭祀意义上的“黎多”的特别捍卫者；而婆楼那则是道德意义上的“黎多”的特别捍卫者）“黎多”的祭祀和道德的意义，到了后吠陀时期转义为“dharma，法”所代替。

颂9：这是本神曲的最后一颂，总结虔诚的信徒们对火神阿耆尼的祈求：请求火神阿耆尼把信徒们作为儿子来看待，赐予他们慈悲的父爱和永久的福祉。

《阿耆尼赞》
（火神赞·二）

（《梨俱吠陀》第5卷，第11曲，共6个颂。
作者为苏陀颇罗，Sutambhara Ātreya）

1. 人民保护者，机敏善技巧；
为创新福祉，火神出世已。
晶亮酥油相，彼为婆罗多；
释放光辉煌，遥照触穹苍。

2. 信众在三处，点燃阿耆尼；
祭祀之旌旗，首席家祭官。
彼与因陀罗，及诸天神众；
同乘一仙舆，共赴祭坛场。
诵咒召神师，具妙智慧者；
为行祭祀事，请坐圣草上！

3. 汝从双亲生，有垢但光洁；
若阳神智者，欢快高升起。
信众献酥油，增强汝力量；
烟乃汝旗帜，飘拂摩天上。

4. 阿耆尼请即，驾临我祭典；
阿耆尼受邀，遍访每一家；
阿耆尼变成，供品运输者；

阿耆尼选为，诗仙般智者。

5. 阿耆尼！

斯辞最甜美，愿敬献于汝；
复呈祈祷词，安慰汝心意。
众多赞神曲，演唱充满汝；
如诸大河流，充满印度河。
圣歌功德力，加强汝实力。

6. 阿耆尼！

鸯吉罗斯众，发现汝秘密：
隐蔽而藏于，每一林木中。
如是汝诞生，由大力摩擦。
彼等称呼汝，力量之儿子，
鸯吉罗！

提要：本神曲为《梨俱吠陀》第5卷，第11曲（RV. V. Ⅱ）。此曲有6个颂，其中颂1，是写火神阿耆尼初生时“酥油化”的形体，颂6，是写他本然地藏身于树木之内，而从树木（两片木块）摩擦中诞生。其余4个颂，表述火神阿耆尼的祭官化身所创造的神圣业绩。兹按颂序详解如下：

颂1：歌颂火神阿耆尼：（a）为信众再创新的福祉；（b）为婆罗多王朝而施放神光，表示对这个王朝的爱护。颂的前两句是形容火神阿耆尼的定语。“火神出世已”是完成式句子，意谓火神早已出现在人间，其目的在于为信众再创新的福祉。创新：有二义：一是，本无而首次创立；二是，已有而以新的来更换旧的，或者加以补充。本颂采用第二个含义。“晶亮酥油相”是定语句。酥油相：酥油是火的能源。家庭主妇常用酥油点火，故火神的形相完全借酥油来装扮。婆罗多：梵语 Bharata 的音译。按印度大史诗《摩诃婆罗多》（Mahābhārata），婆罗多是上古印度传说中的一位明君，被尊称为“转轮圣王”（Cakravartin），统治着全印度。从那时候开始，印度的正式国名 Bhāratavarṣa（印度国）就是用他的名字（Bharata）构成的，一直沿用到现在。Bharata（婆罗多）一词，如用单数、阳性表示时，是指“婆罗多国王”；如以复数表示时，是指婆罗多王朝或家族。本颂采用后一意义。

颂 2：本颂歌颂火神阿耆尼的三个祭官化身。第一个是首席家庭祭官；第二个是与因陀罗一起下凡接受供养的祭官；第三个是诵咒召神的祭官。三处：按家祭点火规矩，一盏火分为三盏火，分别置于三处；就是说，此火，合则为一，分则为三，同一火而分三（这做法似有“一与多”哲理的寓意）。首席：意即第一。在家祭中，家庭成员自行主祭，或者另请若干专职祭司来主持；但无论自行主祭或请外边祭司，其为首的祭司必须是火神阿耆尼，故火神称为（祭典）第一祭司、首席祭官。“彼与因陀罗”，彼：火神阿耆尼，是地界大神。因陀罗：是空界大神。二神（阿耆尼、因陀罗）常见同时出现在神通表演场合；这表明阿耆尼在神格上是和因陀罗相等的。祭坛场：地界（人间）信徒们所设的祭神的坛场。召神师：是祭典四主持祭司之首位祭司，他在祭仪中首先念诵吠陀神咒，召请神众降临。圣草：祭坛专用铺地的青草。

颂 3：信众称赞火神阿耆尼从二木摩擦中诞生；他的旗帜是烟。双亲（父母）：火神的双亲是两块木片或木头。两片木块因摩擦而生“火”，故两片木块是火神的双亲。有些木块可能不干净，有污垢，但摩擦出来的“火”却是光亮清洁的。阳神：Vivasvat（毗伐斯瓦特）晨曦神，也是太阳神的另一名号。[吠陀神话：太阳神族由 12 个（或 7 个，或 6 个）阳神组成。毗伐斯瓦特（阳神）是这个阳神族的首席第一神，是阎摩阎美孪生兄妹的父亲] 火神阿耆尼的出生地有三处，其中一处是天宫。在天宫出生的火神属于阳神族的一员。故“若阳神智者”，是说火神阿耆尼像一位阳神族的智者、仙人。酥油：是献给火神的主要供品，因为酥油是火的能源，是火神力量的源泉。烟：“见烟知有火”。烟是火的独特标志，故是火神的旗帜。

颂 4：本颂叙述火神阿耆尼受信徒们的邀请，下凡参加祭典。在祭典中，火神（的祭官化身）有三项神圣活动；（a）到人间的每一家庭作为主要祭司主持祭仪；（b）作为斋供运输使者；（c）最后，被选为具大智慧的智者、仙人。请即：请火神直接速临祭典。受邀：受信众的邀请，意即信众捧着点燃之“火”，送到每个家庭，从而成为每个家庭的家祭主祭司（火神的祭官化身）。运输者：部分天神没有随从火神下凡应供，火神在祭典结束后，将供品（或剩余斋供）带回天宫分给缺席的神群。故火神被称为天上人间之间的斋供运输使者。“诗仙般智者”火神具有诗仙般智慧而得的称号。意谓火神阿耆尼不仅是物质产品的创造者，同时也是高级精神产品的创造者。

颂5：本颂描写虔诚的信徒们创作形式多样的赞美诗，尊敬而纵情地歌颂火神阿耆尼。斯辞：意即一则优美的赞叹火神阿耆尼的颂辞。“安慰汝心意”：实际的意义是“令汝火神心欢喜”。充满汝：意即让汝火神十分满意地欣赏、接受对汝的歌颂。印度河（Sindhu，Indus）：此河发源于西藏西北部，经迦什米尔（Kashmir）流入阿拉伯海，全长1900里（英里）。功德力：意指歌颂和感动神明的语言力量。

颂6：本颂再次讲述火神阿耆尼从二木摩擦出生的故事，并说明鸯吉罗斯族与阿耆尼火神的关系。“鸯吉罗斯众”：意指鸯吉罗斯族的群众。鸯吉罗斯（Angiras）原为著名的吠陀诗人和祭司，写作过不少吠陀神曲。他有眷属和信众，形成一个祭司族，并用他的名字作为一族之名，即“鸯吉罗斯众”。Angiras（鸯吉罗斯）和Agni（阿耆尼、火神）二字在字源学上是同义词。按吠陀神话，鸯吉罗斯原是阿耆尼的儿子，在阿耆尼人山修苦行时，鸯吉罗斯取代了阿耆尼。这似乎可以说，鸯吉罗斯和阿耆尼同是一个“火神”之名。故颂中“鸯吉罗”就是对“阿耆尼”的称呼。林木：是火（火神）的天然藏身地。大力摩擦：是说两片木块，用力摩擦，从而生火，也就是火神的诞生。彼等：鸯吉罗斯族的信徒们。

序

我们在前边三界神祇说中，讲述了三界诸神和有关他们的神曲。这些神曲的内容绝大部分是神话和对神的赞歌，但《梨俱吠陀》毕竟是印度历史初期雅利安人对自然进行斗争、对异族进行征服，以及关于他们的社会生活和思想形态的一幅精美的、真实的艺术画卷。因此，它也蕴含相当丰富的人类幼年的“思维萌芽”：对自然现象和社会现象的直观观察和主观猜测（有些观察和猜测竟与自然和社会实际相符合，如描述月亮“取来太阳光，分享其明亮”，推测到月亮本身无光，借太阳来发光）。10卷《梨俱吠陀》，粗略地按主要内容来划分，其前7卷是神话的宇宙构成论、多神论、泛神论、神人—神畜—神物同形或同质论。从第8卷开始，逐渐向少数神和一神论过渡；与此同时，吠陀哲学家开始对宇宙本原、人的本质进行哲学探究。他们自由发言，各抒己见；其中有些说法和观点迄今仍然是带根本性的哲学问题。例如如下的哲学命题：宇宙本原说、宇宙如幻说、我与无我说、有无（空有）矛盾说、意识形成、轮回转生说、物质先有说等。

吠陀诗人和哲学家发现和提出这些哲学的基本问题，以及对它们的阐述，无疑是朴素的、粗糙的；但是，它们都是后吠陀众多哲学派别的思想源泉；确切点说，后吠陀哲堂流派的形成和产生，基本上是由于对这些吠陀哲问题的理解、接受、消化和发展。可以说，一部印度哲学史的主要论述命题和对象正是吠陀哲学家在《梨俱吠陀》中所提出的哲学基本问题。人们如果能够准确理解、领会它们的内涵，则对印度哲学和它的上下几千年的发展史，可谓把握到了它的主动脉。

《有转神赞》

(Bhāva – vṛtta)

(《梨俱吠陀》第10卷，第129曲，共7个颂。作者为住顶仙人，Prajāpati Parameṣṭhi)

1. 无既非有，有亦非有；
无空气界，无远天界。
何物隐藏，藏于何处？
谁保护之？深广大水？

2. 死既非有，不死亦无；
黑夜白昼，二无迹象。
不依空气，自力独存，
在此之外，别无存在。

3. 太初宇宙，混沌幽冥，
茫茫洪水，渺无物迹。
由空变有，有复隐藏；
热之威力，乃产彼一。

4. 初萌欲念，进入彼内，
斯乃末那，第一种识。
智人冥思，内心探索，
于非有中，悟知有结。

5. 悟道智者，传出光带；
其在上乎？其在下乎？
有输种者，有强力者；

自力居下，冲力居上。

6\. 谁真知之？谁宣说之？
彼生何方？造化何来？
世界先有，诸天后起；
谁又知之，缘何出现？

7\. 世间造化，何因而有？
是彼所作，抑非彼作？
住最高天，洞察是事，
唯彼知之，或不知之。

提要：本曲歌颂的对象叫作“有转神”（Bhāva－vṛtta），亦称为“最胜我”之神（Paramātman）。由于重点阐述“无”与“有”这两个基本哲学概念，故本曲又通称为《有无歌》。这是一首纯哲学的诗篇，反映着吠陀仙人哲学家在使神格哲学化和抽象化的努力中，又跃进了一大步；也可以说，吠陀哲学家开始使用纯抽象的概念来表述他们设想中的绝对实在。然而，由于他们的哲学思想尚未系统化，还处于发展、演变阶段，他们的思维模式和陈述方法，有时近乎唯心主义，有时近乎朴素的唯物主义；这就是，《梨俱吠陀》哲学家在这个阶段的哲学探索仍然摇摆于唯心主义和唯物主义之间。另一方面，这在印度哲学史上有意无意地为唯心主义和唯物主义以后的发展奠下第一块基石，为唯心主义者与唯物主义者的哲学争论揭开了序幕。

本神曲共有7个颂，每一个颂都涉及一个或两个哲学问题，表述一个或几个哲学原理。兹按颂序，逐一讲解：

颂1：主要表述“无”与“有”的原理，其次暗示“水”为万有本源。“无”与“有”的原理可以从本体论和辩证法两个方面来说明。从本体论视角看，“无既非有，有亦非有；无空气界，无远天界”这四句中，前两句表述本体不受“无、有”的抽象概念所规定；后两句表述本体中也不存在客观世界。又前两句——“无既非有，有亦非有”反映出“无”

与“有”的两个发展阶段：原初阶段和逻辑阶段。

（1）原初阶段：

无→否定→非存在；
有→肯定→存在。

（2）逻辑阶段：

无既非有→否定之否定→有；
有亦非有→有之否定→无。

原初阶段的“无、有”和逻辑阶段的“无、有”显然是有区别的，前者没有经过逻辑的规定，后者经过逻辑的规定。经过逻辑规定的“无、有”要比未经过逻辑规定的“无、有”更加精细、更加深化、更加彻底。吠陀哲学家设想的绝对实在——本体是无规定性的，但在表述时不妨权宜地借用逻辑的规定。“有”与“无”是对它的规定，非有非无也是对它的规定，但规定必然发展到无可规定——回归到无规定性的绝对本体。

从辩证法视角看，“无”与“有”是一对对立的矛盾。这是印度古代哲学家首次提出的朴素辩证思维模式——基本的二重辩证模式。这个模式反映吠陀哲学家的思辨中已隐约地长出了辩证法的萌芽，在直观形式上认识到客观事物的矛盾运动。“无既非有，有亦非有”这两句话标志着吠陀哲学家在辩证的认识上有了一个飞跃，因为这两句话是对“无”与“有”作进一步的规定，是意味着“无”与“有”并非静止固定，而是在不断的运动中变化；“无”不是永恒为无，“有”也不会永远是有。按形式逻辑，这两句话是反矛盾律的；按辩证逻辑，二者则是对立统一的模式——二者既是对立的，又是统一的。这一点，吠陀哲学家也许尚未完全认识到，但随着对自然进行不断而深入的观察和反思，他们似乎已能够辩证地推断“无”与“有”这对矛盾将会走向统一。

关于“水”是万有本原，此前（即在下边《万有创造主赞》，同书卷，第82曲），吠陀哲学家已一再探讨什么东西是万有的本原，万物起源于何处。同时也明确认为“原水”是世界的本原。在本颂中，他们又强调说，有一隐藏之物，此物就是万物之胚胎，被隐藏、保护、孕育在大水之中。这与“是何胎藏，水先承受”之义相同。吠陀哲学家一再阐述物质元素为万有本原，说明他们并不是完全一边倒在唯心论的冥想苦思中。

颂 2：本颂提出的“死”与“不死”的理论，是上一颂的“无”与“有”理论的继续。

上一颂讲的“无”与“有”的矛盾和统一，实际上是一个三重辩证模式：

（1）无 } 矛盾→（3）{ 非无 } 统一
（2）有　　　　　　　　非有

即运用，“非无”和“非有”的双否定来统一“无”与“有”的矛盾。从这个模式出发，吠陀哲学家推论任何两个相反的命题或判断，甚至“生”与“死”的矛盾，也将同样地发展到合二为一。所以作者住顶仙人在本颂中说，“死既非有，不死亦无；黑夜白昼，二无迹象。”“死既非有”意即“不死”，“不死亦无”意即“不生”。“生”与“死”是一对矛盾，“不生”和“不死”是对矛盾的统一。其模式同“无”与“有”的统一模式一样。颂中还形象地和寓意深刻地用“黑夜白昼”作类比：（a）死与生的矛盾如同黑夜与白昼，二者正好相反，势无两立；但死与生终归消失在统一上。（b）死与生的统一就像黑夜与白昼的统一。然而，生死是抽象的精神现象，日夜是具体的物理现象；前者矛盾的统一和后者矛盾的统一是否同一性质的统一？是否存在着一个包摄一切矛盾现象（主观的和客观的现象）的统一体？作者在本颂的后四句中对此作了肯定的回答——他设想的超验统一体是存在的；它的特征是，“不依空气，自力独存；在此之外，别无存在”。这个统一体还可以用最简单，但内涵极丰富的名词概念来表达。例如，他歌颂它为“有转神”；又如别的吠陀哲学家歌颂它为“婆楼那天”，为“造一切者”，为“原人”，为“因陀罗”，等等。吠陀哲学家的回答在哲学上是否合理，我们暂不讨论，但有一点是肯定的：他们的哲学诗篇说明他们已直觉地体会到，宇宙既是相对而有差别，又是绝对而无差别，以及二者之间的天然而奇妙的关系，尽管他们还不能在哲学理论上解释这一关系。

“无”与“有”或“死”与“生”这个哲学上的基本问题，既是十分古老，又是非常新鲜。吠陀哲学家比古希腊智者早数百年就提出它来讨论。就印度来说，它的提出是正式宣告印度哲学史序页的揭开；同时，预示着吠陀后千年印度哲学家发展成为以“有”为理论基础和以“无”为理论基础的两大思想营垒，特别是佛教哲学的空宗（以龙树为代表的中观论学派）和有宗（以世亲为代表的唯识瑜伽行学派）的出现。

颂3：讲器世间（客观世间）的生成。本颂和颂1（的后四句）再次强调原水为宇宙本原。但本颂补充了“空”与“热”（火）两个原素，也就是说，宇宙由“水、火、空”三者复合而成。这三种原素相生的模式是：空→水→火→彼（宇宙胎藏）。这反映有的吠陀哲学家提出新的宇宙生成论，认为世界产生的基础是一个由若干物质素形成的复合体（可与中国的五行说和古希腊的元素说比较）。

颂4：讲人类意识的起源，即情世间（主观世界）的产生。人类的意识或知觉从何而来？又如何产生？由精神产生还是由物质产生？住顶仙人在这里回答说，“初萌欲念，进入彼内；斯乃末那，第一种识”。他的意思是说，意识不是自在天所创造，也不是由物质所构成；它完全独立于物质，而且先于物质构成的肉体，是在肉体构成后进入肉体的。“彼内”就是指“肉体之内”。“末那”是manas的音译，意译即是“意识”。作者住顶仙人把意识称为“第一种识”。“种识”也可以说是“母识”，因为它能够产生“子识”。子识有五，即眼识、耳识、鼻识、舌识、身识。这五个子识是种识通过外五官与外五境的接触产生的。住顶仙人这个颂的哲学意义十分重要，它在意识产生于精神还是产生于物质这一哲学根本问题上直接作了回答：意识产生于吠陀哲学家设想的抽象绝对实在（精神），不是产生于其他物质性的东西。这一思想是其后印度一切唯心主义哲学的总根子和总来源。例如，“欲念”（kāma）即后来的“无明”（avidyā）。

印度唯心主义哲学派别公认它为生物界最初错误的一念；正是由于这一念，便把本来如幻非真的一切主、客观现象误认为真实的存在。“第一种识”，唯心主义哲学家，特别是因解释吠陀哲学而形成的吠檀多学派

（Vedānta），在哲学上把它拔高为“我”（ātman）。“我”可大可小；大则与充遍宇宙之梵同一，小则进入某一生物的肉体，作为它的意识和承受轮回的主体。佛教大乘瑜伽行哲学把它作为八识系统的最后一识，称为第八识、根本识或藏识。吠陀哲学这个第一种识实际上正是佛教据以发展而成为它的大小乘哲学范畴系统的心法范畴的基础。

本颂的最后两句“于非有中，悟知有结”的“非有”意即非存在；“有结”意谓存在的关系。这可作二解：一者，种识本来非有，但由最初欲念而产生；一者，现象如幻，本非存在，但智者悟知它有相对的存在。

颂5：阐述天地、阴阳的原理和人类产生、繁殖的模式——情世间形成的具体形式。“悟道智者，传出光带”中的“光带”喻如智者所悟知“有”与“非有”的道理。“其在上乎”意即是“天”；“其在下乎”意即是“地”。智者传出的道理正是天地万物起源与发展的原理、规律。“输种者”：意指为父者能够排泄精子，繁衍后代。“强力者”：意指为母者具有育种产子的力量。颂的最后两句“自力居下，冲力居上”，其中“自力”是说阴性或雌性者（地）；“冲力”是说阳性或雄性者（天）。这意思是说，两性相交，天地和合，由是产生包括人类在内的一切生物。

颂6、颂7：在这两个颂里作者住顶仙人提出几个总结性的问题：宇宙如何出现？世界如何产生？包括人类在内的一切生物又从何而来？造化的这些秘密，有谁真正知道？作者提出这些问题正好说明他在陈述自己关于本体论问题的见解之后，又对自己的见解产生怀疑，没有把握判断是否正确。我们在本神曲开头的题要中评说，《梨俱吠陀》哲学家在这个时期还没有能力在唯心主义和唯物主义之间作出明确的选择，就是据此而言。

颂6有两个重要的句子——“世界先有，诸天后起。”前一句是说先有物质世界，后一句是说后有精神世界；换句话说，精神世界是因物质世界的产生而产生，是随物质世界存在而存在。这是一种含有浓厚的朴素唯物主义成分的思想。印度传统唯物主义学派顺世论，似乎继承和发展了这一思想，创立了唯一的古代印度唯物主义学说。顺世论的基本哲学观点是，生物界，包括人类在内，他们的肉体是由物质原素，即地、水、火、风而构成。“我”（意识、精神或灵魂）是在肉体构成之后才产生的。因此，肉体存在，“我”则存在；肉体死亡，“我”亦消失。

颂7的后四句："住最高天，洞察是事，唯彼知之，或不知之"反映作者设想的绝对实在外现为最上之神，住在最高层的天宫。他在观察、监督世界的形成和变化。因此，只有他能够完全了解世界产生和宇宙起源的秘密。

颂6和颂7所表示的观点是相互矛盾的。颂6说世界先有，天神后有，暗示在哲学上是先有物质，后有精神。颂7说有一个最高之神，住在最高层的天宫，他在监督世界创造的过程，寓意在哲学上是先有精神，后有物质。这正好说明作者住顶仙人的哲学思想正处在唯心主义和唯物主义的十字路口。

《原人歌》
（Puruṣa）

（《梨俱吠陀》第10卷，第90曲，共16个颂。作者为那罗延仙人，Nārāyaṇa）

1. 原人之神，微妙现象，
千头千眼，又具千足；
包摄大地，上下四维；
巍然站立，十指以外。

2. 唯此原人，是诸一切；
既属过去，亦为未来；
唯此原人，不死之主；
享受牺牲，升华物外。

3. 如此神奇，乃彼威力；
尤为胜妙，原人自身：
一切众生，占其四一；
天上不死，占其四三。

4. 原人升华，用其四三，
所余四一，留在世间。
是故原人，超越十方，
遍行二界，食与不食。

5. 从彼诞生，大毗罗阇；
从毗罗阇，生补卢莎；
彼一出世，立放光彩，
创造大地，后复前进。

6. 原人化身，变作祭品，
诸天用以，举行祭祀。
溶解酥油，是彼春天，
夏为燃料，秋为供物。

7. 对此原人，太初诞生，
洒水净化，作圣草祭。
上天神祇，往昔古圣，
及今仙人，用之行祭。

8. 当此祭典，献供圆满，
由是收集，酥油凝脂。
彼复创造，诸类动物；
空中兰若，村落驯养。

9. 当此祭典，献供圆满，
由是产生，梨俱娑摩；
由是产生，诗歌格律；
由是产生，夜柔吠陀。

10. 由是产生，众多马匹；
所有双颚，长牙齿者。
由是产生，家畜牛群；
由是产生，山羊绵羊。

11. 原人之身，若被肢解，
试请考虑，共有几分？
何是彼口？何是彼臂？
何是彼腿？何是彼足？

12. 原人之口，是婆罗门；
彼之双臂，是刹帝利；
彼之双腿，产生吠舍；
彼之双足，出首陀罗。

13. 彼之胸脯，生成月亮；
彼之眼睛，显出太阳；
口中吐出，雷神火天；
气息呼出，伐尤风神。

14. 从彼肚脐，产生空界；
从彼头顶，展现天界；
从彼两耳，产出方位。
如是构成，诸有世界。

15. 围坛木条，彼有七根，
七根三重，合成一束；
诸天神明，举行祭祀，
捆绑原人，奉作牺牲。

16. 诸天设祭，以祭祈祭，
斯乃第一，至上法规；
具大神力，直冲霄汉，
诸天圣众，于此云集。

提要：在这16个颂里，作者那罗延仙人（Nārāyaṇa）分别阐述他关于原人的神学和哲学理论：

（1）他首先阐明原人的超验、绝对的神体和经验、相对的神相（颂1—2）。（2）展现原人的超验性形象，及其在天上人间的神奇妙用（颂3—4）。（3）细说原人神化的身世，即从超验的神体演化出经验的化身形相，及其发展为“祭品”，供祭祀使用（颂5—10）。（4）阐明超验性的原人就是人类四种姓的第一代祖先，同时是整个物质世界的本原（颂11—14）。（5）描述化身原人化作人间的“活人”，供作祭典中的牺牲（颂15—16）。

以下，按颂序逐一讲解：

颂1—2：“原人”。印度远古的吠陀仙人、神学家和哲学家猜测、设想宇宙万有的背后必然存在着一个永恒不灭的超验实在。他们提出一些表述这个超验实在的方法；其中之一，便是原人原理。梵语Puruṣa，音译“补卢莎”，意译“人，一个具体的人”；哲理上的意译则作“原人”。仙人作者那罗延把“原人”神格化为一个有相的自然神。这个具体的自然神进一步哲理化，便成为一个富有深奥哲理内涵的抽象神。作者似乎以两个不同的视角来阐述这一原人奥义。从哲学视角说，“原人之神”的神体，无死无生，超验绝对；不可知，不可描绘，是离一切言说概念的。从神学视角说，原人“微妙现身”，意即从原人的绝对神体外现相对的神相。神相又分为两种形式，一是带超验性的神相；另一是纯经验性的神相。所谓“千头千眼，又具千足；包摄大地，上下四维”；“既属过去，亦为未来”，便是带超验性神相的具体体现。其次，在“巍然站立，十指以外”中的“十指”是人的双手的十个手指。这意指人类用双手所作的业行。业行是因，有因必有果，从而构成约束众生精神世界的因果关系。原人的带超验性的神相，超然物外，既不受宇宙的客观规律的支配，也不受经验世界的因果关系的约束。所谓“十指以外”，意即指此。

颂3—4：这两个颂继上二颂，讲原人超验性神相的妙用。“原人自身”意谓情世间（精神世界）的一切众生就在原人自身外现的带超验性的神相里产生。众生分为两部分：一部分为居住在天上的“不死者”（天上神仙）；另一部分为生活在地上的“有死者”（世间凡夫）。前一部分众生占原人身躯（原人超验性化身）之“四三”（四分之三）；后一部分众生占原人身躯（原人超验性化身）之“四一”（四分之一）。颂4的“食与不食”意指生物界（食）和自然界（不食）。“遍行二界”即指此二界。

颂5：本颂细说原人的神化身世——从原人超验性的绝对神体幻现出经验性的相对神相的过程。这个过程有三阶段，或称三世代。（1）“从彼诞生”的“彼”即吠陀神学家和哲学家设想的超验实在，称为“原人神族”第一代的第一人（第一个原人、原始原人，Ādi-Puruṣa）；（2）从原始人生毗罗阇（遍照者，Virāj）；（3）从毗罗阇生补卢莎（Puruṣa，意即“人”、“原人”）。这个“原人”正是超验性的绝对原人神体外化的经验性的相对原人神相。这神相有两个形式，一是经验性的、有生灭的化身原人；一是带超验性的、无生灭的化身原人。颂的最后一句“后复前进”，意谓化身原人一出生，即放光明，在创造大地之后，继续往前创造世界中的生物和非生物。

颂6（从此颂到颂10，阐述化身原人在天上人间化作祭品的种种神变形式）：“原人化身”如上颂所说有两个形式：一是带超验性的化身原人，另一是纯经验性的化身原人。本颂到颂10所讲的化身是指带超验性的化身。它化作祭品，供诸天神祇用来举办祭祀。这个化身祭品随不同季节变作不同祭品：春天，它变作溶液酥油；夏季，它变成燃料；秋季，它又变为各种供物。

颂7：颂的前四句是写原人化身在出生时受清水净化，然后化为祭品放置在祭坛的圣草上。颂的后四句是说天神和古今圣众用此祭品办祭祀。

颂8：以原人化身所变的祭品举办的祭典圆满结束后，祭司们即从祭典收集凝结的酥油（化身原人所变的祭品）。随后，“祭品”（原人化身）创造出诸类动物，如“空中”的飞鸟、“兰若”（林野，āraṇya）的兽群和“村落”驯养的牛羊。

颂9：以原人化身所变的祭品举办的祭典圆满结束后，由此祭典产生三吠陀和诗歌格律。三吠陀是：《梨俱吠陀》（Ṛgaveda）、《娑摩吠陀》（Sāmaveda）、《夜柔吠陀》（Yajurveda）。此时第四吠陀《阿闼婆吠陀》尚未成书，故缺。“诗歌格律”指《梨俱吠陀》神曲所用的格律而言。这些格律共有15种，通用的约7种；但其中最常用的仅有以下三种：（a）三赞律（Triṣṭubh）；（b）唱诵律（Gāyatrī）；（c）大地律（Jagatī）。

颂10：续讲从圆满结束的祭典产生家畜牲口，如马匹、双颚长牙的驴与骡、牛群、羊群等。

颂11—12：这两个颂阐述化身原人创造具体的情世间（人类及其四种姓的划分），即从化身原人之口吐出婆罗门种姓；从化身原人的双臂产生刹帝利种姓；从化身原人的双腿产生吠舍种姓；从化身原人的双足产生首陀罗种姓。（从印度社会发展史看，这两个颂是关于印度阶级形成的最原始的历史记录，记录着印度四种姓制的起源）

颂13—14：这两个颂阐述化身原人创造器世间（物质世界），即从化身原人肢体各部分产生月亮、太阳、雷电、风火、天界、空界等。（从颂11—14，这四个颂是给化身原人塑造一个具体的创世主形象）

下边两个颂（颂15、16）阐述化身原人幻现为一个血有肉的“活人”，被捆绑在祭坛的木桩上，作为祭祀供神的牺牲。（这是一则具有社会史意义的记录，记录着远古印度存在用活人做牺牲的宗教陋习）

颂15：“彼有七根”的“彼”是化身原人。意谓化身原人有七根木条，用来围护祭坛上的“祭火”。木条是绿色的，通常使用三根，今言“七根”，以“七”视为神圣数字，故以“七”代替“三”。“三重七条”意即三组，每组七条，共21条，成为一束。这是说点有祭火的坛场四周围有21根木条，以示保护坛场的范围。“捆绑原人”：这个“原人”是化身原人幻变的有血有肉的凡世“活人”，祭司把他捆绑在木桩上，准备作为祭祀的牺牲。

颂16：“以祭祈祭”中的“祭”意同“祭祀”。前一个“祭（祀）”是动词；后一个“祭（祀）”是宾词。这个宾词实质上是被捆绑在木桩上用以作牺牲的“活人”。因此，“以祭祈祭”，意即祭司按祭祀仪轨向作为牺牲的“活人”祷告。法规：即“以祭祈祭”的法规，也就是吠陀经所规定的仪轨。力量：“以祭祈祭”所产生的神奇效应。圣众：除天神外，其他神人仙众。在此：在虚空上，在空间里。

综观上述《原人歌》16个颂文的内容，可以归结为一个原人哲学范畴系统：

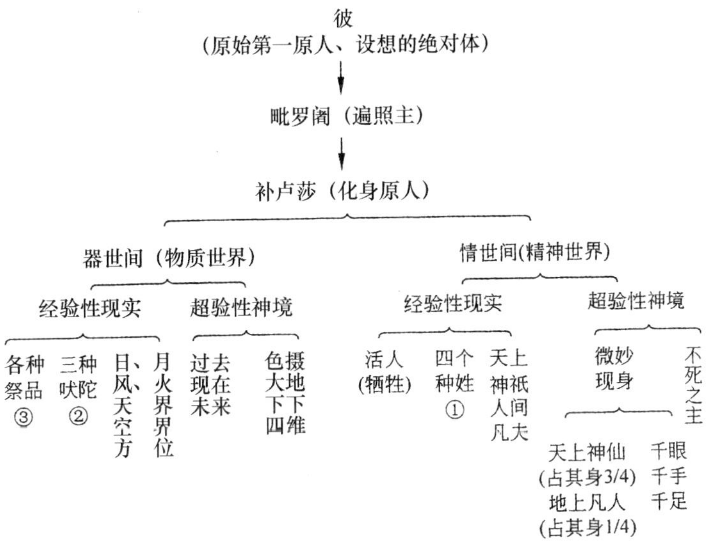

① 四个种姓：婆罗门种姓、刹帝利种姓、吠舍种姓、首陀罗种姓。

② 三种吠陀：《梨俱吠陀》、《娑摩吠陀》、《夜柔吠陀》。

③ 各种祭品：化身原人用神通幻变的供祭典使用的物品。

《因陀罗赞》
(Indra)

(《梨俱吠陀》第6卷，第47曲，共31个颂。作者为伽尔伽仙人，Gargā Bhāradvaja。这是一支歌颂包括因陀罗在内的若干神祇的神曲。这里选用其中五个与因陀罗有关的颂——颂15、16、17、18、19；因此，另标题为《因陀罗赞》)

15. 谁对他歌颂？谁令他满足？
谁向他献供？天帝摩伽梵，
时刻在关注，自己之神威。
犹如人二足，前后交替走；
首先制作一，次后造其他。

16. 英雄因陀罗，美名传四方，
降伏每一个，可怖之顽敌。
一处接一处，更换供应地。
傲慢者怨敌，二界之君王，
再三宣圣诏，鼓舞众臣民。

17. 因陀罗拒绝，其上者友谊；
但绕过彼等，接近其下者；
因陀罗抛开，忽视敬他者；
唯伴皈依者，漫度众春秋。

18. 彼按本真相，变现种种形；
正是此真相，借以现其身。
幻化许多相，接引其信众，
犹如马千匹，套在其车上。

19. 工匠神备马，套于其车上，
在诸世界中，普施其耀光。
有谁能每日，驱逐敌对者，
或在信众中，作一卫护神？

提要：作者伽尔伽仙人在这与因陀罗有关的5个颂里描写因陀罗大神施展超验的神奇幻术，以其自身（一个因陀罗的形相），变现出许多与本相相同的形相（多个因陀罗的形相）；借此透露重要的哲理消息——一与多的不一不二的原理和幻变现象是假非真的幻论。

以下按颂序逐一解读：

颂15："天帝"即因陀罗。"摩伽梵，Maghavan"是因陀罗的别称，意为"慷慨好施者"。"首先制作一，次后造其他"这两句的意思是：（a）因陀罗以其神力使他的皈依者既是第一个敬奉他的人，同时又是最后一个敬奉他的人；意即他的皈依者始终不渝地向他祈祷献祭；（b）首先的或第一的是因陀罗本相（唯一实在），其次是他的化身（外现其他众多现象）。

颂16："可怖之顽敌"是指吠陀经中常说的与因陀罗为敌的妖魔鬼怪，如黑魔弗栗多、三头怪毗斯伐鲁波、蛇妖阿稀……阿修罗、奴隶达娑、达休等。"应供地"即因陀罗应该接受斋主向他献供礼拜的地方——斋主之家或祭坛。"二界"即天界和地界。因陀罗本神住于二界中间的空间；坐镇空界，兼辖天地二界，他实际上是三界的天主。颂中说他为二界君王是诗人不把因陀罗自己的领地计算在内；或者说，他是空界的主神是不言而喻的。

颂17："其上者"，意指在信仰因陀罗和按吠陀祭礼向他献供方面的善男信女。"拒绝"这里的意思是"回避"或"不接近"。颂中"因陀罗拒绝，其上者友谊；但绕过彼等，接近其下者"似有二层含义：（a）是说先进的善男信女已经能够自觉地履行日常拜祭因陀罗的规定，并且获得了功德的回报，用不着再去关照他们；但对于其下者——落后的善男信女，则需要去接近，给予他们更多的关怀和教诲，从而启发他们多做善事（拜祭因陀罗）的积极性和自觉性。（b）因陀罗化身，下降人间，现作凡夫，在人类社会生活中树立一个处理群众关系的光辉楷模：对其上者（贵戚权门），从不摧眉折腰；对其下者（普通群众）亲切接近。颂的最后两句："但伴皈依者，漫度众春秋"中的"皈依者"是指那些把"身、口、意"三业完全投入于归敬、依靠因陀罗大神的信徒；他们至诚的祈祷活动，感动了因陀罗，获得因陀罗恩赐长久的福祉与保佑。

颂18：本颂所表述的是典型的"一"与"多"的原理。颂中第一句的"本真相"在这里应理解为"本来的真性"或"本来的真体"；通俗地说，就是精神上的"本来面目"。因陀罗根据自己的本来面目——唯一真体，变现出众多外在形相。或问：用什么手段来变呢？那是通过"幻"来变的。幻有二义：一是哲学上的意义，因陀罗被设想为唯一的真体，唯一的实在，天然地自有绝妙的幻力和幻术；正是通过幻力变出种种异化于唯一真体的幻象——精神的和物质的现象；二是神学上的意义，因陀罗被神格化为一位神通广大、天上地下无有匹敌的天帝释；为了接引、教化他的不同根基的信众，他运用神通按照自己唯一的本相，变化出各种各样的外在形相。其次，本颂作者似在阐述"幻"与"一、多"的内在关系。"一"与"多"既是矛盾，又是统一。幻，具有演变与复归的作用。"一"是以幻而变"多"；"多"又因幻而复归"一"；如是辩证地形成既矛盾又统一的"一、多"原理（也即"幻现—幻归"的原理。RV. Ⅷ. 41）。

颂19："工匠神 Tvaṣṭṛ"是一个抽象化的大神，诗人赋予他创造和装点世界的工艺技术。就本颂而言，他是因陀罗的别称。本颂是继上一颂进一步强调因陀罗夜以继日地不停地打击敌人，保护信众的威力。

《婆楼那赞》
(Varuṇa,包拥神)

(《梨俱吠陀》第8卷,第41曲,共10个颂。

今选择其中7个,即颂1、3、4、5、6、7、8。作者为那婆迦仙人,Nabhaka Kanva)

1. 祈祷圣主,婆楼那天;
敬礼聪明,风暴神群;
善护人心,如牧羊群。
其余怨敌,愿俱毁灭。

3. 彼以摩耶,揭示宇宙,
既摄黑夜,又施黎明;
顺随彼意,三时祭祀。
其余怨敌,愿俱毁灭。

4. 最胜明神,测量天师,
现身大地,创立四维;
水天行宫,古老辉煌。
是此神王,我等主人,
犹如羊倌,放牧群羊。
其余怨敌,愿皆消灭。

5. 彼持诸有，全能通晓；
太阳名号，秘密奥义。
彼乃诗仙，禀赋非凡，
繁荣创作，丰富瑰丽。
其余怨敌，愿俱毁灭。

6. 一切才智，集中于彼，
犹如车毂，装在轮轴。
当即礼敬，遍三界者；
如人集合，牧场牛群；
敌人以轭，迅速套马。
其余怨敌，愿俱毁灭。

7. 彼行宇内，处处现身，
度诸众生，作其依止。
诸天神祇，周匝围绕，
于其车前，虔诚参拜，
听受神旨，如律奉行。
其余怨敌，愿俱消灭。

8. 彼乃海洋，神秘深广，
又如旭日，升空自在；
群生瞻仰，顶礼赞扬。
彼之神足，闪烁异光。

提要：这支神曲是12支有关婆楼那（包拥神）的神曲之一。此曲把婆楼那作为“有相超自然神”来歌颂（在《梨俱吠陀》第7卷第86曲中，婆楼那被塑造成一个“有相自然神”，即天界神之一）。因此，本曲在形式上是一首献给婆楼那的赞美诗，但诗的内涵却是丰富而独特的吠陀哲理。从吠陀神话衍变的过程看，本曲事实上是《梨俱吠陀》神话发展到了一个新阶段的标志：即这个时期的吠陀神话已从崇拜多神过渡到崇拜少数几个大神，后者并被赋予更加神奇的创造宇宙的超验神力。婆楼那便是其中一个。事实上，这支神曲的作者突出地把婆楼那放在唯一的宇宙大神的位子上，所以这支神曲的每一个颂都以同样的两句话作为结束语——"其余怨敌，愿俱消灭。"所谓"其余怨敌"，是说除婆楼那以外的一切神，他们不是被统一于婆楼那，就是被看作不存在——"愿俱消灭。"这是《梨俱吠陀》从泛神论向尊一神论过渡的明显信号。

在哲学上，这支神曲涉及两个重要问题：一是时空，一是摩耶（幻论）。关于时空问题，《梨俱吠陀》哲学家（包括其后的印度唯心主义哲学家）认为，时间和空间没有客观的实在性，而纯粹是主观的概念；或者说，是创世大神如婆楼那所安排的。关于摩耶（幻），他们认为，万有现象，包括时间和空间，本无客观实体，其所以存在，乃由一神（设想的抽象实在）自身的幻力变现出来的；因而，它们的存在是暂时的、无常的，最终还要回归于本体。这是"摩耶"（幻）的基本意义。

吠陀哲学家实际上把摩耶（幻）作为观察世界从产生到消亡的一种最基本的方法，因而在哲学上既是一种世界观，又是一种认识论。自从这个幻论第一次在《梨俱吠陀》被提出之后，数千年来印度的主要哲学流派一直把它作为一个十分重要的哲学理论问题来探讨，特别是佛教大乘哲学——中观论和瑜伽行论两派，以及婆罗门教的吠檀多不二论者，基本上把"幻"作为他们理论体系中的核心概念之一，而他们对此反复深入的阐述，又大大丰富了这一理论。然而，就哲学的根本立场来看，持唯心论观点的哲学家关于"幻"的看法从未离开过《梨俱吠陀》哲学的原始立场；当然，持唯物论观点的哲学家不在此列。

以下按颂序逐一解读：

颂1："风暴神群"，原文 Maruts，常作复数，是一类次要的自然神。他们原是因陀罗近身卫队。因陀罗有两个别号：Marutvat（有风暴神群陪伴的）和 Marudgaṇa（有风暴神群侍从的），反映因陀罗和风暴神群的主仆关系。根据本颂，风暴神群不仅是因陀罗的侍从，同时是婆楼那的随员。显然，在吠陀诗人的想象中，婆楼那在《梨俱吠陀》中的神圣地位是和因陀罗一样的重要。颂的后四句，歌颂婆楼那赏善罚恶、爱憎分明的性格：一方面，他像牧羊人爱护羊群那样，善于保护信奉他的善男信女；另一方面，他以其神威镇压反对和不信仰他的敌人，使之消灭而后已。

颂3：本颂和下一颂（颂4）描述婆楼那创造器世间（客观世界）。本颂的头四句是对婆楼那创世神力的歌颂。“摩耶”（māyā，幻）是婆楼那用以创世的手段。“幻”实际上就是我们平常说的“幻术”或“魔术”。由魔术变出来的东西是“似真而实假”的幻相，是暂存的、无常的现象。吠陀诗人设想中的大神如因陀罗、婆楼那等，自身具有与生俱来的魔术。一般说来，神的魔术和人的魔术在本质上和作用上没有什么区别——都是用来变现幻象。但是，在能量上和范围上，神的魔术和人的魔术之间则有天壤之别。神的魔术能够变现出宇宙三界及其中一切生物和非生物；而人的魔术只能变出像哄儿童的小玩意儿。颂中所谓“彼以摩耶，揭示宇宙”就是这一含义。颂的后四句是说，凡是信仰婆楼那的人，应顺从神意，每天三次准备祭品，供养婆楼那。至于那些不信婆楼那的“怨敌”，愿其完全消灭。

颂4：“测量天师”，即天上测量师、宇宙建筑师，也就是宇宙的创造主。婆楼那在“揭示宇宙”之后，具体做了如下几件事：（a）创立四维，即创立宇宙方位——东南西北、上下四维；（b）测量天地；（c）坐镇“水天行宫”，监视三界众生的一切善恶行为。“水天”是婆楼那的别称。在《梨俱吠陀》末期神话，婆楼那的神权被限于管辖水域，故称为“水天”。

颂5：本颂和下一颂（颂6）讲述婆楼那创造情世间（主观世界）。“彼持诸有”，意谓婆楼那是三有（天、空、地三界）的基础，支持着宇宙三有的存在。“太阳名号”，即以太阳为首的一切自然现象。婆楼那是全知全能的超级神明，故能完全了解、掌握它们（自然现象）从产生到消亡的过程的秘密规律。像创作《梨俱吠陀》那样伟大的诗歌的天才，也是来源于他的知识库，他才是真正的诗仙。

颂6：婆楼那何以“全能通晓”宇宙间一切现象的秘密？何以是“禀赋非凡”的诗仙？作者在这个颂里解释说，因为“一切才智，集中于彼”。原来一切经验的知识和超验的知识都集中在婆楼那身上，所以他本身就是一切智慧，一切才能的体现，一句话，婆楼那是主观世界的基础，支配着一切高级的精神活动。颂中“敌人”意指不信婆楼那的人。这些人就像牧人集合牛群那样，迅速套马，向婆楼那的信徒发动攻击。我们应即祈祷婆楼那，请他施以神威，保护我们，消灭敌人。

颂7：本颂是概述婆楼那的威德：天上地下，严执法规，赏善罚恶，人天服从。颂的头四句是说，不同层次的众生有不同的素质或根性。婆楼那据此而现不同的化身去度化他们，作他们生命最好的归宿处。“诸天神祇”泛指天、地、空三界的高级、中级和低级神灵。他们一致尊奉婆楼那为众神之王，接受、执行他的神旨。“如律奉行”似是特指自然神而言：他们应各行道，不得有误。例如，太阳神和太阴神应按自身规律在空中正常运行；司昼神和司夜神应履行各自职责，在人间按时间规律主持白昼与黑夜。

颂8：本颂是对婆楼那神奇的摩耶（幻）的总结。本颂讲的“摩耶”是与颂3讲的“摩耶”相呼应，是同一摩耶的两种表现形式。颂3的摩耶是讲宇宙万象因摩耶而显现，本颂的摩耶是讲宇宙万象因摩耶而消亡；因为宇宙是一个大摩耶（幻相），本来虚假，非真实在；摩耶从显现到消亡是它本身的自然过程。因此，本颂的摩耶可作二解。一解是幻术和幻象：宇宙是伟大魔术师婆楼那使用魔术变出来的幻象，幻象非真，会在一定条件下自行消失，即所谓“直上穹苍”。另一解是幻象和迷惑：世间现象，虚妄如幻，无有实体，非真存在。但凡夫俗子迷惑不解，执以为真，由是对他们说来，幻象（摩耶）变成一种精神上的障碍和烦恼。不过，一旦恍然觉悟，识破幻象的虚假本质，消除心理上的迷惑，那时候，便是“驱散摩耶，直上穹苍”的境界。

《创世主赞》
(Viśvakarman)

(《梨俱吠陀》第10卷，第82曲，共7个颂。作者为毗湿瓦迦罗仙人，Viśvakarā Bhaumana)

1. 眼睛之父，心意决定，
生产原水，创设此二；
古老边界，划定之时，
上天下地，从此广延。

2. 造一切者，心广遍现，
总持一切，规律制定；
至极真理，正确洞见。
彼等愿望，因得食物，
甚感满足。彼等同呼：
是此唯一，超越七仙。

3. 彼乃我等，生身父母，
是此世界，创造之主；
我等所在，乃诸有情，
彼全知晓。彼乃唯一，
诸天神祇，由他赐名；
其余众生，超前询问。

4. 往昔仙人，唱彼赞歌，
举行祭祀，献彼财宝。
彼等庄严，是诸有情，
集中住于，动不动界。

5. 在天之外，在地之外，
诸天之外，非天之外。
是何胎藏，水先承受，
复有万神，于中显现？

6. 即此胎藏，水先承受，
诸天神众，于此聚会。
无生脐上，安坐唯一，
一切有情，亦住其内。

7. 尔等不知，彼造群生，
另有一物，有异于汝。
口唱圣歌，蔽于迷雾，
言无真实，玩乐游荡。

提要：本神曲歌颂的对象是 Viśvakarmā。此词意译就是“宇宙创造主、万物创造者、造一切者”；这些都是创世主的称号。本神曲作者在此阐述若干重要的哲学问题。其一，原水说（apaḥ）。认为水原素是世界构成的原初物质。其二，胎藏说（garbha）。胎藏，即是“胚胎、胎”。另一同义词 hiraṇyagarbha，意译作“金胎、金藏、金卵”（同书卷，第 121 曲）。在吠陀哲学家的猜想中，宇宙形成之前，宇宙是一个物质性的胚胎孕育在深水之中。孕育期满，胚胎成熟，宇宙胎儿，从“母体”（原水）产出，变成为一个超验性的神奇宇宙容器，万象森罗，包摄天、地、空三界。其三，超验意识说。在《梨俱吠陀》里，manas（意识）泛指众生界的意识。本曲说的“意识”是与众生界的意识不同的意识：“另有一物，有异于汝”；此中“一物”是指超验的宇宙意识（宇宙灵魂）。这说明，宇宙创造主既是客观世界的创造主，同时也是主观世界的创造主。其四，无生说（aja）。“无生”的概念（亦见于同书 I. 164. 4）。在本曲，“无生”反映创造主的特征和他本体的特质。故“无生”有二解。一解，是说创造主本体无生，无生自然无灭；一解，是说创造主由于无生，所以有生；有生，意谓创造主具有创造宇宙万有的超验神力。后吠陀的哲学，特别是佛教大乘哲学和婆罗门教的吠檀多哲学继承发展了这一“无生”思想，大大丰富了其内涵，并且各自制作一套为本宗服务的“无生说”。

上述四点吠陀哲理，若从现代视角来看，其中前两点似是朴素唯物主义的；后两点似是原始唯心主义的。

以下按颂序逐一讲解：

颂 1：首先阐述宇宙创造主创造器世间（物质世界）。“眼睛之父”的“眼睛”总说眼、耳、鼻、舌、身五种感官（五根）。“父”即创造主。“此二”是天、地二界。宇宙创造主创造物质世界的程序是：首先生产原水；其次，在水上创造宇宙乾坤。这个说法似为下边颂 5、颂 6 的伏笔。

颂 2：歌颂宇宙创造主的超验精神境界。他就是情世间（主观世界）的创造者，所以，他是宇宙间一切事物的支持者，宇宙规律的制定者，最高真理的亲证者。他心智广大，无所不在。“彼等”，即众生界；“食物”，即生活所需的物质。由于宇宙创造主创造了精神世界和物质世界，众生界的物质愿望因此得到满足。“七仙”，有二说：一说是指生主神（Prajāpati）的七个儿子。他们是：摩利支（Marici，阳焰仙人）、阿底利（Atri，噬者仙人）、鸯吉罗斯（Angiras，具力仙人）、迦罗都（Kratu，智力仙人）、补罗诃（Purahā、破堡垒者，毗湿奴神的一个称号），以及婆悉斯他（Vasiṣṭha，最富仙人）。另一说，是指大熊星座（俗称北斗星）。

颂 3：描述宇宙创造主所创造的主观世界的具体现象：宇宙创造主作为生物界的生身父母，创造了人世间一切有情；同时又是万神之主，天上大小神祇，均由他赐名封号——由他创造。这是说，唯有他才是唯一的真神（唯一超验的实在），其余所有神众不过是他外现的化身而已。“其余众生，超前询问”意思是说：“谁是宇宙大神？众生如何设供礼拜？该做些什么功德善业？”

颂4：接上颂3，续讲按吠陀经教义做善事、积功德。颂中的“庄严”便是意指善事或功德。庄严有自庄严与他庄严两个方面。自庄严，谓应以远古的苦行仙人为榜样，精修苦行，创作诗歌，赞美神王，祭祀祈祷，以此来积聚功德，庄严自己（颂的前四句义）。他庄严，谓以虔诚热情的态度，宣讲吠陀哲理，教授吠陀祭礼，以此来庄严他人；也就是利益所有生活在“动界”（生物界）和“不动界”（非生物界）的有情（颂的后四句义）。

颂5、颂6：这两个颂是对颂1所说的“原水”理论作进一步的补充与阐述。两颂同时强调，世界之初，唯有原水：原水在先，宇宙在后。因为，原水首先承受着（怀孕着）一个物质性的胚胎，胎内蕴藏着生物界和非生物界的一切。一旦胚胎孕育成熟、宇宙胎儿脱离“母体”（原水），由是宇宙形成，天地划定。颂5的“非天”是吠陀神话里的一类恶神，阿修罗（Asura），因为他只有天神之威，而无天神之德，故被叫作“非天”。颂6中的“无生”和“唯一”都是宇宙创造主的超验特征，表述无生即无灭，唯一即不二的哲理。

颂7：阐述宇宙意识论，并批评那些不懂此理的人。颂的前四句是说，那些不知道至上之神的宇宙意识与众生的个体意识之间的根本区别的人，是为愚昧所蒙蔽。他们口唱圣歌，狂妄自封：“我是神，我是仙”，如是自欺欺人，言无真实，终日陶醉于现世的享受，妄想来世再得福乐。

《阎摩赞》
(Yama)

(《梨俱吠陀》有4支关于阎摩的神曲，即《梨俱吠陀》第10卷，第14、135、154和10曲。本神曲是这4支神曲中之一，即第14曲。此曲有16个颂，本文选用其中5个颂，即颂1、2、7、11、13。)

1. 接引修善者，往生最胜地；
为众多生灵，指示升天路。
此乃阎摩王，太阳神儿子，
人类收集者，敬彼以供品。

2. 首席神阎摩，知悉我等事，
无人敢夺走，我等放牧场。
往昔祖父辈，曾从此逝去；
我等既知已，选择己道路。

7. 请离开离开，沿着众古道，
即吾人祖先，走过的道路。
举行祭祖礼，二王心欢喜，
汝将见阎摩，及婆楼那天。

11. 神圣阎摩王，侍从有二犬，
四眼护路者，人间遍知闻。

惟愿庇佑他，绕过二天犬，
惟愿恩赐他，福祉与安宁。

13. 斟出苏摩，献给阎摩，
设置祭品，供奉阎摩。
信使火神，诣见阎摩，
通报祭典，准备完毕。

提要：本曲作者在上引的5个颂中虽然主要叙述阎摩王的出身、住地、职业、他的近身侍卫和合作伙伴，但也有意通过描写火神阿耆尼所起的沟通“天人之间”关系的媒介作用，来表述天人交感、天人合一的哲理。

以下按颂序解读：

颂1：颂的前6句都是“神王阎摩”的定语，说明阎摩的出身和职业。“修善者”指生前曾修行善业的亡灵。“最胜地”是天上最好的归宿处——阎摩王国。“太阳神”，即毗伐斯瓦特（Vivasvat），他与迅行女神莎兰妞结婚，生下二子一女。二子，即阎摩与摩奴；一女，即阎美。故颂称阎摩是太阳神的儿子。阎摩的职业是专门把先死者的鬼魂和后死者的亡灵收集，引导往生他的国土，安居享乐。故他又被称为“人类（亡灵）的收集者”。

颂2：颂的前四句，是人们对阎摩的祈求，请他保护自己的牧场；“放牧场”是指牧牛场。古代印度人把牛，特别是母牛看做主要财富之一，牛奶既是日常的主要饮料，也是制作供神用的祭品的重要原料。颂的后四句，是说人类祖先曾经沿着阎摩指示的道路前往阎摩王国。我等也要挑选自己将来前往阎摩王国的道路。

颂7：这个颂是丧家对死者亡灵说的。颂的前四句，是请亡灵快些离开阳世，沿着祖先走过的道路前往阎摩王国。后四句，是告诉亡灵：“我们已为你举办祖先祭，二王——阎摩和婆楼那二神王一定会高兴，你也一定会见到二王。”这个颂反映阎摩是一位天亡的大神，他的神格和在神群中的地位是和婆楼那天相等的。

颂 11：这个颂是丧家为死者亡灵向阎摩祈祷、请求。阎摩王有两条天狗作为助手兼保镖。这两条狗各有天生的四双眼睛，身上长着浓密的花斑毛，鼻子高大，气力无穷。它们的母亲是帝释因陀罗的宠物母狗莎罗摩（Sūramā）。二犬的任务是：作为阎摩王的特使，昼夜游弋人间，传播死亡信息，捕捉死人的亡灵，守护（亡灵）进入阎摩王的大路上的关卡，对前来的鬼魂或亡灵进行严厉的盘查审问，故称作“四眼护路者”。颂的后四句，是丧家祈求阎摩王保护亡灵，免受他的四眼护路者（二天狗）的盘查，顺利到达他的鬼魂王国。这个颂表明阎摩所统治的鬼魂王国是在天边的一个角落，不是在地下深层。

颂 13：颂中“苏摩”是因陀罗最爱喝的神酒，现在献给阎摩，说明后者和因陀罗一样有资格接受信徒或祭主的苏摩供品。“火神”，即阿耆尼，是阎摩的信使和合作者。

《幻分别颂》
(Māyābheda)

(《梨俱吠陀》第10卷，第176曲，共3个颂。
作者为波登伽仙人，Patang)

1. 吠陀智者，以智观照：
在自心中，整个太阳，
乃阿修罗，摩耶托出。
诗人考察，太阳轨道；
信众祈求，太阳光界。

2. 太阳用心，受持圣字；
乾达婆言，放在胎藏。
吠陀诗仙，光辉意净，
拥抱圣字，在祭坛上。

3. 有幸见到，护世明神，
彼乃太阳，永不坠落；
循轨运行，或前或后；
彼之光波，照摄四方；
持续周转，诸有之中。

提要：本神曲名《幻分别》，亦可作《幻观照》。此曲仅有三个颂，讲述两则神话，一则是，关于阿修罗神用“摩耶”（幻术）把太阳整个地和盘托出；吠陀智者以慧眼看见这个由魔术托出来的太阳是在自己的心中。另一则是，关于太阳神用心受持神秘“圣字 vāc”。这两则神话，若按透视方式来看，可以发现有两点内涵：一是“摩耶”（幻的哲理）；一是神秘主义密咒系统。

下边，按颂序详细解读：

颂 1：本颂叙述吠陀智者以智慧观察自己心中的太阳是由阿修罗神用“摩耶”（幻术）捧出来的。阿修罗（Asura）：具有两重神格：一善一恶。在吠陀经的初期（同在波斯神曲集《阿维斯特》），阿修罗是一位至善之神，誉为天尊，天上的超级神灵。到吠陀经的晚期，阿修罗的善神性格，一变而成为恶神性格，并以恶神首领自居；常与天界和空界的善神们作对，甚至挑战大神因陀罗（Indra）。在本颂，阿修罗则保持他在吠陀早期的善神形象，故有把太阳托出来的本领。摩耶：这是梵语 māyā 的音译；意译则是“幻、幻术”。阿修罗之所以能够把太阳和盘托出来送给仙人智者，就是因为他是一位设定的超级大神，本身天然地具有一套“超凡”的幻术（摩耶）。所谓超凡，就是说，阿修罗神的幻术不是我们凡夫日常所玩耍的幻术，而是从阿修罗自身展现出来的幻术；它是神圣而神秘不可思议的，能够幻变出包括太阳在内的宇宙万物。显然，这个“阿修罗”实质正是超验真梵的经验性化身（这是“摩耶”幻的哲理。参看本章《婆楼那赞》提要）。“太阳光界”：意指太阳光照的范围。

颂 2：本颂叙述太阳神、乾达婆、吠陀诗仙，分别接受“圣字”的方式。圣字：是梵语咒词“vāch”。此字的密意是三吠陀的神曲，即《梨俱吠陀》、《夜柔吠陀》和《娑摩吠陀》。按《鹧鸪氏梵书》（Taittirīya Brahmana，Ⅲ. 12. 9），神明（任何拟人化后的神），清晨，携带《梨俱吠陀》在空中活动；午时受持《夜柔吠陀》的教义；入暮，欣赏《娑摩吠陀》对他的赞叹。本颂所讲三种接受圣字（vāch）的方式是：（a）“太阳用心”：意谓太阳神在心里受持圣字；（b）乾达婆（住在空界的香音神）说，他把圣字存放在胎藏（胚胎）里（寓意圣字永远不离身心）；（c）吠陀诗仙在祭坛上拥抱（护持）圣字。“光辉意净”：是诗人的定语。意净：意谓畎陀仙人在苦修中取得心灵净化的境界。

颂 3：这是一首完整的太阳颂。“或前或后”：意指太阳从东边升起，没落于西边。“持续周转”：意谓太阳在轨道上循回运行，引起事物的不断变化。“诸有之中”：意谓太阳的作用与影响，遍及天、空、地三有（三界）。

《万神赞》
(Viśvadevas)(一)

(《梨俱吠陀》第1卷，第164曲，共52个颂。本文选读其中8个颂，即，颂1、2、3、4、5、6、18、19。

作者为长阇仙人，Dīrghatama Aucathya)

1. 我看见人主，以及其七子，
仁慈而年迈，劝请之祭司；
居中一兄弟，周遍于一切，
排名三弟者，受食香酥油。

2. 彼等以七马，套于独轮车；
一马名曰“七”，拉车往前奔。
三毂之车轮，不坏亦不松，
宇宙诸三有，悉住于其中。

3. 此乃七轮车，看管此车者，
正是七骏马，曳车速奔驰；
此间七姊妹，同乘车游乐，
犹有光七道，贮存于其中。

4. 谁人曾看见，最初者出现？
不具实体者，支持实体者？

从地生气血，何处有我在？
谁去寻智人，请教此道理？

5. 我幼稚无知，诚心来询问：
何物被隐藏，诸天竟不知？
是何七线祭，诗人广布置？
障碍太阳神，一切所依止？

6. 我愚昧无知，并非一学者，
为了求知识，故在此请教：
博学者诗仙，何物此唯一？
无生之相中，建立六国土？

18. 凡知世之父，在下亦在上，
在上亦在下，受敬若诗仙。

19. 吠陀诗圣众，如是宣此理：
其为下降者，亦为上升者；
其为上升者，亦为下降者。
因陀罗、苏摩！
汝等所创造，空间诸轨道，
始终在支持，世界诸方位；
犹如公牛群，套在车子上。

提要：这支《万神赞》是由52个颂组成的长诗，但作者的哲学观点却集中表述在上述所选的8个颂中。他的哲学观点涉及宇宙生成论、最初存在论、抽象与具体、肉体与灵魂、唯一与无生，这些都是印度哲学思想的源头；其中“唯一与无生”的概念，尤其值得重视，因为“唯一”与“无生”是后吠陀唯心主义哲学派别的哲学家必须探讨的永恒哲学命题。

兹按颂序逐一解读：

颂1：本颂是对太阳神及其眷属的歌颂。颂中的“人主”是指吠陀神话里的人类祖先迦叶波仙人（Kaśyapa），他与无缚女神（Aditi）结合，生有七子。“七子”有三个与太阳神有关的神话：（a）指七道阳光；（b）指无缚女神所生七子（七大神）——婆楼那、密多罗、阿利耶曼、薄伽（Bhaga）、德刹（Dakṣa）、庵娑（Amsa）及苏利耶（太阳神）；（c）指无缚女神的第七子（太阳神）。人主迦叶波“仁慈而年迈”，同时是“劝请之祭司”。在吠陀祭天等祭典中，一般由四位祭司（祭官）主持。在吠陀诗人想象中，迦叶波仙人既是人类的始祖，又是人类中最尊贵者，是四种祭官中的首席祭官——劝请祭官（详见本书第106页）。颂中说“居中一兄弟”是指太阳神的二弟风神；“三弟”是指太阳神的三弟火神。无缚女神七子的神话，在后吠陀的梵书中发展而为“八子”和“十二子”；十二子象征一年十二个月的运行。

颂2：颂中“七马”象征太阳一周七天的运行；“独轮车”是太阳神的车乘；“七”是毗湿奴神的代号。“三毂之车轮”的“三毂”，象征“三界”。在吠陀哲学家的观察中，整个宇宙划分为天、空（大气层）、地三界，亦称“三有”。“悉住于其中”，意谓太阳神的车轮能够承受宇宙三有。本颂的“三毂 trinabhi”，实际上是后吠陀的“三脐 trinabha”的来源。前者是说太阳神承受三有的三毂车轮，后者是说毗湿奴神支撑三有的肚脐。

颂3：本颂的“七轮车”和上一颂的“独轮车”同是太阳神的神车；“七姊妹”可能是太阳神的眷属，或是七种工艺的象征。“光七道”原文是 gavām sapta nāma，亦可译作“七种语言形式”。颂1、2、3的三个颂都是歌颂太阳神及其眷属或侍从；但歌颂之中隐含着一个重要的哲学观点，这就是，把太阳看做宇宙基础或世界起源。上古吠陀哲学家这种基于对物质的直接认识而构成的朴素的宇宙观或世界观，是很有意义的。

颂4：颂中的“最初者”是说“最初存在”，或宇宙间最初的东西（物质的或非物质的）。“实体”原文是 asthanvanta（骨架），“非实体”原文是 anastha（无骨架）；用现代术语说，就是具体（骨架）和抽象（无骨架）。“地、气、血”是说由地、水、火、风诸原素构成有气有血的肉体；“我”指灵魂或意识。

作者在这个颂里提出三个哲学问题：一是关于宇宙的最初存在。作者在前边三个颂中把太阳描绘为宇宙三有的承受者，是最初的存在。在这个颂里，他似乎在质疑，是太阳还是别的什么是宇宙的最初存在？它是物质性的还是精神的？又是谁曾经看见它的出现？二是关于具体与抽象的关系。“具体”是客观的物质现象，“抽象”是主观的精神现象；物质性的存在是否需要精神性的存在来支持？或者说，精神性的存在可以作为物质性的存在的基础吗？三是关于肉体与灵魂的关系。肉体的成分是四大的物质原素，意识（我）产生于肉体的构成；灵魂（意识）是否随肉体的产生而产生，随肉体的消亡而消亡。肉体是不是灵魂赖以存在的基础？事实上，肉体在解体后复归于地水火风四大原素，灵魂又在哪里？对于这三个问题，作者本人似乎是持否定态度，即过去既没有看见过最初存在的出现，今后也不会有人看见；非物质性的存在不可能作为物质性的存在的基础；灵魂（意识我）离开肉体便不存在。然而，这些问题是哲学的根本问题，后吠陀哲学家基本上围绕着它们而苦思冥想，寻求答案；他们提出各种各样的看法和见解，由是在漫长的哲学思想发展的长河中，形成了形形色色的印度哲学派别。

颂5：颂中“七线祭”是指七种苏摩祭，或一种具七部分内容的祭典。“七线”又有二义：一是喻吠陀的七种韵律；二是指一种网状物，在行祭时张开，遮挡太阳光。“一切所依止”，意谓太阳是宇宙万有的基础。作者在颂4中谈到的哲理，含义甚深，凡夫俗子固然难以参透，即使天界神众亦有所不知；故曰：“何物被隐藏，诸天竟不知？”

颂6：颂中的“唯一”和“无生”是吠陀哲学家用以表述他们设想中的超验境界的专门语言。超验境界，即使诸天神明亦无所知。如果一定要用人类语言来表述它的话，那就只能权宜地用“唯一、无生”来描述它的特征。“唯一”即“不二”，“无生”即“无灭”。“无生之相”这里应理解为“无生之体”，“六国土”应理解为“世界的诸方位”或“整个世界”；意谓只有“无生之体”才是包摄宇宙万有的本原。吠陀哲学家设想的超验境界（绝对实在）究竟是物质性的还是精神的，他们尚说不清楚；但他们从不断而深入的推断，认为它是绝对唯一，是与生灭绝缘的。唯一（不二）及无生，这两个术语为后吠陀哲学家广泛使用，尤其是吠檀多学派和佛教的哲学大师，他们创造性地发展了吠陀这一理论，创立了“不二论”和“无生法”，并且以宗教徒的热情来传播。

颂18、19：“世之父”是指几个具有创世的超凡力量的大神如祷主神、生主神、因陀罗、婆楼那等，也是吠陀哲学家设想中的抽象的绝对实在人格化的代号。作者在这两个颂里提出一个关于上下升降的辩证观点：上中有下，下中有上；上升联系着下降，下降联系着上升；一上一下或一下一上；一升一降或一降一升，不是静止，而是运动。吠陀哲学家把上下升降的运动规律归诸于“世之父”（神明）的支配。这反映此时的吠陀哲学家尚未悟知：上下或升降是一对矛盾，矛盾的双方既是互相联系，又是互相对立；矛盾的对立是绝对的，统一是相对的。对立统一是事物本身的运动形式，是客观的自然规律，是不以人或什么超人的意志为转移的。

《意神赞》
（Manas）

（《梨俱吠陀》第10卷，第58典，共12个颂。
作者为盘豆仙人四兄弟，Bandhvādiyo Gaupāyanas）

1. 汝之末那，已经离开，
到达遥远，阎摩境内。
吾人使之，退转归来，
长享生活，在斯人间。

2. 汝之末那，业已离开，
到达遥远，上天下地；
吾人使之，退转归来，
长享生活，在此人间。

3. 汝之末那，已经离开，
竟至遥远，地之四方；
吾人使之，退转归来，
长享生活，在此人间。

4. 汝之末那，已经离开，
竟至遥远，虚空四边；
吾人使之，退转归来，

长享生活，在此人间。

5. 汝之末那，已经离开，
竟至遥远，大海汪洋；
吾人使之，退转归来，
长享生活，在此人间。

6. 汝之末那，已经离开，
竟至遥远，光端顶上；
吾人使之，退转归来，
长享生活，在此人间。

7. 汝之末那，已经离开，
到达遥远，树丛水边；
吾人使之，退转归来，
长享生活，在此人间。

8. 汝之末那，已经离开，
到达遥远，日晖晨光；
吾人使之，退下归来，
长享生活，在此人间。

9. 汝之末那，已经离开，
到达遥远，峻岭崇山；
吾人使之，退转归来，
长享生活，在斯人间。

10. 汝之末那，已经离开，
到达遥远，宇内诸方；
吾人使之，退转归来，

长享生活，在斯人间。

11. 汝之末那，已经离开，
到达遥远，极地边疆；
吾人使之，退转归来，
长享生活，在斯人间。

12. 汝之末那，已经离开，
到达遥远，过去未来；
吾人使之，退转归来，
长享生活，在斯人间。

提要：作者盘豆仙人在这里把抽象名词“manas”（意、意识）具体化为一个具有完整人格的超人，叫作“意神”，并创作了这支题名《意神赞》对它进行歌颂和祈祷。这支神曲，语言简洁，用意明确，12个诗节，表述同一哲学命题：末那（manas，意识、灵魂）不灭和转生。吠陀哲学家和诗人把10卷《梨俱吠陀》神曲的大部分篇幅主要用于阐述生物界（精神世界）和非生物界（物质世界）的起源问题，而对于生物界特别是人类的意识如何产生、是否人死之后不灭的问题，则很少涉及，只是到了第10卷，才有较多的讨论。例如，住顶仙人在他的《有转神赞》（颂4）中讲了意识产生于最初的欲念，但没有讲意识是随肉体的死亡而消失。别的吠陀哲学家则探讨了这个问题，并且有两个不同的看法。一种看法是像长阇仙人在他的《万神赞》（颂4）说的，“我”（意识、灵魂）就是肉体，肉体由四大物质原素构成；离开四大物质原素，更没有“我”可得。他的意思是在于否定一个抽象的“我”的存在。另一种看法就是本神曲作者盘豆仙人和他兄弟的意见。他们认为意识就是灵魂，灵魂不会消灭；灵魂就在人的肉体之内，灵魂在肉体死亡之后离开，飘忽游荡，展转投生于其他世界；甚至还会返回人间，寻找新的母胎。这正是这支《意神赞》的主题思想。

按吠陀的宗教仪轨，这支《意神赞》是一篇祈祷词，通常是在人死不久，由其亲属对着死者默默念诵。它的内容表明如下重要意义：（一）在死者亲属的想象中，死者的意识（即所谓亡灵）在死者亡故之后仍然存在，不会因肉体的死亡而消失；它在离开已死的肉体后，还会自动去别的世界寻找新的依托（投胎）。（二）死者亲属主观地猜测，死者的亡灵在离开死尸之后，飘忽游荡，有可能去投奔阎摩王国，或飞往海角天涯，或漫游大地空间，或航行汪洋大海。他们一厢情愿地默请死者的亡灵，不要远走高飞，最好还是返回阳世，和活着的亲友团聚，共享人间福乐。（三）这支《意神赞》的 12 个颂中，每个颂都有两个关键性的动词——jagāma（√gam，离去）和 āvartayaāmasī（√）āvrt，使之回归）。前一个词表示，死者的亡灵已经离开自己原先依托的尸体，飘忽前往别的世界；后一个词表示，在阳世的亲眷祈愿，使死者的亡灵返回人间，和活着的家人团聚，同享现实生活的福乐。显然，这两个词具有与后吠陀的 samsāra（轮回）相似的含义。印度的轮回论在《梨俱吠陀》时期尚未系统地形成，但说这支《意神赞》是它的最初形态，似乎是无疑的。（四）本神曲还提及一个重要的专有名词——“阎摩”。这是阎摩神王的名字，即俗称“阎罗王”。在吠陀神话里，阎摩不是地下或地狱的统治者，而是天上神明之一，和因陀罗、婆楼那等大神平起平坐。不过，阎摩的职责的确是与鬼魂有关。在天的一隅有一个独立王国，它的臣民全是人间早死者的鬼魂和新死者的亡灵。这是一个鬼魂王国，阎摩正是它的行政长官和绝对的统治者。

印度唯物论思想探源

印度哲学传统地划分为正统哲学和非正统哲学两大系统。正统哲学一般地说是指婆罗门教哲学，细分则有所谓六派哲学——数论、瑜伽论、正理论、胜论、弥曼差论和吠檀多论。非正统哲学，或反婆罗门教的哲学主要是指耆那教、佛教、邪命外道（生活派）和顺世论；当然也泛指一切反婆罗门教的哲学派别。正统和非正统的区别在于是否承认或相信吠陀经典的权威。承认者为正统，反之，为非正统。这种区别方法虽然在印度互相承袭，但是笼统的、不科学的，因为非正统哲学虽然不承认吠陀的权威，却也继承了吠陀的很多思想。科学的区别方法应该以哲学的基本观点作依据，亦即我们通常按唯心论和唯物论来区分哲学流派的方法。根据这一方法——以唯心论和唯物论作为分水岭，上述正统和非正统的哲学派别中，只有顺世论是唯物论哲学，其余各派虽然有的具有唯物论的因素，但基本上属于唯心论哲学。这一方法正确地反映了印度哲学史的总的发展情况：印度哲学发展史的一个最突出的特点，就是唯心论哲学流派在历史发展过程中一直占据着主导的地位；即以唯一的唯物论学派顺世论而言，它本身没有留下可供研究的系统的和可靠的资料。或问，印度哲学是否从一开始就只有唯心论，而没有唯物论？当然不是。和别的国家一样，印度从哲学思想产生起就有唯心和唯物两种形态的思想，并且在以后的演变过程中形成唯心论哲学和唯物论哲学，而前者在相互批判斗争中压倒了后者，使唯物论常常处于潜存的状态。现代印度学家，特别是印度学者正在探寻、搜索印度唯物论思想材料，企图恢复和重建印度唯物论的哲学体系，其故可能就在于此。这也是本文的目的，但本文的范围有限，只涉及最原始的唯物论思想形态。

一 吠陀的朴素唯物论

吠陀是印度最古老的宗教历史文献，是在公元前2000年至前1000年间创作的；它主要包括四吠陀（《梨俱吠陀》、《娑摩吠陀》、《夜柔吠陀》、《阿闼婆吠陀》）、梵书、森林书和奥义书。四吠陀中，《梨俱吠陀》最古，全书十卷，共1028首赞颂神灵的神曲。《娑摩吠陀》和《夜柔吠陀》基本上复述《梨俱吠陀》有关歌咏和祭祀两部分内容的赞歌。《阿闼婆吠陀》是对《梨俱吠陀》咒语巫术的发展，出得比较晚。梵书是解释吠陀祭祀仪轨的著作，森林书和奥义书类似附录，附在梵书之后，主要阐述从吠陀至梵书的哲学思想，并对此作了发展和总结。

吠陀，特别是《梨俱吠陀》的内容，从总的方面说，似有四个方面：1. 神格化自然现象；2. 人格化自然之神；3. 对自然本身的近似猜测；4. 对神的存在的怀疑。后二者是唯物论思想最初的萌芽。《梨俱吠陀》（以下简称《梨俱》）诗人和智者绝大部分都是神话论者和祭祀论者，相信一神或多神创造了世界和人类，一切生物和非生物。但一部分《梨俱》哲学家持相反的看法。他们首先观察宇宙的神奇莫测、千变万化的自然现象，并不是在一种外来的抽象或虚构的神祇支配下发生的。究竟因何发生？如何发生？他们虽然还一时弄不清楚，但他们对虚构的创世主创造世界这一说法表示了怀疑："谁曾看见，彼之初现？无骨架者，支撑骨架？"（《梨俱》I. 164）在世界产生之前，谁曾看见彼创世主为创世而出现？事实上谁都没有看见他的出现。他是否曾经存在过是值得怀疑的。"无骨架"是指非物质的东西；"骨架"是指物质的东西，非物质和物质二者毫无必然的因果关系、非物质的东西如何能够产生、支持物质的东西？这是一种具有重要哲学意义的无神论式对神产生怀疑的观点，它反映某些《梨俱》哲学家已观察到自然的物质性，因而对物质和非物质有所识别：物质只能产生于物质，而不能产生于非物质。世界是物质的，它产生于物质。所谓创造主是虚构的、非物质的，不能创造物质的世界。有人甚至对神话世界中居于万神之上的因陀罗也持怀疑态度。《梨俱》神话中有两个至上之神，一是婆楼那（Varuṇa），一是因陀罗（Indra），这两个神被歌颂为神格最高、神力最大、最为善神所尊敬、最为恶神所害怕的大神。按《梨俱》宇宙构成论，宇宙划分为三界：天界、空界（大气层）和地界。因陀罗是空界的首席大神。在《梨俱》1028 首神曲中，以歌颂因陀罗为主题的就有 250 首，几乎占全书的四分之一。可见因陀罗在《梨俱》神话中的地位是何等的特殊和重要。在歌颂因陀罗的 250 首神曲中有一首《因陀罗颂》，由 12 首四句颂诗组成，其中第三颂曰："帝因陀罗，若实存在，速作赞歌，颂彼明神。但有人云：无此帝释；谁曾见之？我将谁敬？"（帝释，在佛经中是因陀罗的别称）这支神曲的作者叫作弃恶子仙人，他在这首诗中竟大胆地对主宰人间天上的因陀罗的存在表示怀疑。他的怀疑有两层含义：一层是，因陀罗究竟是神还是人？一层是，是否真正存在着一个叫作因陀罗的神？这样大胆怀疑公认的大神，说明一部分《梨俱》哲学家已经开始认真探讨宇宙的本原问题，脑海里神话的创世主的幻象逐步让位于理性所推测的客观现实，神是宇宙的本原的信念已在他们的心目中动摇了。

对神的怀疑论是从有神论到无神论的过渡阶段。这个阶段开始了对神作为宇宙本原的否定。然而，吠陀哲学毕竟是哲学思想的萌芽，吠陀哲学家还无法讲清楚宇宙的本原是什么。虽然对神的创世说置疑，但一时也说不上何物可以取代神的地位。因此，只好对森罗万象的自然进行"盲人摸象"式的猜测。1. 水原素说。疑神论的吠陀哲学家似乎首先把水原素看作宇宙的本原，故对水作哲学的猜测比较多。一位名叫住顶仙人的吠陀哲学家在他的《有转神颂》（《梨俱》X. 129）中说："太初宇宙，混沌幽冥，茫茫洪水，渺无物迹。由空变有，有复隐藏，热之威力，乃产彼一。"这位仙人猜测，混沌初开，乾坤未定，宇宙冥冥，空无所有，但有一片洪水，水中温度，有孕育作用。诗中"乃产彼一"意指水在孕育着一物。此物为何？另一位吠陀哲学家生主子仙人在他的《敬谁歌》（同上书卷 121）中对此作了说明："太古之初，金胎始现，万物之主，生而无两；既定昊天，又安大地。此是何神，吾当供养？""洪水泱泱，弥满大荒，摄为胎藏、产生火光；诸天精魄，从此显现。此是何神，吾当供养？"水中孕育的一物乃是"宇宙胎儿"，妊娠期满，宇宙从水脱胎而出，于是天地安立，乾坤始定。不仅非生物界由此显现，生物界的一切有情也产生于此。"即此胎藏，水先承受，诸天神众，于此聚会。无生脐上，安坐唯一，一切有情、亦住其内。”（同上书卷 82）这是从横向猜测水生宇宙的空间，还有从纵向猜测水生宇宙的时间。祛罪子仙人说：“真思与真语，俱生于苦行；由此生黑夜，由此生海洋。后复因海洋，乃有岁神生，协调日与夜，时刻统治者。”（同上书卷 190）年岁是人间时间最大的单位，它周而复始，运转不息，因而统摄一切时刻。在这位仙人哲学家看来，一切时刻即一切变化，而一切变化正是由于年岁（时间）往复的运动。年岁（时间）是宇宙现象演变的总根子。他似乎猜测到时间的运动是永恒的，客观存在的。2。风原素说。有的《梨俱》哲学家认为风原素是宇宙本原。例如，阿尼罗仙人在他的《风神颂》中说：“（风神）按所定路线，跨越太虚空，飞行无中止，一日亦不息。诸天之灵魂，诸有之胎藏，正是此明神，任意逍遥游。能听彼声音，不见彼身形；吾应具牺牲，敬礼此风神。”《梨俱》（X. 168）此中“诸有”是指天、地、空三界，以及生活在三界中的一切天神，人类及其他生物。就是说，包括天上人间一切生物在内的自然界都是由风原素所孕育、所产生。《阿闼婆吠陀》（Ⅺ. 6）也有类似的描述，但远不如《梨俱》的生动。3. 多原素说。另有一些吠陀哲学家认为，宇宙的本原不是单一的，而是多样的或多元的。上文所引关于水原素的诗：“洪水泱泱，弥满大荒，摄为胎藏，火产生光”，已把水和火这两个原素联系起来，说明太初之际，唯水与火；它们的相互作用，产生宇宙万有。长阇仙人在他的《万神颂》（《梨俱》I. 164）的长诗中，神化了多种物质，并一一赋予它们创造宇宙的神奇品格。其中有：水、火、风、空、地。这位仙人把这五者同等看待，一视同仁。这反映出：吠陀哲学家尚未弄清楚这五者的相互关系，偶尔只看见它们的“相生”一面，但尚未发现它们“相克”一面。稍晚的《阿闼婆吠陀》（XI. 6）也有此说。但同样只写了它们相生的作用，而不知它们的相克作用。和中国古代哲学比较，《梨俱》的多原素说似未达到中国五行相生相克的理论水平。《梨俱》的水、火、风、空、地，无疑是后期各派哲学一致承认的地、水、火、风、空五原素说的滥觞。4. 意识起源说。吠陀哲学家把《梨俱》全书的篇幅几乎都用在描述神话中的宇宙生成论（神明创造世界和原素构成世界），很少涉及生物界的意识起源问题。无疑，他们曾经一再提及“意”（manas，意识、心识）和“我”（ātman，灵魂）。二者有时分开论述，有时视作同一概念。牧者延那子写的《意神颂》(《梨俱》X. 58) 便是把意识和灵魂同一起来，描述意识具有永恒不灭的性质。然而，意识最初如何产生？产生于什么？吠陀仙人虽然谈得很少，但毕竟不能完全避而不谈；因为他们在完成对宇宙起因的猜测后，必然会碰到生物界的意识，特别是人类意识的起因问题。他们对意识起因问题的兴趣虽然远不如他们对宇宙起因问题的兴趣那样浓厚和广泛，但他们总算从两种不同的角度提出了看法。一种看法认为，意识不是自在天所创造，也不是由物质原素所构成；它完全独立于物质，而且先于物质构成的肉体，是在肉体构成后进入肉体的。这便是住顶仙人在他的《有转神颂》(《梨俱》X. 129) 中说的："初萌欲念，进入彼内，斯乃末那，第一种识。"此中"彼内"即指肉体之内。"末那"是manas (意识) 的音译。住顶仙人把意识称为"第一种识"。"种识"也可以说是"母识"，因为它能够产生"子识"。子识有五：眼识、耳识、鼻识、舌识、身识。这五个子识是种识通过外五官与外五境的接触产生的。住顶仙人这个颂的哲学意义十分重要，它在意识产生于精神还是产生于物质这一哲学根本问题上直接回答：意识产生于精神，不是产生于物质。这一思想是其后印度一切唯心论哲学的总根子和总来源。例如，"欲念"即后来的"无明"，印度唯心论派别公认它为生物界的最初一念，正是由于这一念，便逻辑地幻现出无穷无尽的主观和客观的现象。"第一种识"，吠檀多学派在哲学上把它拔高为"我"；"我"可大可小，大则与充遍宇宙之梵同一，小则进入某一生物的肉体，作为它的意识。大乘瑜伽行哲学则把它作为八识系统的最后一识，称为第八识、根本识或藏识。吠陀这个第一种识实际上正是佛教小乘和大乘范畴论中的心法的基础。和住顶仙人的唯心论观点相反，长阇仙人提出另一看法："地生气血，我在何方？谁寻智者，问此道理？"此中地、气、血指构成肉体的成分。"我"是意识。意识因肉体的存在而存在。肉体离开它的组成部分——地、气、血，则不存在；肉体不存在，意识也同时消失。故意识因肉体的消亡而消亡，根本没有常存永在的意识 (我)。这也可以说，长阇仙人从一种朦胧的唯物论立场对意识产生于精神还是产生于物质这个哲学根本问题作了回答：意识产生于物质，不是产生于精神。这一思想在《百道梵书》又作了发挥，可能为后来唯物论学派顺世论所继承和发展。5. 有无说。有即存在，无即不存在。在《梨俱》中首先提出这一问题的哲学家似乎是祷主仙人。他在他的《众神颂》(《梨俱》X. 72. 2—3）中说:“楚主充空气，犹如一铁匠；诸天初现时，有从无产生。诸天初现时，从无产生有，其后生方位，其后生纵向。”（方位、纵向，意指东南西北，上下四维）祷主仙人在此提出有与无的问题，并强调先无后有，有生一切——“无→有→一切”。但对“无”的解释，各家似有分歧。祷主仙人认为，太初之际，空无所有，唯见诸天；诸天创造，才有世界。换言之，诸天先于世界而存在。住顶仙人不同意此说。他认为“无”的意义是说。太初之时，既无诸天，亦无物象，只是渺渺茫茫，洪水一片；水有温度，孕育宇宙，产生万有。他断言，不是诸天先于世界而存在，而是世界先于诸天而出现:“世界先有，诸天后起；谁又知之，缘何出现?”（《梨俱》X. 129. 6）用哲学的语言来说，这就是物质先于精神，精神后于物质；物质是世界的始基，精神是它的反映。住顶仙人还进一步考察有与无的关系，把二者看作事物的一对矛盾，并提出统一矛盾的模式: “无既非有，有亦非有”；前一句否定“无”，后一句否定“有”。有无同时否定，便得矛盾的统一。吠陀哲学家从发现矛盾到统一矛盾——从否定到肯定，这说明他已能够对事物作初步的辩证观察；也可以说，这是印度辩证思维哲学的萌芽。吠陀哲学家对有与无的解释是十分粗浅和朴素的，但从它提出之时起，数千年来一直是哲学家们所要探讨和解决的重要的哲学问题之一。

二　奥义书的朴素唯物论

奥义书是四分吠陀文献（吠陀、梵书、森林书、奥义书）的最后部分，常称为“吠檀多”（Vedānta)，意为“吠陀的结尾”。奥义书现存有200余种，其中有早期的作品和晚期的作品。早期的作品成书于公元前800至500年间，此后便是晚期的作品；最晚的奥义书是15、16世纪时出现的。公认最古老、最原始、最权威的奥义书约有14种，它们是:《他氏奥义》、《憍尸氏奥义》、《歌者奥义》、《由谁奥义》、《鹧鸪氏奥义》、《大那罗延奥义》、《石氏奥义》、《白骡奥义》、《慈氏奥义》、《广林奥义》、《自在天奥义》、《秃顶奥义》、《疑问奥义》和《蛙式奥义》。这些是研究奥义书哲学的主要典籍。

奥义书实际上是一种哲学类书或对话录，它们记录的不是一家之言，而是诸家之说；既有唯心论者的理论，也有唯物论者的观点。这可能就是为什么奥义书虽然总结了从吠陀到梵书的主要思想，但没有系统地阐明任何一个学派的哲学体系的原因（这时期尚未形成有系统的哲学派别）。这也是为什么奥义书是印度唯心论哲学和唯物论哲学的总的思想源泉的根据。

奥义书哲学和吠陀—梵书哲学是一脉相承的。奥义书哲学家主要继承了吠陀和梵书的唯心论思想，并作了重大的、有创造性的发展。唯心论思想是贯穿十四种权威的奥义书的主题思想。继承吠陀唯物论思想的奥义书哲学家仅有一小部分。在奥义书中唯物论思想不是受到歪曲的批判，便是被包裹在唯心论和神秘主义外衣之内，或者被唯心论的洪流完全冲刷掉。因此，要在奥义书中探寻意识形态的珍珠——唯物论思想，仍需花大气力。

（一）外在世界（宇宙）的本原

有唯物论倾向的奥义书哲学家在排除唯心论者关于“梵”或“我”为宇宙本原的说法后，大胆提出自己关于这个问题的看法：1. 单一原素说。首先，他们毫不含糊地重申吠陀的说法：“世界先有，诸天后起”，这是说，宇宙最初的本原是物质，而不是精神。同时，他们承认吠陀提出的水是宇宙最初物质的说法，并且具体地作了发挥，认为太初之时，此界唯水，水生实在，实在即梵，梵出生主，生主育诸神。（《广林奥义》V. 5）又说，大地天空，气层山岳，神人鸟兽，草木牲畜，虫蝇蚂蚁等诸物形状，皆由水构成。（《歌者奥义》Ⅶ. 10. 1）“梵对我说，诸水既是我的世界，也是你的世界。”（《憍尸氏奥义》I. 7）这一说法十分典型。“梵”和“我”是精神，水是物质，后者是前者的基础，前者来源于后者。其次，“梵、我、水”三者同一同源；“梵”和“我”是精神界的幻象，原非真实，真实者唯“水”，水即梵我的实体。“梵、我、水”三者同一的实际意义在于三者同归于唯一的水。有的奥义书唯物论者进一步发挥了火是宇宙本原的思想。火是宇宙的种子，犹如胎儿，怀在母腹；种子成熟，演变为宇宙万象。“遍知者火，隐于二木，犹如胎儿，孕妇怀育。警觉男子，应具牺牲，每日行祭；此即是彼。”（《石氏奥义》Ⅱ.1.8）此中“二木”（araṇyor）有二解，一解为上木和下木，二木和合产生火种，犹如父母交合，产生胎儿；一解为神我（puruṣa）和自性（prakṛti），前者为主观世界，后者为客观世界，二者是宇宙本原火原素的存在的表现。有的奥义书唯物论者把气看作宇宙的本原。气分为外气和内气。外气是体外的空气（风），内气是体内的气息（呼吸）。空气是外在世界的吸收者：火在熄灭后被吸入于空气，太阳和月亮在没落后被吸入于空气。气息是内在世界的吸收者：人在入睡后，他的话语、视觉、听觉、心识都被气息所吸收。这是说，气产生客观世界和主观世界的一切，而这一切又回归于气。气是宇宙之本，万有之源（《歌者奥义》Ⅳ.3.1—4）奥义书唯心论者也以某种方式承认物质原素火和气是宇宙变化的根本。例如，他们把火和气看作外在世界的本原，把“我”（灵魂、意识）看作内在世界（众生）的本原。火和气进入世界，化作与它们所进入的每个对象相应的形式。“我”亦如此，进入生物界，化作与它所进入的每个生物相应的形式，但它亦不住在这些变化形式之内。（《石氏奥义》Ⅱ.9—10）奥义书唯心论者企图在此说明：（1）物质原素火和气是外在世界变化的根本；（2）“我”是内在世界变化的根本；（3）火、气、我三者都是客观存在的。在我们看来，第一点是正确的，第二点是荒谬的，第三点是正误参半：说火和气是客观存在，是正确的；说“我”也是客观存在，则错误，因为“我”是幻想中的精神现象，根本不是实有的客观现象。同样，在《鹧鸪氏奥义》（Ⅱ.1）中有人把“食物”（annam，解作“地原素”）和“我”、“梵”联系起来。他们把食物看作梵的一个方面：“谁把梵作为食物来礼拜，谁就获得所有的食物。”他们把“食物”人格化为一切众生之首，梵最初创造的生物。“我”与食物似有两方面的关系：一是食物因遍我而产生，一是食物为命我的基础。另一些唯心论者把“虚空”（ākāśa）和绝对之梵联系起来。他们认为如果把地或空当作梵来反思，便得真解脱。（《歌者奥义》Ⅶ.9.1—2）这些都是把具体物质和抽象精神结合起来、把后者统摄前者的另一形式。这些奥义书唯心论者清楚地知道，他们构思出来的梵是抽象的、假设的，不能作产生物质世界的基础。只有物质原素才能作这样的基础。因此他们假设梵的表现形式是物质原素，与梵同一本体，因而可以代替梵作为产生物质世界的基础。奥义书唯心论者关于梵的种种假设虽然可笑，但他们承认物质原素与梵同体，同是具体现象的基础。这是把真理说对了一半。2. 复合原素说。奥义书的复合原素说是《梨俱》多原素说的继续和发展。有些奥义书哲学家承认，宇宙本原不是单一物质原素，而是由几种物质原素合成的。按《广林奥义》（I. 2. 2），太初之际，乾坤混沌，荡然无物，惟有死寂，笼罩其上……随后“我”现，由我生水，由水生火，由火出地。按《歌者奥义》（Ⅵ. 4. 1—7），火、水、地三者复合而为宇宙本原。火以红为形式，水以白为形式，地以黑为形式：这三种形式是物质世界的基本形式，从人间的山河大地到天上的日月星辰都不出这三种形式，或者由这三种形式复合而成。有人认为世界基础是五种物质原素的混合体。（《广林奥义》I. 4. 17）说：“……如是，五重祭仪，五重牺牲，五重的人，世间一切，俱为五重。”五重，指由五种物质的复合。《鹧鸪氏奥义》（I. 7）对五重作了具体的说明：

表1　外在（世界）五重性：

1.	大地	气层	天空	四方	四维
2.	火	风	日	月	星
3.	水	草	树	空间	人

表2　内在（肉体）五重性：

1.	呼吸	遍气	下气	上气	中气
2.	视觉	听觉	心意	言语	触觉
3.	皮	肉	腱	骨	髓

注：遍气，指遍于全身的气息。

此中视觉、听觉、意识、言语、触觉，属于精神方面，这清楚地反映着表1是解释物质世界的成分，表2是说明精神世界的成分；而无论前者或后者都是以物质为基础的。《鹧鸪氏奥义》这个范畴系统，共有30个范畴。

《疑问奥义》（Ⅳ.8）提出一个比这更详细的系统，共有42个范畴。它们是：

(1) 地 水 火 风 空（五大）
(2) 地微 水微 火微 风微 空微（五微、五原子）
(3) 眼 耳 鼻 舌 皮（五根）
(4) 色 声 香 味 触（五唯）
(5) 口 手 生殖器 肛门 足（五作根）
(6) 言说 操作 性交 大便 行走（五作业）
(7) 意 觉 我慢 心 炎光（五意识）
(8) 所知 所觉 执我 所思 所照 （五对象）
(9) 气息（命）
(10) 生存（因命而存在）

《疑问奥义》这个范畴系统在概括精神现象和物质现象方面显然比较确切和合乎逻辑，尤其是对精神范畴，作了较细微的发展。后期的数论哲学的25范畴论正是以此为蓝本。在这些系统中，哪一范畴是最初的范畴？奥义书哲学家对此是有不同意见的。有人从唯心论出发认为，客观的“梵”或主观的“我”，或主客观合一的“梵—我”是最初范畴。有人从唯物论出发认为，最初范畴是物质原素；梵、我、梵—我是虚构的概念，是离不开物质原素作基础的，3. 金卵说。这是《梨俱》（X.129）水育胎藏说的继续。此说推测太初世界的本质是物质，是一个金卵。它也就是世界诸范畴中的最初范畴。奥义书哲学家发展了吠陀的金胎说，改为更加形象化的金卵说：“太初之际，此界为无，其后为有。有复发展，变为一卵。孵育一年，卵壳裂开，分成两片：一片为银，一片为金。银者作地，金者作天；表为群山，里为云雾；脉为河流，液为洋海。”（《歌者奥义》Ⅲ.19）此中“此界为无”有不同的解释。“太初之时，此界唯有，独一无二。亦有人云，太初之时。此界唯无、独一无二，由无生有。”（《歌者奥义》Ⅵ.2.1）世界的最初范畴是“有”还是“无”，这里表明有两种对立的看法。一种看法认为，太初之际，世界空无一物，笼罩着一片凝厚而死寂的气氛。梵首先出现，创造了意识（manaṣ），由他产生水，由水产生火。（《广林奥义》Ⅰ.2.1）又认为，太初之时，世界唯我（ātman）存在，现形为人（puruṣa），自称“我是”。他感到寂寞，念念想找一个异性伴侣。于是他创造了一个和他大小的女人，并和她结合，繁殖后代，是为人类的祖先。（《广林奥义》Ⅰ.4.1—3）这是说，在太初真空状态中，最初出现的是意识或精神。另一种看法认为，由所谓梵或我在太初真空中出现而创造的世界是名称、形式和作业三者的组合体。名称之本是言语，形式之本是眼睛，作业之本是身体。而言语、眼睛、身体三者合成一个“我”或“梵”。（《广林奥义》Ⅰ.61—63）这表明幻想出来的“我”或“梵”由几种成分构成，本身非实在，但构成它的诸成分却是实在的。所以，事实是，“太初之际，宇宙唯水，水生真实，真实即梵，梵生生主，生主生诸神……”（《广林奥义》Ⅴ.5.1）太初之水是物质，是实有；梵从水生，证明太初唯有，有产生无，无以有为基础。（《歌者奥义》Ⅵ.2.2）这是说，在太初真空状态中最先出现的是客体或物质。前一看法是唯心的，后一看法是唯物的。

（二）内在世界（意识）的本原

奥义书唯心论哲学家把“梵”看作客观世界的本原，把“我”看作主客世界的本原。梵、我本是同源同体，由于形式或分工的不同而立体一名异的两个最高范畴。“我”又有两重性，或者说，分为两个我：一是内我，一是外我（《石氏奥义》Ⅰ.3.1）内我又称为“生命”（jīvaprāṇa）或“命我”（jīvātman）；外我又称为“遍我”（Vaiśvānara）或“胜我”（paramātman）。“我”在客观上表现为遍我时，则与梵同体；在主观上表现为命我时，则是肉体内的意识（manas）或灵魂（ātman）。遍我是宏观的，命我是微观的，唯心论哲学家构想两个我的目的是显然的。在他们的想象中，两个我因为在本体上同源同一，可以通过特定的瑜伽行法统一起来，同归于梵。但在此之前，二者在形式上和作用上完全不同。遍我是绝对的精神，常存不变，不受客观规律的制约；它是不死者，是精神的控制者，遍于外在的一切，亦住于内在的一切。（《广林奥义》Ⅲ.7.1—15）命我则不然，它的本质虽然是精神，却受客观规律制约，受肉体活动所留下的影响（业）限制——在肉体消亡后，它将随肉体活动留下的善或恶的影响而另寻新的肉体（轮回转生）。唯物论者不承认梵和遍我的存在，只承认肉体的命我；但命我的本质不是精神而是物质，随着肉体消亡而消亡；它根本不会随业转生，另找新体。在奥义书中，唯物论者一再强调“气”（prāṇa，气息、品吸、命根）为客观世界和主观世界的本原。他们把“气”分为外气和内气。外气就是空气（风），是一种永恒的物质；山河大地，日月星辰，都有一个从产生、变化直至消亡的过程，空气则没有这个过程。内气就是呼吸，也是一种永恒的物质；肉体内的诸气（遍气、下气、上气、中气）受着客观条件的制约，会产生变化以至完全消失。呼吸则不受此限制。就是说，呼吸既是一种永恒不灭的物质，又是肉体内的内我。不过，肉体内的呼吸是不是永不停止？由呼吸形成的内我是否也是常存不灭？这是值得商榷的。但认为“气”是物质，内我也是物质，不能说没有道理。有的唯物论者认为，内我由意识、呼吸、言语三者构成，而“……意识靠食物来维持，呼吸靠水来维持，言语靠热量来维持。”（《歌者奥义》Ⅵ. 7. 6）明确地承认内我是意识、呼吸、言语三者的集中表现，而这三者是基于物质的。物质又有粗质和细质之分。粗质是食物、水、热量；细质是意识、呼吸和语言合成的内我。（同上书Ⅵ. 11. 3；Ⅵ. 143）所以，他们进一步具体地推断，食物是最初的生物，其他一切生物靠它维持；凡具有食物的细质者便是具有生命的内我。（《鹧鸪氏奥义》Ⅱ. 1）甚至说，食物即梵，众生从食物生，生已靠食物维持，灭已还归食物。（同上书，Ⅲ. 2. 1）此中食物是物质的异名。唯物论者似乎在此把唯心论者幻想中的“梵”和“我”还原于物质。

三　唯物论学派的形成和影响

在吠陀和奥义书之后，约公元前600年间，由于奴隶制的社会和经济继续发展，奴隶主王国之间的割据局面相对稳定，印度出现一个前所未有的意识形态领域中百家争鸣的生动局面。宗教家和哲学家纷纷站出来，竞相建立各自的宗教团体和哲学派别。在这些哲学派别中，有些继承吠陀和奥义书的唯心论思想而形成了唯心论的哲学派别，有些则继承吠陀和奥义书的唯物论思想而形成了唯物论的哲学派别。按照原始佛教典籍的记载，在唯物论哲学派中有所谓“外道六师”。六师，指当时有名的六位有唯物论思想倾向的哲学家。他们是，阿耆多·翅舍钦婆罗、珊阇夷·毗罗胝子、末伽梨·拘舍梨子、富兰迦叶、迦鸠陀·多衍那、尼犍陀·若提子。外道，是佛教徒蓄意加给他们的贬称，说他们是“心外取法”的道人。“心外取法”这话的意思是说，这六位大师承认心外客观之法（物质）是心内主观之法（精神）的基础，前者先于后者；若离前者，则无后者。这正好说明六师的哲学观点是带有明显的唯物论或具有唯物论倾向的。在这六位外道论师中，阿耆多·翅舍钦婆罗的唯物观点比较彻底。他针对婆罗门教哲学的灵魂不灭、轮回转生的唯心论和宿命论，提出灵魂断灭论，也就是佛教徒经常谴责的“断见”。他断然否定吠陀经典的权威，否定梵天创世说，认为宇宙起于无因（因即创造主），自然而生。生物的肉体是由地水火风四大原素和合构成，由肉体产生“我”（意识、灵魂）；一旦肉体灭亡，四大解散，“我”亦随之消失；所谓业报轮回，灵魂转生，纯粹是胡说；梵天创造人类（婆罗门、刹帝利、吠舍、首陀罗四种姓）更是骗人的鬼话。在印度哲学史上，除了耆那教祖尼犍陀·若提子的著作外，其余五位论师的著作留下甚少，但吠陀－奥义书和六师的唯物论思想对后世仍有影响。例如，最有影响的唯心论学派不二吠檀多，它的权威代表跋达罗延那（约公元3—5世纪）、毗荼波陀（约公元780）和商羯罗（约公元788—820）在他们的《梵经》、《圣教论》（《蛙氏奥义论》）和《梵经疏》中一再批驳数论的原初质料说（pradhāna）。他们认为，宇宙的生成、演变、毁灭的根源在于抽象的“梵－我”，而不是由于原初质料或物质自性。（《梵经》I. 1. 2；I. 1. 5）这反映起源于吠陀－奥义书的唯物论思想，虽然没有形成过具体的学派（除昙花一现的顺世论外），但它的潜存的影响不仅千年未衰，而且竟使吠檀多这样强大的唯心论学派感到它的无形的存在和威胁。本文在前两节中对吠陀和奥义书的朴素唯物论的初步探讨证实了这一点。因此，我们可以肯定地说：（一）印度从它的文明黎明期起就有反映对自然的近似猜测的自然观，以及由此产生的朴素唯物论思想。（二）在印度哲学史上，唯心论的思想形态和唯物论的思想形态几乎是同时产生的；这两种思想形态有时是楚河汉界，泾渭分明，有时是相互渗透，难分难解；在许多情况下，唯物论作为唯心论的内核被层层包裹起来，或者说，用唯心论把唯物论的内容掩盖起来；把又厚又硬的唯心论外壳敲开，探取唯物论的内核，人们要花大的气力才能办到。（三）在浩瀚的吠陀文献中，神话的故事、虚构的传说和唯心论的思想资料虽然占着最大的比重，但也可以随时随地发现唯物论的思想颗粒或闪光；只要努力搜寻，细心捕捉，取得这方面的足够资料，并运用科学方法进行整理，重建印度唯物论哲学体系，是完全可能的。

（原载《东方哲学研究》1985 年创刊号）

印度古代辩证思维

我们研究印度逻辑学说，一向仅限于它的形式逻辑——正理一因明。至于印度的辩证思维及其逻辑模式，则甚鲜涉及。其实，印度的辩证逻辑思想比它的形式逻辑更加古老，它产生在公元前6世纪佛教出现之前。到了佛教时代，印度的辩证思维已具备比较完整的理论和形式，即恩格斯在《自然辩证法》中所说，达到了较高发展阶段。印度古代这种具有较高发展水平的辩证思维形式，是一种多层次或多重的逻辑模式，很有特色。本文试就印度这种多重模式的辩证思维的起源及其主要的发展阶段——佛教阶段，提出一些探索性的看法。

一　吠陀的辩证思维

印度的辩证思维，最早见于《梨俱吠陀》。公元前1500年前后，在社会发展方面，印度正从原始公社社会步入奴隶制社会：在意识形态方面，《梨俱吠陀》神曲，在神话上，逐渐从多神论向一神论和疑神论过渡；在哲学上，正从多元论向一元论和怀疑论方面发展，开始了对宇宙问题的哲学探讨。这时候，《梨俱吠陀》哲学家虽然还不能弄清楚宇宙究竟起源于什么，无法解释宇宙现象的变化规律，更无法了解宇宙本体的奥秘，但他们都在努力从一种朴素的自然观出发，进行观测、猜度、沉思、探索。因此，很自然，在他们之间产生了各种各样关于宇宙的直观看法。有的哲学家认为宇宙的本原是一神，有的哲学家认为是物质元素　水、火、风、土、空等。例如，《梨俱吠陀》第10卷第129曲《有转神颂》的第三首诗："太初宇宙，混沌幽冥，茫茫洪水，渺无物迹。由空变有，有复隐藏，热之威力，乃产彼一。"这支神曲的作者是住顶仙人，他在这首诗里似是提出自己的宇宙生成论。他列举宇宙的三种基本元素：空、水、火；由这三种元素相生而产“彼一”（万有）。这就是说，在住顶仙人看来，宇宙的始基是物质，不是精神，更不是荒诞的上帝。诗中又说：“由空变有。”按吠陀哲学，此中“空”是一种物质原素，相当于“以太”，或中国古代哲学所说的“气”。“空”不是一个表示“绝无”的概念，所以它能够产生“有”。这个“有”就是具体的物质，即水与火。“由空变有”就是概括说明“空、水、火”三者构成的物质相生的次序：空→水→火→彼一。其次，“空”即是“无”，“无”相对于“有”而言，故“无”与“有”是一对对立的矛盾，也是印度古代朴素的辩证思维的基本模式——二重逻辑模式。这个模式反映吠陀哲学家的思维已含有辩证法的萌芽，在直观形式上认识到客观矛盾的运动。他在同一神曲中对“无”与“有”作了进一步的规定：“无既非有，有亦非有；无空气界，无远天界。”[①]“无既非有，有亦非有”意味着“无”与“有”并非静止固定，而是运动变化。“无”不是永恒为无，“有”也不是永恒为有。这两句话看上去是反矛盾律的。吠陀哲学家还未意识到这一点。但这是“无”与“有”的发展，反映吠陀哲学家的辩证思维又进了一步——推测矛盾将走向统一。其模式是：

（1）无 }
（2）有 } 矛盾（现象）→（3）{非无、非有} 统一（本体）

这是一个三重辩证模式，使用“非无、非有”双否定的方法统一“无—有”的矛盾。从这个模式出发，吠陀哲学家推论任何两个相反的命题或判断，甚至“生”与“死”的矛盾，也将同样合二为一。所以他又说：“死

① 这是《有转神颂》的第一首诗，《梨俱吠陀》哲学家在此诗首次提出“有”与“无”的概念和理论。这首神曲为此又被称为《有无歌》。“有”与“无”概念的形成，揭开了印度哲学史的序页，数千年后的今天，它仍然是哲学研究的主要命题之一。尽管吠陀哲学家对这一命题的解释是推测性的，但从它出现的一刻起，便一直为以后哲学家所发展、丰富。特别是到了公元2世纪大乘佛教兴起时期，“有”与“无”成为空宗和有宗的理论根据，从而构成了两个庞大而复杂的哲学体系——龙树创立的中观论和无著世亲创立的唯识宗。

既非有，不死亦无；黑夜白昼，二无迹象。”（同一神曲的第二首诗）“死既非有”即“不死”，“不死亦无”即“不生”。“生”与“死”是一对矛盾，“不生”和“不死”是对矛盾的统一。其模式同“有—无”的统一模式一样。诗中还形象地和寓意深刻地用“黑夜白昼”作类比：（1）死与生的矛盾，如同黑夜白昼，二者正好相反，势无两立；但死与生终归消失在统一体上。（2）生与死的统一，就像黑夜与白昼的统一。就宇宙现象而言，黑夜与白昼二者截然有别；但就宇宙本体而言，二者同一，无有差别，故诗曰：“二无迹象。”

有—无、生—死，是古往今来的重要哲学问题，不仅那些上古的哲学家曾经反复探讨过，就是今天的哲学家仍在孜孜不倦地埋头研究。印度古代仙人哲学家在《梨俱吠陀》时期就发现、提出这个重要的哲学问题，比古代希腊哲学家还早数百年，这表明古代印度哲学在吠陀时期已经发展到一定的高度。“无既非有”、“有亦非有”、“死既非有”、“不死亦无”，像这样的逻辑结构，无疑是神秘式的和反矛盾律的，反映他们对宇宙客观规律的见解，仍然处于一种“扑朔迷离”的状态。尽管如此，他们的思维形式是一种不断发展的模式，确实含有朴素的辩证法因素。

二　外道论师的辩证思维

大约在《梨俱吠陀》以后一千年——公元前600年，印度奴隶制社会开始向封建社会迈进。在意识形态领域里，思想活跃，众说纷起；宗教家和哲学家争相建立各自的宗教团体和哲学派别。其中著名的有释迦牟尼创立的原始佛教和摩诃维罗（大雄）创立的耆那教，以及外道六师的哲学[①]。各学派的追随者经常开展面对面的自由辩论，形成学术上的“百家争鸣”的局面。根据原始佛教经典记载，佛在世时的宗教哲学界中争论最大而又令人最感兴趣的哲学问题是：生与灭、断与常、有与无、有限与无

① 六师（六哲学家）：阿耆多·翅舍钦婆罗、散若毗·罗梨子、末伽梨·拘舍梨子、富兰迦叶、迦鸠陀·迦多衍那、尼犍陀·若提子（《长阿含经·沙门果经》，《大正大藏经》第1卷，第107—109页）。

限、一与异，等等。辩论的参加者都喜欢使用四重（四句）逻辑模式来解释自己的观点。六师中散若毗·罗梨子的逻辑模式是一个比较复杂而有典型性的模式。遗憾的是，他的学说和其他外道哲学家的学说一样，俱已失传，只在原始佛典中有零星片段的记录。《长阿含经·沙门果经》一则关于他的四句模式的记载说：

> 阿阇世王又白佛言："我昔一时至散若毗·罗梨子所，问言：'大德，如人乘象马车，习于兵法，乃至种种营生，皆现有果报。今者此众，现在修道，现得报不?'彼答我言：'大王，现有沙门果。问如是，答此事如是。此事实，此事异，此事非异非不异。大王，现无沙门果报。问如是，答此事如是。此事实，此事异，此事非异非不异。大王，现有无沙门果报。问如是，答此事如是。此事实，此事异，此事非异非不异。大王，现非有非无沙门果报。问如是，答此事如是。此事实，此事异，此事非异非不异……'"

这段经文表明，在历史上散若毗·罗梨子是释迦牟尼的同时代人，在哲学上他是一位极端的怀疑论者，是释迦牟尼的论敌。我们且来分析这段经文所载有关他的四重逻辑模式：

A.（1）有　　（3）亦有亦无

（2）无　　（4）非有非无

B.（1）有 { 实 / 异 / 非异非不异 }　　（2）无 { 实 / 异 / 非异非不异 }

（3）亦有亦无 { 实 / 异 / 非异非不异 }　　（4）非有非无 { 实 / 异 / 非异非不异 }

对照《梨俱吠陀》的三句辩证模式，散若毗·罗梨子的四句模式，似有若干重要的发展：第一，他将《梨俱吠陀》三句模式的前两句的先“无”后“有”的次序，倒转为先“有”后“无”的次序。第二，他把三句模式改为四句模式，即增加了“亦有亦无”一句作为四句中的第三句（吠陀的三句模式的最后一句“非无非有”，除了否定意义外，也暗含肯定的意义；因为“非无”的反面就是“有”，“非有”的反面就是“无”；此“有”与“无”，亦即“亦有亦无”句。这一句只在辩证思维发展到这一阶段才被明确地提出来，以区别“非有非无”）。第三，对四句中的每一句另加三个特殊的规定：实、异、非异非不异。

这是怀疑论者特有的一套复式辩证逻辑模式。按A式，散若毗·罗梨子似乎承认“有－无”的矛盾的客观存在，但他不予肯定，因而提出“亦有亦无、非有非无”的规定——一种双肯定和双否定的模式：“有—无”虽然客观存在，相互对立，但在某一情况下，二者和平共处，同时存在，故曰“亦有亦无”；而在另一情况下，二者一起消失，俱不存在，故曰“非有非无”。结论是：有，不能判断为真有；无，不能判断为真无。这是第一式所表示的第一层怀疑。按B式，有、无、亦有亦无、非有非无四句各带三个规定：实（实在）、异（不实在）、非异非不异（非实在非不实在）。这是把三个特殊的规定放在A式之上，构成一个重叠模式，表示对A式进行全面的怀疑论的规定：无论说有、说无、说亦有亦无，乃至说非有非无，都不能越出“实、异、非异非不异”的范围。这是第二式，表示第二层的怀疑。怀疑论师散若毗·罗梨子就是这样运用重叠的怀疑论模式来表述他的“奇特”的怀疑论哲学，把怀疑论推向更高、更复杂的阶段——怀疑论和极端的诡辩论的混合。

怀疑论者这套奇特的复合的辩证模式，从形式上看，的确比吠陀的辩证模式更加复杂。但从纯逻辑角度看，它同样是反矛盾律的，而且比吠陀的模式更加费解：尤其是在四句的每一句上所附加的三个规定——实、异、非异非不异，给人的印象是：在形式上，叠床架屋，画蛇添足；在意义上，玄虚无定，莫知所云，徒然在逻辑上制造更多的困难。

三 佛教的辩证思维

佛教辩证思维的发展有两个阶段：第一阶段是原始佛教辩证思维，第二阶段是大乘佛教辩证思维。

（一）原始佛教的辩证思维。原始佛教亦称小乘佛教，创始人是释迦牟尼（约公元前565—前486）释迦牟尼比较全面地继承吠陀的辩证思想，并加以发展、丰富，从而创立了一个较高级的辩证思维体系——“生灭缘起说”，或称“缘起说”、“缘生法”。在释迦时代，有两种流行的关于人生的哲学观点。一种观点认为宇宙间存在着一种永恒不灭之“因”，人是由此“因”逻辑地转变而成，故此观点称为“转变说”。另一种观点认为，人是物质原素积聚而成，是纯物质的，这一观点称为“积聚说”。释迦牟尼反对此二说，以“缘起说”对它们进行批判。何谓缘起说？小乘佛经说：“彼佛如来身，难成能得成，观察缘生法，复断贪嗔痴。”[①]“诸法从缘生，是法缘及尽，我师大圣主，是义如是说。”[②]此中“诸法”包括精神和物质两个方面——思维与存在。缘生的“缘”是指产生思维与存在的内外条件或因素。思维因产生它的条件的出现而出现，因产生它的条件的消失而消失。同样，存在因产生它的条件的具备而存在，因产生它的条件的破坏而不存在。释迦牟尼从这个“缘”字悟出事物生灭（矛盾）的客观规律，即事物从产生到灭亡的必然过程。这个过程是一个运动的过程，共有四个阶段：生、住、异、灭。每一阶段都受一定（主观的、客观的，或主客观同时的）条件所制约。事物（抽象的或具体的）必然（1）在一定的条件成熟时产生；（2）在条件相对稳定状态中存在；（3）随着存在的条件的变异而变异；（4）最后因存在的条件的完全破坏而消亡。运动的四阶段只是运动过程中不同的爆发点或质变点；事实上，运动在一个阶段与另一阶段之间，刹那不停，瞬息变易，即时刻处于量变

---

① 《毗婆尸佛经》卷上，《大正大藏经》第1卷，第156页。

② 《大智度论》卷18，《大正大藏经》第1卷，第192页。此颂别处亦作：“诸法从缘生，诸法从缘灭，我师大沙门，常作如是说。”

的过程中。四个阶段又是相互联系，互为因果，相互依存，互为条件。运动在一个四阶段的结束，又立即在新的条件下开始另一个四阶段的运动；四阶段有始有终，运动本身无始无终。四阶段是运动的形式，运动是四阶段的依据。这是一条自然的客观规律，既适用于生物界，也适用于非生物界；以此来观察前者的产生和发展的过程，则发现有生、老、病、死的四种现象；以此来观察后者的产生和发展的过程，则看到有成、住、坏、空的四种现象。成、住、坏、空不外是由成的起点至空的终点的生灭矛盾发展的全过程；生、老、病、死不外是由生的起点至死的终点的生灭矛盾发展的全过程。矛盾现象由于是因缘所生，所以是实有；也正是由于因缘所生，所以是可以消灭的。

这样，释迦牟尼在他的缘起说中观察和承认人类和自然界中存在的矛盾现象是发展的、变化的；这是一种具有唯物论倾向的辩证思想。但是，他的缘起说是基于对主观世界观察的结果，而不是基于对客观世界观察的结果。这是他的缘起理论所隐含的唯心论因素。正是由于这些唯心论因素，他在自己的一生的说教中，片面强调对主观世界矛盾的考察，强调如何克服主观世界的矛盾，而由此提出原始佛教的哲学三原则和十二连环因果关系。哲学三原则是：诸行无常、诸法无我、一切皆苦。“诸行”是指主观世界的精神现象，忽生忽灭，变动不居，故曰“无常”。“诸法”是指构成生物的五种成分（五蕴）：色、受、想、行、识。色，即肉体，余四为精神因素。每一生物都是由这五种物质与精神成分的组合而产生；离开这五种成分，则无主体；无主体，故曰“无我”。十二连环因果关系，佛教术语叫作“十二因缘”。小乘哲学认为，人生的过程是受因果支配的，而因果联系着一个人的过去，现在和未来的三段时间。三段时间的因果关系又细分为十二个环节：无明（愚痴）、行（善恶行）、识（托胎心识）、名色（受胎成形）、六入（胎成出生）、触（初生接触外界）、受（渐长感受苦乐）、爱（成年欲爱）、取（由爱而求取）、有（占有活动）、生（未来再生）、老死（来世生死）[①]，其中无明、行二者属过去世之因；识、名色、六入、触、受五者为由过去因而得现在之果，合称为过去与现在的一

① 参看《长阿含经·大缘方便经》，《大正大藏经》第1卷，第60—62页。

重因果。爱、取二者为现在之惑；有，则为现在之业；惑与业是现在因，由现在因再引生未来之果（生与老死），合称为现在与未来的另一重因果。如是，十二环节构成人生过程的三世两重因果。十二环节，周而复始，循环运动；它们相互依存，互为条件，没有一个环节能够独立自存，故十二环节同样是无常、无我。由是而言，“五蕴”和“十二因缘”本来无常、无我，但常人无知，误认无常为常，无我为我，从而导致许多人间烦恼，故曰“一切皆苦”。其次，从十二因缘中可以看出，烦恼的根源在于第一环节的“无明”。只要消灭无明，其余十一环节就连锁反应地自动消失。消灭无明的方法是什么？释迦牟尼指出，只有按照他的教义，修禅习定，求取涅槃的寂静境界。一旦取得涅槃，生死矛盾就会按人的意志转化，以至于完全消灭。在悟出这一消灭生死现象的道理后，释迦牟尼作了一首颂诗，总结他在灵魂深处所得的“无上觉悟”。他说：“诸行无常，是生灭法；生灭灭已，寂灭为乐。”① 前两句是总结矛盾：“诸行”是指主观世界中的矛盾，这些矛盾时刻都在运动变化，故曰“无常”；这些矛盾的运动变化，就是从生至灭的过程，故曰“生灭法”。后两句是总结解决矛盾的方法：就人生而言，生灭即是生死；生死乃人所要求解决的痛苦；而解决这个矛盾的唯一方法就是要修习瑜伽，控制内心；内心一旦达到冥然寂静，生与死的矛盾也就自动随之而寂灭。因此，他的统一矛盾模式是：

（1）生（生）
（2）灭（死） }矛盾→（3）消灭{ 生（生） 灭（死） } 统一

释迦牟尼对自己这一哲学总结感到十分得意，并把这首诗作为他初期传道的中心内容。然而，他对矛盾运动的了解，实际上只知其一，未知其二——他尚未悟知自然的客观规律，是不以人的意志为转移的；企图不按客观规律办事，而妄想按人的意志去消灭自然现象，那完全是徒劳的。

由于坚持首先消灭生与死的矛盾，释迦牟尼并不像外道论师那样热衷

① 《大般涅槃经》卷下，《大正大藏经》第1卷，第204页。

于使用四句逻辑模式。当然，他本人是十分熟悉这种逻辑模式的，但他认为，四句模式，特别是后两句，是外道婆罗门的戏论，佛弟子不应盲从。有一个故事，很能说明他对待四句逻辑的态度。故事的大意是：释迦牟尼有一弟子，名叫鬘童子尊者。一日独坐沉思：佛陀何故不给我讲解这些问题——世间是常还是无常？佛灭后，他（1）还存在，（2）或不存在，（3）亦存在亦不存在，（4）非存在非存在？于是鬘童子起坐，直诣佛处，向佛陀提出上述问题。佛陀反问他说："我曾否说过，你来跟我修学梵行，我为你讲解这些问题？"鬘童子回答说："佛陀从未这样说过。"接着，佛陀解释他之所以不讲这些问题，是因它们"非义相应，非法相应，非梵行本；不趣智，不趣觉，不趣涅槃。"① 智、觉、涅槃，俱是小乘佛教关于超验境界的概念，释迦牟尼在此强调他反对使用四句逻辑的理由有二：（1）凡为佛教徒，应坚持他所提出的三原则：a）诸行无常；b）诸法无我；c）一切皆苦。所谓苦就是生与死。因此，对佛教徒说来，解决生与死的矛盾是最紧要的事情。这个矛盾不先解决，其余一切议论和推理都属无效的戏言。（2）任何逻辑模式只能适用于对经验世界的描述，但无法解释超验世界，更无法说明他本人所证的菩提妙理（这一点，后来为龙树在他的《中论》所论证：佛灭之后，对佛的看法，固然不能说：佛是有或是无、亦有亦无、非有非无。即使佛在世时，也不能持此见解）。在原始佛经中常见释迦牟尼把那些有关四句逻辑的意见或讨论，一律斥为"邪见"或"戏论"，正是与此有关。这些反映着原始佛教的辩证思维状态。

（二）大乘佛教的辩证思维。大乘佛教产生于公元之初，盛行于公元2世纪龙树出现之后。龙树在小乘的缘起说的基础上，创立了"三谛"理论和"八不"模式，使佛教的辩证认识论进一步深化。在四句辩证逻辑模式中，小乘佛教着重发挥了前两句（有、无），批判了后两句（亦有亦无，非有非无），认为后两句是戏论、邪说。以龙树为代表的大乘佛教，一边改善小乘佛教的缘起说，一边将四句模式全盘继承下来，并加以改造、利用。其次，大乘佛教纠正了小乘佛教辩证法只讲主观世界矛盾的偏向，将主观世界和客观世界的矛盾同时包摄在自己的辩证视野之内，从而创立了

① 《长阿含经·箭喻经》，《大正大藏经》第1卷，第804—805页。

一种崭新的四重辩证逻辑模式。龙树在他的主要哲学著作《中论》（本颂，第二十四品）中说："众因缘生法，我说即是空，亦为是假名，亦是中道义。"在这首四言颂中，第一句是对过去的缘起学说的肯定，后三句是他赋予缘起说的新内容。首先，它阐述了"空、假、中"三谛的理论。（1）空谛——"我说即是空"。此中"空"，并不是绝无之空，而是相对于"有"而言。"有"即诸法，亦即一切抽象和具体的事物。诸法依赖于因缘（内因与外缘）而产生、存在、变化、消亡，本身没有常存不变的主体（自性）；没有主体，意味着本来不存在；本来不存在便是"空"，或曰"性空、自性空"。自性空，意谓在理论上当体乏空，不待对事物分析后始见其空。（2）假谛——"亦为是假名"。"假"谓假托、假设；给事物假设名称，故曰"假名"。众缘所生之法，既然理论上本无实体，则只有形式上的存在；这样的存在，虽然随顺世俗，有其名言称谓（概念，范畴），但都是假设，并非真实，故曰"假谛"或"俗谛"。（3）中谛——"亦是中道义"。此句的"中"字，表面意义是"居中"，但实际的意义是联系"空"与"假"的关系而作的全面的辩证观察。众缘所生之法，本来性空，无有实体，但存假设的名称；执诸法为实有，固然是错误；执诸法为空无，连它的名义上的存在也否定，同样是荒谬。正确的观点是，既不执空而作绝对的否定，亦不执有而作绝对的肯定。此即是"中道义"。故中道的提出，是有所指斥的。外道论师固然执空或执有，就是佛教内部也有此倾向。比如，某些小乘论者，对生与死的矛盾特别敏感。由于未能彻底理解缘生性空、假名为有的理论，他们错误地执诸法为实有，把生死与涅槃这两个抽象的、假设的概念看作是对立的、实有的现象。故一提生死，则起恐怖；一闻涅槃，则生欢喜。部分大乘论者，亦有执空之过。中道正是对这两种偏向的批判。

中道是一种折中主义吗？按龙树的缘起哲学，中道不是一种折中主义。正如刚才说的，众缘所生之法，理论上本无实体，故不能说其为有；诸法尚有假名，形式上仍然存在，故不能说其为空。这是诸法本有的特征——诸法的实际。龙树据此而提出的中道观点，是符合诸法实际的正确的辩证观点。因此，如用模式来表示，"空、假、中"三谛的四重辩证关系如下：

（1）空、（2）假 }（本来）矛盾→ （3）{亦空、亦假} 统一 A→ （4）{非空、非假} 统一 B（中道）

第一、二两句表示诸法矛盾的客观存在；第三、四两句表示辩证认识的发展过程。“亦空亦假”是从肯定角度观察：诸法性空，假名为有；知空则不执有，知假则不执无，故得“统一 A”。这是第一层的辩证认识。“非空非假”是从否定角度观察：将空进一步否定，故曰“非空”，因为诸法有形式上的假定存在；将假进一步否定，故曰“非假”，以诸法在理论上本无自性故。由此获得“统一 B”。这是第二层的辩证认识。第二层认识在哲学上比第一层认识深化。龙树把深化了的哲理称为“中道”。

为了使他的中道理论适用于更广泛的范围，龙树提出“八不模式”作进一步的表述。“八不”谓八个相互对立的命题，或四对矛盾。《中论》的第一颂曰：“不生亦不灭，不常亦不断，不一亦不异，不来亦不出。”在龙树看来，生灭、常断、一异、来去这四对矛盾，是一切矛盾中的主要矛盾。因为，它们包括了事物的自身、运动、空间、时间等方面的矛盾。其次，这八个命题又是佛教内部一些派别和外道论师所执的主要偏见。例如，小乘部派中，有执生（诸法实有），有执灭（诸法空无）。外道如吠檀多师执我常（灵魂常在）；顺世师执我断（死后灵魂断灭）；数论师主张因中有果，果与因同，故执一；胜数师认为因中无果，果与因异，故执异；一般婆罗门教徒相信人类四姓（婆罗门、刹帝利、吠舍、首陀罗）来自梵天，故执来；他们又相信人的个别灵魂是梵的不可分部分，梵到人类中去，故执去。龙树认为这八种偏见是错误的，必须加以批判。批判的武器是逻辑的否定模式“不”。“不”字有二义：第一，事物本身的内在特征是不生不灭、不常不断、不一不异、不来不去；第二，应按事物的本来面目（本有的特征）作如实的观察或规定，不可执生或执灭，不可执常或执断，不可执一或执异，不可执来或执去。果如是，便得中道，如模式所示：

（1）生 }（本来）矛盾→ （3）{亦生 亦灭}统一 A→ （4）{不生 不灭}统一 B（中道）
（2）灭

（常断、一异、来去的四句模式类此。）从形式逻辑看“八不”似是一个演绎程序，四句模式似是一个归纳程序。但无论演绎或归纳，对“八不”的推论都会得到同一的结论：“统一 B”的中道。可见，“八不模式”是在更大的范围内表述中道的普遍意义。

《中论》全书五百颂，二十七品，其中有二十五品以中道原理批驳他宗的宗义。正是“破字当头，立在其中”。然而，龙树毕竟不是为破而破，破的目的在于确立自己的哲学命题——涅槃实际（或曰：“涅槃”）。何谓涅槃实际？龙树在《中论》（观涅槃品第二十五）中说：“无得亦无至，不断亦不常，不生亦不灭，是说名涅槃。”又说：“诸法不可得，灭一切戏论，无人亦无处，佛亦无所说。”这首颂无异对涅槃实际的无规定性作“权宜”的规定：a）“不可得，”诸法性空，本无可得，包括生死与涅槃都无可得；b）“灭戏论”，涅槃实际，离四句，绝百非；说生不是，说灭不是，说亦生亦灭或非生非灭，依然像隔靴搔痒，抓不到是处；因此，语言的叙述，逻辑的推断，皆是言不及旨的戏论；c）“佛无所说”，涅槃实际是，“甚深微妙相”，佛陀对此也道不出所以然，只好保持沉默。龙树由此归结说：“一切法空故，世间常等见，何处于何时，谁起是诸见?”这样，龙树把中道引入一种只可以意会、不可以言传的超验的神秘主义中去。

四　结束语

如上所述，印度古代辩证思维，特别是佛教徒的辩证思维，确实像恩格斯说的那样，达到了较高发展阶段；但也正像恩格斯指出的那样，它还十分不完善，远非今天哲学所达到的水平。法国印度学家布善教授说：“印度人从未明确地承认矛盾的原则，在事实与思维之间和思维与词句之间，都不作明确的区别。佛教辩证法有一种四难推理的模式：（1）涅槃是有；（2）涅槃是无；（3）涅槃亦有亦无；（4）涅槃非有非无。我们对此感到困惑，无法理解。”① 这则评论，基本上指出了印度古代辩证思维及其逻辑模式中反科学规律的一面。由于历史和唯心论宇宙观的局限，印度古代哲学家的辩证法常常和神秘主义结下不解之缘。它有某些合理成分，但和它的不合理的糟粕掺糅在一起。人们只有以科学的唯物辩证法为武器，才能辨别其真伪，区分其精粗；才能去粗取精，去伪存真。

（原载《哲学研究》1984 年第 11 期）

① 转引自 I. J. Hoffman："Rationality in Early Buddhist Four - fold Logic"，*Journal of Indian Philosophy*, Vol. I, No. 1, 1982, p. 319。

原人奥义探释

从印度哲学史序页开始（约公元前1500年），吠陀仙人（神学家、哲学家）直观地观察宇宙变动不居、衍生无穷的现象，猜测其间存在着一个永恒不灭的超验实在。他们在神学上提出一些表述这个设想中的超验实在的方法，其中之一，便是“原人”原理。“原人”被认为是超验实在在经验世界的化身，具足经验世界一切物质性和精神性的特征。从它的无限宏大、充遍宇宙的神奇形象，可以悟知不灭的超验实在。因此，从“原人”出现在吠陀经之时起，它便一直为后吠陀的奥义书哲学家和后奥义书所有传统哲学流派（唯物主义者除外）一致接受，作为唯心主义哲学范畴系统中的最高、最根本的范畴——世界本原、宇宙第一因。这就是“原人”原理，也正是本文准备探讨的问题。

本文内容拟分为（一）原人的神学形象；（二）原人的哲学内涵；（三）原人哲学的总结；（四）原人理论的新发展；（五）二元论纪元的开始；（六）文末评说。

一　原人的神学形象

按印度早期神学发展史，在吠陀神学从自然神论过渡到超自然神论阶段，吠陀仙人（神学家、哲学家）发现天、地、空三界的神群中，并不是每一个自然都具有成为创世主的资格。因此，他们从神谱上精选出一小批神德显著的神祇，并特地为它们创作了赞美诗式的神曲——对它们的形象进行崇高美的艺术刻画，浪漫而又庄严地拔高它们的神格，使它们成为合格的宇宙创造主。它们的名字是：因陀罗（Indra）①，婆楼那（Varuṇa）②，

① 《梨俱吠陀》Ⅵ.47。作者：伽尔伽仙人。
② 《梨俱吠陀》Ⅷ.41。作者：那波迦仙人。

宇宙创业神（Viśvakarman）[1]，宇宙万神（Viśvadevas）[2]，生主神（Prajāpati）[3]，有转神（Bhāvavṛtti）[4]，原人（Puruṣa）[5]。

在这些创世大神当中，"原人"比较突出。原人的梵语 Puruṣa，音译作"补卢莎"，意译为"人，自然的人"。那罗延仙人把这自然的人抽象化、神格化为神学上和哲学上的超自然的"原人"。他创作了一支以"原人"为主题的神曲——《原人歌》（《梨俱吠陀》X.90）。且看他在这支神曲里如何对"原人"的神格进行崇高美和神圣美的艺术加工的：

《原人歌》[6]

1. 原人之神，微妙现身，
千头千眼，又具千足；
包摄大地，上下四维；
巍然站立，十指以外。

2. 唯此原人，是诸一切；
既属过去，亦为未来；
唯此原人，不死之主；
享受牺牲，升华物外。

3. 如此神奇，乃彼威力；
尤为胜妙，原人自身；
一切众生，占其四一；
天上不死，占其四三。

---

① 《梨俱吠陀》X.81。作者：地有仙人。
② 《梨俱吠陀》卷72。作者：祷主仙人。
③ 《梨俱吠陀》卷121。作者：金胎藏仙人。
④ 《梨俱吠陀》卷129。作者：最胜主仙人。
⑤ 《梨俱吠陀》卷90。作者：那罗延仙人。
⑥ 本神曲共有16颂，这里选用其中9颂；即颂1、颂2、颂3、颂4、颂5、颂11、颂12、颂13、颂14。

4. 原人升华，用其四三，①
所余四一，留在世间。
是故原人，超越十方，
遍行二界，食与不食。

5. 从彼诞生，大毗罗阇；②
从毗罗阇，生补卢莎。
彼一出世，立即超越，
后造大地，及诸众生。

11. 原人之身，若被肢解，
试请考虑，共有几分？
何是彼口？何是彼臂？
何是彼腿？何是彼足？

12. 原人之口，是婆罗门；
彼之双臂，是刹帝利；
彼之双腿，产生吠舍，
彼之双足，出首陀罗。

13. 彼之胸脯，生成月亮；
彼之眼睛，显出太阳；
口中吐出，雷神火天；
气息呼出，伐尤风神。

---

① 本颂和上一颂（颂3）描述原人所创造的两部分众生：一部分住在天上的“不死”者（天上神仙），另一部分生活在地上的“有死”者（世间凡夫）。前一部分众生占原人身躯之“四三”（四分之三），后一部分众生占原人身躯之“四一”（四分之一）。本颂的“食”与“不食”意指生物界（食）和自然界（不食）。“遍行二界”即指此二界。

② “从彼诞生”的“彼”意指“原初原人”（Adhipuruṣa）。毗罗阇（Virāj）意为“遍照者”。补卢沙（Puruṣa）意即“原人”。

14. 脐生空界，头现天界，
足生地界，再生方位，
如是构成，此一世界。

那罗延仙人在他这支神曲中立体地从几个方面把他自己幻想中的原人塑造成一个具体的超自然的创世主：1. 超自然的神谱。本曲第5颂说“从彼诞生”的“彼”意指“原人始祖”（Adhipuruṣa），它生毗罗阇（遍照主，Virāj），后者才生“原人”（Puruṣa）。用世俗的说法，“原人始祖”是原人的“祖父”毗罗阇是原人的“父亲”。在诗人的心目中“原人始祖”和毗罗阇似是超验的神明，原人是超验神明在经验世界的化身、代理人。2. 广大无垠的体格。原人一出世间，便显示出他的超自然的形象，天然地具有千头、千眼和千足；躯体无限广大，天、地、空三界俱包摄于其体内——他的身体的四分这一是地界凡夫住处，四分之三是天上神仙住处。3. 创世神功，浑然一身。原人身体每一部分都被赋予超凡的功能——口能产生婆罗门，臂能制作刹帝利，腿能长出吠舍，足能踩出首陀罗；胸脯生月亮，眼睛出太阳，口吐雷神火天，气呼伐尤风神；他的脐、头、足分别产生空、天、地三界，以及十方四维。4. 四种姓的始祖。在吠陀晚期，社会已出现四个种姓（阶级），并且作出了高低贵贱的划分。诗人在这里讲述原人创造人类四种姓，似是遵循宿命论，强调说社会的四种姓原是原人之神创造的，四种姓的高低贵贱也是原人之神规定的，因而是固定不可改变的。从形式上看，这支《原人歌》所描绘的酷似一幅神学上的原人画像，形态逼真，很是精美。而从另一角度来透视，它又蕴含着丰富而深刻的原人哲学内涵。

二　原人的哲学内涵

《梨俱吠陀》（10卷，1028支神曲）有被称为一幅反映印度上古人民思想生活的壮丽画卷的美誉。全书从形式到内容虽然都是荒诞神话、虚构传说和对幻想中的神明的颂歌，但其中还有一小部分（神曲）是神话与人生哲理、历史真实和社会现状等内容杂糅在一起的作品。《原人歌》便是这样一支典型的神曲。剔去它的神话外罩，丰富而深刻的原人哲学内涵便立刻展现出来。从这个意义上说，原人在《原人歌》里所具有的种种特征正是一个简单的原人哲学范畴系统。

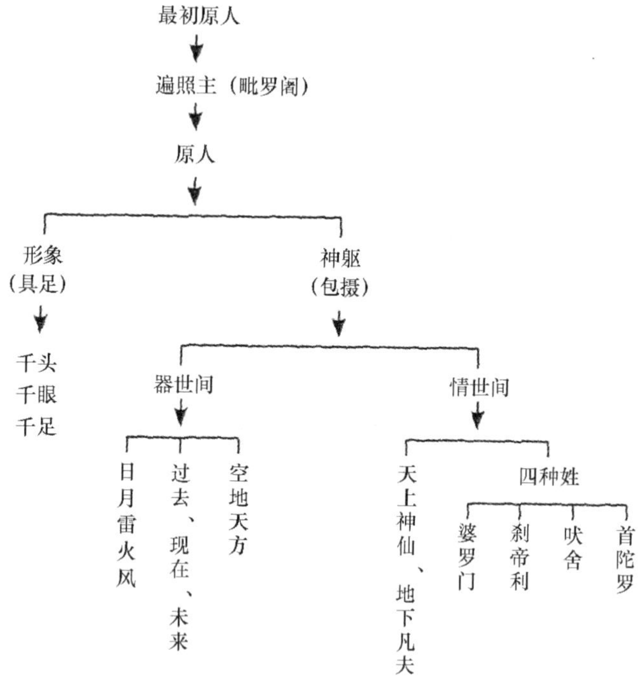

这个范畴系统给我们提供几个值得思考、探讨的哲学基本问题：

（一）体相同一论。最初原人→遍照主（毗罗阇）→原人。这是一个原人哲学的本体论模式。最初原人、遍照主，这二者表示同一设定的“实在”，它是超验的、绝对的、常住的、不可描述的，因而是“体”。第三位——原人，它是经验的、相对的、有作用的、可以描述的，因而是“相”。体，本然不生不灭，如如寂静；相，依他缘生缘灭，变动不居。然而，相从体现，是体的外现形式，而内在地又与体同一。因此，最初原人→遍照主→原人这个本体论模式是在表述体之与相，既是同一，又有差别；既有差别，又是同一；差别而无矛盾，同一而又不单调；如是相异相即，圆融无碍。其次，这个模式是对原人同时具有二重神格的阐述。原人第一神格（最初原人、遍照主）是超验性的；第二神格（原人）是经验性的。惟其具有经验性的神格，所以能够游戏三界，变化莫测，乃至创造世界一切生物和非生物；惟其具有超验性的神格，所以能够支配万法的变化，使之沿着它所定的生存路线（自然规律），一步一步地走向复归——复归于永恒的终极。

（二）一与多原理。“原人之神，微妙现身，千头千眼，又具千足。”此中“千头千眼千足”代表着一个无限数。这有两层含义——神学与哲学。在神学上，原人是一位由自然人神格化而成的超自然的高级大神，具有无限的神奇威力，能够按自身一个形象变出同样的无数形象。原人的威力是什么性质的威力？《梨俱吠陀》（Ⅵ.47.18）说：

彼按本真相，变现种种相；
正是此真相，借以显其身。
摩耶变多相，接引其信众；
犹如马千匹，套在其车上。

这首颂诗是说空界雷电大神因陀罗运用“摩耶”法力，从自身（一身）变出众多相同的身形，用以应接和教化众多不同根机的信徒。同书（Ⅷ.41）又说：

彼以摩耶，揭示宇宙，
既摄黑夜，又施黎明；
随顺彼意，三时祭祀。
其余怨敌，愿俱消灭。

这是说另一位大神婆楼那使用同样的“摩耶”神力来创造宇宙万有。“摩耶”（māyā）意为“幻术、幻力”。但这些吠陀颂诗说的“幻术”不是人间凡夫玩弄的幻术，而是指天上大神所使用的超自然的幻术，具有不可思议的神奇威力。因陀罗所以能够变一身为多身，婆楼那所以能够揭开宇宙变化之谜，规定时间的运动，制定白天与黑夜变换的规律，就是因为具有这样神奇莫测的“摩耶”幻力。本文开头提到的七位创世大神（包括原人、因陀罗、婆楼那），它们所以能够创造世界，称为创世主，就是因为被赋予了神奇的“摩耶”幻力。那罗延仙人在《原人歌》中虽然没有直接明言原人使用“摩耶”来创造宇宙，但他使用了“神奇”、“胜妙”来修饰原人的“威力”，说明这“威力”就是“摩耶”的威力；否则，原人就不可能具有和别的大神同样的包世资格。在哲学上，所谓一，即吠陀仙人（神学家、哲学家）推测，设想的超验实在；所谓多，是由超验实在幻现出来的经验世界。一与多的哲学关系也可这样来理解：一，即神学上的一神（大梵天宫的大自在天主），同时也是哲学上的真理（设想中的超验实在）。多，即神学上的天界神群和地界众生，同时也是哲学上的依缘而起的色法和心法（精神现象和物质现象）。一之与多，在表现这些外在差别的同时，始终保持着二者天然的同一、同质的内在关系。这便是一多原理；自吠陀经时期起一直被传统的神学家和哲学家（吠陀和奥义书的智者、仙人）广泛使用，作为阐述他们设定的超验实在的主要方法。

（三）神创世说。在吠陀经中仙人们（神学家、哲学家）讨论最多的、最集中的意识形态问题是哲学的基本问题——世界本原是什么？是谁创造了世界？在对这个哲学基本问题的回答中，产生不同意见的两派。一派（多数派）执定宇宙存在着一个永恒的超验实在，它浑然充遍，无有形相；超自然的大神是它的化身；化身之神由于永恒实在的超验性而自然具有超验性的威力，并同时借此创造了世界的一切。另一派（少数派），和多数派的观点针锋相对，不承认有所谓神，更不同意说神创造世界。他们首先怀疑神的存在。例如，他们对因陀罗存在的质疑。《梨俱吠陀》神话里有两个最为重要的大神，一是婆楼那，一是因陀罗。这二神被歌颂为神格最高、神力最大、最为善神所尊敬、最为恶神所害怕。因陀罗是三界中的空界主神。在《梨俱吠陀》1028 支神曲中，以歌颂因陀罗为主题的就有 250 支，几乎占全书的四分之一。可见因陀罗在吠陀神话中的神格是何等特殊和高大。在歌颂他的 250 支神曲中，有一支《因陀罗赞》，由 12 首四句颂诗组成，其中第 3 颂曰：“帝因陀罗，若实存在，速作赞歌，颂彼明神。但有人云：无此帝释，谁曾见之？我将谁敬？”（帝释是因陀罗在佛经中常见的称号）这支《因陀罗赞》的作者弃恶子仙人在这首颂诗里竟大胆地对主宰人间天上的因陀罗的存在表示怀疑，这有两层意义：一是，因陀罗究竟是神还是人？一是，是否真的有所谓因陀罗这样的神？这一派另有一些仙人则直截了当地否认神创世说。他们认为世界产生于物质原素，不是由什么神创造。例如，生主仙人在他的《敬谁歌》中说："太古之初，金胎始现，万物之主，生而无两；既定昊天，又安大地。此是何神，吾当供养？""洪水泱泱，弥满大荒，摄为胎藏，产生火光；诸天精魄，从此显现。此是何神，吾当供养？"① 在这二颂中，水、火、胎都是物质。如果按颂的神话来解说，所谓金胎或胎藏，是指宇宙胎儿；洪水是指怀孕着宇宙胎儿的母亲。一旦妊娠期满，宇宙胎儿成熟，便像一道火光，从洪水的母腹脱胎而出；于是天地安立，乾坤始定——生物界和非生物界从此出现。这些虽然是神话，但也道出作者的真意：世界是由包括火、水等物质原素构成，并非所谓神的创造。所以，住顶仙人带着总结的口气说："世界先有，诸天后起；谁又知之，缘何出现？"② 这个颂意，用我们的哲学术语说，就是物质先于精神，精神后于物质；物质是世界的始基，精神是它的反映。这反映部分少数派仙人（神学家、哲学家）此时已颇有朴素的唯物主义思想。不过，就《原人歌》作者那罗延仙人来说，他显然是站在多数派一边，执神创世说。

（四）神定四姓说。那罗延仙人在《原人歌》中说原人神之创造了包括人类在内的一切生物，而且说是原人把人类划分为四个种姓——原人之口生婆罗门，它的双臂生刹帝利，它的双腿生吠舍，它的双足生首陀罗。在吠陀仙人中无论执神创世说的多数派，或否定神创世说的少数派都没有对此说法提出不同的意见，似乎一致承认人类四种姓的划分，不是神在创世时规定的，便是命中注定的。

这则神话，在另一方面，却是当时社会现实的反映。四种姓制是古今印度社会阶级结构的基础。就印度社会发展史而言，《原人歌》是记录四种姓名称最早的史实资料。公元前2500年至前1500年间，正是印度原始公社社会向奴隶制社会过渡的时期，社会活动，只有分工，而无固定的职

① 《梨俱吠陀》X. 121. 1、7。
② 《梨俱吠陀》卷129. 6。

业范围；从事各种劳动的人，也没有种姓（阶级或阶层）的划分。社会上，一般地说，有四种不同的事务：1. 祭祀巫术；2. 政务军事；3. 农耕商贾；4. 各种体力劳动。四种事务由四部分人分别承担。事务还不是职业，四部分人还未划分为四个不同的种姓；人们还可以自由选择职业，随意变换工种；社会活动，文化生活，共同参与，相互交流；异姓通婚，饮食同桌。自选自决，无有限制。例如，闪光仙人说："黎明女神，唤醒诸有，一切众生；为了国土，生产粮食，谋求荣誉，聚敛财富，举行祭祀，注意各种，营生手段。"① 这首颂诗描写，在印度上古社会里，主要有四种劳动方式，或者说，有四种不同的工作：1. 生产粮食；2. 追求伟大（荣誉）；3. 聚敛财富；4. 举行祭祀。闪光仙人虽然提醒人们注意社会上有不同的劳动方式，但还没有把不同的劳动方式划分为四种固定不变的职业，更没有说从事这四种工作的劳动者就是四类有贤愚贵贱之分的种姓。大约到了公元前 1000 年，随着社会生产的继续发展，社会分工越来越明确，四种工种变成四种固定的不同的职业；从事这四种职业的变成四种不同的种姓或阶层，即上述的婆罗门（专门主持各种祭神活动）、刹帝利（专门主管军政事务）、吠舍（专门从事商业和农业活动）、首陀罗（专门从事笨重的体力劳动或下等职业）。很显然，四种姓是在社会发展过程中逐步形成，绝不是仙人们幻想中的神所制定。然而，《原人歌》的作者那罗延仙人是执神定四种姓说的。这和他执神创世说是同样的荒谬。

三 原人哲学的总结

在吠陀经之后，对原人原理作总结的是奥义书哲学家。奥义书的梵文原名是 Vedānta，音译，"吠檀多"，意译"吠陀的终结、吠陀的总结"。奥义书和别的有关吠陀经的著作不一样，专门探讨吠陀哲理，因而得名"吠陀哲学的总结"。奥义书哲学家在对吠陀哲学的总结中主要是对原人原理的总结，并在这基础上对它进行了重大的发展。他们首先继承、确认吠陀哲学家这一基本观点——设定宇宙存在着一个永恒的超验存在，而原人

① 《梨俱吠陀》I. 113. 6。

就是这个超验实在的体现（外现的化身）。与此同时，他们提出表述这个基本观点的特殊方法、模式——特殊否定和特殊肯定。

（一）特殊否定。原人天然地具有两个方面的特征：一是不可说方面，另一是可说方面。在奥义书哲学家看来，吠陀哲学家着重阐述原人的可说方面（相），对原人的不可说方面（体）的阐述，似乎有所不足，奥义书应先就此进行论述。因此，奥义书哲学家一开始便在第一部奥义书《广林奥义》（Ⅱ.3.6）中运用特殊的否定模式来阐明原人的不可说特征（体）："原人非如此，非如此。没有比之更高大者……他是真理中之真理。"这则奥义提出两个表述模式：1. 双重否定。第一个"非如此"是对原人的可说方面的否定；第二个"非如此"是对原人的不可说方面的否定。两个"非如此"合用时，则是否定之否定（肯定超验实在的存在，即原人之体的存在）。2. 双重肯定。"真理中之真理"，第一个"真理"是对经验世界的肯定（即所谓俗谛）；第二个"真理"是对超验世界的肯定（即所谓真谛）。两个"真理"合用时，则是强调原人所代表的超验实在是至高至上的真理。其次，也可以这样来理解："非如此，非如此"是说原人的不可说方面，既不是客观的，也不是主观的；"真理中之真理"是描述原人的可说方面，既是客观的，同时也是主观的；如是客观主观，非一非二，亦一亦二，相涉相融，事事无碍。同书（Ⅲ.7.23）另一则奥义说："他（原人）是你的自我，是内在的支配者，是不死者。他是见不到的见者，听不到的听者，非思维所及的思者，非知识所达的知者。他之外别无见者，他之外别无听者，他之外别无思者，他之外别无知者。"在吠陀经中和在奥义书中，设定的超验实在究竟是物质性的，还是精神性的，始终没有明言。这则奥义则暗示：1. 原人即是内在的自我，自我即是主观精神；2. 不死者是指原人的不可说的"体"，因为体是超验的，所以他是不死，是无形相（《疑问奥义》6.5）、超世间（《歌者奥义》Ⅳ.15.1）；3. 超验实在外化的原人包摄经验世界一切物质的和精神的现象。

（二）特殊肯定。原人的可说方面特征即超验实在的外化、原人在经验世界的无穷幻变的具体形象。奥义书哲学家据此发展、建立一个原人范畴系统，借以最充分地阐述原人在经验世界的一切形式。首先，他们叙述原人在经验世界的诞生故事。按吠陀经，"从彼诞生，大毗罗阇；从毗罗阇，生补卢莎（原人）”。这是说原人的祖父（原人初祖）生毗罗阇（原人的父亲），毗罗阇生原人，原人创造了世界。① 按奥义书，超验实在外现“因陀”（Indha），即人们习惯称呼的因陀罗（Indra），又名“宇宙人”（Viśvūnara）。在因陀的右眼是原人，在因陀的左眼是原人之妻子毗罗阇。原人与妻子在心里的空间进行交媾，由是产生下述范畴系统所描绘的经验世界的一切现象②：“原人住于一切肉体之内，没有不被他包摄者，没有不被他遍入者。”③

1.12 范畴系统。奥义书哲学家设想经验世界共有 12 种现象（范畴），原人就在它们之内，也就是说，它们是原人外现的 12 种形式：

原人
- 日、月、闪电、虚空、风、火、水、镜子、人行步声、四维、影子（物质世界）
- 我（精神世界）

最后一个范畴“我”意指肉体内的意识。有些奥义书哲学家认为原人不仅是客观性的，同时也是主观性的；被他遍入的现象或形式，无论是精神性的或客观性的，都具有主观的意识。他们提出原人一身八相系统，并使每个原人形式都具有主观性的特征——意识，借以展示原人在肯定模式的具体形象和在否定模式的抽象形象一样，蕴含着内外相涉、主客同一的深刻哲理。

2. 一身八相系统。可说的原人一身分作八个同形的原人，每个原人都具有主观性的和客观性的特征：

---

① 《梨俱吠陀》X. 90. 3。

② 《广林奥义》Ⅳ. 3. 2—3。这一说法类似中国哲学的阴阳交替说。比较《老子》（第 42 章）：“道生一，一生二，二生三，三生万物。万物负阴而抱阳，冲气以为和。”

③ 《广林奥义》Ⅱ. 5. 18。

原人一：地为住处，火为世界，光为意识，一切灵魂的归趣；他的神明乃不死者。

原人二：欲为住处，心为世界，光为意识，一切灵魂的归趣；他的神明乃女人。

原人三：色为住处，眼为世界，光为意识，一切灵魂的归趣；他的神明乃真理。

原人四：虚空作住处，耳为世界，光为意识，一切灵魂的归趣；他的神明乃方位。

原人五：住于黑暗，心为世界，光为意识，一切灵魂的归趣；他的神明乃死神。

原人六：住处是诸色（物质形式），眼为世界，光为意识，一切灵魂的归趣；他的神明乃生命。

原人七：水为住处，心为世界，光为意识，一切灵魂的归趣；他的神明乃婆楼那。

原人八：精液为住处，心为世界，光为意识，一切灵魂的归趣；他的神明乃生主。（《广林奥义》Ⅲ.9.10—17）

这个范畴系统反映超验原人（设定的超验实在）外现8个经验性的形相，每个都是主客相交、非一非二的综合体（现象）。“此是八个住处、八个世界、八个原人。凡是能够把它们分开、又能够把它们和合起来者，他就是奥义书中所讲的原人。”[①] 这是对原人八相的哲学总结。此中“分开”意即“演变”——不可说的超验原人外现八个化身，游戏于经验世界。“和合”意即“复归”——超验的原人回收外现的八个化身，使之按规律复归于唯一的超验实在。这则总结是运用“演化与复归”的表述方法的实例。而典型的例子则是下述的16范畴系统。

3.16范畴系统。这是在12范畴基础上发展而成的范畴系统，主要增加若干精神范畴，共16个：[②]

---

① 《广林奥义》Ⅲ.9.26。所谓奥义书所讲的原人，意指真正理解原人八相论的人。

② 《疑问奥义》Ⅵ.4。

原人：
- 生命、信仰、意识（精神范畴）
- 虚空、风、光、水、地；五根、食物、精力、苦行；神曲、业、世界、世界诸名（物质范畴）

在这里，精神范畴的增设意味着原人哲学越来越向纯唯心主义倾斜，并为以后的原人范畴系统的制作提供了一个蓝本。

其次，“犹如流向海洋的河流，一到海洋便即消失，它们的名字和形式也沉入海里。同理，汇归原人的16范畴，一归原人，便即消失，它们的名字和形式也不存在，只叫作原人。那是没有范畴的不死者……”[①] 这则奥义说明超验原人外现经验世界16范畴，是原人的演变过程；16范畴按规律汇归原人，是原人的复归过程。原人在哲学上的演变与复归，既是奥义书的哲学理论，同时也是奥义书的哲学方法。

4. 精神升级系统。这个系统主要讲超验原人外现的精神现象有高低级的区别，从低级精神境界逐级上升到最高级的精神境界“原人”——回归到超验实在：

境……高于……根（感官），
意……高于……境，
觉……高于……意，
大我……高于……觉，
不显……高于……大我，
原人……高于……不显，
无有……高于……原人。

最后一级“无有”是说没有任何高于原人的境界。这是精神升级的终点，最高的精神境界。[②]

① 《疑问奥义》Ⅵ.5。

② 《石氏奥义》1.3.10—11。

以上四个范畴系统，前三个是按横向阐述原人的“演变—复归”过程，后一个是按纵向阐述原人的“演变—复归”过程。后者（精神升级系统）对后奥义书的哲学流派产生极其深远的影响——推动客观唯心主义逐步发展成为主观唯心主义的一元论和二元论。[①]

四　原人理论的新发展

奥义书哲学家在总结吠陀经的原人哲理的同时，发展了与原人的哲学内涵相似的新概念——“梵”与“我”。他们认为“原人、梵、我”三者在超验意义上同是超验实在的“符号、密码、范畴”：“……不死原人，于此大地，永放光辉；不死原人，内我为体，永放光辉；他正是我，此是不死，此即是梵，此即一切。”[②] 这则奥义完整地阐明原人即梵、原人即我的“原人、梵、我”三位一体的超验的本体论原理；并且阐明“原人、梵、我”是奥义书哲学所着重阐述、论证的中心命题。然而，随着奥义哲学的发展，“原人、梵、我”的次序被颠倒过来，成为“梵、我、原我”或“我、梵、原人”；实际上，在许多场合原人已完全为梵我所代替——原人即梵、原人即我的新理论。

原人即梵。梵（Brahman）是吠陀原人原理在奥义书的新发展；它具有和原人一样的超验特征，而其哲学内涵更加丰富，更加奥妙，成为奥义书哲学理论系统中的核心部分。奥义书哲学家根据原人的不可说和可说的两方面特征，发展为梵的两个形式：“诚然，梵有的特征既有绝对的一面，又有相对的一面。绝对的一面是：无相、不死、灵活、彼岸；相对的一面是：有相、有死、呆板、此岸。前者（绝对一面）又称为‘上梵’，后者（相对一面）又称为‘下梵’。”[③] 奥义书哲学家采用否定表述模式和肯定表述模式来阐述这二梵奥义。1. 否定表述。这是从一个绝对否定视角来反思上梵，全面扬弃上梵的一切规定，彻底透视它的“无相、不死、灵活、

① 印度近代吠檀多哲学大师奥罗宾多（Sri Aurobindo，1872—1950）在他的名著《神圣人生论》中所说的“精神进化论”实溯源于此。（此书的汉译本为徐梵澄所作，商务印书馆1984年版）

② 《广林奥义》Ⅱ.5.1。

③ 《秃顶奥义》Ⅱ.2.9。

彼岸”的超验本体——“不可感触、不可描述、不可按特征定义；它是不灭者，故非粗、非细、非短、非长、非赤（如火）、非湿（如水）、无影、无暗、非空、不粘、不臭、无味；无眼、无耳、无识、无精力、无呼吸、无相貌、无量度、非内、非外；它不吞噬何物，亦无能吞噬之者。”[①] 这个系列否定模式，换句话说，是对上梵的奥义作否定的论证。上梵和原人一样“非如此，非如此，是真理中之真理”。又如：“……超凡之原人引导它们向梵走去。此是前往诸天之路，前往梵之路。”[②] 此中“它们”是说超验原人外现经验世界的物质现象；与此同时，超验原人又使它们复归于超验之梵（上梵）。这阐明在超验意义上“原人即梵，梵即原人”的原理。2. 肯定表述。这是从上梵幻现种种美妙多彩的具体形象的角度来观察下梵——有相之梵。有相之梵的特征和无相之梵的特征恰好形成鲜明的对照：无相之梵，无规定性，不可描述，不可思辨；有相之梵，有规定性，可以描述，可以思辨。无相之梵的原理模式是“非如此，非如此”；有相之梵的原理模式是“一切即此梵”[③]。“太初之时，唯梵存在。彼知自己‘我就是梵’。因此，梵就是一切。”[④] 此中“梵”具体地说就是大梵天王、梵天世界。奥义书神话：梵天王是先于世界而出现，所以他一出现，立即创造世界，创造了包括因陀罗、婆楼那、苏利耶（太阳）、苏摩（月亮）、鲁陀罗、阎摩、死神等在内的天界神群；同时还创造了地界诸神和人类四种姓，以及低级生物。梵天王俨然像一位神通广大的魔术师，变现出整个宇宙（现象界）。[⑤] 换句话说，梵就是物质世界的本原、宇宙的基础。晚期的奥义书哲学家总结二梵理论为一真一假——上梵是真，真实的存在、超验的存在；下梵是假，非真实的存在，无常的世俗存在。[⑥] 然而，按奥义书哲学，上下二梵，一真一假，由真而假，假本非真，终归一实；如是即真即假，即假即真，真假相涉，二梵同一。

---

① 《广林奥义》Ⅲ. 8. 8。
② 《歌者奥义》Ⅳ. 15. 5。
③ 《蛙氏奥义》第二则。
④ 《广林奥义》Ⅰ. 4. 11。
⑤ 《白骡奥义》Ⅳ. 9—10。
⑥ 《慈氏奥义》Ⅴ. 3。

原人即我。如前文所述，原人即梵、原人即我，是在超验意义上阐述“原人、梵、我”三者同一不二的无差别的哲学内涵（设定的超验实在）。在经验意义上，三者各有外在的经验性形式；原人全部经验性的内涵演变为两部分：一部分构成梵的经验性特征，一部分构成我的经验性特征。梵与我的区别主要在于二者在不同的范畴中有着不同的功能——梵被看作客观世界的基础，我被认为主观世界的根源。奥义书哲学家由此构想出二梵（如上节所说）和二我。二我谓遍我（主我）和个我（众我）。[1] 前者是超验性的后者是经验性的。超验之我的原理模式是：“此我非如此，非如此。此我不可把握，因为它不被把握；此我不可灭，因为它不被消灭；此我无执著，因为它不执著自我；此我无束缚，因为它无苦恼、不受伤害。”[2] 其次，超验之我是“无声、无触、无相、无灭、无味、常住、无香、无始无终、超越广大、不变”。[3] 这两则奥义书重申前边说的，在超验意义上，“原人、梵、我”是同一不二，无有差别。经验之我，似是奥义书哲学家特意提出来，借以解决经验世界的精神性和心理上的复杂问题。经验之我是超验之我幻现的外在形式或“化身”。“人、梵、我”是同一不二，无有差别。经验之我，似是奥义书哲学家特意提出来，借以解决经验世界的精神性和心理上的复杂问题。经验之我是超验之我幻现的外在形式或“化身”。化身的超级形象便是创世之我：“世界之初，唯我独存……除我之外，别无他物。”[4] 创世之我与创世之梵，同一性质，即同是超验实在的两个经验性的形式：“太初之际，唯梵独存，彼知自己，我就是梵。”[5] 这说明“梵”与“我”二者同具创造物质世界和生物世界的神力，而且还共同为生物界创造了意识：“太初之时，此界空无……彼造意识，并祈有我。”[6] 这则奥义涉及的重要哲学问题是：生物界的意识是由神（梵－我）创造，还是由别的什么构成？意识是否就是构成“我”的主要因素和内

---

① 《歌者奥义》V.12.1—7。
② 《广林奥义》Ⅲ.9.26。
③ 《石氏奥义》Ⅰ.3.1—17。
④ 《广林奥义》Ⅲ.4.1—2。
⑤ 《广林奥义》Ⅰ.4.9—10。
⑥ 《广林奥义》Ⅰ.2.1。

涵？关于这个主观世界如何产生的问题，吠陀哲学家早已提出，虽然还没有作出肯定或否定的答案。长阇仙人说："从地生气血，何处有我在？"①这意思是说："我"就是肉体，它是由地、气、血构成的：离开这些物质原素，所谓之我便不存在。换言之，"我"产生于物质。随后，住顶仙人说："初萌欲念，进入彼内，斯乃末那，第一种识。"②他肯定了意识（末那，manas）是在物质性的肉体构成之后进入体内的。但是，他没有阐明意识如何产生：意识是神造的，还是物造的，或自然而有？意识是否就是我？后吠陀的哲学家，特别是奥义书的智者，似乎比吠陀人更加重视意识和与此有关的问题，他们努力探索，深入反思，并提出他们的答案："创世之父为自我创造了意识（manas）、语言（vāca）和气息（prāṇā，生命）……诚然，我乃由语言、意识、气息三者构成。"③在这里如果把"创世之父"的神话撇开，一个具体而典型的经验之我便会出现在人们面前——它的三个成分，内涵丰富、形式多样，包摄了经验世界的主要范畴；如下表：

我（三成分）

语言	意识	气息
↓	↓	↓
地界	大气层	天界
《梨俱吠陀》	《夜柔吠陀》	《娑摩吠陀》
天神	祖先	人类
母亲	父亲	后裔
已知	现知	未知
地身	天身	水身④

① 《梨俱吠陀》Ⅰ.164.4。
② 《梨俱吠陀》X.129.4。
③ 《广林奥义》Ⅰ.5.3。
④ 《广林奥义》Ⅰ.5.3—13

这个范畴系统反映这一事实：我们所谓之“我”是由意识、语言、气息三者集合构成；离开这三种成分，我便不可得。这三个成分中，“语言”和“气息”是物质，“意识”是精神；三者相互依存，互为条件，谁也不能独立于谁，从而协调一致地构成了一个和合体“我”。这也同时表明意识是在与其有关的物质基础上产生、存在，并不是人们幻想中什么天父或大自在天所创造。

奥义书哲学家还利用二我论来传播唯心主义的所谓因果轮回理论。二我，又称为“外我”（遍我、大我）和“内我”（个我、小我）。外我，谓在肉体之外，充遍宇宙，无始无终，无灭无相，只可意会，常住吉祥。[①]内我，谓在肉体之内，受着生、住、异、灭的自然规律的制约，因而是承受苦乐因果、轮回转生的主体。在理论上，内我是外我的幻现形式，因而始终存在着复归于外我的可能——在奥义书哲学家看来，内我是此岸的经验意识，外我是彼岸的超验境界；此岸和彼岸之间并不存在一条绝对不可逾越的鸿沟。只要设法（如按照奥义书苦修无触瑜伽或持诵 om 字神咒）在肉体消亡之前使内我摆脱过去和现在的业力（行动后留在心灵上的潜隐的影响、习气）的束缚，便能自由地离开肉体（即使肉体尚未死亡），与外我统一起来，获得精神上完全的解脱。这就是首先为奥义书哲学家所创立的比较系统的关于“我”（灵魂）从轮回到解脱的理论。乔荼波陀[②]在他的《圣教论》中使用生动的譬喻来解释奥义书这一轮回理论。他说，生物的肉体喻如瓶子，瓶内的空间喻如内我，瓶外的空间喻如遍我。瓶内空和瓶外空在形式上有广狭的区别。但在空的性质上二者毫无二致。只要把瓶子打破，瓶内空和瓶外空立即同一起来。[③] 同理，肉体、内我、遍我三者的关系，只要设法使内我从善恶行为造成的肉体囹圄解放出来，便可立即与遍我合而为一，恢复精神上的完全的自由和安乐，并最终结束轮回转生的痛苦历程。

上文提到《慈氏奥义》（V. 3）对二梵论的总结：上梵幻现出下梵，

① 《白骡奥义》V. 13—14。

② 乔荼波陀是 7 世纪末吠檀多学派的奠基人，奥义书哲学权威。

③ 《圣教论》梵文本，第 50 页，第 3 颂；第 51 颂；第 51 页，第 4 颂；汉译本（巫白慧译，商务印书馆 1999 年版），第二章第三，第 3 颂（第 107 页）和第 4 颂（第 108 页）。

故上梵是真，下梵是假。同理，二我论也是如此：遍我是真，个我是假。二梵论和二我论在奥义书中的发展，说明原人哲学在从客观唯心主义过渡到主观唯心主义的同时，把二者同一起来，构成一种客观唯心主义和主观唯心主义的混合一元论。

五 二元论纪元的开始

《慈氏奥义》是十三种主要奥义书的最后一部。奥义书哲学家在此书总结二梵为一真一假之后，又对原人的范畴理论作了总结性的发展——提出新的原人范畴系统。这个系统的最高范畴已不是独一无二的一个，而是彼此并列的两个——原人（Puruṣa）和质料（Pradhāna）。[①]《慈氏奥义》（V. 10）说："有思原人住于质料之中。"这说明原人是一个精神性的实在，质料是一个物质性的实在。原人从一开始就与质料"住在一起"（结合成一对）。这意思是，原人与质料，彼此独立，平等存在；二者相互对立，但又相互依存，所以称原人为受用者（bhota），称自然（物质性实在）为供受用的美食（bhojyam）。源于自然的质料天然具有三个内在的特质（guṇas）：喜、忧、闇。这三者在活动变化而失去平衡时，便成为供原人享用的美食（物质对象）。物质性的"美食"由于内在三特质的持续演变、发展，逻辑地产生一系列精神性的现象和物质性的现象：先有"实我"，次有"大"、"觉"和"14 道"[②]；然后又有人类的三阶段（童年、青年、衰老）和三观念（贪著、分别、骄慢），以及充满"乐、苦、痴"的经验世界。这一系列精神性和物质性的现象，大致可分为二大类：一类是"显"（具体现象），一类是"非显"（抽象现象）；二类合起来构成一个新的原人范畴系统：

① Pradhāna 意为"原初质料、原初物质"，在此与 Prakṛti（自然、自性）同义。

② 14 道——四内作：觉、心、想、自意；五知根：眼、耳、鼻、舌、身；五作根：口、手、足、肛门、生殖器。

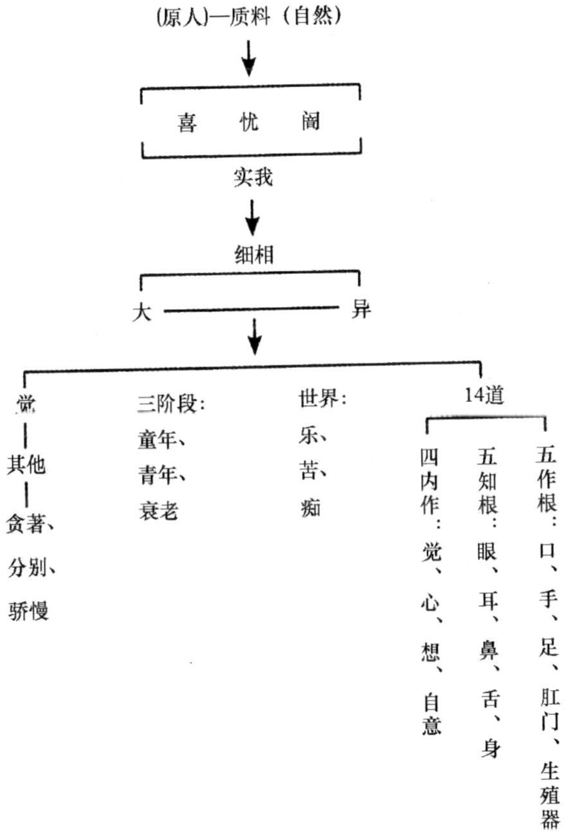

站在这个范畴系统顶峰的是两个最高的范畴——“原人”与“质料”（自然）。原人（在括号内）表示“他”静止不动，不带“喜、忧、阇”三特质。质料（自然）天然地具有三特质，一旦与原人结合，便因内在三特质的不平衡的“骚动”而源源不断地衍生出经验世界的一切，作为供原人享用的“美食”（客观对象），而原人（主观精神）就是唯一的美食家似的享用者。

原人“美食的享用者”和质料（供原人享用的美食物质），按照这则奥义（《慈氏奥义》V.10），从原初之时起，就是两个独立的实体，但又互相交涉，互相依存；原人并不创造质料（物质），但与质料同时出现，共同存在。因此，原人是真非假，质料也同样是真非假。《白骡奥义》（Ⅳ.5—6）有一个恰当的比喻，谓在同一树上有两只关系亲密的鸟儿。其中一鸟在吃树上的果子，而另一只鸟则在旁观看，不食果子。不吃果子的鸟喻如宇宙大我，吃果子的鸟喻如有限个我（众生），树果喻如经验世间。其次，二鸟意指精神，树果意指物质；但后者并非前者所创造，而是同时出现，同是真实的存在。原人（美食的享用者）和质料（供原人享用的美食）的关系也是如此。原人虽然是美食（质料）的享用者，却不是创造者；原人与美食各自独立存在，谁也不创造谁。《白骡奥义》（Ⅳ.9）还有一个譬喻，谓大自在天创造了世间，正如一个超级魔术师变出的幻象。大自在天像魔术师，故是真；世界像幻象，故是假。正如同书（Ⅰ.10）说的，可灭者是质料（Pradhāna，自然、世界），不灭者是柯罗之神（Hara）。这些认为设定之神（原人、大自在天、柯罗）是真，质料（自然、物质、世界）是假的说法是对原人哲学从吠陀到《慈氏奥义》之前的唯心主义绝对一元论的总结，而《慈氏奥义》提出的原人与质料俱真、不灭的理论，则是对原人哲学从一元论向二元论过渡的完成的总结。

六　文末评说

印度有两个传统的哲学观点，即“永恒的观点”和“断灭的观点”；前者佛家叫作“常见”（Śāśvatadṛṣṭi），后者叫作“断见”（Ucchedadṛṣṭi）。这两个观点也是印度哲学史的两条发展基线；这就是说，正统哲学或非正统哲学不是沿着常见路线发展、构建对“永恒精神实在”肯定的理论，便是沿着断见路线发展、构建对“永恒精神实在”否定的理论。[①] 换句话说，正统哲学或非正统哲学不是以常见为它的思想基础，便是以断见为它的思想基础。原人原理正是以常见为思想基础的正统派哲学用以表述他们

① 传统印度哲学通常划分为两大派系，即承认吠陀经的神圣权威的正统派和否定吠陀经神圣权威的非正统派。正统派有所谓六派哲学，即数论、瑜伽论、正理论、胜论、前弥曼差论和后弥曼差论。非正统派有佛教哲学、耆那教哲学、顺世论、六师哲学等。

设想的“永恒精神实在”的观点。[1] 无论是从一元论视角来表述，还是从二元论视角来表述，都是如此。不过，公平地说，二元论有一半是对的；这一半承认物质独立存在。吠陀智者和奥义书哲学家在阐述原人哲学的全过程，竭尽仙家智慧，把物质放在精神化的“熔炉”里提炼。但物质并不因此而被熔化、同化。物质依然是物质——物质的客观性。

（原载《东方哲学》第1辑，台湾养正堂文化出版社，2001年）

---

① 梵语 puruṣa 中印佛教译经大师，通常按普通阳性名词来译，意为“丈夫、人”。不见译作哲学化的最高范畴“原人”。这可能有两个原因：第一个原因是，佛教译经师们不知道 puruṣa 在吠陀经和奥义书中的哲学意义；第二个原因是，佛教译师，特别是印度佛教译师，他们熟悉吠陀经和奥义书，以及印度传统各派哲学，了解 puruṣa 在这些哲学流派中的哲学内涵，但认为这是“外道”术语，不宜译作具有“邪见”意味的“原人”。南朝梁真谛法师（499—569）所译的《金七十论》阐述数论的二元论哲学，后者有一个“25冥谛”的范畴系统，其中最高范畴是两个—— puruṣa 和 prakṛti。前者（puruṣa）译作“神我”后者（prakṛti）译作“自性”。“神我”是一个哲学化的术语，但不反映吠陀经和奥义书的哲学含义。然而，不是译师的唐宗密大师（708—841）却撰写了一部《华严原人论》（《大正藏经》第45卷，第710页），大谈“原人”哲学。他在书中提出一个“精神五级升化论”。第一级，人天境界；第二级，小乘境界；第三级，大乘法相境界；第四级，大乘空相境界；第五级，一乘显性境界——最高的“原人”境界。这实际上是一个“五级精神范畴系统”。“原人”是它的最初的，同时也是最高的范畴。“原人”在宗密的绝对唯心主义理论中是“迷悟－真心”。他在他的《原人论》的结论中说：“故须行依佛行，心契佛心，正本还源，断除凡习，损之又损，以至无为自然，应用恒沙，名之曰佛。当知迷悟同一真心。大哉妙门，原人至此。”

宗密大师这个精神五级升化论很像《石氏奥义》（I.3.10—11）的精神升级范畴系统。这个系统的最高范畴也是“原人”。宗密没有读过奥义书，这是可以肯定的。他的《原人论》的“原人”看来也不是吠陀经中的 puruṣa 的翻译。我们不能说宗密因受奥义书哲学的启发而提出与《石氏奥义》相类似的范畴系统。宗密的精神五级升化论与奥义书的精神升级范畴系统，只可以说是两种主观唯心主义哲学在不同的时空中的巧合；在形式上，二者似有差别；但在实质上——对永恒观点（常见）的执着上，二者难分轩轾。

《梨俱吠陀》梵文美学诗选

《梨俱吠陀》是按印度最古老的诗律填写而成的神曲集。它的内容虽然主要是印度上古神话和传说，但也蕴含着丰富的哲学和美学内涵。从这一意义上说，它也是世界上最古老、最优美而又最富哲理的抒情诗集。我在《〈梨俱吠陀〉梵文哲学诗选》[①] 一文中探讨了它的朴素哲学思想，在这篇文章里，我拟重点讨论一下它的美学意义。

吠陀诗人和哲学家从对宇宙万象的直观中得到一个认识论上的共识——幻（摩耶）。幻，在《梨俱吠陀》里，既具有哲学的义理，又包摄美学的内涵。甘婆子仙人（Nabhāka Kanva）发展了幻的美学内涵，在他的《婆楼那赞》里（《梨俱吠陀》Ⅷ. 41）提出具有创造性意义的“二幻”原理。二幻，即“幻现”和“幻归”。幻现，是说外在世界的艺术创造，“彼以摩耶，揭示宇宙，既摄黑夜，又施黎明”（《婆楼那赞》，第3颂）。幻归，是说幻现的复归，复归于设定的超验实在：“彼之神足，闪烁异光，驱散摩耶，直上穹苍。”（《婆楼那赞》第8颂）这就是说，幻现，是游戏神通，变幻三界——创造世界的力量；幻归，是美在精神上的升华，从美的幻现复归于美的终极、美的本原、美的绝对体。因此，待到幻现和幻归二者达到相即相融的完美统一时，便是哲学的最胜境界，同时也是美学的绝妙效果。

二幻美学原理的提出，反映吠陀诗人和哲学家已经悟知，如果单纯用幻现手段来创造外在的艺术角色，其艺术效果是难以持久的，或者说，不能“永葆青春”；幻现必须和幻归哲理结合起来，才能够通过外在的艺术美而产生内在的超外在美的美感，后者才具有常存不朽的艺术效果。吠陀

① 载《东方哲学与文化》第一辑，社会科学文献出版社，1995年。

诗人正是根据这一美学原理在《梨俱吠陀》中创造出他们的宇宙谱上和神谱上的艺术角色。这些艺术角色总的分为两大类：一类是神鬼性质的角色——变动不居的自然现象激发了诗人的创作激情和无限的想象力，在诗歌中把它们人格化为具体的自然神；与此同时，还从纯粹的幻想出发，创造了若干抽象的神明。另一类是非神鬼性质的角色——人间传说中著名的帝王将相和正在兴起的种姓社会中的典型人物。吠陀诗人把这两类角色摆入心灵深处进行艺术加工，既精雕细刻，又夸张粗犷，两种艺术手法，或同时并行，或分别使用，从而能够准确地、完美地赋予每个角色以栩栩如生的外在形象和闪烁灵光的内在气质，达到了泛神主义的艺术高度——庄严美和崇高美。这种美，用黑格尔的话说，已不是自然美，而是超越自然美的艺术美和再生美。①

以下选译的五支神曲只是几个体现《梨俱吠陀》独特的二幻美学原理的例子，同时也是对这一原理的初步探讨。②

一 《乌莎女神赞》

1. 遍照之曙光，升起于东方，
脱离夜黑暗，纯洁现本相。
乌莎天之女，遐迩放明光，
愿为黎民利，开路示航向。

2. 多彩司晨女，现身于东方，
犹如竖祭杆，围绕祭坛场；
冲开黑暗闸，两扇障碍门，

① 黑格尔：《美学》第1卷，朱光潜译，商务印书馆，1979年，第5页。

② 黑格尔认为“幻是一个美学手段”。他说：“美的生命在于显现（外形）。”显现外形依靠幻的手段，他说：“……产生艺术效果的手段，都只能靠幻象和显现（外形）。”这与吠陀的“幻现”原理遥相呼应。黑格尔又说，美是真实的，光靠幻的手段还不够，要在心灵深处进行艺术加工，才有可能达到美的真实境界。“……只有心灵才是真实的，只有心灵才涵盖一切……”这又与吠陀“幻归”原理何其相似。吠陀的幻论比黑格尔的幻论早数千年。黑格尔读过奥义书和印度两大史诗，很难说他的幻论丝毫没有受到吠陀二幻原理的影响。参看同上书，第5—6页。

霞光从中发，净化尤晶亮。

3. 仙子最富足，今日放异彩，
教导归信者，施舍物与财。
黑色波尼怪，昏睡在梦乡，
堕入暗渊中，永不觉天亮。

4. 乌莎圣天女，愿汝之神辇，
是旧还是新，驶临今日祭。
慷慨天光神，财富恩赐予：
吟七火神子，九或十日斋。

5. 洁净光仙子，按时套骐骥，
遨游虚空界，一日行程中。
沉睡众生界，二足及四足，
唤醒此物类，起来作活动。

6. 请问在何处，是何古仙姬，
加被诸利普，所委事得成？
乌莎撒银光，慢步银色路，
无异无衰老，同一难分辨。

解义：梵语uṣas，音译“乌莎”，意为“黎明、曙光、晨曦、早晨”。用双数时，表示“早晨与黄昏”，或者“白天与黑夜”。有时候，uṣas 也单指“黄昏时分”。

吠陀诗人在《婆楼那赞》（《梨俱吠陀》Ⅷ. 41）歌颂婆楼那(Varuṇa)为宇宙大神时说：彼以摩耶，揭示宇宙；既摄黑夜，又施黎明……这里的黎明是自然现象，但在吠陀诗人看来，这个自然现象是他设想中的大神婆楼那使用的幻术（摩耶）所创造的。它本身是一个幻象，因幻生而生，因幻灭而灭。然而，吠陀诗人在黎明消失前一刻，把握时机，把它人格化为一位“黎明女神”，命名为“乌莎”，并且为她编造出一个浪漫主义色彩极浓的神话——乌莎出生于天国，被称为天之女儿。她姿容秀美，装扮豪华，正像一个“飞天”的舞娘。她的身体是一个用之不竭的光源，上下罩着网络似的“光子”衣裳，闪耀着柔和悦目的晨光。她特别喜欢在东方展示自己倾倒仙凡的美姿。她好像刚刚在乳池里浴罢起来，全裸着她那无比皎洁的光体，娇嗔地把黑暗驱散，解下黑夜的黑袍。她始终亮着同一色彩，销蚀着人间生命。她一觉醒来便把天际照亮，把天国大门打开；她的灿烂夺目的光芒正像家畜的饲料。她把噩梦、不祥的幽灵和可憎的黑暗一一赶走。她揭开被黑暗密封着的宝藏，慷慨地把里面的珍宝全都发放。她唤醒所有生物起来活动。每当她放光照耀，鸟群立即离巢起飞，世人也去寻觅资生养料。日复一日，她出现在特定的场合，从不违反自然的规律和天神的法令。她唤起她所有的善男信女，点燃早晨的各种祭火，给神群提供良好的服务。她乘坐一辆由红色的神马或神牛牵引的、放射着彩光的辇舆，带领神众应邀降临人间祭坛，共同畅饮献给他们的苏摩神酒（红色的牛马和彩光象征着早晨的红光）。

乌莎和太阳族中的福生神结婚，但太阳神同时在追求她，就像年轻男子追求妙龄少女一样，故又说她是太阳神的妻子，克尽为太阳东升开路的妇道。然而，由于总是走在太阳之前，她偶尔也被看做太阳的母亲，携带着一个金光灿烂的婴儿。乌莎的妹妹是黑夜，同时也是她的死敌，这也是为什么姊妹俩（黎明与黑夜）常常合写成双数（uṣāsā - naktā 和 nāktoṣāsā）。祭火（Agni，火神阿耆尼）总是在清早点燃，这使得乌莎和阿耆尼的关系密切，甚至说二者是一对热恋中的情人。乌莎还有两个孪生的朋友阿须云（Aśvins，双马童），她往往一清早叫醒他兄弟俩，让他们备车载她去天外天纵情漫游。

乌莎在吠陀诗人的心目中是一位福善的女神，庇佑礼拜她的虔诚信众，祝福他们人财两旺，福寿双全。

吠陀诗人在构想乌莎女神美丽而圣洁的形象的同时，进行了心灵上的艺术加工，写成 20 支富有美学韵味的神曲——对她的赞美诗。本神曲（《梨俱吠陀》第 4 卷第 51 曲）便是其中之一。这里选译的 6 颂即此曲 11 颂的前 6 颂。

颂1："脱离于黑暗"，意谓黎明与黑夜虽为同胞姊妹，但又是"有我无你，有你无我"的绝对独立的双方——有黑暗则无光明，有光明则无黑暗。因此，随着晨光破晓，黑夜立即消失。"开路示航向"有二义：一是为黎民利益而示光明的方向；一是为紧随自己之后升起的丈夫——太阳神做开路先锋。

颂2："祭杆"，是祭祀常用的木棍或木桩。婆罗门教徒举行祭礼时，在祭坛周围竖起若干木桩，以示对神坛的保护。黎明破晓，黑夜消失，世间万物复苏，看到了生活的曙光，获得了生命的保护伞——乌莎女神。正如在祭坛四周竖立祭杆，祭坛得到保护，免受不祥和不净的东西干扰、污染。

颂3："波尼怪"（Pani）是吠陀神话中的一种鬼怪，专门抢夺人间财富，由此引申为守财奴、吝啬鬼，不愿布施财物者。此颂意谓乌莎女神鼓励、表扬乐善好施的信徒，而对专门损人利己的吝啬鬼波尼怪们，则给予谴责；他们堕入黑暗深渊，永睡不醒，是罪有应得。

颂4："吟七"谓口中不断吟诵七种吠陀韵律的赞美诗。"火神子"，原文Angirasas（鸯吉罗斯）。Angira（鸯吉罗）是火神阿耆尼的别称；Angirasas是火神的子孙后代。"火神子"即指此而言。"九或十日斋"，婆罗门教的斋戒净化仪式，有为期九日或十日者。本颂意谓火神族的子孙们，口念七种吠陀韵律的赞美诗，奉持九日或十日的斋戒，以求净化自己的身心。按《摩奴法典》（卷5），斋戒净化期，有一日、二日、三日不等。若因事举行特殊的斋戒活动，则有四种姓的不同的净化期；一般地说，婆罗门以九或十日为期；刹帝利，十二日；吠舍，十五日；首陀罗，一个月。本颂说的火神子是地道的婆罗门种姓，故按规定，他们特殊的净化期是九日或十日。

颂5："二足"意指高级动物的人类。"四足"即低级动物的四足兽类。

颂6："利普"（Ṛbhu）作为抽象名词，意为"聪明、才能、技巧、技能"；作为普通名词，意即"艺术家、工艺家、铁匠、车匠"。作为专有名词，利普是神话中三个半凡半仙的名字——利普、伐阇（vāja）、毗婆梵（Vibhvan）。这三半仙是三位一体，而以利普为首；一提利普，便包括其他两个。他们被设想生活在太阳城里，是制造因陀罗的马队、阿须云的车乘、祷主（Bṛhaspati）的神牛的工艺家。“所委事”是说天神委托利普三仙所办之事。事情是这样的：利普三仙是创世工匠神（Tvaṣṭri）在技术上的对手。天神们听说利普三仙有出神入化的手艺，他们的鬼斧神工的工艺作品几乎可与创世工匠神的作品媲美。为了证实这一传闻，便派火神阿耆尼为代表前往试探。阿耆尼随身带着一只创世工匠神制作的神杯，他叫利普三仙仿照这只神杯再造四只在工艺技术上和在神奇作用上同样的神杯。利普三仙接受了这一极富挑战性的任务，成功地制作出另外四只神杯，在艺术上和作用上与阿耆尼带来的无分伯仲。天神们在听取了阿耆尼关于此事经过的汇报后，表示高兴、赞叹，欢迎利普三仙参加献给他们的祭典，共享天上人间最佳的祭品。然而，利普三仙之所以能够如此不可思议地创造奇迹，完全是因为得到了乌莎仙姬的“加被”——祝福、庇佑(即背后的支持和帮助)。

“无异无衰老，同一难分辨”是吠陀诗人把乌莎女神的形象拔高到美的最高度，接近神秘主义的超验境界。

二 《因陀罗赞》(A)

1. 强大金刚神杵挥舞者！
如是畅饮已，醉人苏摩酒；
婆罗门祭司，唱毕赞美诗；
运用汝力量，打击魔阿醯；
即从大地上，将之逐出去。
欢呼汝显示，至大之神威。

2. 金刚神杵挥舞者！
香醇苏摩酒，神鹰自天取，
斟出作供品，令汝狂欢喜；
施展汝神力，空中斩黑魔。
欢呼汝显示，至上之神权。

6. 天帝因陀罗，酒醉喜若狂，
高擎雷电器，百刃金刚杵，
攻击弗栗多，在彼脑门上。
愿供众友好，醍醐甘美食。
欢呼彼显示，至高之神权。

7. 云生因陀罗，金刚神棒主！
天然即具有，无比勇猛威；
妙施摩耶法，杀彼幻变鹿。
欢呼汝显示，至上之神威。

8. 因陀罗！
挥动金刚杵，施放雷与电，
遍及众河川，数有九十九。
具大勇猛威，双臂藏力量。
欢呼汝显示，最高之神权。

9. 千人齐集合，向他致敬礼，
祭司二十名，朗诵祈神诗，
复有百仙人，再三唱赞歌。
为供因陀罗，祭品俱备已。
欢呼他显示，无上之神权。

10. 天帝因陀罗，施展神力量，
制服弗栗多，彼之魔力量。
正是因陀罗，有此大胆量，
斩除该黑魔，雨水得释放。
欢呼他显示，最神圣力量。

12. 黑魔要伎俩，震撼加狂吼，
但俱吓不倒，神王因陀罗。
金刚雷电杵，铁制镶千刃，
神速发射出，击中此恶魔。
欢呼他显示，至圣之威望。

15. 神王因陀罗，遍入一切者；
吾人实不知，在此世间上，
有谁能胜过。彼巨大力量？
此缘诸天众，集中他身上：
财富与祭品，及所有力量。
欢呼他显示，神威乃无上。

16. 阿达婆梵仙，或人祖摩奴，
或达驮延支，俱按古规矩，
举行祭天礼；供品及颂歌，
集中齐献给，神王因陀罗。
欢呼彼展示，超级神力量。

三 《因陀罗赞》(B)

1. 因陀罗！
开杯酣饮，醇味苏摩；
我之晨祭，即汝早食。
英雄气概，杀敌为乐；
激情赞歌，颂汝功果。

2. 因陀罗！
汝之战车，速超意念，

愿驭此车，来饮苏摩。
汝之战马，迅行骐骥，
愿乘此马，愉快降临。

3. 因陀罗！
汝如阳神，相好殊胜，
光芒遍照，照触我身。
我乃汝友，诚心召请；
偕汝扈从，欢喜就座。

4. 因陀罗！
庄严伟大，欢乐融和，
霄壤一体，两难分开。
汝之玉驹，上轭配鞍，
驾驭前来，食汝喜食。

5. 因陀罗！
愿汝常饮，苏摩妙味；
挥起武器，杀敌无比。
苏摩令汝，气力充沛，
苏摩为汝，提供欢娱。

6. 受百祭者！
是此酒杯，置备久矣，
供汝使用，盛饮苏摩。
甘酒满溢，香醇喜人，
诸天神祇，莫不冀求。

7. 因陀罗！
各色人等，广设供养，

向汝祷告，圣恩普扬。
吾等甜食，味美非常，
作为供物，祈汝品尝。

8. 因陀罗！
我今宣讲，汝之往昔，
最初成就，英雄业绩。
汝下决心，施云降雨，
便利梵志，寻回母牛。

9. 风群之主！
坐在风群，彼等呼汝，
智者之中，最大智人。
慷慨施主！
若不求汝，无事能成，
愿汝获得，种种尊敬。

10. 慷慨施主！
愿汝关注，吾等请求。
朋友，财富之主！
愿汝理解，朋友心意。
骁勇战士！
汝具实力，为我战斗；
未分财富，祈赐一份。

解义：梵语 Indra，音译“因陀罗”，意思是“最胜、最优秀、最优越、征服”。作为专有名词，“因陀罗”似是印伊时期前（约公元前三四千年）中亚各地雅利安部族共同敬奉的神灵。随着雅利安人在印伊时期（约公元前 2000 年）分两路向外大迁移——一路南行，进入伊朗，一路东行，入侵印度，因陀罗的神格发生了变化。定居在伊朗的雅利安人改变了因陀罗的性质，使之从一个善神一变而为恶神；而移民印度的雅利安人则奉因陀罗为一位福善的大神。在雅利安远征军征服印度土著民族的过程中，因陀罗被拔高为一位民族之神。

因陀罗在印度文明早期究竟是神还是人，晚近，印度有不少学者对此进行了探讨，并推论：因陀罗原是中亚雅利安部族的一个英勇善战的首领，类似今日的Senāpati（将军）。他率领雅利安侵略军，越过兴都库什山脉，从西北入侵印度，征服了当时的土著居民。由于他在这场征服异族的战争中屡建奇功，为雅利安人对印度（北部五河地带）的统治奠定了基础，雅利安诗人和歌手用一种独特的威严美和崇高美的艺术形式，创作了数以百计的神曲（赞美诗），虔诚而又纵情地对他歌功颂德。在《梨俱吠陀》中献给他的神曲约有250支，占全书四分之一（如果将那些涉及他或者他和别的神一起被歌颂的神曲，则至少有300支）。这些神曲把因陀罗神格化的形象拔高到一位具有无限神力、不食人间烟火的超级大神。他在人间所创立的许多英雄业绩，统统被编造成一个个不可思议的离奇惊人的故事（这正好说明，因陀罗首先是人间的英雄，其次才是天上的大神）。

乌莎（黎明女神）和阿耆尼（火神）是自然现象神格化的形象（自然神）。因陀罗不是自然现象的雷电，但在《梨俱吠陀》的神谱上他竟被列作一个完整的雷电神，并且被吠陀诗人用无限夸张的艺术手法刻画出他的超级神格（形象）——他现身广大，包摄宇宙三界（天、空、地）；空界在三界的中央，他是空界的神王，一伸手就能抓到上边的天界和下边的地界；天地空三界只等于他身体的一半，还不够做他的腰带；如果大地比现在大十倍，他的形体也会和它相等。他的神通如此广大，天上地下，没有一个神或人，无论其为现在的或未来的，能够超过他或与之匹敌——在世间，无论过去、现在、未来都不可能有人能够获得像他那样压倒一切的英雄气概；在天界，神群中也没有一个神能够得到像他那样显赫的知名度，那样超强的神变力。他的行动，他的目的，任何神祇都无法进行干预或阻挠。即使是支配宇宙规律的婆楼那和太阳神苏利耶（Sūrya）也得听他使唤。他被誉为宇宙主、自在主，是天人同拜的“排头”神。在《梨俱吠陀》里有好几个专门用来颂扬他的威力的定语，如“Śakra”（能天主）、“Śacīvat”（力量主）、“Śacīpati”（力主）等等。总之，因陀罗在《梨俱吠陀》神谱中是一个近乎超验的超级主神。

吠陀诗人又把因陀罗人格化，把他当作一个活生生的、有血有肉的，但被赋予超凡力量的英雄来刻画——因陀罗有一个完整的人的肉体，头、臂、手、足，四肢齐全，上下一身呈黄褐色（金黄色）。他有生身父母。他的母亲一说是一头牝牛，一说是无缚女神（Aditi），一说是生主神（Prajāpati）的女儿。父亲是天光神狄奥斯（Dyaus），故传说因陀罗出生在天上，一出娘胎便成为三十三天主，威震天上人间的英雄。因陀罗（雷电神）和阿耆尼（火神）是一对孪生兄弟。雷电也是火的一种形式。传说因陀罗在两片石块摩擦过程中找到他的兄弟阿耆尼。又说，阿耆尼原来潜藏在水里，后被他的哥哥因陀罗发现。因陀罗的妻子叫作"因陀罗尼"（Indranī）。《他氏梵书》说波拉婆诃（Prasahā）和舍娜（Senā）二女神才是因陀罗的妻子。《梨俱吠陀》则确认散脂（Śācī）是因陀罗的妻子的真名（吠陀后的佛典沿用此说）。在《阿闼婆吠陀》（Ⅶ. 38. 2）还有一则因陀罗的罗曼司：阿修罗（Asura，恶神）是因陀罗的死敌，但因陀罗却爱上一个美赛天仙的阿修罗女维莉登伽（Vilistengā）。为了接近她，因陀罗化身为阿修罗前往后者的住处。在阿修罗女众中，他变成女性阿修罗，在阿修罗男众中，他变成男性阿修罗，借此来向维莉登伽求爱。

因陀罗虽然在三十三天上享有"九五"之尊，但仍然和其他大小神明保持平等的友好关系。他和司法大神婆楼那、太阳神苏利耶、风神伐尤（Vāyu）等过从甚密。不过，他的主要友伴和同盟却是摩鲁特（Maruts，风暴神群）。在数不清的《梨俱吠陀》诗句中，叙述着摩鲁特如何无私地、忠诚地支持、协助因陀罗降妖伏魔的战斗。因陀罗和摩鲁特的关系如此密切，以致他获得这样的称号——"Marutvat"（有摩鲁特陪伴的）和"Marudgana"（有风暴神群侍从的）。这两个称号偶尔也用来尊称别的大神，但主要还是指因陀罗。

因陀罗是神群中的美食家和酒仙。他特别爱喝苏摩（Soma）酒，可以说嗜酒如命。酒瘾发作时，他甚至偷别人的苏摩酒。正因他如此酷爱苏摩饮料，《梨俱吠陀》不断地使用"Soma－pā，Soma－pāvan"（爱饮苏摩酒者）这样的词来形容他这一嗜酒特性。苏摩酒，对因陀罗来说，是一种特别的兴奋剂，它能够刺激因陀罗去表演惊天动地的角色；尤其是因陀罗在准备与黑魔弗栗多决战前饮了它，便会立即鼓足勇气，冲杀敌人，直至黑魔在他的金刚神杵下服罪消亡。有一支神曲（Ⅷ. 66. 4）说，因陀罗为了除掉黑魔弗栗多，事先竟喝了30池苏摩酒。作为“美食家”的因陀罗，食谱是多样化的，除了苏摩酒，他还喜欢喝牛奶加蜜糖，爱吃献给他的祭典上的供糕和主食。他还打破神规，开创吃牛肉的先例——他爱吃公牛肉，或吃由火神烤熟的水牛肉。《梨俱吠陀》（V. 2. 9）说，他曾吃掉300头水牛肉。

因陀罗既是人格化的雷电神，雷电现象便是他的本相，而雷电棒（闪电行雷）也自然成了他的杀敌的主要武器。雷电棒又叫作金刚神杵（Vajra），用纯金制成，色泽黄褐光亮；杵身铸成百角百节，杵顶镶有千端，尖锐锋利非常。它的铸造者，一说是创世工匠神，一说是天上神群集体为因陀罗制作的。这根金刚神杵原藏在海洋深水底下（Ⅷ. 89. 9）；一说原搁在太阳所在的地方（X. 27. 21），因陀罗把它拿来作为手中最犀利的武器。因此，凡是用Vajra（金刚神杵）这个词和别的词构成的复合词几乎全被看作因陀罗的别称。在《梨俱吠陀》里常见的这样的复合词有如下几个：

Vajra - bhṛt	（持金刚神杵者）；
Vajra - vat	（有金刚神杵者）；
Vajra - dakṣiṇa	（右手执金刚神杵者）；
Vajra - bāhu	（臂携金刚神杵者）；
Vajra - hasta	（手持金刚神杵者）；
Vajrin	（金刚神杵所有者）。

前三个词专用于因陀罗，后三个偶尔也用来称呼鲁陀罗（Rudra）、风暴神群和瞋怒神（Manyu）。

因陀罗还有几种次要的武器，即神弓和神箭，金钩和神网，后者专门用来捕捉所有的敌人。因陀罗还有一辆运载工具——他的二马牵引的金辇，车速超过意念；因陀罗经常乘坐去飞赴祭坛，享受供品；或者追捕在逃的牛鬼蛇神。

在《梨俱吠陀》里，吠陀诗人在创造善神角色的同时，还创造了与之对立的角色——恶神和妖魔鬼怪。其中黑魔弗栗多（Vrtra）和乌蟒阿醯（Ahi）是魔众的头目，也是因陀罗的首要敌人。弗栗多专门在由云致雨的过程中制造障碍，阻止雨水下降；阿醯躺在水里，封锁河川，不让水流通畅，灌溉农田。这两只魔鬼，其实就是旱灾的制造者，农作物生长的破坏者，给人类生存和社会发展造成极大的危害。因陀罗出于善神的本性，出于对这些妖魔的罪恶行为的深恶痛绝，立下誓愿，为民除害，因而摆开和弗栗多、阿醯决战的阵势。正是这些和妖魔作殊死战的宏伟场面构成了歌颂因陀罗的绝大部分神曲的主题。本文选译的两支神曲——《因陀罗赞》（A）和（B），虽然在数量上极少（不到因陀罗神曲总数的1%），但在反映这一主题思想和吠陀美学中威严美的艺术创造方面是具有典型意义的。

兹将这两支神曲分别注释如下：

《因陀罗赞》（A）

这是《梨俱吠陀》第1卷，第80曲，共有16颂，这里选译其中10个——颂1、颂2、颂6、颂7、颂8、颂9、颂10、颂12、颂15、颂16。

颂1："苏摩"（Some）是一种攀缘植物，学名Sarcostema Vimi，或作Aselepias Asida。在上古印度，婆罗门教祭司常用苏摩汁作供品或饮料。取苏摩汁的方法：①用石块压榨；②待汁流出后，加水拌和，用一个粗制的过滤器过滤；③将过滤后的汁存放在一个大瓦缸里，再加酥油和面粉掺拌、发酵，最后制成饮料，即苏摩酒。据说，苏摩酒具有强烈的兴奋作用，饮后即醉，婆罗门教的神祇和祭司特别珍视它。

在《梨俱吠陀》里，苏摩树被神格化为树神；在第9卷中竟有114支歌颂它的神曲。关于它有不少神话或传说。如说采集苏摩树，人们只能乘月夜上山进行；又说，苏摩酒原密藏在天宫，由神鹰飞上去取下来，交给香音神乾达婆保存。在《梨俱吠陀》较晚的部分里（偶尔也在《阿闼婆吠陀》和梵书中）苏摩树被说成为植物世界主，或者与月亮同一，即月神（吠陀后的佛典采用此说），是不死甘露的载体。结果，苏摩树神被列为以因陀罗为首的8善神之一。

"阿醯"，吠陀神话里的黑蛇怪——乌蟒，比喻天空的黑云。在吠陀诗人的幻想中，乌云就是一条乌蟒，阻碍雨水下降，从而破坏大地上农作物的生长。

颂2：本颂讲述苏摩酒存放在天宫，神鹰飞去取下来献给因陀罗。有的学者解释，神鹰是说伽耶德莉女神插上鹰翼，像鹰一样飞亡天宫，取出藏在那儿的苏摩神酒，奉献给因陀罗（伽耶德莉 Gāyatri 原是《梨俱吠陀》神曲格律之一，神格化为诗韵女神）。

“黑魔”。因陀罗有两个不共戴天的死敌，一是黑魔弗栗多，一是乌蟒阿醯。此二者是雨水形成之前的乌云，人格化为阻止下雨的妖魔——旱灾的制造者。因陀罗使用雷电神杵打击他们，并把他们彻底粉碎——驱散乌云，解放雨水。

颂6：“天帝”。吠陀诗人、哲学家幻想宇宙划分天、空、地三界；每一界有11个天神，合称三十三天神（地界实际上不止11个）。因陀罗是空界主神，但他的神权扩张到其他二界，因此被称为三十三天主。“天帝”意即三十三天的大帝（佛教说的三界就是据此引申而成的）。

“众友好”，意指因陀罗每次降临人间应供时，总是带着一群侍从（如风暴神群）和神友（如火神、太阳神、婆楼那、毗湿奴等）。

颂7：“云生”，意即“产生于云层”。因陀罗是空界的主神，又称为雷电神。空界即大气云层，是雷电的“诞生地”，故因陀罗又称为“云生因陀罗”。

“摩耶”（māyā）意即是“幻”，故颂中的“摩耶”与“幻”同是“魔术、幻术、幻变、把戏”的意义。在因陀罗与黑魔的战斗中，黑魔不敌，败下阵来，用幻术化作一鹿逃跑。因陀罗也用幻术（摩耶）追捕，最后逮住这只在逃的“小鹿”，并立即把它杀掉。

颂8：“九十九”泛指无限数。

颂9：此颂描写一个盛大的祈请因陀罗仪式（祭典），由1000人组成，其中主要参与者是20名祭司和100名婆罗门仙人。20名祭司即16名正式祭司、斋主夫妇2人，以及典礼组织者2人。

颂10：“雨水得释放”。黑魔弗栗多和乌蟒阿醯都是空中乌云化身，阻碍雨水的形成。一旦因陀罗消灭这两只妖魔，雨水自然得到释放——沛然下雨。而这也正是因陀罗一再发动和黑魔斗争的目的。

颂15：“遍入一切”意指支配宇宙三界。

颂16：阿达婆、摩奴、达驮延支，是吠陀传说中的著名婆罗门仙人、祭司。

《因陀罗赞》（B）

这是《梨俱吠陀》第10卷，第112曲，共有10颂。

颂1：此颂描述因陀罗上阵杀敌之前，狂饮苏摩神酒，以此振奋杀敌的斗志。“杀敌”即斩杀黑魔弗栗多。

颂2：“战马”，指为因陀罗曳车的两匹神马“诃利”（Harī，双数名词，专指牵引因陀罗座辇的两匹马）。有少数神曲说，因陀罗的马不止这两匹，他有一百或一千匹马。这些马以太阳为眼睛，用鼻子嘶鸣。马身高大，褐黄肤色，长满流畅的金色鬃毛；头发为羽毛，酷似孔雀开屏时的尾巴。它们能够像意念那样快速飞奔，载着因陀罗就像神鹰用双翼来运载，瞬间便到达目的地。还有说，因陀罗的马是由太阳神或风神提供的，他的座车是由利普神群（Ṛbhus，天才的技艺神）制作和装备的。

颂3：“扈从”指因陀罗的近身侍卫风暴神群。

颂4：“霄壤一体”是说因陀罗畅饮苏摩神酒之后，精神振奋达到极点。这时候，在他的超验的意念中，天与地浑然一体，难分难辨；也就是说，天与地的自然美，以及经过其内在加工的再生美，完全集中在因陀罗身上——因陀罗就是大地。

“喜食”即因陀罗最爱吃的食品——苏摩和苏摩制品。

颂5：“武器”即因陀罗日常使用的金刚神杵，雷电“操纵棒”。

颂6：“受百祭者”谓有资格接受百家或百种祭礼的神明。这是因陀罗的一个别号。

颂7：“各色人等”似乎不包括首陀罗种姓者，因为首陀罗种姓不公正地被剥夺了祭神的权利。不过，在吠陀早期，种姓（阶级）尚未严格形成的时期，四种姓（婆罗门、刹帝利、吠舍、首陀罗）的群众均有设祭供神的自由。

颂8：“拨云降雨”是说因陀罗消灭乌云化身的黑魔弗栗多和乌蟒阿醯，解放被堵住的甘雨。

“梵志”，原文Brahman，作为中性名词时，是指吠陀哲学家假设的永恒实在、超验精神，即所谓“梵”；作为阳性名词时，是指婆罗门种姓者和婆罗门祭司。“梵志”是“婆罗门”的意译，也就是把 Brahman 作为阳性名词使用。又“梵志”意为有志于梵行者（梵行又称“净行”，即婆罗门教所规定的道德行为）。

“母牛”，婆罗门教奉为圣牛，不杀不食，除取奶外，不加任何约束，大街小巷，草地平原，任其自由行动，随便觅食。“……拨云降雨，便利梵志，寻回母牛。”意谓气候骤变，乌云四起，母牛看不见回栏的道路；此时婆罗门祭司祈请因陀罗“拨云降雨”，驱散乌云，以便找回迷路的母牛。按吠陀权威沙衍那（Sayana）本颂所说的“梵志”（婆罗门）就是大神祷主（Bṛaspati）。

颂 9：“风群”即因陀罗的侍从风暴神群。“风群之主”是因陀罗的一个别称。“慷慨之主”也是因陀罗称号之一。

颂 10：“心意”是祈祷者请求因陀罗保佑赐福的心意。

“骁勇战士”是因陀罗的另一称号。

“未分财富”意指因陀罗从战败的敌人手中所获得的战利品。

四 《风神赞》

1. 风伯之神车，威力最强大，
摧毁敌碉堡，其声如雷吼。
迅行触天际，穹苍吐彩虹，
旋转于大地，尘埃纷飞扬。

2. 风神近卫军，随从风超速，
集合如女眷，节日赴会场。
是诸仙相聚，同坐一车乘，
同行宇宙间，称王全世界。

3. 依所定路线，跨越太虚空，
飞行无中止，一日亦不息。

众水之友伴，始生者黎多，
彼从何处生？因何而出现？

4. 诸天之精魄，诸有之胎藏，
正是此明神，任意逍遥游。
能听彼声音，不见彼身形，
吾应具牺牲，敬献此风神。

解义：风神，梵语有两个名字——伐陀（Vāta）和伐尤（Vāyu）；二者都是表明风神的物质现象（风原素）和它的神圣的人格化（神格）。不过，Vāyu 主要就神格而言，Vāta 主要表示它本身的原素（风）。前者常与因陀罗合称 Indra－Vāyu（阳性，双数）；后者只是偶尔和云雨神（育生神 Parjanya）并列。在吠陀神谱里，风神（Vāta）不是首要大神，但被认为是众神的“气息”（呼吸、生命）；像本颂称他为“诸天之精魄，诸有之胎藏”，是生物界，特别是人类中，最初出生的第一人（始生者），是宇宙客观规律的支配者（黎多）。他一方面是因陀罗的首席侍从官，另一方面又能够与因陀罗、婆楼那（司法神）、苏利耶（太阳神）、阿耆尼（火神）等大神平起平坐，共享斋供。风神是一位善神，具有崇高而神圣的品质，在他的住处，藏有丰富的“不死”妙药。他能够为人间提供医疗治病的方便，能够延长恳求长寿者的生命。

在《梨俱吠陀》里，歌颂 Vāyu 的只有一支完整的神曲（和若干与因陀罗并列的神曲）。歌颂 Vāta 的，也仅有两支短曲，即第 10 卷第 186 和第 168 两支。本文选择了后者（第 168 曲）。此曲虽然只有 4 颂，却把风神特有的品格刻画得惟妙惟肖、活灵活现，充分体现出立体的审美风格。显然，吠陀诗人把自己内在的灵感深深注入所创造的角色里，并在那儿进行了超自然美的艺术加工，从而塑造出一个相当典型的、具有强烈的美的魅力的艺术“雕像”。它的确能够给人以一种再生美的享受。

颂 1：“神车”实际就是风力本身。“彩虹”是指太阳东升之前的晨曦——乌莎女神。据吠陀神话，风神力大，推动了乌莎施放晨光，故说早上天空的“彩虹”是因风力而引起的。

颂2："风神近卫军"是指风神属下的风暴神群，后者常伴因陀罗与黑魔弗栗多战斗。"集合"意谓风神下属各神迅速集合，朝谒主人风神。"诸仙"既指风神自己的扈从，也包括风神的嘉宾如因陀罗、婆楼那、阿耆尼等超级神灵。风神和这些超级神宾一起乘车环游宇宙，称王世界，说明在声望上风神似乎稍逊于他们，但论实际的神力、神格，并不在这些超级神宾之下。

颂3："众水"泛指一切水域，包括河、川、海、洋等。"友伴"表示风与水的密切关系。"始生者"谓世界形成时最初出生的第一人。"黎多"即事物的产生、存在、衰变、消亡的客观规律。

颂4：在上一颂（颂3）提出关于风神的"身世"问题——"彼从何处生？因何而出现？"本颂对此作出回答说，风神是"诸天之精魄，诸有之胎藏"。按吠陀宇宙生成论，宇宙划分为天、空、地三界（或称三有）。三界分别生活着不同性质的居民：天界和空界的居民是神性的；地界的居民，包括人类在内，是非神性的。颂中"诸天"即指住在天界和空界的神性生物。"精魄"即"灵魂"或"神我"。"胎藏"是孕育宇宙的胚胎，也即是宇宙之母。在这里，风神的神格和作用已被拔高到与因陀罗、婆楼那、原人、生主等创世大神等同起来。

五　《赌徒的忏悔》

1. 高树悬树果，摘来作骰子，
蹦跳骰盘上，使我心欢喜。
如饮雪山产，苏摩汁妙味；
雀跃诸骰子，逗我去尝试。

2. 不同我争吵，不惹我生气，
贤慧称我妻，亲友亦欢喜。
只缘掷骰时，未获决胜子，
终使我抛弃，忠贞好妻子。

3. 岳母痛恨我，爱妻驱逐我，
即使我求援，同情者渺茫。
犹如一老马，亦如旧衣裳，
赌徒之乐趣，我无缘欣赏。

4. 强烈嗜赌瘾，夺去其财物，
甚至己妻室，别人来拥抱；
父母与兄弟，俱言不相识，
此乃一赌棍，将之捉拿去。

6. 赌徒进赌场，浑身血冲上，
暗中问自己，我会赢一场？
嗜赌者骰子，增大彼欲望；
为击败对手，争取胜利子。

10. 赌徒之妻子，折磨遭遗弃；
慈母在悲伤，何处子游戏？
负债者恐惧，渴望得钱财；
算计人家宅，蹑足夜中来。

11. 赌徒见妻子，痛苦在熬煎；
又见他人妻，懿德守贞节。
彼从清晨起，套好棕色马，
游荡到夜深，跪祷火神边。

12. 我今致敬礼：赌场中色子，
大兵团首长，赌徒族君主。
我无法承诺，不送彼钱财；
合十朝东方，我言皆实在。

13. 不要玩色子，要去种农田；
致富始生乐，尤多受尊敬。
于此得母牛，于此娶妻妾，
仁慈太阳神，教我行斯事。

解义：《赌徒的忏悔》是《梨俱吠陀》第10卷，第35曲，共有14颂。本文选译其中9颂，即颂1、颂2、颂3、颂4、颂6、颂10、颂11、颂12、颂13。

10卷《梨俱吠陀》是印度最古老的百科全书式的诗体文献。尽管它的大部分篇幅被用于创造和描写两大类艺术角色——神鬼性质的和非神鬼性质的角色，但毕竟是一幅反映古代印度人民对自然与社会进行长期斗争的伟大的生活画卷，仍然有不少关于印度文明初期的社会制度、伦理规范、风俗习惯、思想感情，以及政治军事、工农商学、天文地理等现实生活的各个方面的记录。《赌徒的忏悔》是一支典型的悲歌，从一个侧面如实地反映了当时社会低阶层人民的实际生活。在这里，吠陀诗人用朴实无华的笔触，入木三分地把一个赌徒赌输后的懊悔和悲痛的心态描绘得淋漓尽致，扣人心弦。这是一篇伤感性的文学珍品，具有特殊的美学意义：吠陀的“二幻”美学原理应用于创造非现实的艺术角色上无疑是高超的、美妙的，而这篇《赌徒的忏悔》的独白表明这一“二幻”美学原理应用于创作现实的艺术角色上也同样是高超的、美妙的——来自自然又高于自然，来自生活又高于生活，即从心灵内在的艺术加工所产生的再生美。

颂1：“雪山”，是喜马拉雅山的俗称。据说在喜马拉雅山上长出的苏摩树，是最神圣的；婆罗门教徒习惯在半夜时分上山砍取，带回来后，使用石块压榨出汁，制成饮料，其味甘美，既可拱神，又可饮用。

颂11：“火神”阿耆尼，既是吠陀神话中首要大神之一，又是在人间实际生活中婆罗门教徒的家神。

颂12：“大兵团”和“赌徒族”都是指赌迷们而言。“首长”和“君主”是色子的人格化。“朝东方”意即朝着太阳升起处发誓。

颂13：“母牛”在古代印度意味着财富。谁家母牛最多，谁家就是首富。

（原载《南亚研究》1997年第2期）

吠陀轮回说探源

轮回说是包括佛教在内的一切印度宗教的共同教义和信条。它随着印度佛教的传播而传入中国，并为中国佛教所吸收，成为中国佛教教义系统的一个主要组成部分。轮回说的起源——它的原始思想形态可以追溯到印度上古的吠陀经或吠陀宗教。

一 轮回说的原始形态

轮回，梵语原文 saṁsāra，是一个从动词根 sṛ + sam 构成的阳性抽象名词。在《梨俱吠陀》里，这个动词还没有后吠陀的一般的宗教轮回含义。例如，《梨俱吠陀》的一个苏摩树颂（Ⅸ. 97. 45）：

> 苏摩树汁，榨出成河，朝下倾泻，速如战马。
> 行者净化，安住木庐；圣河流逝，和水乳酪。

颂中的“圣河”是指印度河（Indus）。颂意是说，印度河与水、乳、酪等混合在一起往下流逝。原文中动词 asarat（词根 sṛ的过去式，流逝、流动）并不含有任何与宗教有关的意味。“轮回”是动词 sṛ在后吠陀时期的转义。这就是说，在吠陀经的早期，印度宗教意义上的轮回说还没有形成，而它的萌芽或雏形是可以在吠陀经中找到的。

后吠陀宗教意义上的轮回（saṁsara）是说一个生物体（尤其是人）死亡后，他的意识（灵魂）或他的精气离开死者的尸体，去寻找另一个新生的肉体，托胎转生。由于受生前所做的白业（善行）或黑业（恶行）的潜存不灭的影响（习气）所制约，它（灵魂）或上升天堂变为具有神性的生物，或重回人间或别的什么地方变为非神性的生物。这说明，轮回存在的前提是承受轮回的主体（意识、灵魂或精气）是否存在。因此，轮回具有两个特殊的内涵：一、意识（承受轮回的主体）；二、转生（意识再投生于天上或人间）。意识，特别是人的意识（灵魂）如何产生？或者说，意识起源于什么？关于这个精神世界问题，吠陀仙人、神学家和哲学家到了《梨俱吠陀》后期才有较多的讨论（《梨俱吠陀》第一、八、九、十卷）。他们提出了许多不同的观点，从中似乎得到两个神学上的共识。第一个共识：宇宙划分为天、空（大气层）、地三界，分别居住着神性的和非神性的生物。就神性生物而言，《梨俱吠陀》和《阿闼婆吠陀》经常提到的有33个神，分为三组：第一组11个，住在天界；第二组11个，住于空界；第三组11个，住在地界。[①] 三界中的33个神统称为善神（suras）。与善神相对立的，是一类恶神（asuras）。恶神享有同善神一样的生活待遇，但没有善神那样崇高的伦理美德，而且常常和以因陀罗为首的善神们为敌；他们存心捣乱，在天上和半空中制造种种的恶作剧，威胁着善神们的安全，故被称为“非天”，意谓有天神之福，而五天神之德。第二个共识：生物界，特别是高等动物人类，具有意识，这个意识是“我”，同时也是灵魂。意识是一个永恒存在的精神实体；它暂时留在生物肉体之内，在肉体死亡之后，它会自动地离开已死的肉体，去寻找新的肉体或新的依附物——托胎转生（天上或人间）。正是基于这一原因，人们对死后的亡灵（意识、灵魂）的继续存在和去处，作出种种的臆测。

一般地说，人死后不久，他的至亲眷属从善良愿望出发，认死者的亡灵依然存在，它应该往生一个充满欢乐的他世界，再过福的生活，就像他生前在阳世时所享受的那样；因而，情不自禁跪在死者跟前作出一些“一厢情愿”的祷告和祝愿。吠陀诗人基于情活着的人对死亡的亲友所表达的深切悲痛和善良的祝愿，创作了一系列反映这些自然感情的神曲，其中

① 吠陀仙人先在《梨俱吠陀》（Ⅰ.139.11；Ⅷ.10.6）提出三界说，到了《阿闼婆吠陀》（Ⅳ.14.3—4）增加了一个“光明界”，立四界说。随后又出现六界说（三界各分为二）和九界说（三界各分为三）。后吠陀的奥义书、婆罗门教和佛教对吠陀的三界说又作了更新的、更复杂的发展。《广林奥义》（Ⅰ.5.16）把三界说成为是“人世界、祖先界、神人界”。

《意神赞》[①] 是最典型的一支：

1. 汝之末那，已经离开，到达遥远，阎摩境内；
吾人使之，退转归来，长享生活，在斯人间。

2. 汝之末那，业已离开，到达遥远，上天下地；
吾人使之，退转归来，长享生活，在此人间。

3. 汝之末那，已经离开，竟至遥远，地之四方；
吾人使之，退转归来，长享生活，在此人间。

4. 汝之末那，已经离开，竟至遥远，虚空四边；
吾人使之，退转归来，长享生活，在此人间。

5. 汝之末那，已经离开，竟至遥远，大海汪洋；
吾人使之，退转归来，长享生活，在此人间。

6、汝之末那，已经离开，竟至遥远，光端顶上；
吾人使之，退下归来，长享生活，在此人间。

7. 汝之末那，已经离开，到达遥远，树丛水边；
吾人使之，退转归来，长享生活，在此人间。

8. 汝之末那，已经离开，到达遥远，日晖晨光；
吾人使之，退下归来，长享生活，在此人间。

9. 汝之末那，已经离开，到达遥远，峻岭崇山；
吾人使之，退转归来，长享生活，在此人间。

① 《梨俱吠陀》X. 58. 1—12。

10. 汝之末那，已经离开，到达遥远，宇内诸方；
吾人使之，退转归来，长享生活，在斯人间。

11. 汝之末那，已经离开，到达遥远，极地边疆；
吾人使之，退转归来，长享生活，在斯人间。

12. 汝之末那，已经离开，到达遥远，过去未来；
吾人使之，退转归来，长享生活，在斯人间。

这首《意神赞》是讲人死后不久，亲眷在他跟前所做的祷告，它表明有如下重要意义：（一）在死者亲眷的思想中，死者的意识（灵魂）在肉体死亡之后，自然继续存在，不会因肉体的死亡而消失；它在离开已死的肉体后，还会自动地去寻找新的依托（肉体），投胎再生。（二）死者的亲人一厢情愿地相信，死者的亡灵将会投奔阎摩王国，或飞往海角天涯，或漫游空间四方，或航行汪洋大海。他们一心默祷，劝请死者的灵魂不要前往这些遥远的地方，最好还是返回阳世，和活着的亲人团聚，像往常那样，共享人间福乐。（三）本神曲共有 12 个颂，每颂都有两个关键的动词，即 jagāma（√gam，离开、离去）和 āvartayāmasī（√vṛt，使之回归）。前一词表示，死者的灵魂已经离开自己的尸体，正在别的地方或别的世界漂浮游荡着；后一词表示死者在阳世的亲人的愿望，愿意将那刚刚离开死者尸体、正在走向冥界的亡灵请回人间，好和活着的家人相聚，再享现实生活的欢乐。jagāma 和 āvartayāmasī 在这里显然含有与后吠陀的saṁsāra（轮回）相似的意义。人死后也火葬，但尚无后吠陀时期寡妇殉葬陋俗的任何痕迹。

这支《意神赞》表明，完整的轮回说在《梨俱吠陀》时期尚未形成，但它的雏形或最初形态却已出现。

二　阎摩和他的鬼魂王国

上引的《意神赞》是对后吠陀轮回说最初形态的描述。这是因为它包含着轮回说若干原始内容——灵魂不灭、灵魂转生、亡灵的去处或归宿。《意神赞》提到亡灵的去处有：阎摩王国、天上虚空、大地四方、日月星光、崇山峻岭、汪洋大海、极地边疆、树丛泽边等等；其中最重要也是最理想的，无疑是阎摩王国。阎摩王，俗称阎罗王。在《梨俱吠陀》神话中，阎摩是一个抽象神（从抽象名词“Yama 控制”的抽象意义人格化为一个具体的神格）。《梨俱吠陀》有四支描写他的神曲（即 X. 14，135，154，10 共 39 个颂）。阎摩（Yama）究竟是什么神？他的王国是乐园还是地狱？亡灵往生那儿是去受苦还是去享乐？下边所引《梨俱吠陀》（X. 135）的两个颂作了明确的说明：

1. 在该大树下，枝繁叶茂盛，
阎摩偕天众，开怀共畅饮。
我等之父亲，家族之首领，
彼邀请我等，会见诸祖先。

7. 此是阎摩宫，宏大又辉煌，
人人皆赞曰：诸天之神殿。
吹奏管乐器，令彼心满意；
唱诵圣诗歌，令彼生欢喜。

这支神曲（X. 135）共有七个颂，作者为鸠摩罗仙人（Kumaro Yamayana），内容是讲一个神话故事：往昔有一个名叫无觉（Naciketas）的婆罗门青年奉父命往谒阎摩王。回来后，朗诵这支神曲，叙述他访问的经过。这里所引这支神曲的两个颂（颂 1、颂 7），就是无觉婆罗门讲他在阎摩王国的见闻。颂 1 的第三、四两句——“阎摩偕天众，开怀共畅饮”说明阎摩是天上大神之一，他住在天上，不是住在地府；第八句——“会见诸祖先”是指比无觉婆罗门先到阎摩王国定居的祖先鬼魂。这说明阎摩的领地是个鬼魂王国，是人间亡灵最想去的归宿地。颂 7 描写阎摩王用作日常起居的寓所，是一座规模庞大的天上建筑物，是一座雕梁画栋、金碧辉煌的殿堂。阎摩偕同天眷生活在那里，日夕与神群仙侣畅饮苏摩神酒和酥油，欣赏他喜爱的管弦乐器特别是箫笛的演奏。这是一幅绝妙的仙乐图，立体地和形象地表现阎摩在遥远天边一角所建立的独立王国，是一个“极乐世界”，而不是充满苦难的地狱。因此，往生到阎摩王国的新老亡灵或鬼魂，将会受到神王阎摩热情的欢迎和接待，阎摩王提供完全安宁而快乐的生存环境，而不是与此相反。这些神话可能就是使死者家属产生不切实际的空想的原因——一厢情愿地祝愿死者的亡灵能够往生阎摩王国，享受比阳世更加快乐的神仙似的生活。

阎摩王是天上神灵之一，安居在天上神殿，和别的大神比较，他的神权和神威如何？他在鬼魂王国里的主要任务或职责是什么？另一支神曲（X. 14）说：

1. 接引修善者，往生最胜地；
为众多生灵，指示升天路。
太阳神儿子，人类收集者，
此神王阎摩，向他献祭礼。

2. 首席神阎摩，知悉我等事，
无人敢夺走，我等放牧场，
往昔祖父辈，曾从此逝去；
我等既知己，选择己道路。

7. 请离开离开！沿着众古道，
即吾人祖先，走过的道路。
举行祭祖礼，二王心欢喜，
汝将见阎摩，及婆楼那天。

这支神曲共有16个颂，作者为阎摩仙人（Vaivasvatas Yama）。这里引的是其中三个颂（1、2、7）。颂1的前六句是形容神王阎摩的定语，说明阎摩的出身和职业。“修善者”指生前修行善业的亡灵。“最胜地”是亡灵的最好归宿处——阎摩王国。“太阳神儿子”，吠陀诗人和神学家歌颂阎摩为一位天上的大神，具有不可思议的神威和至善至美的品德；在他身上体现着一个极其生动、变化的世界，包含着“六实”——天、地、水、树、太阳和真理；但同时又说他现身为凡夫，而他的生身父母却是神人。父亲名叫毗伐斯瓦特（Vivasvat，太阳神），母亲的名字是莎兰妞（Saranyū，迅行女神）。这对神仙夫妇共育二子一女：长子阎摩（Yama），次子摩奴（Manu），小女阎美（Yami）。其中阎摩和阎美是一对孪生兄妹。据另一则神话，阎摩既是人类最初出生的第一人，同时也是人类最先死亡的第一人。[①] 他死后升天，在遥远天边的一角建立起一个鬼魂王国，专门收集先死者和后死者的亡灵，引导它们“移民”到他的王国，做他的臣民，安居享乐。故他别称为“人类（亡灵）的收集者”。

颂2：颂的前四句是人们对阎摩的祈求，请他保护自己的牧场。“放牧场”是指牧牛场。古代印度人把牛特别是母牛看做主要财富之一。牛奶既是日常的主要饮料，也是制作供神祭品的重要原料。颂的后四句，是说人类的祖先曾经沿着阎摩指示的道路前往阎摩王国，现在还在阳世活着的人，也要挑选自己将来前往阎摩王国的道路。

颂7：这个颂是丧家对死者亡灵说的。颂的前四句，是请亡灵快些离开阳世，沿着祖先走过的道路前往阎摩王国。后四句，是告诉亡灵：“我们已为你举办祖先祭，阎摩和婆楼那两位神王一定会很高兴，你一定会见到这二大神王”。

这个颂的另一重要意义，是反映阎摩是一位地道的天上大神，他的神格、神权以及在群神中的地位，都不在婆楼那和生主神这些顶级神明之下。

复次，阎摩的鬼魂王国，正如刚才所说的，并不是充满怖畏的地狱，而是亡灵的最好归宿处——最胜处或天国的一隅。在那里，阎摩陛下给他的“移民”（先后到来的亡灵）提供的，不是苦难，而是福利——在这个特殊的天国里，亡灵们受到神王阎摩和婆楼那的接见和关照，各自的祈求都可以如愿地获得满足；舍弃不净之身，换上透明之体；[②] 畅饮不死甘露

① 《梨俱吠陀》X. 4. 1。

② 同上书，X. 14. 7—8。

苏摩，获得不死境界。在吠陀诗人和神学家的幻想里，天国乐园，美妙奇异，犹如繁花似锦，万紫千红，应有尽有，随意享用。其中最优越的、人世间绝难获得的乐事，是和神明一样畅饮苏摩神酒，体验内在“不死”境界。这在《苏摩树神赞》[①] 里有典型的描绘：

7. 是此世间，太阳装点，
故有天光，永恒照耀。
波伐摩那，清净流注，
愿汝送我，生不死地。
为因陀罗，甘液涌现。

8. 阎摩王国，阳神殿内，
巨水大川，如是诸地，
波伐摩那，愿汝许我，
安住其中，证取不死。
为因陀罗，甘液涌现。

9. 日光神明，任意遨游，
第三天界，第三空界，
以及众多，光明世界。
波伐摩罗，愿汝许我，
住此诸地，入不死界。
为因陀罗，甘液涌现。

在这里，吠陀诗人和神学家把阎摩、太阳神、因陀罗等看做同一等级的大神。波伐摩罗（Pavamāna），意为“流动而清净的树汁”，是苏摩树（Soma）的异名。苏摩树汁在吠陀神话里是一种奇异的仙酒，饮后能够产生令人长生不死的神奇效应。天神们天生喜爱这一饮料，尤其是对因陀罗来

① 《梨俱吠陀》Ⅸ. 113. 7—11。

说，它是一种烈性极高的兴奋剂。传说因陀罗准备去降伏恶魔弗栗多，在出发之前，曾饮尽了苏摩酒三大池。凭着神酒刺激起的极度兴奋的精神，因陀罗感到浑身是胆，无所畏惧，直奔弗栗多，一举便把它劈杀掉[①]。天神们因此得名为“不死者 Amṛtas”。凡人死后的亡灵，如果真像它的阳世亲眷祈祷那样，前往阎摩王国，成为该国的“公民”，它便有与那里的神明同桌同餐不死的苏摩甘露的权利。从此，也变成为不死者，永享天国的福乐。显而易见，这几颂是强调吠陀诗人和神学家想象中的阎摩统治下的鬼魂王国，并不是一个折磨亡灵的地狱，而是一个让亡灵获得永生的乐园。

三　阎摩王的合作伙伴和保镖

阎摩王的合作伙伴是火神阿耆尼，他的贴身保镖是两条天狗。他们是阎摩王在“招募”亡灵前去他鬼魂王国定居的主要帮手。

1. 火神阿耆尼。吠陀诗人和神学家为亡灵营造了一个美好的归宿——阎摩的天国乐园。但亡灵不认识通往这个乐园的道路，必须有向导指引才能安全到达。这个向导正是阿耆尼。梵语 Agni（阿耆尼），意为“火”。它既是火神的名字，又同时是火神的武器。他被歌颂为创世大神之一。他的光和烟遍充三界，支持三界；他创造了“能飞、能行、能止、能动”的四类生物。[②] 他还被歌颂为神群中的第一神。[③] 万神朝拜的对象。他护持众生就像母亲怀抱孩子一样。[④] 他虽是地界大神，但天界大神（如天光神、婆楼那、友善神、太阳神、育生神、毗湿奴、黎明女神、双马神等）和空界大神（如因陀罗、鲁陀罗、风神、风暴神等）都是他的神交至友。《梨俱吠陀》全书 1028 支神曲，约有四分之一歌颂雷电神因陀罗；歌颂火神阿耆尼的占 200 支，仅少于因陀罗。这说明，阿耆尼在《梨俱吠陀》的神界地位仅次于因陀罗。所以，在《梨俱吠陀》中常见阿耆尼和因陀罗称兄

---

① 《梨俱吠陀》Ⅴ. 29. 7；Ⅳ. 17. 11。
② 同上书，Ⅹ. 88. 4—5；Ⅴ. 11. 2。
③ 同上书，Ⅴ. 15. 1—4。
④ 同上书，Ⅹ. 52. 6。

道弟，平起平坐，经常应人间信徒和斋主的祈求，率领天上神群，乘他的神舆一起下凡，接受和享用祭坛上甘美醇厚的酥油、苏摩仙酒和其他祭品。①

阿耆尼是地界大神，但是有关他身世的神话却有好几则。（一）说他的出生地有三个，即海洋、天界和空界。作为海底之火，他诞生于海洋；作为天上的太阳，他诞生于天宫；作为空间的闪电，他出生于大气层。也就是说，三界之内无处不是他的摇篮。②（二）说他隐藏在一个秘密地方，并从这个地方出生。这个秘密地似有二解：一指海底深处，一指每块木头的内部。③（三）说阿耆尼是一切众生本有的，他面貌严肃，宇宙知名，照亮着全人类。他从一个警惕性高、充满青春活力的“十”字出生。这个“十”字，一说是空间的十个方位，一说为十个手指（亦作十个处女）。人们常用十个手指点火，由于点火需要力气，故又称为“力量之子”④。（四）海洋和大气层是阿耆尼的两个出生地。海洋与大气层都与水有关，故又说大地诸水是他的出生处。（五）一个最为人们熟悉的传说：阿耆尼每日出于两片木块的摩擦。两片木块就是他的双亲或母亲。但他一出娘胎，呱呱落地，便立刻把父母（两片木块）吞吃掉（焚烧掉）。（六）天界也是他的出生地，他在天界的名字是“母腹神”。母腹，譬如隐藏在两片木块之间的火种。传说人间有一个与火有关联的毕利古部族（Bhrigu），在他们的祈求下，风神将这个火种带下人间，作为一份厚礼赠给人类⑤（一说是毕利古人发现火种，将它送给人间）。

吠陀诗人在献给阿耆尼的200支神曲中，着重塑造他具有的如下几个主要特点：（一）阿耆尼常常被地界善男信女在举行事火祭祀时所表现出的虔诚所感动，亲临祭坛，接纳并享用美味的供品。正因如此，阿耆尼比其他神明更接近人类生活。他是人类家宅的常客，是驻足凡世的超凡圣者。他对人类献给他的供养、敬意的回报和祝福是：家庭和美，财富日

---

① 《梨俱吠陀》，Ⅰ.14.1—12；Ⅴ.11.2。
② 同上书，Ⅰ.95.3。
③ 同上书，Ⅰ.14.1—12。
④ 同上书，Ⅰ.95.5。
⑤ 同上书，Ⅰ.93.6。

增，宗嗣继续，福寿双全。虔诚的皈依者永远敬奉他为施恩者、保护者、拯救者；有时把他当作父亲、兄弟或儿子。（二）在天界与地界之间扮演着一个仙凡互通、天人交感的媒介角色。阿耆尼每日应人间信众的祈请前来享受祭品，随后又把祭品运回天宫，分发给缺席的其他神明。有时候，他带领以因陀罗为首的神群，一同乘他的神车下凡应供。他因此被歌颂为众神中第一神、最年轻之神、天人之间的使者、联络员、祭品运输者和分发者；他甚至被尊为等同因陀罗、婆楼那、毗湿奴、梵天主、密多罗、鲁陀罗等大神。（三）阿耆尼和阎摩王本是神交密友，二神在繁荣鬼魂王国的事业上经常密切合作，共同策划，收集死人的亡灵，送往阎摩王国定居，目的在于扩大后者的“鬼魂”数量。二神的分工是：阎摩主管鬼魂王国的内部行政，阿耆尼负责天人交际，收集人间亡灵的外部事务——阿耆尼的一个主要任务是，在人间焚烧死尸，勾出死者的亡魂，然后引导它前往阎摩王国。（四）阿耆尼因为专职做焚烧死人尸体的事，所以又别称为“食尸神”。在吠陀神话里有一类叫作“罗刹”的恶鬼（Rākṣasa，罗刹的第三类，性凶残，像毗舍遮鬼，专食死尸血肉）。这类恶鬼专门等候凡人寿终，然后生食死尸血肉，所以叫作“食尸鬼”。在食尸神和食尸鬼之间经常为争食死尸而发生战斗。战斗的结果，总是阿耆尼打败罗刹鬼。食尸鬼只知食尸来满足私欲，对死者亡灵的去处是不关心的。食尸神（火神）既要按照吠陀仪轨焚食死者的尸体，还要对死者亡灵的归宿负责——接引它到阎摩王国去安居享乐。

人死后，家属祈请火神降临，用火焚烧死者的尸体，这是印度最早的火葬风俗。按《梨俱吠陀》（X. 15. 14）所记，在《梨俱吠陀》时期，人死后有两种葬法，即火葬和土葬。到了稍晚的《阿闼婆吠陀》时期，又出现两种新的葬法：曝葬和弃葬，合前两种葬法共有四种葬仪——火葬、土葬、曝葬、弃葬。玄奘在他的《大唐西域记》（卷二）中记录了当时印度的葬仪。他说：“送终殡葬，其仪有三：一曰火葬，积薪焚燎；二曰水葬，沉没漂散；三曰野葬，弃林饲兽。”其中野葬实际上就是曝葬。“饲兽”似应包括“饲鸟”。西藏地区的一种葬法便是“弃野饲鸟”。在印度，这许多葬法中，从古迄今，仍然盛行的无疑是火葬。此外，今天又有两种混合葬法：一是土火混葬法，先用火焚烧尸体，然后将骨灰埋在土里；另一是水火混葬法，先将尸体烧成骨灰，然后投入江河大海。

火神崇拜起源于中亚民间的一种事火宗教。公元前2000年前后，中亚的雅利安部族向西南大迁徙，他们的事火宗教也随之传入波斯（伊朗）和印度。从那时到现在，事火宗教仍然是这两个国家活的宗教。印度今天的事火仪式无疑已有异于伊朗，但将具体的火人格化，作为一个自然神来崇拜，两国则无大差别。如上所述的印度火葬仪式，便是印度事火宗教的一个特点。

2. 阎摩王的保镖兼信使。吠陀诗人和神学家除了让阿耆尼火神作为阎摩王的合作伙伴外，还给阎摩王配备两个保镖兼信使——两条天狗（因陀罗的宠物莎罗摩 Saramā 母狗所生的两个狗崽子）①。阎摩仙人在《梨俱吠陀》第14曲中有三个颂（颂10、颂11、颂12）描写它们：

10. 莎罗摩二子，四眼花斑狗，
避开此二犬，行走安全路。
愿彼此亲近，善明诸先祖，
陪伴阎摩王，愉快享福乐。

11. 祈求阎摩王，将彼委托于，
汝之二神犬，汝之二卫兵，
四眼护路者，注视世上人。
请赐彼好运，请赐彼健康。

12. 阎摩二信使，鼻大力超群，
饱食生物命，追逐世上人。
今日求二使，再度赐吾人，

① 因此，阎摩王的两条天狗叫作莎罗摩子（Sārameya）。关于莎罗摩的神话，据传从风暴神打听到牛群被关所在地点，因陀罗便命母狗莎罗摩前去营救。莎罗摩在接受命令的同时提出一个条件：牛群救出来后，应让她用牛奶喂养她的幼犬，因陀罗同意她的要求。详见《梨俱吠陀》Ⅰ.6.1—5；62.1—4；72.2—8；Ⅹ.108.1—11。

这三个颂是丧家为刚死亲人的亡灵向阎摩王祈祷，形象地描绘了阎摩王的两只宠物——两条天狗。这两条天狗，母亲是帝释因陀罗的爱犬莎罗摩，一出生便各有四只眼睛，身上长着浓密的花斑毛，鼻子高大，气力无穷；现任阎摩王的助手兼保镖。它俩的任务是，作为阎摩王的特使，昼夜游弋人间，传播死亡的信息，捕捉死人的亡灵（即颂12说的“饱食生物命，追逐世上人”）。它俩还负责把守（鬼魂或亡灵）进入阎摩王国必经之路的关卡（即颂12说的“四眼护路者”），对那些由火神阿耆尼引导前来的亡灵或鬼魂，进行严厉的盘查审问（颂10：“避开此二犬，行走安全路”，意谓黄泉路上把关的两条天狗，凶猛可怕，丧家在此祈求阎摩王允许死者的亡灵免受二犬的盘查，直接往生阎摩王的天国）。

这三个颂反映丧家的三个请求。颂10：祈求阎摩王对亡灵给予特殊照顾，免受他的护路神犬的阻拦和检查，让它顺利通过黄泉路上的关卡，飞往阎摩王国。颂11：祈求阎摩王将亡灵交给他的两条神犬来照料，好让亡灵在二犬保护下健康快乐，不受干扰。颂12：是丧家代表亡灵用第一人称向阎摩王的两头神犬直接请求——神犬在黄泉路上执行巡逻任务时截获亡灵，后者自己当面乞求神犬释放，让它返回（转生）阳世，再过人间幸福的现实生活。

四 阎摩和阎美的恋爱插曲

上文提及阎摩和阎美是一对孪生兄妹。按一则神话讲，兄妹双双长成后，妹妹阎美爱上哥哥阎摩，并向他求婚。阎摩认为兄妹结婚是乱伦，不道德，坚决拒绝阎美的要求。阎美则不顾传统道德的樊篱，固执婚姻自主，恋爱自由，发誓非乃兄不嫁。《梨俱吠陀》有一支神曲（X. 10）记录了这个发生在天神家族中的独特的罗曼蒂克故事。作者是人间的阎摩仙人和阎美女仙。这是一支对话形式的神曲，共有16个颂。这里选用其中比较典型的六个颂，即颂3、颂5、颂7、颂4、颂8、颂12。前三颂是阎美向乃兄求爱的发言，后三颂是阎摩严词拒绝阎美的要求。

A 阎美向阎摩求爱的发言（颂3、颂5、颂7）：

3. 不死者神人，享受爱欲乐；
有死者凡夫，严禁行此乐。
汝心与我意，相通又相连；
犹如造物主，请汝入我身。

5. 生主工巧神，光辉宇宙相，
恩准我二人，胎中成夫妇。
彼宣此神谕，无人敢违抗；
汝我相结合，天地亲见证。

7. 阎摩爱欲情，打动我阎美，
我愿同一榻，与他共缠绵。
我愿如妻子，将身献夫子，
合卺齐欢乐，如车之二轮。

颂3：颂的前四句是说天上神众的做爱方式，不同于地上凡人的做爱方式。世间凡夫俗子被禁止采用天上仙家神人的做爱方式。吠陀后的宗教，特别是佛教，继此作了新的发展。佛教把宇宙划分为三界——欲界、色界、无色界。其中“欲界”的定义是：住在这个范围内的众生都有本能的饮食男女的性欲。欲界的范围包括人间、地狱以及六重天界——四天王天、忉利天（三十三天）、夜摩天、兜率陀天、乐化天、他化自在天（阅《俱舍论》颂本第八及圆晖疏）。其中，人间和地狱的有情，以及四天王天和忉利天的天众，他们的做爱方式是一致的，即男女生殖器的接触和交合；夜摩天男女的做爱方式是互相拥抱；兜率陀天男女的做爱方式是彼此执手；乐化天男女的做爱方式是相对微笑；他化自在天男女的做爱方式是互相注视。颂的后四句是说：“哥哥，你应效法造物主打破伦理界限，实行近亲结婚。”造物主，此指梵天。有一则神话讲梵天和自己的亲生女儿结婚。

阎美在此引用这个例子，意在鼓动阎摩去步梵天的后尘，超越伦常习惯势力，和她结合，实行兄妹结婚，亲上加亲。颂5：颂中“工巧神”是吠陀神话里的宇宙建筑工匠，是阎摩和阎美的外祖父。他女儿迅行女神怀孕时，他便预言，她怀的是双胞胎，一男一女；这对胎儿在胎中就可以成亲。阎美在这个颂中引述这个神谕，意在证明：她和同胞哥哥结婚是上帝预先安排的，完全符合天意。颂7：颂中“合卺齐欢乐”和颂3“请汝入我身”，说明天上仙侣和地上凡人的做爱方式是一样的——男女二根接触、交合。按佛家的宇宙三界说，阎摩和阎美兄妹肯定是忉利天以下的天众。

B 阎摩拒绝阎美求爱的发言（颂4、颂8、颂12）：

4. 我等未曾作，过去所作事；
我等讲正理，为何说非理？
水中乾达婆，认水为媳妇，
水是我等母，我等是近亲。

8. 天上侦察神，巡逻此世间，
未曾有休息，亦未合眼睛。
淫荡不贞女，速去找别人，
纵情于欲乐，如车之二轮。

12. 汝身与我身，不能相结合，
私通己姐妹，称为有罪者。
做爱寻他人，勿来骚扰我；
汝兄善吉祥，无斯情欲想。

颂4：颂的头四句中“过去所作事”意指前世和此前所做的坏事，或不道德之事。正理和非正理的“理”是指传统的道德伦理。颂的后四句中“乾达婆”（Gandharva）是一类住在半空中的音乐神，佛教神话把他叫作香音神，在本颂则指太阳神毗伐斯瓦特。“水”暗指住在半空中云水仙子之一迅行女神莎兰妞。毗伐斯瓦特和莎兰妞是阎摩和阎美的生身父母。故阎摩对阎美说："水是你我的生母，你我是同母所生的兄妹，互有直接的血缘关系；如此近亲，不能结婚。"颂8：本颂是阎摩对阎美的警告和提醒："天上人间都有秘密的侦察神在巡逻，注视着每一个生物的善恶活动。他们执行任务，从不休息，更不会对坏人坏事闭着眼睛或视而不见。你我如果背离人间道德准则，做出乱伦的坏事，肯定逃不出侦察神天眼的视网，你我将会被捉住，遭受天罚。"颂12：在这个颂里，阎摩斩钉截铁地拒绝了妹妹阎美不道德的求爱。

吠陀诗人在这支神曲里描述阎摩坚决拒绝阎美的求爱，似乎在于说明阎摩虽然现身凡夫，但仍然保持原有的神德——既然下凡为人，一切行动就应符合世间的人伦准则，为人类社会树立一个恪守道德规范的好榜样。然而，阎美宣誓：不嫁乃兄，宁愿一辈子保持独身，以此来表明她对阎摩的爱是宿世的因缘、神明的旨意，因而是圣洁的、不可改变的。这种神圣而坚贞的爱在诗人笔下竟以悲剧而结束——阎美后来听到阎摩作为世界第一个先死的人而逝世，万分痛苦，终日悲哭不止。天上神友，深为感动，表示了无限的同情；为了安慰她，减轻她的悲思，特地创造了黑夜，最终让她忘却了阎摩。

阎摩和阎美这对兄妹的恋爱插曲虽然是诗人虚构的天上神话，但实际上是人间现实社会现象的反映——反映着印度文明早期社会中存在的近亲结婚、乱伦信仰。对于这个重要的社会和道德问题，当时有两种意见在争论。一种是拥护的意见，一种是反对的意见。争论的结果是，反对的意见占上风，近亲结婚（乱伦信仰）这种不良风尚从此逐渐消失。作者在这支神曲中对妇女为恋爱自由、婚姻自主所表现出对古老礼教、习惯势力的反抗精神，既表示了深切的同情，对伦理学家维护正统的道德规范和伦理准则所持的坚定态度，又予以肯定。印度的近亲结婚（乱伦信仰）起源久远。我们知道，出自《梨俱吠陀》的 Yama（阎摩）和 Yami（阎美）在字源学上是和来自古波斯《阿维斯特》的 Yima（依摩）和 Yimeh（依密）是同源的：Yama - Yami = Yima - Yimeh。由此可以推断，印度的近亲结婚（乱伦信仰）早在印伊时期就已存在。同理，印度轮回说的最初形态（由灵魂不灭、灵魂转生、阎摩王国三种观点构成）早在雅利安人入侵之前就已经是印伊时期雅利安意识形态的一个组成部分。

五 阎摩王国的"入境证"

我们已看到，吠陀诗人和神学家的幻想中的阎摩王国，是一个快乐的天宫。人间的亡灵可以借助火神的指引和天狗的开路，投奔到那里。然而，这些（火神指引、天狗开路）只是"外因"。单靠外因，仍然不可能取得移居阎摩王国的"入境证"。要取得这张鬼神王国的入境证，主要还是靠"内因"。内因是什么？那就是死者生前的所作所为，即指一切具体的活动，也就是所谓"业"。业（具体的实践或行动）能产生相应的效应。故"业"是因，由业产生的效应便是"果"。这正是所谓因果关系。

业——人们的所作所为，在吠陀诗人和神学家看来，有"善"和"不善"的区别：

首领阎摩王，理解我等情，
惟此放牧场，绝对不抛弃。
吾人诸祖先，曾沿此路走，
明白斯理者，自行相应路。①

这是一支歌颂阎摩王神曲中的一个颂。颂中"放牧场"寓意沿着火神阿耆尼指引的道路，前往阎摩王国的立场或主意。"自行相应路"意谓沿着与自己所作善业或不善业的道路而行走。这就是说，作善业者走与善业相应的道路，作不善业者走与善业相反的方向。善业与不善业的内涵是什么？在《梨俱吠陀》里有两个常见的术语：Kaman（业、作业、行动、活动）和 akarman（非业、不作业、不行动，或不活动）。前者（karman）主要是指按照吠陀经的规定举行一切祭天和祭祖的仪式，以及向婆罗门教士或祭司布施财物等宗教行为；而这正是吠陀神学家和哲学家所谓"善业"。后者（akarman）是指不做吠陀经规定的事情，或做违反吠陀教义的活动，

---

① 《梨俱吠陀》X. 14. 2。

而这就是所谓“不善业”：

达休作非善，全不敬我等；
认执异端律，行非人道事。
愿汝因陀罗，歼灭敌人者，
镇压达沙奴，摧毁其武器。[1]

这是一支歌颂大神因陀罗神曲中的一个颂。颂中第一句的原文 akarma dasyur，直译为“不作业的达休奴”或“无业的达休奴”。这里的“业”字就是指吠陀经规定的各种祭祀、布施事宜。“异端律”是指信奉、遵守与吠陀经相反的宗教戒律或誓愿。颂中提到两个特殊的名词“达休 dasyu”和“达沙 dāsa”，是两种奴隶的名称，是因陀罗在印度历史初期所征服土著民族中的两种[2]。他们是征服者的俘虏和奴隶，被丑化为丑陋不净的贱民，被剥夺了诵读吠陀经和举办祭典的权利，从而被污蔑为“非善者、不作善业者”。按《原人歌》[3]，印度文明初期的阶级社会基础是四个种姓（阶级）——婆罗门、刹帝利、吠舍、首陀罗。前三种姓为高贵的种姓，享有学习、诵读吠陀经和举行各种祭礼的特权；后一种姓首陀罗，似乎注定没有这种权利，因为他不公正地被看作是下等种姓，是贱民。“达休”和“达沙”这两类所谓奴隶，如果不是属于第四种姓，便是被打入四种姓以外的“另册”，即第五种姓，属贱民中之贱民。显然，在这还有奴隶社会残余的种姓社会里，前三种的所谓高等种姓，完全垄断了作“善业”的特权，而第四种的所谓下等种姓只许作“不善业”，不得作“善业”。因此，在墨守吠陀传统的种姓论者看来，前三种姓必然会因他们的“善业”

---

① 《梨俱吠陀》X. 22. 8。

② 梵语 Indra，音译是“因陀罗”，意译为“征服者”。现有学者考证，Indra 在远古是一个军衔，或者说，是一个军官的职称，相当于印度今天的 Senapati（将领）。公元前 2000 年，雅利安族的首领就叫作 Indra，他率领雅利安人从西北进入印度，征服了印度的土著民族。据《梨俱吠陀》的记载，被 Indra 征服的敌人中有黑魔（Vṛtra）、三头怪（Viśvarūpa）、波尼怪（Panis）、达沙人（Dāsas）和达休人（Dasyus）等这些所谓妖魔鬼怪，事实上是雅利安征服者蓄意用来丑化土著民族的说法。

③ 《梨俱吠陀》X. 90. 12。

而获得善报，第四种姓必然会因他们的“不善业”而获得恶报。

《梨俱吠陀》还有另外两个表示“善业”和“不善业”的用语。二词的原文是：iṣṭapūrta（善行、功德）和avadya（不净行、不善业）。iṣṭapūrta和karman是同义词，都是说按照吠陀经的规矩所作的祭祀、布施的善业。只是前者（iṣṭapūrta）含有这样的意义：善业作为一种功德，可以储存起来备作未来升入天国的“资本”或“入境证”。本颂强调了死者的亡灵凭着生前贮蓄起来的功德能够“买到”往生天国的入境证；这个天国就是阎摩王国，也正是先行去世的祖先现在定居的国土。亡灵到了那里，立刻换取一个新的躯体。这个躯体洁净透明；它不是阳世凡夫的肉体，肉眼是看不见的。后吠陀的奥义书和佛家经典所谓细身（sūkṣma - śarīra）似即来源于此。①

吠陀诗人创作有开祖先祭和送终礼的神曲，绝大部分是为前三种姓死者亡灵而写的祈祷诗，祈求天上神明，特别是火神阿耆尼，降临祭坛，接引亡灵往生阎摩王国。这反映在古代印度的种姓社会中，不仅在活人之间存在着有权者和无权者的区别，就是在死人亡灵之间，也是如此——前三种姓死者的亡灵因为生前有功德，所以享有往生天国的特权；第四或第五种姓死者的亡灵，因为生前没有功德，所以无权求神前来引导往生天国。可见，现实社会的阶级烙印，即使远在古代，一旦打在人们的脑际上，似乎留下永不消失的印迹，甚至死后火化成灰，死者的灵魂仍然摆脱不了它的影响（当然，这些都是吠陀诗人和神学家的想像、臆测而已）。

吠陀诗人和神学家既然已为作善业者死后的灵魂安排与其善德相应的归宿——阎摩的天国，他们当然不会不为作不善业者死后的灵魂，安排与其恶德相应的去处：

> 育生神降临：在康庄善道，
> 在天国妙道，在大地胜道。
> 众生最喜爱，斯二聚会地；
> 彼前后行走，审辨善恶业。②

① 《石氏奥义》I. 3. 12。
② 《梨俱吠陀》X. 17. 6。

颂中“斯二聚会地”，意指天上、地下两个世界。“彼前后行走”意谓育生神向前走动时，是对生前作善业者的灵魂赏赐往生天国的善报；而当育生神向后行走时，暗示对作不善者的灵魂罚以堕入地下的恶报。“地下”就是生前作不善业者死后灵魂的去处。地下，是不是所谓地狱？

彼作是等事，不知其所以；
彼见所作业，隐然又不见。
彼又孕育在，母体子宫中；
流转多少回，入尼尔里地。[①]

这个颂的意思是，人们自己作的善恶业，自己不知道。死后自己的灵魂随着自己生前所作所为而留下的业力（留在精神上不可磨灭的印象或烙印），不断地（如轮运转不停地）托胎于人间雌性生物的子宫中。或者，堕入尼尔里地。这里点出作不善业者的灵魂有两个归宿地——不是再来人间投胎为各种生物，就是进入尼尔里地。尼尔里地是一个什么样的地方？按《梨俱吠陀》所讲，“尼尔里地 nirṛti”有三个主要的意义：其一是灾难[②]；其二是死神[③]；其三是地下深渊[④]。和后一意义相近似的，还有两个词，即“瓦伐拉 vavra，地窖”[⑤] 和“迦尔他 karta，地沟”[⑥]。这三个词（nirṛti、vavra、karta）表示同一基本意义：“地下洞穴、地下深渊”。其次：

剥夺彼身形，断绝其后代，
愿彼被抛入，所有三层地。
伏祈众神明，损坏彼声誉，
缘彼日继夜，伺机灭吾曹。[⑦]

① 《梨俱吠陀》Ⅰ.164.32。
② 《梨俱吠陀》Ⅰ.119.7；《阿闼婆吠陀》Ⅵ.27.1。
③ 同上书，Ⅹ.36.4。
④ 同上书，Ⅹ.18.10。
⑤ 同上书，Ⅷ.104.7。
⑥ 同上书，Ⅲ.29.6；Ⅸ.73.8.9。
⑦ 《梨俱吠陀》Ⅰ.119.7；《阿闼婆吠陀》，104.11；《阿闼婆吠陀》Ⅳ.12.7。

这个颂是祈祷因陀罗去镇压罗刹鬼，把后者抛入三层地洞之中。颂中“三层地”是说地下分三层，三层中的最后一层可能就是“地下深渊”。地下深渊，黑暗可怕，设想就是生前没有积蓄善德的，或有罪的鬼魂的去处。但是，地下深渊还不是吠陀后的所谓地狱，因为，地下深渊究竟是个什么样的地方？它的主管者是谁？那里有什么惩罚有罪鬼魂的方式和手段（诸如判官、狱卒、刑具等等）？这些在《梨俱吠陀》里还没有出现。总之，一个比较完整的地狱图形尚未构思出来（历史地看，地下深渊 nirṛti 在第四的《阿闼婆吠陀》里开始被赋予近似“地狱”的含义：“罪恶的罗网”[①]。到了后奥义书的《摩奴法典》、《摩诃婆罗多》及往世书等才见 nirṛti和 naraka（地狱）等同起来，并发展成一个地狱世界系统。其实，天上神官有什么实际的欢乐？地下深渊有什么真实的苦难？吠陀诗人和神学家都还没有具体地构想出来。他们只是凭着幻想来猜测，天上是一个乐园，地下是一个苦坑。同时，从一般的因果规律来判断，人们生前行善便是种下善因，善因必然会产生善果、善报——死后灵魂将会往生阎摩天国，或者转回人间投胎于富贵家族；生前作恶便是种下恶因，恶因必然会产生恶果、恶报——死后灵魂将会堕入地下深渊。他们还设想，得到善报的人，如果不继续行善，所得善报不会持久，甚至会消失。就是说，善恶因果关系并不是固定不易的，它是随着有关条件的变化而变化——相互转化：

阿耆尼！

殷实富家，有大力量，
不事火神，即变贫弱。
不读吠陀，执著异端，
招来敌意，招来惩罚。[②]

四种姓中，只许前三种姓——婆罗门、刹帝利和吠舍有资格诵读四吠

---

① 《阿闼婆吠陀》Ⅰ.31.2。

② 《梨俱吠陀》Ⅴ.20.2。

陀和举行祭典。第四或第五种姓被无理地剥夺了这种资格。此颂作者（阿陀利族的吠陀诗人）指出，三个高种姓中的富裕人家，如果“不事火神”——不按吠陀经的仪轨举行火祭并供养阿耆尼的话，即使具有巨大的财富，也会逐渐变为贫穷衰弱。然而，受恶报者能否在某种情况下弃恶修善并由此得到善报？对于这个问题，本颂作者却保持沉默。这一沉默似乎暗示，善业（即诵读吠陀经、举行祭典、布施财物）只有前三种姓才有资格去做，第四种姓或别的低种姓只能作不善业（即无权去读吠陀、举行祭祀、布施财物），承受恶报，今生来世，永远被剥夺了作善业、得善报的机会。换句话说，往生阎摩天国的“门票”完全为前三种姓所垄断，第四种姓的广大贱良，只有望天兴叹，与天国无缘！

六　人死后的真正归宿——结论

我们在上文论述了吠陀诗人和神学家根据自己对死亡现象和民间殡葬风俗的观察和猜测，创作了不少与轮回说有关的神曲，并在这些神曲中提出了含有轮回意味的范畴——prathama - manas（第一种识）、manas（意、意识、心、灵魂）、ātman（我、自我、灵魂）、prāṇa（呼吸、气息、生命）、jīva（= jīva - ātman，生物、个我）、asu（气、精气）、karman（业、善业）、akarman（不善业、恶业）、iṣṭapūrta（善行、功德）、nirṛti（地下深渊）、vavra（地窖、地穴）、karta（地洞、地穴）、Yama（阎摩王）、jagāma（灵魂远离人间）、āvratayāmasī（灵魂回转人间）等等。这些范畴虽然粗糙、简单，却是其后轮回说的基本框架，即婆罗门教轮回说的最初形态。这套轮回说的原始范畴，是吠陀诗人和神学家按照纯主观的幻想虚构出来的。因此，另有一部分吠陀哲学家提出与此不同的看法，对亡灵归宿和灵魂转生的说法抱着半信半疑的态度。例如：达摩那仙人说：

知生者火神，烧熟彼身时，
请将之献给，天国诸祖灵。
当彼寿终际，魂归该天界；

斯时得服从，诸天之神意。①
唯愿汝双眼，回归于太阳，
愿我回归风，借法归天地。
若为汝利益，托生诸水域，
或在草木中，安住己身形。②

这两个颂在形式上仍然是神话，但道出了肉体如何由物质构成的道理——肉体实际上是一个物质复合体，由地、水、火、风、空五大原素构成；肉体死亡后，尸体被分解或火化，复归于本来所属的原素，即还归于五大原素（其后，婆罗门教称人之死亡为"回归于五大 pancatvam gāmi"，便是来源于此）③。肉体的温暖性物质"暖气"（火），复归于太阳；体内的气体物质"风"，复归于风（空气）；体内的坚硬性物质"骨架"，复归于地界；体内的润湿性物质"血液"，复归于水域。《他氏梵书》（Ⅱ.6.13）有更明确的说明：供祭祀用的牺牲的眼睛回归于太阳，它的呼吸回归于风，它的生命回归于空气（以太），他的耳朵回归于四方，它的骨头回归于大地。上引的第二个颂："愿我回归风"句中的"我 ātman"，如在前文所提到的，是与意识"manas"、"生命、呼吸 Prāṇa"和"生物、个我 jīva"在《梨俱吠陀》里混合使用，共同表示一个永恒不死的精神实在。但在这里，这个"我"似有两种解释：一是把"我"作为一个意识性的精神实在；一是把它作为一个非意识性的物质实在（气息、呼吸）。"愿我回归风"表明这个"我"是物质性的气息，是与风原素同一同源。所以，在肉体死亡之后，它的气息（呼吸）自然回归于风。正如长阇仙人质疑说：

谁曾看见，彼之初现？
无实体者，支撑实体？
地与气血，我在何方？

---

① 《梨俱吠陀》X.16.2。
② 同上书，X.16.3。
③ 此说至今已成为表示人之"死亡"的俗称。

谁与智者，问斯道理？[1]

在长阇仙人看来，“我”就是肉体，它是由“地、气、血”（地、水、火、风）诸物质原素构成。在肉体死亡之后，构成它的物质成分便立即分解，复归于（融合于）各自所属的物质本源。这就是说，“我”随着肉体的消亡而消亡，没有永恒不灭之“我”。

长阇仙人还有一个看法，认为天上神明和地上生物虽有外在的差别，但都同具一个内在的“命我”（个我 jīva）：

但愿此命我，兴奋又活跃，
躺在囚室中，安稳不动摇。
凡夫之命我，举行沙驮祭；
不死与有死，同出于一源。[2]

颂中“命我”等同“意识、灵魂、呼吸、气息”。“囚室”喻指肉体，“不死”是“神仙”，“有死”即凡夫。又“不死”意指天上神仙的寿命，比世间凡人的寿命长得多，但不是哲学上永存不死的精神实在。此颂后四句的意思是，凡人按吠陀仪式，履行沙驮祭义务，他的有死的命我便能与神仙的不死的命我同一起来。这说明，天神与凡人虽有不死（长寿）和有死（短寿）之别，但都同样具有“命我”囚困在各自的躯体之内。颂的作者虽然没有说明肉体灭亡之后，它的“命我”（呼吸、气息）是否继续存在或转生何处，但据上文所述的观点看，“命我”就是“呼吸、气息”，而气息来源于风原素（以太），在肉体死亡之后自然复归于风，而这才是人死后的真正归宿。

至此，我们可以总结说，印度的灵魂说可能比吠陀的灵魂转生说更加古老，甚至有可能是外来的；但是灵魂转生说是地道的印度产品，这似是没有疑义的。它是吠陀诗人、神学家和哲学家对死亡现象、殡葬风俗和与

---

① 《梨俱吠陀》I. 164. 4。
② 同上书，I. 164. 30。

此有关的祭典进行观察、推测的结果。这个结果有正反两个方面——肯定的结论和否定的结论。持肯定结论者承认灵魂存在，灵魂不灭；承认灵魂在肉体死亡后离开人间。同时，他的去处或归宿决定于死者生前的善业和不善业。生前的善业，决定他的灵魂会得到火神的引导，往生阎摩王国；生前的不善业，决定他的灵魂将会受到天神的谴责与惩罚，被打入地下深渊（正是这些说法在吠陀后的不同宗教和不同哲学之间，引出一个一致接受的哲学共识和世界观——灵魂不灭、随业转生、离世苦修、追求解脱）。持否定结论者否认灵魂的不灭，否认灵魂在肉体死亡后，因其生前善恶业的影响而轮回转生于天上或地下的神话；但他承认肉体与灵魂（意识）原由五大物质原素（地、水、火、风、空）所合成，肉体死亡后还归于五大原素，而灵魂（意识）随着肉体的消亡而消亡，不复存在。这一观点包含着浓厚的朴素唯物主义因素，具有一定积极的科学意义。

（原载台湾《中国佛学》创刊号，1998 年）

古代和中世纪印度自然哲学

在古代和中世纪的印度关于自然的各种看法的总称，大致可以分为四个时期：①吠陀的自然哲学思想（公元前30—前6世纪）；②吠陀后的自然哲学思想（公元前6—公元3世纪）；③中世纪前期的自然哲学思想（3—6世纪）；④中世纪后期的自然哲学思想（7—11世纪）。

一 吠陀的自然哲学思想

吠陀是印度上古的宗教哲学文献，主要由下述四种典籍组成：①四吠陀；②梵书；③森林书；④奥义书。四吠陀是：《梨俱吠陀》、《娑摩吠陀》、《夜柔吠陀》、《阿闼婆吠陀》。其中以《梨俱吠陀》为最古，约在公元前2000年出现，是一部古雅利安诗人的集体创作，全书共10卷，1028首神曲。此书的形式是祈神的颂诗，但内容广泛，涉及印度从原始氏族社会向奴隶制社会过渡的现实的一切方面，可以说是一部远古的"百科全书"。《娑摩吠陀》和《夜柔吠陀》基本上是《梨俱吠陀》有关歌咏和祭祀两部分内容的复述。《阿闼婆吠陀》是对《梨俱吠陀》涉及的咒语巫术的发展，比前三吠陀晚出。梵书是一类解释四吠陀关于祭仪的著作。森林书和奥义书附在梵书之后，类似附录，集中阐述从四吠陀至梵书的哲学思想，并给予发展和总结。梵书、森林书和奥义书是公元前1000—公元前500年间的作品，奥义书中有不少内容是公元后数百年创作的。这些吠陀文献蕴藏着丰富的原始形态的思想资料，使之成为以后的唯心论和唯物论各种哲学派别的思想来源。

1. 朴素的自然观

在《梨俱吠陀》（以下简称《梨俱》）时期，雅利安诗人凭着简单的直观和幼稚的幻想，创作了大量神话和神曲，对自然现象作了种种猜测性的描述，其中有些描述是近似自然的。①对宇宙的猜测。在《梨俱》诗人的直观中，宇宙酷似穹隆，无限广阔；宇宙就是天地，状如两个巨碗，吻合在一起；又如车轴两端的轮子，并行运转；天之与地，相距遥远，鸟飞不至。宇宙划分为三界：天、空、地。天界最高，时暗时明；暗时，满天漆黑，酷像一匹奔驰的黑马；明时，天光闪耀，犹如掣电行雷。空界（大气层）居于天界和地界的中间，弥漫着致雨的云层：云层有时轻清，显为白昼；有时凝厚，显为黑夜。地界广袤，伸延无尽，宛如车轮。梵书沿用这一概念，称地界为一环形。地界承受着崇山峻岭的压力，支持着丛林草原的生长。地界和洋海的关系，吠陀诗人似尚未知。“海”一词见于《梨俱》多处，有“水流、海洋、穹苍”等义。值得注意的有二，一处将海和河（印度河）、天、地、空并提；一处说海不受任何阻碍。入侵印度的雅利安人初期定居于印度河两岸，稍后，沿恒河东下。他们对于山脉河流是熟悉的，但从未见过海洋。这二义反映雅利安人已从印度河和恒河的流向推测它们将归于一个广深的大海。另一说雅利安人从航海商人的口述中知道有海，由此对海作出种种的忖度。海后来释义为“四”，意指四大海水环绕天地四周。这说明，远古的印度人获得有关印度次大陆东、南、西三面环海的知识，不是在《梨俱》的早期，而是在后期，或更晚些。②对天体的观测。雅利安诗人最早观测的天体可能是太阳“苏利耶”。在《梨俱》神话中，太阳有 7 个不同的名字，到了梵书时期，发展为 12 个，象征着 1 年 12 个月的太阳。诗人为太阳创作了十支神曲，赞颂它是大神婆楼那的眼睛，是一只金翅的神鸟；渲染它的业绩是照亮天上人间，取得和黑夜战斗的胜利；它为世人祛除疾病，使他们益寿延年；总之，太阳是推动人们行动的原动力。这些描写反映太阳和人类生活的关系比别的天体密切，是神话中神格最具体之神。月亮也是《梨俱》诗人特别注意的天体。在神话中，月亮和圣树“苏摩”被看作同一神灵，因而和苏摩一起受到特殊的赞美。诗人根据月亮的盈亏现象来计算祭神的时日，并由此观测月亮的盈亏和太阳照射的关系。他们描写月亮“披戴着太阳的光辉”，“借太阳的光辉来装扮自己”。《娑摩吠陀》生动地复述了这一描写：“精力充沛者，具有一切相，前往本生地，大鹏金翅鸟。随顺诸季节，披上太阳光，此绯红色者，自身营祭典。”诗中“本生地”、“金翅鸟”是指太阳；“精力充沛者”、“绯红色者”是指月亮。这首诗明确道出月亮的光源是太阳，月亮本身无光，而是借太阳光来装点自己。吠陀之后的《毗湿奴往世书》形象地把月亮说成是太阳的食物：当太阳把它吞食之后，便出现月缺；当太阳把它吐出来时，便出现月圆。往世书的叙述尽管荒诞，但包含这样的信息：吠陀时期的雅利安人已隐约地观测到月亮是借太阳来发光的。吠陀诗人还发现其他天体，“七仙星座”（北斗七星或大熊星座）、“群星座”（27 宿或 28 宿）和众行星（火星、水星、木星、金星、土星）。《梨俱》也有关于“罗睺计都”二星吞食日月的神话，反映吠陀诗人也曾观测到日蚀和月蚀的现象。③对时空的猜测。吠陀智者最初猜测空间为天、空、地三界；猜测时间为过去、现在、未来三时。随着对自然的认识的增长，他们对时空的划分进一步接近自然。在空间方面，他们把宇宙区分为东西南北和上下四维十个方位。在时间方面，他们根据昼夜现象推算出一昼一夜为一整天，30 天为一个月。30 天又分为两半：一为“白半月”（望月），一为“黑半月”（朔月）。由此又算出 12 个月，12 个月构成 1 年；1 年又有春分秋分、夏至冬至的季节。此外，吠陀智者还首先发明十进位计数法，并且因对祭坛的长短方圆的测量而获得最初的几何知识。这可以说是印度天文学和数学的滥觞。

2. 客观唯心论的自然观

在《梨俱》末期，吠陀哲学家开始了对宇宙本原的哲学探讨，提出了一些近似客观唯心论的看法。例如，智者甘婆子在他的《婆楼那神颂》中说：“彼以摩耶，揭示宇宙；既摄黑夜，又施黎明；随顺彼意，三时制定；其余怨敌，愿俱消灭。”“摩耶”（Māyā）意为“幻、幻现、幻力”。在甘婆子看来，太初之际，宇宙间只存在唯一的神婆楼那，其余一切皆不存在。婆楼那自身具有神奇的幻力，他借此幻力创造了包括时间和空间在内的宇宙万有。因为是幻现，所以万有并非实在，最后必然复归于唯一实在的神：“彼之神足，闪烁异光，驱散摩耶，直上穹苍。”这是印度哲学史上最早出现的摩耶说（宇宙如幻论）。

在吠陀神话中，婆楼那是早期的“老神”。有的吠陀哲学家主张废除旧神，另立新神。例如，《原人歌》作者提出的“原人”理论。梵语 Puruṣa，意即“人”。吠陀哲学家从哲学上赋予这个“人”一种双重的特征：既是神又是人，确立“他”为最高的哲学范畴，并名之曰“原人”。神的特征是原人的绝对一面，人的特征是原人的相对一面；二者一而二，二而一。《原人歌》对此有生动的描述：“唯此原人，是诸一切；既属过去，亦为未来；唯此原人，不死之主，享受牺牲，升华物外。”诗中“不死”意指原人的本体（神的特征）：“一切”意指原人的作用（人的特征）。《原人歌》还描述原人分别从自己的口、臂、腿、足四部分创造了人类的四种姓（婆罗门、刹帝利、吠舍、首陀罗），说明原人既是客观世界的本原，也是主观世界的基础。

原人说到了吠陀终期——梵书—奥义书时期发展而为“梵我”同一说。这一理论的发展包摄三个逻辑层次：①原人即梵。按《广林奥义》和《歌者奥义》，原人是客观世界和主观世界的始基，这个始基也就是梵。②梵即是我。《广林奥义》认为梵无异于我，“若言梵我有异者，是不知梵也”。《秃顶奥义》进一步说，“原人即我，我即不死之梵；梵我同一之体，神圣清净，无有形相，无寿无识，即外即内，赛过最胜不灭者”。这些陈述显然是梵我相即的梵我不二论。③我同命我。我有二重性：大我和小我。大我即梵，小我即命我（生物的灵魂、转生的主体）。大我是体，是一；小我是相，是多；相因体现，多从一生。大我和小我的关系正像蜘蛛和它的网丝，亦如火和火花。网丝虽非蜘蛛，但产自蜘蛛；火花不同于火，但源出于火。同样，小我不是大我，但不离大我，是大我的不可分部分：二者同源同一。

原人说基本上是一种客观唯心论。奥义书哲学家既继承了这一客观唯心论，又据此发展了一种主观唯心论。这就是，梵的理论是一种客观唯心论，我的理论是一种主观唯心论；而梵—我同一说则是主观唯心论和客观唯心论二者的和合论。

3. **朴素唯物论的自然观**

另有一批具有唯物论倾向的吠陀哲学家，他们对自然提出与一神论者不同的看法：①物质先有说。在《梨俱》的早期就有个别的诗人哲学家对一种创世说表示怀疑：“谁曾看见，彼之初现？无实体者，支持实体？”此颂有二问。一问：彼创造之神产生于人们的幻想，根本不存在；谁曾看见它的出现？一问：精神无实体，物质有实体；前者如何能够产生、支持后者？其后，另一位哲学家提出更加深刻的疑问：宇宙间究竟是神灵先于世界而出现，还是世界先于神灵而形成？这些疑问直接触及哲学的根本问题：具体事物产生的基础是物质还是精神？执唯心论观点的哲学家主张神灵先于世界而存在，抽象精神是具体物质的基础，因而提出从无生有、有在无中的说法。持唯物论观点的哲学家与此针锋相对，认为“世界先有，诸天后起”；非实在的神灵不是先于实在的世界而出现，相反，实在的世界先于非实在的神灵而存在；因此，不是先无后有，而是先有后无。奥义书的唯物论者继承此说，断言无中不能生有，有不在无中。“……太初之时，此中唯有，独一无二。”他们据此一再把“原质”（Pradhāna）或“自性”（Prakṛti）作为宇宙的本原。②原水说。宇宙的原质是什么物质？一位吠陀智者推测说：“太初宇宙，混沌幽冥，茫茫洪水，渺无物迹。”太初宇宙既然只是一片洪水，那么水就是宇宙的最初物质，从水产生万物。奥义书哲学家对此作了具体的补充：“太初之时，此界唯水。水生实在，实在即梵。梵出生主，生主产诸神……”“……水构成众物形状：大地天空、气层山岳、人神鸟兽、草木牲畜、蝇虫蚂蚁……”印度哲学这一古老的原水说比希腊泰勒斯（约公元前624—前547）的“水是万物的本原”的观点，至少要早数百年。③金胎说。有的吠陀哲学家猜测，开天辟地之前，浑圆的宇宙包藏在一个“金胎”之内，它“先于苍天，先于大地，先于诸天（善神），先于非天（恶神）”。这个奇妙造化之胎，从太初时起，一直怀在水里，经过孕育，时至成熟，宇宙脱胎而出，演化为万有。奥义书哲学家继承此说，但将“金胎”改作更形象化的“金卵”：“太初之际，此界为无，其后为有。有复发展，变为一卵。孵育一年，卵壳裂开，分成两片：一片为银，一片为金。银者作地，金者作天；表为群山，里为云雾；脉为河流，液为海洋。”此中“无”字，意指太初之际，乾坤混沌，荡然无物；后出一物，即为金卵。金卵包摄宇宙，孵育宇宙；金卵是物，不是神，故物质是万有之本。④多原素说。另有一些吠陀哲学家推测，宇宙的本原不是单一的物质，而是几种物质。“汪洋巨水，弥漫大荒，蕴藏金胎，发生火光，诸神精魄，于以从出；此是何神，我将供养？”显然，这首诗的作者认为水和火是宇宙的本原。奥义书哲学家发展此说为复合原素说。他们认为，水、火、地三者复合为宇宙本原。火以红为形式，水以白为形式，地以黑为形式；这三种形式是物质世界的基本形式，从人间的山河大地到天上的日月星辰都不出这三种形式，或者由这三种形式复合而成。还有人以地、水、火、风、空为宇宙的基本原素，提出多重范畴说——30范畴系统和36范畴系统。

二 吠陀后的自然哲学思想

在吠陀—奥义书之后，印度跨进了一个新的历史时期。这个时期分为两期，前一时期，约公元前6—前3世纪；后一时期，约公元前2—公元3世纪。前一时期是印度奴隶制社会末期，奴隶主王国经过长期相互掠夺、相互并吞的斗争之后，出现一个各霸一方、相持对立的割据局面。奴隶制的自然经济比前进步，作为奴隶制社会的具体形态的四种姓划分制更加巩固，四种姓中最高种姓婆罗门在意识形态领域里占据着主导地位，形成了包括宗教、哲学和伦理在内的婆罗门文化传统——婆罗门教（在继承吠陀文献中的宗教仪轨和哲学思想的基础上建立起来的宗教）。婆罗门教又从自身中派生出拥护和反对婆罗门传统和价值观的许多对立的宗教团体和哲学派别。在拥护婆罗门传统的主要派别中有所谓六派哲学——数论、瑜伽论、正理论、胜论、弥曼差论、吠檀多论。在反对婆罗门传统的主要派别中有著名的耆那教哲学、佛教哲学和顺世论哲学。后一时期是印度从奴隶制社会向封建主义社会的过渡时期。这个时期的突出特点是，奴隶主王国的割据局面逐步瓦解，其中阿育王（公元前272—前232）作为最强大的霸主在舞台上出现；他派遣军队，侵略南北，征战东西，几乎把印度全境置于他的政权统治之下，把他的孔雀王朝（公元前322—前185）建成为印度历史上第一个统一的中央集权大帝国。帝国在政治上的统一促进了社会、经济、科学的发展，后者又在一定程度上反映在哲学思想上：主要的哲学流派开始系统化，对自然的观察，从直观的猜测向思辨的推导过渡。

1. 统一的自然观

奥义书的多原素说对这个时期的哲学产生巨大的影响，几乎所有的哲学派别一致接受这样的自然观：地、水、火、风四大原素或地、水、火、风、空五大原素是构成宏观世界的基本材料。同时，它们把宏观世界和微观世界统一起来观察，认为四大原素既是宏观世界的构成材料，也是微观世界（特指生物的肉体）的构成材料。例如顺世论哲学，从唯物角度阐述这一观点，认为生物的肉体也是由四大原素构成：肉体内的固态物质属于地原素，浆态和液态物质属于水原素，体温属于火原素，呼吸和上下气息属于风原素；四大原素的组合便构成肉体，在肉体构成的同时产生意识，存在肉体之内。四大原素一旦分解，肉体立即消亡；随着肉体的消亡，意识也自动消失；不存在独立于肉体的意识（灵魂），更没有死后转生的精神主体。所以，在认识论上，顺世论哲学坚持，只有感官和对象直接接触而产生的知识才算可靠的知识；其余方式，包括推理的方法，所得的知识都是不可靠的。顺世论哲学的认识论显然不如它的世界观理论来得合理。

2. 对宇宙的新的猜测

可能由于这时候的天文学发展的影响，有些哲学家大胆地对宇宙的大小和范围进行新的猜测。在吠陀时期，吠陀智者把宇宙划分为天、地、空三界，这三界并没有超出本星球范围。宇宙有东西南北上下四维的十方，这十方也是指本星球的十方；就是说，吠陀哲学家对宇宙的观察和推测，只限于他们所在的宇宙。吠陀以后的哲学家，特别是原始佛教哲学家，把观测的范围扩大到本宇宙（本星球）以外。宇宙的范围，无边无限，包摄着无数的小宇宙（小世界），即在这个世界十个方位的每一个方位之外，都有数不清的其他世界。吠陀智者看到的世界仅仅是无数世界中的一个。宇宙间究竟有多少个世界（星球）？释迦牟尼说，共有“三千大千世界”。按《阿含经世纪经》的统计，一对日月所照临的范围（地球）为一个世界。一千个这样的世界为一个“小千世界”；一千个这样的小千世界为一个“中千世界”；一千个这样的中千世界为一个“大千世界”。小千、中千、大千三者合称为“三千大千世界”。大千世界中（无数的外星球）同样有像本星球那样的生物在活着。释迦牟尼把宇宙间的世界（星球）的数目说成正好是“三千大千”，纯粹是臆测。不过，这一臆测的意义似乎不在于说出星球的数目，而在于告诉人们：除本星球外，尚有我们从未听过、见过的“恒河沙数”的外星球（他世界）和生存在那里的生物。这一点，即使在今天说来，也不便简单地斥之为宗教家的胡说。另有一些哲学家对宇宙的时限（寿命）进行推测，提出宇宙周期说：宇宙（世界）有生成、变化、毁灭的运动过程。这个过程很长，但有一定的时限；时限一到，过程结束，接着开始另一过程；这样，循环往复，运动不止。一个宇宙运动过程究竟有多长？一种说法认为，这个过程共有四个时期：①克利特期，1728000 年；②贝陀期：129600 年；③陀伐波拉期，864000 年；④迦利期，432000 年；四期合计 4320000 年，称为宇宙一大周期。四期又分别称为金世、银世、铜世、铁世。另一种说法认为，宇宙运动过程共有四大劫限：①成劫（宇宙生成期）；②住劫（宇宙存在期）；③坏劫（宇宙衰变期）；④空劫（宇宙消亡期）。每一大劫由一个小劫和一个中劫构成。一个小劫的计算是“一增一减”。一增，谓人寿自 10 岁起，每 100 年递增 1 岁，直至 84000 岁；一减，谓人寿自 84000 岁起，每 100 年递减 1 岁，直至 10 岁。一增一减共 16800000 岁，称为一小劫。20 个小劫为一中劫；4 个中劫为一大劫。4 大劫为一宇宙周期。古代印度的宇宙周期学说，虽然缺乏精确的科学数据，而且常常和神话传说杂糅在一起，但它告诉我们早在两千多年前印度人就发现各个天体有不同的运行周期，两个或更多的天体运行达到整数的会合需要经过相当长的时间；宇宙运动有其起点和终点，一个起点至终点的结束，另一个起点至终点便接着开始。这些说法和现代的宇宙周期的科学假设不能说毫无共同之处。

3. 辩证的缘起说

有些哲学家并不满足于宇宙万有乃是四大原素复合所致的说法，他们要在哲学上进一步探索复合的原因和规律。例如原始佛教的缘起说，这是一种在印度哲学史上具有独创见解的辩证理论。缘，是“因缘”二字的略称，因，是指“内因”（事物内在的矛盾），缘，是指外缘（和事物有密切关系的外在条件）。宇宙间一切事物的产生和消亡都是由于事物本身的内因和与之有关的外缘配合的结果。原始佛教哲学家常用下述四句话来表述这一原理："此有故彼有，此生故彼生，此无故彼无，此灭则彼灭。"这意思是说，在自然的普遍联系的规律中，一物的存在或不存在，在一定的条件下会连锁反应地引起另一物的存在或不存在；一物的产生或消亡，在一定的条件下会连锁反应地引起另一物的产生或消亡。也就是说，事物具有互相依存、互为条件、互为因果的特征。其次，事物的一生一灭是事物内在矛盾的运动，这个运动有四个阶段：生（产生）、住（暂存）、异（衰变）、灭（消亡）。每一阶段都受一定的条件（内因和外缘）所制约。事物必然在一定的条件成熟时产生；在条件相对稳定的状态下存在；随着存在的条件的衰变而衰变；最后因存在条件的破坏而消亡。四阶段天然地互相联系，互为条件；运动在上一阶段和下一阶段之间刹那不停，瞬息变易，即事物时刻处于量变的过程中。佛家常言"刹那生灭"，便是这个意思。四阶段是周期性的：一个四阶段的结束，另一四阶段立即开始；四阶段有始有终，运动无始无终。释迦牟尼由此总结出他的哲学命题：世间一切现象是"无常的"（不存在固定不变的现象），是"无我的"（不存在永恒不死的主体）。这一命题——从缘起说得出事物无常、无我的结论，按原始佛教哲学，虽然主要是就精神现象而言，但也被认为是一种达到一定高度的辩证思维。

4. 科学中的自然观

自然观——主要是四大原素说和辩证思想在不少程度上反映到科学上来，特别是它指导医学理论发展的作用。

①医学中的自然观。这个时期，印度出现三位医圣：阇罗迦、善闻和语帅。前者约为公元前3—前2世纪人，后二者的年代稍晚，约公元1—2世纪。他们留下了各自的医学著作——《阇罗迦本集》、《善闻本集》和《语帅本集》。这些本集详细记录着印度医学八科的资料：拔刺医方（拔除人体上引起疼痛的刺物的方法）；利器医方（用锋利的器械治疗五官疾病的外科学）；身病医方（内科学）；鬼病医方（精神病学）；育童学（儿科与妇科学）；解毒学；延寿药学；强精药学。

阇罗迦和善闻二人认为，世间可被感知的东西太少，不可被感知的东西太多，后者意指伦理、道德、再生与解脱。换句话说，他们在哲学上是来世论者或宿命论者。他们宣称，智者在得到神赋予智慧、聪敏、成就、强记、耐心、名誉、宽容、慈悯等品德并且实践道德和禅定时，不仅能够发现治病的良方，而且能够找到益寿延年的药物。另一方面，阇罗迦和善闻并不是真的依靠神赋予医学知识，而是主要依靠自己的科学试验。他们对科学实验的观察和由此获得的证据特别重视，认为直接观察的结果是最可靠的；推理只有在感性知识的基础上进行才会合理；药物的效验依赖人们对它的直接的体会，而不是依赖单纯的逻辑来推断；人体解剖学只有通过对尸体的分解才知道。

三医圣中，阇罗迦被公认为圣中之最圣。他在《阇罗迦本集》中所阐述的医学原理，迄今仍为印度土医学者所遵循。尽管阇罗迦不可避免地受到传统婆罗门教有神论的影响，但他毕竟是一位实践的医学家，具有朴素唯物主义思想的倾向。印度唯心主义哲学把具体的人抽象化为“原人”和“神我”，作为客观唯心主义的最高范畴。阇罗迦作为一个医生，从生活实际出发，认为“人”不是抽象的，而是具体的，是由地、水、火、风四大原素构成的有血有肉的人。人体上的疾病是人体内部各种生理因素失去平衡与协调的反映，是自然的现象，具有客观的规律（病理）。医生无法人为地去消灭自然规律，但可以研究、掌握规律，从而因势利导，对症下药。药物是特殊的物质，也有它的规律（疗效与性能）。医生在掌握病因的同时，必须熟悉药物的疗效；只有这样才能准确无误地制定治疗方案。人体是四大物质原素构成的肉体，它有产生、变化、消亡的自然过程。这个过程是不可避免的，但医生的医道却能对这个过程延长或缩短起重要的作用。因此，作为医生，他必须直接观察自然，认识自然，深入了解疾病和药物的规律，尽最大的努力，帮助“人”把这个自然的过程延长到可能最晚的限度。印度人称医学为“寿命吠陀”，其意义就在于此。

阇罗迦这种科学的医学观点还具有一层不能低估的政治和社会意义，因为它是经过和两种反科学、反理性的习惯势力作斗争的考验而确立起来的。一是和咒语巫术作斗争。阇罗迦认为，古老医道中的咒语巫术，虽然有反神力论的一面，但毕竟不是什么科学的治病方法，而是一种地地道道反理性的迷信。作为一个具有实证科学知识的医生，必须坚决反对它，抛弃它。二是和社会偏见作斗争。在印度（从古至今），带奴隶制性质的封建四种姓制，盘根错节，束缚社会。按照这个制度，婆罗门、刹帝利、吠舍三个种姓是高贵的种姓，第四的首陀罗是低贱的种姓。不同种姓（尤其是前二种姓）通婚而生的“混血儿”，即使不被视为低贱种姓者，也被看做“不净”之人，受到以婆罗门为首的种姓社会所鄙视。传统偏见把医生和混血儿等同起来，对医生进行同混血儿一样的毁谤：医道是不体面的职业，医生是不干净的人。阇罗迦以自己的科学的见解和实践来抨击和谴责这种反人道、反理性的偏见。阇罗迦迄今仍被尊为古代医学权威，显然和他坚持一种类似朴素唯物主义的医学哲学和医学实践分不开。

②天文学和数学中的自然观。在天文学方面，这时有不少的哲学家开始从歪曲宇宙真相的神话迷宫中跑出来，直接面对真实的宇宙——若隐若现地发现宏观的宇宙和微观的宇宙以及两者的关系。他们大胆设想自然是无边无限的，但又是完整统一的；推测本星球外的上下四维存在着像恒河沙粒那样多的外星球，而本星球只是其中之一而已。他们在以这种“宏观”的自然观来观察大宇宙的同时，又以“微观”的自然观来探索实际的小宇宙——研究、解释本星球的具体天文现象。这样，他们总结了对早期吠陀的研究，编写出专门解释《梨俱吠陀》的《吠陀支节录》六篇；其中“天文篇”收录了《梨俱吠陀》时期以来所有天文观测和历法计算的资料——年、月、日的计算，春分秋分，一年六季（春、夏、雨、秋、寒、冬）或一年三季（冬、夏、雨）的划分，等等。这些资料虽然很原始，但基本上和印度次大陆的时令节气相吻合。天文学家据此整理成为印度计年四种太阴历法之一。他们已看到“罗睺”与“计都”是两个看不见的天体（实际上它们是黄、白道相交的升交点和降交点），指出以前的所谓“群星座”就是27宿（或28宿，此名最早见于《鹧鸪氏梵书》），“七仙星座”就是北斗七星（大熊座）。这些观测也大致符合天体规律。

在数学方面，随着这时天文学发展，数学科学也在发展——二者的发展是互为因果的。吠陀智者在发展天文学的同时，写作了一部《仪轨经》。

属于此经的一部分的《准绳经》，记载了吠陀智者观测自然的数学规律以及他们如何从修筑祭坛的实践中悟知原型的几何道理。根据吠陀宗教的规定，不同的祭典，需要不同的坛场。祭司必须严格按照规定程序来修筑。为了准确地丈量坛场的范围和绘制它的图样，他们在实践中学会使用直角、正方形、圆形及改变平面图形为其他相等的图形的方法，因而积累了一些原始的几何知识。这些初步的几何知识由于继续应用于兴修水利、灌溉工程、建筑寺院、计算租金，于公元前后由于希腊天文学的输入而获得进一步发展。

这时期天文学和数学的进步反映与自然接近的自然哲学思想在这个时期的思想领域中占有重要位置，起着一定的促进科学发展的作用。

三 中世纪前期的自然哲学思想

印度中世纪的历史约从公元3世纪到11世纪。就哲学发展而言，这段历史也可以分为前后两个时期。前期约从公元3世纪到6世纪。公元初，印度的奴隶制社会开始了向封建主义社会过渡；外族接踵地入侵，带来了异国的文化和科学，特别是天文学和数学，促进了印度这两门学科的发展。在意识形态方面，主要的哲学流派制作了各自的根本经典，并进行了注释，完成了哲学体系的系统化。在这过程中，发展了原子论和时空观，产生了范畴学说和逻辑学说。

1. 原子论的自然观

原子论（极微说）是这个时期各主要哲学流派在系统化过程中在原素说的基础上发展起来的。各派一致认为，原子是四大原素的极微细或最基本的单位，是物理世界的基础，世界就是由原子复合或堆积而成的，个别流派（如耆那教哲学）甚至认为原子含有形成生命的成分。各派在物质世界构成的程序上，特别是原子是否构成生命问题上，虽有分歧，但对原子的基本特征的观察，则大同小异：①原子的基本形式按四大原素分为地原子、水原子、火原子、风原子，不存在非四大形式的原子。原子有粗体和细体之分：四大的外在形式（物理世界）是原子的粗体，四大本身的内在成分是原子的细体。按小乘有部哲学，极微（原子的细体）有三位：一曰极微之微，是原子最细的实体；二曰色聚之微，是几个最细的原子聚合而成的极细物体；三曰微尘之微，是物质被分析到不可以再分的终极单位。前二位非感官所能觉触，后一位亦非肉眼所能见到。原子既然是物质的终极单位，所以是非点、非粒、非始、非中、非后；同时是无限、常存、最后；不生不灭，无形无相，但为一切形相的基础。②原子和原子之间，既是相互排斥，又是相互吸引；始终是变动不居，持续演化。原子有黏性的原子和干性的原子，二者组成一个复合原子；一个复合原子又可和另一个复合原子组成更大的复合原子。复合原子的不断发展，构成千差万别的物体。按胜论哲学的假设，原子复合程序是：A. 两个原子（父母原子）复合产生“子原子”（子微）；B. 三个子原子复合产生“孙原子”（孙微）；C. 四个孙原子复合产生“第四代原子”；如此不断复合，直至“第十五代原子”和更多更大的复合原子，从而形成物理世界的万有现象。原子既可聚合，又可分离；聚合时则世界形成，分离时则世界消亡。③原子有如下的属性：重量、方位、味道、颜色、可臭、可触，这些属性随着原子的不断运动而不断变化。原子的运动依赖一种“不可见力”作为原动力。“不可见力”似有二义：一是抽象精神，作为一种动因来推动和控制物质的运动和变化；一是自然规律或物质本身的规律，物质的运动和变异主要基于这一规律，其他因素是次要的、非决定性的。后一义显然比前一义正确。在古代印度原子论者看来，“不可见力”是指前一义。尽管如此，原子论仍然不失为一种朴素唯物论的自然观。

2. 实在论的时空观

在《梨俱》时期，吠陀哲学家已对空间和时间有所推测：空间，它的纵向有上下天、地、空三界，横向有东南西北和四维；时间，有过去、现在、未来三时，他们把这一切时空现象神秘主义地归诸一个客观的神的创造。吠陀后的哲学家认为，空间是无边的，时间是无限的。但他们和吠陀仙人一样，还不能在哲学上对下述问题作出明确的说明：时间和空间究竟是什么？客观的还是主观的？具体的还是抽象的？只是到了这时候，各派哲学家在接受原子论（极微说）作为观察自然的共同原则之后，才作出较合理的解答。例如，释迦牟尼的再传弟子们（小乘有部论师）对时空的观察就比他们的祖师爷高一招。他们认为，原子实在地存在于三世（过去、现在、未来）；这三段时间是原子的表现形式，有生灭变化，但原子本身不变，三世如恒。用现在的话说，时间是客观存在的一种形式，它的基础是物质——原子。空间也是如此。空间的形式表现为远近的距离，十方的方位，但构成空间的物质基础——原子则保持同一。因此，空间是实在的，是客观存在的。因为空间是实在，故能容纳他物占据方位和地域；因为时间是实在，故能使他物发生变化，新陈代谢。然而，在各种时空理论中，胜论哲学的时空观似乎比较系统。按《胜论经》，时间和空间都是实在的和永恒的实体。时间是一切运动的条件，是先、后、同时、非同时等观念的基础；时间是一切产物的辅助因，产物的产生、持续、消亡等现象因它而发生。时间又是一切经验的基础，人们的经验是按时间的形式构成的。因此，时间的显著特征是它的一致性和持续性；直接地看，它是唯一的；间接地或形象地看，它是有层次的或有阶段的；而这些特征正是人们为什么能够获得关于时间的形式（先后、同时、非同时）的知识的原因。空间也是实在的和永恒的，它是远近和东西南北等方位的观念的基础；空间的这些形式——方位是具体的，是相互关联的，一个方位可以作另一方位的起点和终点。空间的这些特征是人们赖以获得关于空间诸形式的知识的依据。总之，事物因时间而运动，因空间而聚合。胜论哲学家由此得出结论说，时间和空间是具体的对象，人们能够从接触它们而产生关于时空的知识。胜论哲学这种时空观是它自然观的组成部分，虽然还很朴素，但具有一定的唯物论因素。

二十五冥谛

（神我）—自性（喜、忧、闇）

|

觉

|

我慢

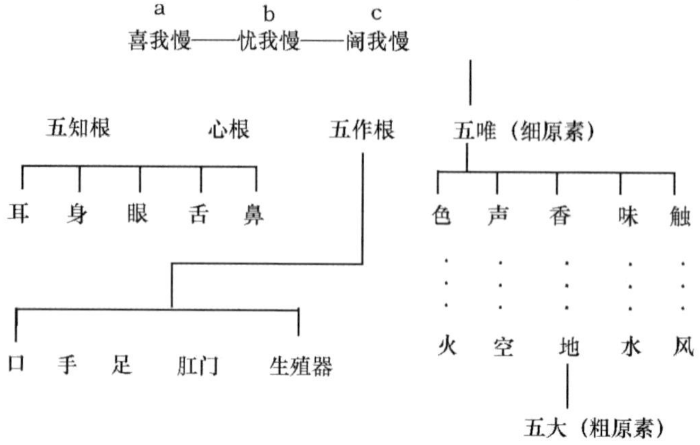

3. **范畴系统中的自然观**

原子论是对世界本原的基本观察，范畴论是对世界现象的概括说明。范畴学说的发展是这个时期各种哲学流派进行自身系统化的一个重要标志。哲学的系统化实质上就是创立哲学的范畴系统，用以包摄物质世界和精神世界的所有现象并加以系统的说明。范畴数目最早见于奥义书，数论哲学著名的“二十五冥谛”（25 个范畴）就是在这基础上整理出来的，其他学派也相继建立各自的范畴系统。例如，胜论哲学有“六句义”和“十句义”：

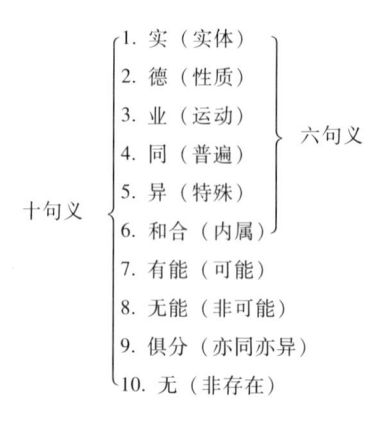

十句义：
1. 实（实体）
2. 德（性质）
3. 业（运动）
4. 同（普遍）
5. 异（特殊）
6. 和合（内属）
（以上 1—6 为六句义）
7. 有能（可能）
8. 无能（非可能）
9. 俱分（亦同亦异）
10. 无（非存在）

佛教哲学有两个范畴系统：一是小乘有部的“五位七十五法”（75 个范畴，划分为五类），一是大乘瑜伽行派（唯识宗）的“五位百法”（分为五类的 100 个范畴）：

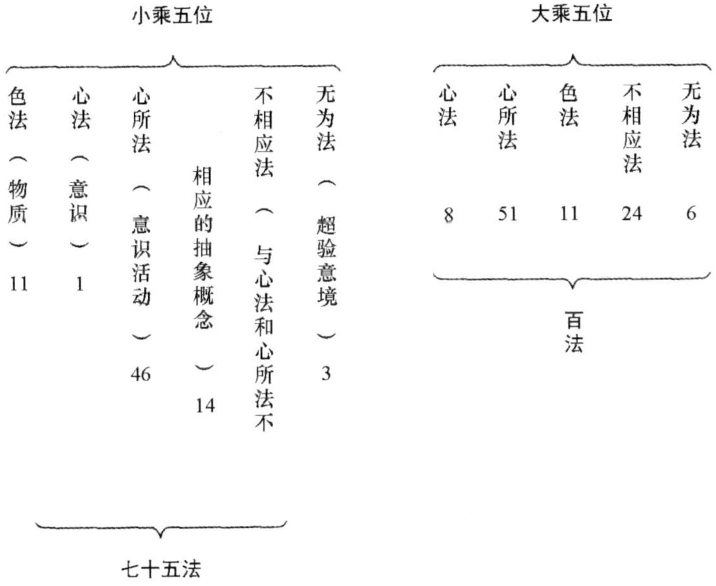

吠檀多哲学提出三个基本范畴：梵、我、幻；由此逻辑地变现出一切精神现象和物质现象；前者称为“名”，后者称为“色”：

梵一我一幻 { 色（物质现象）/ 名（精神现象）

随着系统化的范畴论的发展，各宗哲学的思想倾向是唯心的还是唯物的，便越来越明朗。这种思想分野主要在于各派哲学用什么概念作为自己范畴系统的第一范畴或最基本的范畴。数论哲学把“自性”作为它“二十五谛”的第一范畴。“自性”有二解，一解是，自性即“原初质料”，是宇宙的始基，是精神世界和物质世界的产生、变化、消亡的总根子。一解是，自性是原初物质，但有两个方面——非变异方面和变异方面。前者称为“神我”，后者称为“自性”。自性有三特征：喜（纯真）、忧（冲动）、闇（痴）。自性由于神我的出现和影响打乱了自身中三特征的平衡作用，因而逻辑地演变出精神世界（觉、我慢、五知根、心根、五作根）和物质世界（五唯、五大）；一旦三特征的作用恢复平衡，这一系列精神现象和物质现象又自动地复归于自性。第一解是一元论（唯一质料），第二解是二元论（神我—自性），但二解都是以物质为起点。胜论哲学的“六句义”或“十句义”的第一范畴是“实”。实即实体，是事物运动、变化的原因和基础。实体有几种：地、水、火、风、空、时、方、我（灵魂）、意。前七个是物质世界的实体，后两个是精神世界的实体。这是一种多元实在论。但胜论哲学家把物质世界的实体放在第一位。佛教小乘有部把“色法”（物质范畴）放在“五位”之首；相反，大乘唯识宗则把“心法”（精神范畴）放在“五位”之首；吠檀多哲学的“梵—我”是最高的精神范畴，是宇宙唯一的实体。它以幻力变现出主观世界和客观世界。换句话说，主观世界和客观世界是梵幻现的现象，因而是虚妄、无常的。唯梵—我才是真实的、永恒的。这便是所谓吠檀多无规定不二论——无规定的绝对客观唯心论。在上述五个流派的不同范畴系统中，数论、胜论和小乘有部的唯物论倾向是明显的，而大乘唯识论和吠檀多不二论的唯心论倾向也是清楚的。不过，具有唯物论倾向的学派并不一定就是唯物论学派，具有唯心论倾向的学派则几乎可以肯定是唯心论学派，当然不能说它根本不含有任何一点唯物论因素。

4. 逻辑系统中的自然观

古代印度宗教哲学界盛行学术争鸣，形成一种好辩风气——不同学派之间、同一学派之间甚至在师生之间，经常开展关于宗教、哲学问题的面对面的争论，由此产生了一套类似形式逻辑的辩论规则。据说，公元1—2世纪之间，一位名叫足目的逻辑学家在总结前人和当时的辩论规则的基础上写作了一部不朽的逻辑巨著《正理经》。此经是印度的第一部逻辑著作，它的出现为印度形式逻辑奠定了科学的基础，并在印度哲学史上创建了一个以此经命名的逻辑学派——正理论。《正理经》共有经文530条，分为五篇，主要阐述“十六句义”（16个范畴）。

这16个逻辑范畴可以概括为四个方面：①认识方法和认识来源（量）；②认识对象（所量，需要论证的命题）；③推论模式（即五支论式：宗、因、喻、合、结）；④论证真伪（逻辑的正确和谬误）。关于认识对象，《正理经》列出12个：我（灵魂）、身、根（感觉器官）、境、觉、意、作业、过失、彼有（彼岸的存在）、果（果报）、苦、解脱。其中身、根、境三者属于物质对象；觉、意、作业、过失、苦五者属于精神对象；灵魂、彼有、果报、解脱俱为幻想或虚构的对象。在《正理经》作者看来，这12个对象包摄了一切主观和客观的对象，而他的逻辑首先要讨论的对象是灵魂（我），所以把它列在12对象的首位。他毫不掩饰地道出他的哲学目的和主张是“我常论”（灵魂不灭论）。他把这一主张作为主线，贯穿他的全部逻辑论述。最显著的例子是，他在《正理经》中总是把“声是无常”这个命题作为对五支论式用法的说明：①宗（命题）：声是无常。②因（理由）：具制作性故。③喻（例证）：有二：同法喻和异法喻。同法喻谓，凡是制作的产物，必是无常，如杯碟等；异法喻谓，凡非制作的产物，必定是常，如“我”（灵魂）等。④合（应用）：声亦如是（杯碟有制作性，杯碟是无常；当知声有制作性，声亦无常）。⑤结（结论）故声是无常。论式中的第3支（喻）实际上已隐含正反两个结论：“正”，凡属制作的产物必是无常，同喻如杯碟等；“反”，凡属非制作的产物必定是常，异喻如“我”（灵魂）等。表面上，作者是论证“声是无常”，骨子里却企图以此反证“我”（灵魂）是常。

十六句义

量	所量	疑惑	目的	实例	宗义	论式	思择	决了	论议	论解	论诘	似因	曲解	倒难	堕负
1	2	3	4	5	6	7	8	9	10	11	12	13	14	15	16

唯识宗大师、佛家逻辑权威陈那把足目的五支论式精简为三支——宗、因、喻，写作了大量有关逻辑的论著，在发展和完善印度逻辑学说方面作出了卓越的贡献。和足目一样，他也是利用逻辑手段来宣传他的“唯识无境”的

哲学观点。例如，他提出的三支论式：①宗（命题）：声是无常。②因（理由）：具制作性故。③喻（例证）包括：同喻：若是制作的产物，它是无常，犹如瓶等。异喻：若它是常，则非制作的产物，犹如空等。在逻辑上，陈那这个三支论式比足目的五支论式简明而精密；在哲学上，宣传和足目不同的唯心论观点。陈那的唯识哲学认为，"识"有八个：前六识（眼识、耳识、鼻识、舌识、身识、意识）、第七识（末那识）和第八识（藏识、根本识）。前六识称为"见分"（精神现象），引生六识的六种外在境界（色、声、香、味、触、法）称为"相分"（物质现象）；见分和相分因第八根本识的变现而产生，二者俱依第八识；离开第八识，便不存在。第七识的见分和相分是内在的，也是依存于第八识。因此，对陈那说来，"声是无常"有二含义。一是物理意义：声因摩擦或振动而发生，故是无常；一是哲学意义：声和由它而引起的耳识是第八识变现的现象，本非真实，故是无常。

足目和陈那所提出的逻辑范畴和推理模式正好说明他们如何巧妙地运用推理手段来宣传他们的基本哲学观点：自然的现象（物质的和精神的）都是无常的，唯有最高的精神范畴（我及第八识）才是常存的。

5. 龙树的大乘辩证理论

公元初，佛教从原始的小乘哲学过渡到大乘哲学，后者持续发展，历700年而未衰。大乘哲学先后形成两大派别：公元2世纪以龙树为代表的中观论派和公元4世纪以无著为代表的瑜伽行派。前者通称为空宗，后者通称为唯识宗。龙树是印度哲学史上伟大哲学家之一，他的哲学思想不仅是佛教大乘中观学派的理论基础，而且对非佛教的哲学派别也产生过重大的影响。在乔荼波陀（约公元7世纪）和商羯罗（约788—820）这两位吠檀多哲学权威的学说中，龙树的思想痕迹是显而易见的。

龙树继承和发展了原始佛教的缘起学说，创立了一个新的辩证法体系。这个体系的核心部分是：八不结构、三谛原理、四句否定。

①八不结构："不生不灭，不常不断，不一不异，不来不去。"（《中论》观因缘品第一）这是龙树观察自然或世间的哲学原则和方法。在龙树看来，生灭、断常、一异、来去这四对矛盾是事物的主要矛盾现象，反映着事物自身的运动（生灭）、变化（一异）、空间（来去）和时间（断常）

等形式，比小乘只讲生灭矛盾更加全面。小乘哲学家只知“诸法从缘生，诸法从缘灭”（诸法——事物，缘——主客观条件的集合），总是在事物的现象上兜圈子。龙树则从诸法本体上观察，诸法赖因缘而生，实际上不是真生；诸法赖因缘而灭，实际上不是真灭；生灭只是事物的现象，不生不灭才是事物的本质。其余矛盾（断常、一异、来去等）也应如此理解。八不结构也是一个统一矛盾的模式。小乘哲学家在把生灭矛盾作为人生观时，认为生与死是人生的主要矛盾和痛苦的根源，应该设法去消灭，只有消灭生与死，才能彻底解脱人生苦恼。龙树认为，小乘哲学家只看到事物的现象（生灭、或生死），没有看到事物的本质（不生不灭，或不生不死）。如果理解事物不生不灭的本质，自然就不会因生灭或生死的现象而自寻烦恼。

②三谛原理：“空谛、假谛、中谛。”三谛原理是八不结构在实践中的运用。空谛，意谓事物（的运动、变化、空间、时间等形式）依赖因缘而产生、存在以至消亡，本身没有常存不变的主体（自性）：没有主体，意味着不是真有，而是假有；假有即“空”——事物按其本体而言是空的，但是，这个空又不是绝对独立于现象的空，而是相对于假有而言。假谛，意即假设、假托。由因缘而产生的事物在理论上是不存在的，它们的存在是形式上的，或者说，是假设的；就是说，借用世俗的概念范畴假设它们的存在。但是，这个假也不是绝对的假，而是相对于性空而言。中谛，亦称中道第一义谛，意谓既不执空的一极，也不执有（假）的一极，而是结合空与有的内在关系而作全面的辩证观察。缘生之法，本来性空，无有实体，但存假设的名称；因此，执诸法为实有，固然是错误；执诸法为空无，连它们的名义上的存在也否定，同样是荒谬。正确的观点是，既不执空而作绝对的否定，亦不执有而作绝对的肯定；这样两极不执，便为中道。两极不执，自然包括生灭、断常、一异、去来等一切对立现象，俱不执着。

③四句否定。四句是：“有、无、亦有亦无、非有非无。”龙树对这四句作全盘的否定，用以进一步表述他的“中道”。中道究竟是一种什么境界？龙树认为，中道即“实相”，也即“涅槃”。“一切法空故，灭一切戏论，无人亦无处，佛亦无所说。”这种境界连佛陀本人也难以描述。所以，

龙树认为，把佛陀所得的涅槃说是“有”，当然荒谬；说它是“无”，也是错误；说它是“亦有亦无”，也是不对；说它是“非有非无”，同样是非理，因为这一切陈述或模式都是“言不及义”的戏论。显然，中道—实相—涅槃是不可思议的，不可言说的；是一种离四句——离有、离无、离亦有亦无、离非有非无的全否定的神秘主义的境界。

龙树这套辩证理论确比他的前辈高一筹。小乘哲学家虽然看到现象界变化无常，生灭矛盾，但他的统一矛盾的方法——教人人为地去消灭矛盾规律以求矛盾的统一，是十分拙劣的，同时也是不可能的。龙树从理论上揭示矛盾的本质，运用八不结构来统一矛盾，是对统一矛盾方法的一大发展，比人为地取消矛盾的统一模式较为合理。然而，龙树的统一模式是机械的、形而上学的。他尚未悟知矛盾双方有主次的区别和有相互转化的可能这一辩证规律。这反映龙树的辩证法是以唯心论作为出发点的。所以，到最后，他按四句否定模式把他的辩证法归结于表述客观唯心论和不可知论的神秘主义境界——中道—实相—涅槃。恩格斯在《自然辩证法》中评价印度古代辩证法时认为，印度佛教徒的辩证思维达到了一个比较高的发展阶段，但还不完善，远非现代哲学所达到的水平可比，是有道理的。

四　中世纪后期的自然哲学思想

中世纪后期为公元 7—11 世纪。这个时期印度的社会和科学虽然有了新的发展，但在意识形态领域中出现了反动：正统的婆罗门教在复兴，奥义书传统的唯心论哲学，特别是吠檀多哲学，取代了佛教先前的优越地位。吠檀多哲学家大力发展以最高范畴“梵”为核心的客观唯心论，使之达到一个新的高度，并对梵和自然、梵和人的关系作了结论性似的阐述。这在当时的哲学界引起极大的重视，而且，从那时到现在，吠檀多哲学始终保持着它在印度哲学流派中的主流派地位，它的基本哲学观点为大多数印度人所接受。这个时期声望最高、影响最大的吠檀多哲学家无疑是商羯罗（Samnkara，约 788—820）和罗摩奴阇（Ramanuja，约 1017—1127）。前者是无分别不二论的创立者，后者是有分别不二论的倡导者。

1. 商羯罗的无分别不二论

商羯罗在继承和发展奥义书的梵—我哲学和乔荼波陀（Gaudapada）的绝对不二论的同时，还在相当大的程度上，吸收了原始佛教无常论和龙树空论的思想，从而建立了无分别不二论的哲学体系。商羯罗的最重要哲学著作是《梵经疏》。在这部著作中，商羯罗着重阐述吠檀多哲学范畴系统中三个主要范畴——梵、我、幻，并提出自己独创的见解。他首先重申他的吠陀—奥义书前辈对自然的一个基本看法：自然（客观世界）不是无因而有；在自然出现之前就存在一个最初的宇宙生因——梵；自然和万有源出于梵，故梵是客观世界的本原。梵的存在是绝对的，但不是一种无知觉的存在。梵既有幻现宇宙的全能，又有遍观一切的全知。全知称为“我”。我又分为二：遍我和命我。遍我是宏观上的我，和梵同体同一；命我是微观上的我，是众生肉体内的灵魂和承受轮回转生的主体，故我是主观世界的本原；遍我和命我的关系，正如火和火花的关系，二者既是同一，又是非一。具体地说，梵—我有绝对一面，又有相对一面。按绝对说，梵—我同体，绝对唯一；按相对说，梵—我分工，梵表现为客观世界的本原，我表现为主观世界的本原。其次，主观世界和客观世界有从梵—我衍生的过程和复归于梵—我的过程；而这个过程实现的关键在于“幻”。所以，幻在哲学上有三个内涵：①幻体。幻不能自生，也不能无因而生，必有所本，本即幻体——梵。幻体具有奇妙不可思议的幻力，魔术般似的从自身变现出无穷无尽的幻象。②幻象。这是指由幻体变现出来的各种存在的形式在它们完全消失前一刹那的现象。幻象虽然千差万别，形式无穷，但不外“名”和“色”两大类；前者即精神现象，后者即物质现象。③幻翳。幻如障眼法，障翳着人们的视线，认不出幻象的虚妄，把幻象当作真实的存在。这种错觉或误认叫作“无明”（avidyā）。无明，意即无智慧，没有正确的知识：既不认识幻象之假，也不了解幻体之真。商羯罗从这一幻义出发，猜测整个自然是幻象的总体，自然的运动和变化并不是基于自身的规律，而是由于一个超验的绝对体——梵所制约。然而，由梵幻现出来的自然毕竟不是独立于梵，而是统一于梵。这便是他的无分别不二论的由来。

商羯罗并不像他的前辈乔荼波陀那样把不二论推向极端。为了维护正统婆罗门教的宿命论和来世论，商羯罗没有否定幻象在特定的情况下有相对的存在。他认为，不能把名（精神现象）和色（物质现象）说是“实在的”，或“非实在的”。他常用三个譬喻来说明这一意义：①误认绳子为蛇；②误认贝壳为银片；③误认海市蜃楼为真景。蛇、银片和海市蜃楼的错觉原是虚妄非真，故不能说它们是实在；但在觉知它们的本相（绳子、贝壳、阳燄）之前，蛇、银片和海市蜃楼的幻象并未消失，所以也不能说它们非实在。名和色的幻象也是如此。幻象由梵幻现，本非真实的存在，故不能说它们是实在；但无明障眼，暂时还未识破幻象的虚妄性质，幻象仿佛存在，因此也不能说它们非实在。商羯罗这些譬喻还有一层深义：绳等实在，蛇等非实在；若识前者，则无后者。同样，梵体是真，幻象非真；若悟前者，则离后者；这样，了幻归真，唯一无二——主观和客观统一于梵。

2. 罗摩奴阇的有分别不二论

这一理论正好和商羯罗的无分别不二论相对立。无分别和有分别的不同在于：商羯罗认为，梵、我、幻三者同体统一：我和幻虽然源出于梵，但终将复归于梵，和梵同一，无有分别，故称无分别不二论；而罗摩奴阇认为，梵、我、物三者同体不统一：我和物一旦从梵分离以后，便将和梵永远分别存在下去，不再复归为一体，故称有分别不二论。罗摩奴阇根据这种有分别的论点对《梵经》重新注释，写成了《梵经吉祥疏》。他在这部著作中提出梵、我、物三实在论的原理。

①梵。梵是神，超验绝对；但梵不是一个空洞的本体，而是具有丰富内容的整体。梵把有限的差别统摄于无限的自身之内，并通过有差别的有限性表现自身无差别的无限性。梵是终极的真理，但具有规定、差别以及包摄一切存在的特征。梵包摄的一切不外两类要素：知觉要素（精神）和无知觉要素（物质）；这两种要素产生于梵，又异于梵；梵、我、物三者势似鼎足，永恒分立而不合一。

②我——知觉要素，也即是“命我”或“命”（主观世界）。命源出于梵，作为众生的灵魂存在于宇宙之间；命具有理性和自我意识，它是真

实的、独特的、永恒的、极微细的、不可感知的。命是知者、作者和受用者；它不同于肉体、感官、呼吸，甚至不同于觉性。就人类而言，命依附于肉体和呼吸，又以肉体、感官和意识作为工具：感官给“命”传递对外在物境（物质世界）的认识，意识给“命”通报内在心境（精神世界）的认识。命的特殊形式也许消灭，但命的本身不会消失。故命有三种：永生之命：住于神宫，永享极乐，无业报，无物性；解脱之命：精修瑜伽，作众善业，中断轮回，命得解脱；缠缚之命：由于无明，命受束缚，生死流中，轮转不已。这三种命实质上是同一命在不同的条件下的三种不同的演变历程。

③物——非知觉要素，亦即物质（客观世界）。由梵体变现出来的另一种要素是物。物分三类：原初物质、时间、纯物质。三者属于非知觉的实体，是经验的对象，有运动和变化。原初物质有三特征：喜（轻清）、忧（冲动）、暗（呆滞）；这三特征从创世时起便联合发挥作用，推动原初物质逻辑地转变为现象世界——范畴系统（罗摩奴阇的范畴系统实际上是数论范畴系统的翻版）。时间具有独立的特点，是感觉的对象，是所有存在的形式；世间的年、月、日、时，都按照时间关系来划分。纯物质是永恒不灭的物质；原初物质有“喜、忧、暗”三特征，纯物质只有“喜”的特征。梵既借原初物质来做宇宙游戏（创造世界），同时又用纯物质来展示自身永恒周遍的超验性质。

命和物两要素和梵的关系，正如属性和本质的关系，部分和全部的关系，肉体和灵魂的关系。肉体因灵魂的存在而存在，因灵魂的离去而死亡。同样，命和物依梵而存在，受梵的制约；梵把命作它的内体，把物作为它的外体。命和物之间的关系是，命是受用者（主观），物是所受用者（客观），而梵则是命和物的起动者或创造者。然而，命和物虽是源出于梵，依赖于梵，但性质上异于梵；即使命得解脱，原初物质变为纯物质，也不再和梵统一，只是独立地和梵共存下去。

罗摩奴阇这套梵、我、物三者独立共存的理论是和商羯罗的梵、我、幻三者同一不二的理论针锋相对的。罗摩奴阇特别反对商羯罗的如幻论和无常论。他的有分别不二论，如果扬弃了它的一神论的内容，无疑将是一种多元实在论，是对商羯罗的世界如幻论的批判。

五 中世纪自然哲学和科学的关系

在中世纪的前期和后期，印度思想界中唯心主义哲学占有绝对的优势。同时，特别是中世纪前期，唯物主义和逻辑，包括辩证逻辑，也有不可忽视的发展，为这个时期实证科学的发展提供了思想和理论基础。科学家大都出身于婆罗门种姓，自幼就受婆罗门教有神论的洗礼，脑子里便打上了唯心主义的思想烙印。但是，在科学事业上，他们始终采取和宗教相反的实事求是的科学态度来从事探索、分析，并取得成就，虽然他们不免要在口头上歌颂神德，把自己的科学成就归功于神的恩典。

就以商羯罗为例。虽然他根据无分别不二论的绝对唯心主义哲学来观察自然和人的关系，但他在观察过程中也有意和无意地提出一些与自然接近的观点。首先，他不得不承认梦幻的世间尚有相对的暂时存在——承认主观和客观以及二者接触所产生的复杂现象的存在。在评论《广林奥义》关于眼见为真的道理时，商羯罗明确地说，当某物为眼睛看见，该物肯定是真实的。他还有如下近似科学的见解：①凡与眼见的事物相反者，便不能为任何人所取得；②感觉不可能为推理所取消，因为被感知的事物的性质是无法否定的；③在经验知识来源范围内，宗教经典的权威是无能为力的；④即使有100种宗教经典也是起不了作用的，如果它们说火是清凉而不会发光的话；⑤理智是我们决定真伪的标准。他这类的言论还见于他的作品中的许多地方。至于罗摩奴阇，他的基本哲学观点是“梵、我、物”三者永恒并存，因而他比商羯罗有更多和更进步的符合物质不灭的说法。这说明一个重要的现象：在整个中世纪，尽管唯心主义哲学是意识形态领域的主流，但唯心主义和唯物主义之间的斗争、唯心主义思想体系本身中的唯心论成分和唯物论成分之间的斗争，此起彼伏，不断发生。这两种思想的斗争必然也反映到科学上来，并在某一方面和某种程度上推动了中世纪科学，特别是天文学、数学和化学的发展。

1. 天文学的成就

这个时期出现一批天文学家，其中最重要的是阿利耶婆达。他的天文学著作是《阿利耶婆达论》。他在这部书中验证并纠正了巴比伦的天文资料，由此创立了周转圆的天文学说。他把天文日定于楞伽岛（斯里兰卡）太阳升起之时。随后，他又提出另一说法，认为天文日开始于楞伽岛的午夜。他提出宇宙周期论，设想一个宇宙周期为432万年，分为四个时间持续相等的年期。为了解释各个天体的可见运动的不均匀性，他首次论述了本轮理论。大胆推测了天体的可见运动是地球实际转运的结果。

和《阿利耶婆达论》同时，或在它前后不久，还出现一批天文学著作。传说共有五部，而保存下来的只有一部《太阳原理》。此书作者虽然韬隐了姓氏，但它显然是一部权威的天文学著作。此书现在的形式是由500个偈颂构成，分为11章。它广泛地论述天文学的各种问题，例如，测定时间的方法，恒星的运行周期，行星的运行与会合，它们在一定时候的中常位置，子午线和东南西北，太阳和月亮的相对运动，日、月食，春、秋分与夏、冬至，以及天文仪器等。此书还提出计算行星的确切位置所使用的正弦表（三角学的雏形）和宇宙周期论。后二者是印度对天文学发展的重大贡献。11世纪阿拉伯著名学者阿尔·比鲁尼在自己的著作中曾引用包括《太阳原理》在内的许多印度天文学资料，使印度天文学知识在伊斯兰教各国广为流传。

和阿利耶婆达同时，另一位比他年轻的重要的天文学家是彘日。他的主要天文学著作有《五部天文原理续篇》和《广博观星大集》，他搜集了非常丰富的天文资料，包括印度的宝石学和地理学的资料。

梵藏是继彘日之后的天文学家。他在自己的主要著作《梵理》一书中，深入探讨了行星的平均运动与平均位置的计算，对时间、日食和月食的测定，以及行星和恒星的会合等方面研究，作出了重大贡献。

重要天文学家中的最后一位是12世纪的作明。他写作了一部权威著作《顶珠原理》。此书前两章专讲数学，其余各章论述天文学。此书天文学部分实际上是对《太阳原理》的理论作更详细、更清楚的注解。他探讨了宇宙风，认为宇宙风是天体运动的原因，并把它划分为六种类型，而且把大气和宇宙风加以区别。按他作品的一个手抄本，除天文学和数学外，他还精晓前后弥曼差论、波尔尼语法、正理逻辑和金刚石科学。

2. **数学的成就**

印度的数学和天文学，关系密切，互为因果。许多著名的天文学家同时就是数学家。他们把数学作为科学的工具，运用于天文学的研究，因而在发展天文学的同时，也发展了数学。例如，阿利耶婆达既是大天文学家，同时也是大数学家。他在自己的名著《阿利耶婆达论》的第二章里，开列了一系列数学运算方法。他提出求二元线性方程正整数解的方法，这是早期解法之一，和现代的连分数解法实际上一致。阿利耶婆达还在几何学中得出了 π 的值为 3.1416。

在阿利耶婆达之后，出现一大批数学家和他们的著作，其中较为重要的仍然是天文学家兼数学家的梵藏和作明。梵藏对阿利耶婆达的一些原理作了进一步的发展。他提出了求二元线性方程正整数解的一般方法。他在整数论方面的杰出发现是方程 $y^2=ax^2+b$ 的正整数解及其重要的特例 $y^2=ax^2+1$ 的方法。他还发展了关于算术级数的理论，并提出了求级数和的方法。梵藏的书中介绍了一系列有关几何学的知识，比如，为了计算任意四边形的面积，他引出了埃及人已经知道的近似公式：

$$s=\frac{a+c}{2}\cdot\frac{b+d}{2}$$

式中 a 与 c、b 与 d 是四边形的两组对边。关于四边形面积的求法，他所利用的是近似海伦求三角形面积的一个公式：

$$s=\sqrt{(p-a)(p-b)(p-c)(p-d)}$$

式中的 a、b、c、d 是四边形的边，p 是半周长。当然梵藏并没有预先说明这个公式只对圆内接四边形才成立。他也研究了圆内接四边形的两种形式（等腰梯形，两条对角线相交构成直角的四边形）。

12 世纪大数学家作明在他的权威作品《顶珠原理》中专门用两章篇幅来讨论算术和代数问题。他大大地扩展了数的概念，定出了负数的乘法规则（正负数的加减规则已由梵藏定出）。他把乘法的规则扩大到正数和负数的平方，并通过运算，在数学史上第一次得出了关于正数平方根的双值性的结论。

介于梵藏论师和作明论师二者时代之间的9世纪的摩诃维罗也是一个重要的数学家。他在他的《算法要义全系》中论述了许多问题，如数学术语，各种算术运算，分数运算，三段法，面积的计算，特别是体积的计算，等等。他还提出如何解二元线性方程的一些题例。现在看来，摩诃维罗的方法与现代用系数方程的解法是相符的。

3. 化学的发展

印度的古代医学和药物学比较发达，化学就是由此派生出来的一门学科。在印度，化学最初称为“rasa”，意为“味、质、精华”，就是说，它是由若干物质成分经过提炼而合成的东西。当然，古老的炼金术是化学的直接的前身。最早有关化学和炼金术的著作是《味异经》和《味宝作》。据传二书作者为5世纪的龙树。印度化学家在欧洲科学家之前就熟悉硝酸银的提炼法。此后（约11—13世纪）许多印度医生继续对化学发展作出贡献。

4. 科学发展的指导思想

上述是印度中世纪科学发展状况的梗概。这些科学上的成就是科学家的科学观点的具体体现。例如，阿利耶婆达在表示他的科学研究的最终目的时说：“掌握行星运动的知识就会最后达到至上之梵。”他又宣称，由于神的恩典，他能够用自己的智慧从真理和谬误的海洋中取得正智之宝。彘日有一首著名的颂诗：“先辈智者之所说，唯此信奉为权威，而非常人之创作。若是义同而词异，前者尚有何特殊？除吠陀神曲之外。”颂意是，古代圣人并非绝对的权威，凡与真理相符的言论，圣者与凡人，无论谁说，都应相信。所以他强调，既可以从雅利安（高种姓），也可以从非雅利安（低种姓）接受真正的知识。梵藏善于对反科学的现象进行讽刺。他对婆罗门的许多无根据的迷信和无意义的祭祀深恶痛绝。他在论述日食和月食的真正原因之后，质问说，如果这一科学理论得到承认，那么婆罗门在日、月食时举行的祭典不是毫无意义了吗？如果这些星相家（婆罗门）要求承认为虔诚的人，他们就不应该说那些与大多数人和经典所接受的东西相反的话。作明论师也有一个格言：任何一种说法都应接受，如果它是合乎逻辑，而不是出于对发言者的尊重。

科学家这些格言式的语言是反映他们本身对科学研究的态度，反映他们从事科研的指导思想——以科学方法去探索客观真理。他们语言中的“梵”或“神”是他们用以表示要努力达到的最终的科学境界的代号，而不是宗教家幻想中的神。在科学探索道路上，他们不盲从权威，不耻下问；他们只尊重真理，不问谁说的，只要是经得起逻辑考验的真理，他们便接受。他们批判反科学、反理性的习惯势力，对于制造愚昧和迷信的宗教教条尤其痛恨，并勇敢地对它进行无情的抨击。显然，这些思想是接近真理、接近自然的科学思想，是哲学上的科学自然观。

其次，印度科学家这些科学的自然哲学思想本身就是一条指导印度科学发展的思想路线。在印度科学发展史上，只要这条思想路线尚能抵制唯心主义和有神论的限制和阻挠，科学就有可能进步。印度中世纪特别是它的前期的科学成就便是证明。相反，如果这条思想路线受到压制，科学就原地踏步，停滞不前。从中世纪后期（7 世纪）到 17 世纪（英国统治前）的印度科学状态就是如此。印度近代著名科学家赖易在分析英国统治前约 1000 年间（7—17 世纪）印度科学不发达原因时认为，（中世纪）佛教衰亡以后，印度教（婆罗门教）复兴。婆罗门人登上思想界的统治宝座。他们利用摩奴法典和往世书的传说和神话大肆抬高自己、美化自己；而对知识分子、技术人员和劳动工人等进行压制、藐视，蓄意贬低他们的社会地位。他们极力宣扬有神论和唯心主义的世界虚幻论，以此来麻痹、束缚印度人民的才智。他警告说，印度教的正统派（婆罗门传统）的复活是对印度进步的致命伤。这些批评似乎有点过激，但对印度科学史家和自然哲学史家来说是值得思考的。

（原载《自然辩证法百科全书》，
中国大百科全书出版社，1994 年）

吠檀多——吠陀的总结

梵语 Vedānta，音译“吠檀多”，意译“吠陀的终结、吠陀的总结”。吠陀（Veda）是在广义上泛称吠陀经的四部典籍：“四吠陀、梵书、森林

1.《梨俱》
- 他氏学派：《他氏奥义》
- 乔尸氏学派：《乔尸氏奥义》

2.《娑摩》
- 坦多氏学派：《歌者奥义》
- 阇弥尼学派：《由他奥义》

3.《夜柔》
- 《黑夜柔》
  - 鹧鸪氏学派
    - 《鹧鸪氏奥义》
    - 《大那罗延奥义》
  - 石氏学派：《石氏奥义》
  - (缺学派名)：《白骡奥义》
  - 蕬氏学派：《蕬氏奥义》
- 《白夜柔》：力授氏学派
  - 《广林奥义》
  - 《自在奥义》

4.《阿闼婆》
- 《秃顶奥义》
- 《疑问奥义》
- 《蛙氏奥义》

书、奥义书”；此四书即所谓吠陀文献。其中“奥义书”，按顺序，是四部典籍的最末一部，故称“吠檀多”（Vedānta，吠陀的终结、吠陀的末尾）。“吠檀多”（Vedānta）一词，见于《秃顶奥义》（Ⅲ.2.6）和《白骡奥义》（Ⅵ.22）。根据这二书的解说，吠檀多的含义是：“知识”、“密义”。因此，“吠檀多”有二解：按文献说，它是吠陀文献的终结；按义理说，它是吠陀哲学的总结。也正因如此，所有较古老的“奥义书”无一不与吠陀经（四吠陀）有直接的渊源关系。吠陀仙人哲学家之间，由于对吠陀经的不同的解释而产生不同的吠陀学派，不同的吠陀学派又产生不同的“奥义书”。上表便是最古老的，也是最主要的“奥义书”和它们所属的吠陀学派：

上述分属前三种“吠陀”的十一种“奥义书”，公认为最古老且直接阐述“吠陀”哲学的原始作品。属于《阿闼婆吠陀》的“奥义书”比较复杂、学派也不易考定，一般只列出它三种公认较早的“奥义书”，并略去它们所属的学派名字。这样，公认的古老的“奥义书”一共十四种。此后，陆续出现许多新的“奥义书”，到了15、16世纪时竟达二百余种。当然，原始而可靠的“奥义书”仍推上列的十四种。

奥义书文献的结集说明对“四吠陀”，特别是对《梨俱吠陀》做总结的作者，几乎全是奥义书哲学家，后者并因此被称为吠檀多学者。奥义书哲学家对吠陀仙人们在《梨俱吠陀》中所阐述的有关宇宙人生的哲理，从多视角进行了总结，但特把重点放在继承、发展其中“原人”与“幻”的原理，并根据这一原理构思、创立新的哲学概念——“梵、我、幻”。“原人”在吠陀哲学里被设想为“超验实在”的外现形式，神格化为“宇宙尊神”，他既是物质世界的创造主，同时也是精神世界的创造主。“梵—我”在奥义书哲学里，是“原人”的直接“化身”，也是设想的“超验实在”的外现形式，具有和“原人”一样的特征。奥义书哲学家在最古老的第一部奥义书经典《广林奥义》（Ⅱ.5.1）中说：“……不死原人，于此大地，永放光辉；不死原人，内我为体，永放光辉；他正是我，此是不死，此即是梵，此即一切。”这则奥义完整地阐明原人即梵、原人即我的“原人、梵、我”三位一体的超验本体论和“幻”在这三者之间的“魔术”作用。

兹就这一奥义书哲学的核心理论略作提要式的解说。

（1）“梵”的奥义。梵语 Brahman，意即是“梵”。奥义书哲学家设想“梵”和“原人”一样，具有超验性的特征，而其哲学内涵更加丰富，更加奥妙。《秃顶奥义》（Ⅱ.2.9）说，“诚然，梵有的特征既有绝对的一面，又有相对的一面。绝对的一面是：无相、不死、灵活、彼岸；相对的一面是：有相、有死、呆板、此岸。前者又称为‘上梵’，后者又称为‘下梵’。”二梵论，又一次反映奥义书哲学家唯心主义哲学上超凡赛圣的创新智慧。他们特用否定与肯定两种模式来阐述这二梵奥义。（a）否定表述。这是从一个绝对否定视角来反思上梵，全面扬弃上梵的一切规定，彻底透视它的“无相、不死、灵活、彼岸”的超验本体。这个否定模式，是对上梵的奥义作否定的论证。

《歌者奥义》（Ⅳ.15.5）说，“……超凡之原人引导它们向梵走去。此是前往诸天之路，前往梵之路。”此中“它们”是说超验原人外现经验世界的物质现象，与此同时，超验原人又使它们复归于超验之梵（上梵）。这便是在超验意义上所表述“原人即梵、梵即原人”的正确原理。（b）肯定表述。这是从上梵幻现种种美妙多彩的具体形象的角度来观察下梵——有相之梵。有相之梵的特征和无相之梵的特征恰好形成鲜明的对照：无相之梵，无规定性，不可描述，不可思辨；有相之梵有规定性，可以描述，可以思辨。无相之梵的原理模式是“非如此，非如此”；有相之梵的原理模式是“一切即此梵”。换句话说，梵就是物质世界的本原，宇宙的基础。然而，在奥义书“唯一不二”的超验哲理中，上下二梵，一真一假，由真而假，假本非真，终归一实；如是即真即假，即假即真，真假相涉，圆融同一。

（2）“我”的奥义。梵语 Ātman，意即是“我”。前文所述，原人即梵，原人即我，是在超验意义上阐述“原人、梵、我”三者同一不二的无差别的哲学内涵（设定的超验实在）。在经验意义上，三者又各有外在的经验性形式。原人全部经验性的内涵演变为两部分：一部分，分化成梵的经验性特征；一部分，分化成我的经验性特征。梵与我的区别主要在于二者在不同的范畴中有着不同的功能——梵被看作客观世界的基础，我被认为主观世界的根源。奥义书哲学家由此构想出二梵（如上节所说）和二我的理论。二我谓遍我（主我）和个我（众我）。[①] 前者是超验性的，后者是经验性的。超验之我的原理模式是："此我非如此，非如此。此我不可把握；因为它不被把握；此我不可灭，因为它不被消灭；此我无执著，因为它不执著自我；此我无束缚，因为它无苦恼，不受伤害。"[②] 这则奥义重申前边说的，在超验意义上，"原人、梵、我"是同一不二，无有差别。经验之我，则是超验之我幻现的外在形式或"化身"。化身的超级形象便是创世之我："世界之初，唯我独存……除我之外，别无他物。"[③] 创世之我与创世之梵，同一性质，即同是超验实在的两个经验性的形式："太初之际，唯梵独存，彼知自己，我就是梵。"[④] 这说明"梵"与"我"二者同具创造物质世界和生物世界的神力；而且还共同为生物界创造了意识："太初之时，此界空无……彼造意识，并祈有我。"[⑤] 这则奥义涉及的重要哲学问题是：生物界的意识是由神（梵—我）创造，还是由别的什么构成？意识是否就是构成"我"的主要因素和内涵？关于这个主观世界如何产生的问题，吠陀哲学家早已提出，虽然还没有作出肯定或否定的答案。长阇仙人（Dī - rghatama - Aucathya）说，"从地生气血，何处有我在？"[⑥] 这意思是说，"我"就是肉体，它是由地、气、血构成的；离开这些物质原素，所谓之我便不存在。换言之，"我"产生于物质。随后，住顶仙人（Prajāpati parameṣṭhi）说，"初萌欲念，进入彼内，斯乃末那，第一种识。"[⑦] 他肯定了意识（末那，manas）是在物质性的肉体构成之后进入体内的。但是，他没有阐明意识如何产生：意识是神造的，还是物造的，或自然而有？意识是否就是我？后吠陀的哲学家，特别是奥义书的智者，似乎比吠陀仙人更加重视意识和与此有关的问题。他们努力探索，深入反思，并提出他们的答案："创世之父为自我创造了意识（manas）、语言（vāca）和气息（prāṇa，生命）……诚然，我乃由语言、意识、气息三者

---

① 《歌者奥义》V. 12. 1—7。
② 《广林奥义》Ⅲ. 9. 26。
③ 《广林奥义》Ⅲ. 4. 1—2。
④ 《广林奥义》Ⅰ. 4. 9—10。
⑤ 《广林奥义》Ⅰ. 2. 1。
⑥ 《梨俱吠陀》Ⅰ. 164. 4。
⑦ 《梨俱吠陀》X. 129. 4。

构成。”[①] 在这里如果把“创世之父”的神话撇开，一个具体而典型的经验之“我”便会出现在人们面前——我的三个成分（语言、意识、气息）。我们所谓之“我”就是由意识、语言、气息三者集合构成；离开这三个成分，我便不可得。这三个成分中，“语言”和“气息”是物质，“意识”是精神；三者相互依存、互为条件、协调一致地构成一个和合体“我”。这也同时表明意识是在与其有关的物质基础上产生、存在的，并不是人们幻想中的天父或大自在天所创造的。

（3）“幻”的奥义。梵语 māyā，音译“摩耶”，意译“幻、幻术、幻象”。早在吠陀经的初期，吠陀仙人、智者、哲学家对宇宙万有变动不居的现象进行了长时间观察、探索、反思，由此形成一个最具圣智的创见“摩耶”（māyā，幻）——一条确切地透视客观事物内在变动的规律，也就是“幻”的原理。“幻”这原理，从它被吠陀仙人们发现之时起，迄今三千余年，仍然为印度传统的、非传统的宗教—哲学流派所共同承认的客观真理，依然是他们各自哲学体系中不可或缺的重要成分。尤其是，它经过漫长的印度哲学史的发展历程，已在印度意识形态领域中成为人们认识论上的一个共识——经验世界的“如幻论”。如下，略讲它的奥义：

A. 梵天的创世幻术。上节讲了二梵论。“上梵”是设想的超验实在的“符号”，本身就是超验的存在，施展幻术，变出一个无限宏大的“幻象”——经验世界，也就是所说的“下梵”。“幻术”和“幻象”同一幻质，是假非真，将在自然规律制约下，归于消亡。《白骡奥义》（Ⅳ. 10）说：

> 应知自性乃摩耶，摩耶作者大自在，[②]
> 彼之肢体即众生，一切遍住此世界。

① 《广林奥义》I. 5. 3。

② 大自在（maheśvara）是湿婆神的敬称。印度教多神队伍中有三位首领大神，梵天（Brahman），毗湿奴（Viṣṇu），湿婆（Śiva）；三神是三位一体的，共有创造宇宙万有的神力。“大自在”，若作复数，则泛指四大护世神：因陀罗、阿耆尼、阎摩、婆楼那。若作阴性单数，则是湿婆之妻波尔婆娣（Pārvati），雪山公主。有神话说，湿婆独身不能生育子女（不能创造众生），他必须与雪山公主结婚，二神洞房合卺后，才能创造他想创造的生物界。

颂中“摩耶 māyā”意即“幻、幻象”；“自性”即“自然、自然界”，也就是“经验世界”；“大自在”是湿婆神的称号；“摩耶作者 māyin”即幻术师、魔术师。这个颂只讲了“幻”的“幻现”（湿婆神祭出幻术，变出经验的情世间和器世间——幻象），但没有讲“幻”的“幻归”（即幻象如何变动，终归消亡）。“幻”在《广林奥义》（V. 5. 1—2）有一个陀罗尼［dhāraṇī式的“隐语”（类似咒语）：satyam（原义：真实）］。此字由三个语音组成，其中前后两个音：“sa、yam”，隐含“真”的密义；居中一个音：“ti”，隐含“假”的密义。又按音序来读，第一个音“sa”，寓意超验实体，“梵”；第二个音“ti”，寓意“梵”以自身的幻术变化出一个巨型的幻象（经验世界）；第三个音“yam”，寓意幻象在自然规律制约下，运动演化，直至它自身完全消亡的终点（回归于超验之梵体）。此中凸显“幻”有两个形式，并在其间表现为哲学的“中介”，即，“sa”与“ti”组合为幻的“幻现”，“ti”与“yam”组合为幻的“幻归”。这就是“幻”在“幻现—幻归”之间的“哲学中介”作用，而这也正是“幻”所蕴含的奥义书哲学奥义。

B. 事物演化的原理。奥义书哲学这套世界如幻说，虽然被其后所有唯心主义和非唯心主义的哲学流派所接受，并且各自按本宗需要进行解释；但综合来观察，显然都不如佛家的解释来得合理些。佛教哲学基本上承认，“幻”是支配一切事物生灭变化的内在规律。任何事物，无论其为物质的或精神的，都是因其内在与外部有关条件的协调而产生，因条件的稳定而暂存，因条件的弱化而衰变，因条件的破坏而消亡。释迦牟尼佛陀的启示：“诸法从缘生，诸法从缘灭”[①]，正是此哲理。佛教辩证法大师龙树菩萨如仪地全盘接受了佛陀的“衣钵”（缘生缘灭法），并按这缘生真谛，加以“般若”智的发挥：

众因缘生法，我说即是空，
亦为是假名，亦是中道义。[②]

① 参看拙著《印度哲学》，第 404 页。
② 《中论》观四谛品二十四，第 18 页。

颂中的“因缘”是指事物产生、暂存、衰变、消亡的四个阶段的内外有关条件。“即是空”，是说事物在因缘（生灭规律）支配下，它实际上是不存在的；“不存在”即是“空”。然而，在它消亡（空）的前一刹那，是存在的；这个“存在”是暂时的，故称之曰“假”；“假”就是“幻象”，非真存在。“中道义”，是说“空”与“假”这两个范畴、概念，在佛教大乘哲学上即所谓空假二谛（或称“真俗二谛”）；说空不绝假，言假不离空；即空即假，即假即空；空假相融，称曰中道——中观的道理。这个颂阐明，龙树菩萨如理地和正确地运用“幻”来透视、照见事物的产生、暂存、衰变、消亡的运动变化全过程。这个过程在中观哲理上总结为“幻”的三个逻辑范畴——空、假、中。而这正是龙树在他权威的《中论颂》中所阐述的“中观”理论。

公元8世纪初，吠檀多学派奠基人乔荼波陀（Gaudapada），以婆罗门教教徒身份，潜心研究佛家大乘空有二宗的理论，而对龙树的“中观”学说，似乎相当精通。在传统奥义书哲学界里，他首先提出“无差别不二论”，并以此为理论基础，创建了新的吠檀多学派。他发展、丰富了“幻”的内涵，用拔高“幻”的否定功能来论证他的“不二”理论。他在他的名著《圣教论》中自如地运用佛家的大乘哲学术语来表述设想的超验实体（上梵）的特征：不二、不变、无生、无差别、不可说、不可得、无老死。与此同时，超验实体以自身的幻力，变出一个经验世界（幻现、下梵），它的特征是：有二、有生、差别、可说、可得、老死；表明经验世界毕竟是一个幻象，它必然在“幻”的规律支配下产生、暂存、衰变，直到消亡（幻归、上梵）。见下表：

	经验世界（下梵）				超验实体（上梵）	
（下梵）幻现	有二	→	（幻故、否定）	→	不二	幻归（上梵）
	有生		……		无生	
	差别		……		无差别	
	有说		……		不可说	
	有得		……		不可得	
	有变		……		不变	
	老死		……		无老死	

这个表简明地解读奥义书的“二梵”和“幻”的奥义。不过需要知道，“经验世界”在乔荼波陀的新吠檀多主义理论中意涵两种境界：梦境与非梦境。这两种境界，是同一幻境，同在被否定范畴之内。他的“无差别不二论”也因此被冠上“绝对”二字，称为“绝对无差别不二论”。这意味着“否定的功能”被推到极端方向。乔荼波陀的哲学接班人商羯罗（Śankara），虽然继承了他的理论衣钵，但略为加工改造，把“绝对无分别不二论”的“绝对”二字删去，留下“无分别不二”五个字，使之成为商羯罗自己的“无分别不二论”。接着，商羯罗在他的传世名著《梵经有身疏》（Śarīraka - Bhāṣya）竭力弘扬他这一新理论——无分别不二论。从8世纪开始，以商羯罗的哲学为主流哲学的吠檀多学派逐渐在印度意识形态领域中占据主导地位，成为占印度人口75%的印度教徒的人生观赖以形成的思想基础。今天，吠檀多哲学已不成文地被印度统治集团奉作治理国家大事的指导思想。

（原载《印度哲学》）

印度吠檀多主义哲学

印度文化源远流长，有近4000年的历史。它的哲学史也同样悠久。从公元前1000年至公元前500年间，奥义书哲学产生之后，各个时期的哲学基本上是继承和发展奥义书的哲学原理，虽然因不同时期的历史条件而有不同的特点和形式。今天的印度哲学在当代的历史条件下，既要设法使自身适应社会进步和科学发展的需要，又要尽力保持它的传统价值观，特别是要坚持那些经久不衰的奥义书的哲学原理。

印度哲学和中国哲学比较，二者有相同之处和相异之处。印度哲学和中国哲学同有数千年的古老历史，彼此的基本哲学原理曾在长时间内发挥过指导各自国家的人民的意识形态的作用。不同的是，印度哲学在其发展的长河中很少接受印度本土以外的哲学思想的影响，确切点说，自从吠陀—奥义书形成为印度哲学思想的渊源以后，3000年来尚未发现其中有完全异化于奥义书哲学基本原理的异国思想成分。奥义书哲学原理在印度唯心主义哲学发展的全过程中，始终占据着主导的地位。今天，这些奥义书哲学原理仍然是印度人特别是印度教徒个人的品格、情操、伦理、信仰——人生观和世界观赖以形成的思想基础。中国传统文化的特点是，它本身历史悠久，博大精深，同时具有对外来文化的“兼收并蓄”的内在包容力量。例如，它曾吸收印度文化、景教文化、伊斯兰文化等以丰富和深化自己。到了现代，中国传统文化自觉或不自觉地在某种程度上接受了现代科学的洗礼和冲击，因而得到新的发展，从过去“兼收并蓄”过渡到“批判继承”；就是说，它不仅对外来文化，而且对本身的传统，也作了“去粗取精、去伪存真”的科学整理和消化。中国哲学更是如此。从东汉初期至盛唐一代，它大量吸收印度佛教哲学思想，并消化成为中国哲学思想的一个组成部分。在近代，它又接受了西方哲学思想的影响，特别是马克思主义哲学，后者发展到今天，取代了中国的传统哲学体系，成为当代中国哲学的思想基础和理论原则。

印度哲学和西方哲学比较，二者也有异同之处。印度和西方特别是希腊和德国在种族和文化渊源上同属古雅利安族和古雅利安文化亦即所谓印欧语系文化。不同的是，印度迄今仍然保持其古老哲学传统作为意识形态的支柱。西方由于在近现代自然科学上的不断的发明创造并在哲学上直接受到它的影响，产生了许多新的哲学分支或体系，后者几乎完全独立于古代西方哲学传统。如果说近代西方哲学还和它的古代哲学保持着千丝万缕的关系，那么当代西方哲学如科学哲学——控制论、系统论、信息论等，很难说它们和西方古代哲学有什么直接的关系。

从这个简单的比较可以说明印度哲学具有“从古至今、绵延不断”的特殊传统，因此，它在近现代没有产生出完全独立于印度古代哲学的、具有鲜明近现代思想标志的哲学流派。印度近现代哲学家只是在新的历史条件下继承和发展印度古代哲学的某些理论和观点，并对它们作出新的解释，这些新的解释形成了几种在近现代印度意识形态领域中起着重要作用的哲学思潮。它们是：吠檀多主义和新吠檀多主义。

一　吠檀多主义

1. 早期吠檀多

“吠檀多”是梵语 Vedānta 的音译，意思是“吠陀的末分”。吠陀（Veda）泛指印度上古的“吠陀文献”，它主要包括（1）四吠陀：《梨俱吠陀》、《娑摩吠陀》、《夜柔吠陀》和《阿闼婆吠陀》（意译为《歌咏明论》、《赞颂明论》、《祭祀明论》和《禳灾明论》）；（2）梵书；（3）森林书；（4）奥义书。后三种实际上是解释四吠陀特别是《梨俱吠陀》的著作。奥义书是吠陀文献中殿后的一种，故称为“吠陀的末分”。“吠檀多”一词最早见于两种奥义书——《秃顶奥义》（Ⅲ.2.6）和《白骡奥义》（Ⅵ.22）。按照这两种奥义书的解释，吠檀多是“知识”，是“密义”；换句话说，它是一种比较朴素的思辨哲学。因此，吠檀多有两层意义。在文献形式上，它是吠陀文献的结束；在文献的内容上，它是吠陀哲学的总结。这就决定了所有比较古老的奥义书都和四种吠陀有直接的关系。所谓比较古老的奥义书是指现存108种奥义书中的下列13种（或14种）比较原始的和比较可信的奥义书：属于《梨俱吠陀》的《他氏奥义》和《乔尸氏奥义》；属于《娑摩吠陀》的《歌者奥义》和《由谁奥义》；属于《黑夜柔吠陀》的《鹧鸪氏奥义》、《大那罗延奥义》、《石氏奥义》、《白骡奥义》和《慈氏奥义》；属于《白夜柔吠陀》的《广林奥义》和《自在奥义》；属于《阿闼婆吠陀》的《秃顶奥义》、《疑问奥义》和《蛙氏奥义》。这些奥义书便是古今吠檀多哲学所依据的主要经典。

奥义书实际上是一种哲学类书或哲学对话录。奥义书中提到的哲学家有百余人，奥义书就是他们的关于“梵—我”理论的言论集。奥义书在当时有两个重要的历史作用：一是为“种姓制”提供理论根据，一是为婆罗门教制定一个永恒的思想模式。奥义书成书时期约在公元前1000年至公元前500年之间。这个时期是印度社会的阶级结构、“种姓制”趋于定型的时期。“种姓”，用我们的话说，就是阶级、阶层。印度的种姓和我们所说阶级的主要区别在于：前者不能相互转化，后者可以相互转化。在吠陀时期约公元前1500年，印度社会上有四种不同的分工，即：祭祀祈祷，军事行政，工农贸易，以及其他体力劳动。随着社会的发展，四种分工逐渐变成四种固定的职业，从事这四种职业的人变成四个种姓（阶级），它们是：婆罗门种姓、刹帝利种姓、吠舍种姓和首陀罗种姓。《梨俱吠陀》（X. 90. 10）有一则关于梵天创造四种姓的神话：婆罗门生于梵之口，刹帝利生于梵之臂，吠舍生于梵之腿，首陀罗生于梵之足。因此，四种姓中前三种姓是高种姓，后一种姓是低种姓。又前三种姓中婆罗门最高贵，其次是刹帝利和吠舍。又四种姓中前两种姓是统治阶级，后两种姓是被统治阶级。奥义书哲学家在相信这则神话的同时，把假设的梵天拔高到哲学抽象的高度，从而构筑了一套关于“梵”的哲学——二梵说、二我说、二智说。

二梵说。“梵”是奥义书哲学家设想的和力图建立的一个绝对的精神实在。这个精神实在在奥义书中有三个名称——原人、梵、我。“……不死原人，于此大地，永放光辉；不死原人，内我为体，永放光辉；他正是我，此是不死，此即是梵，此即一切。”（《广林奥义》Ⅱ. 5. 1）这说明，原人、梵、我三者是名异体一的“一梵”。奥义书哲学家从“一梵”发展了“二梵”，并以后者对前者的根本特征进行全面的阐述。二梵是指梵的绝对一面和相对一面；绝对一面称为“无形之梵”，相对一面称为“有形之梵”。

A. 无形之梵（梵的绝对一面）。在奥义书中无形之梵被描述为“真理中之真理”，它是“非如此，非如此”（《广林奥义》Ⅱ.3.6）。此中两个“非”字是一个双重的否定模式，类似“否定之否定”。第一个“非如此”是对梵的一切规定的否定；第二个“非如此”是把前一个“非如此”也都否定。因此：“……我非如此，非如此；不可把握，故不被把握；不可摧毁，故不被摧毁，不可束缚，故不受束缚，无痛苦，无损伤。”（同上书，Ⅲ.9.26）意即甚至“否定”的语言也不足以讲清楚真理中的真理——绝对之梵。

B. 有形之梵（梵的相对一面）。这是说梵在另一方面具有不可思议的奇妙特征。这恰恰和无形之梵形成对照。无形之梵，无规定性，不可描述；有形之梵，有规定性，可以描述。前者的基本模式是“我非如此，非如此”；后者的基本模式是：“那是真理，那就是我，那就是你。”（《歌者奥义》Ⅵ.8.7）有形之梵是客观世界和主观世界的基础。梵与我虽然同一本体，但二者似有不同的分工；讲梵时，是强调它作为客观世界本原的作用，讲我时，是强调它作为主观世界本原的作用。我是梵的意识、语言、生命……故我能够充当主观世界的本原：“……婆罗门、刹帝利、众世间、众天神，众生灵，是诸一切，皆是此我。”（《广林奥义》Ⅱ.4.6）

二我说。奥义书哲学家根据我是梵的意识的部分，又提出二我说。二我谓“主我”和“众我”，前者是宏观的大我，后者是微观的小我。小我是多，是形式；大我是一，是本质，故大我是“王”，统摄众多的小我。二我是同一我的两个方面，故又称为“内我”和“外我”；前者是肉体内的“生命”或“命我”（灵魂、意识），后者是肉体外的“遍我”或“胜我”。我在客观上表现为遍我时，则与梵同一；在主观上表现为命我时，则是肉体内的“意识”或“个我”（灵魂）。二我的关系喻如二鸟的关系。二鸟同栖一树，一鸟吃树上的香果，一鸟旁观不吃。二我同住一我之树，一我（命我、灵魂）承受善恶果报，轮回转生；一我（遍我、胜我）寂然不动，常存自在（《秃顶奥义》Ⅲ. 1. 1—2）。

二智说。二智谓俗智和真智，或者说，正确的经验知识和正确的超验知识。上述二我虽有区别，但在性质上同属不灭的本体。内我是此岸的经验意识，外我是彼岸的超验精神。内我是可知的，但外我也不是绝对不可知的；在奥义书哲学看来，此岸和彼岸之间并不存在一条绝对不可逾越的鸿沟。然而，要从此岸到达彼岸还须靠二智才能达到。二智是通过外持苦行、内修瑜伽而获得的。在获得二智后，便能自由地离开肉体（即使肉体尚未死亡），和外我统一起来，从而使内我摆脱过去和现在的业力（行动后留在心灵上的潜隐的影响）的约束。这便是奥义书哲学家首先创立的比较系统的关于"我"（灵魂）从轮回到解脱的理论。

显然，上述理论是典型的唯心主义哲学理论，也是大多数奥义书哲学家所主张的、在奥义书中占压倒一切的哲学观点。虽然如此，仍有部分奥义书哲学家持与此对立的见解——唯物主义观点。这部分哲学家直接继承了吠陀的物质原素说，并加以发展。他们首先肯定吠陀哲学家以"水"为宇宙本原的说法。"太初之时，此界唯水，水生实在，实在即梵；梵出生主，生主育诸神。"（《广林奥义》V. 5. 1）梵—我是奥义书哲学中的最高范畴。在这部分奥义书哲学家看来，这两个最高精神范畴的物质基础是水，所以他们说："水是梵的世界，也是我的世界。"（《乔尸氏奥义》I. 7）换言之，水既是物质世界的基础，同时也是精神世界的基础。另有一些奥义书哲学家，或以火，或以地，或以气，或以几种原素的复合作为世界的本原。还有一个颇具神秘主义的说法，即"金卵说"，持此说的奥义书哲学家推测世界最初的本原是一个物质性的"金卵"。在《歌者奥义》（Ⅲ. 19. 1—2）中，他们说：

太初之际，此界为无，
其后为有，有复发展，
化为一卵。孵育一年，
卵壳裂开，分成两片：
一片为银，一片为金。
银者作地，金者作天；

表为群山，里为云雾；
脉为河流，液为洋海。

所谓金卵无疑是一个纯假设的对象，但它所含的物质的意义，是值得注意的。

还有一场关于“谁是不灭者”的论争。这场论争萌发于早期的《广林奥义》（Ⅲ. 3. 8）。以耶若婆伽仙人为首的唯心主义哲学家认为，宇宙的“不灭者”是梵。另一方面，有人反对此说，认为“不灭者”不是梵，而是某种物质。到了奥义书末期的《白骡奥义》，这场争论仍在某种若隐若现的状态下继续着。“可灭者是原初质料（Pradhāna），不可灭者和不死者是柯罗之神”，这是《白骡奥义》的作者对他的对立面的答复，并透露了这样的信息：即使到了奥义书后期，仍然有人认为具体的物质而不是幻妄的神灵为不灭者和不死者。

总之，奥义书是印度古代唯心主义和唯物主义的思想源泉，它记录着唯心主义和唯物主义贯穿在整个奥义书时期的斗争以及唯心主义最终在印度意识形态领域中取得起主导作用的（如果不是起支配作用的话）地位的经过。后者的主要标志是：奥义书所阐述的一整套唯心主义哲学原理，即：梵我同源，主客同一，梵是精神世界和物质世界的本原，与胜我同体的命我（灵魂）受善恶业行的支配，轮回转生，承受果报；命我又因外持苦行、内修瑜伽而返妄归真，中断轮回，永得解脱，等等，这些原理为绝大多数受过婆罗门教育的印度人所接受，并且据此来形成自己的人生观和世界观。

2. 中期吠檀多

在奥义书时期以后（公元前 5 世纪以后），继续出现各种各样的哲学派别和宗教团体。传说当时有二三百家。它们各立门户，自成宗派；同时又互相辩论，互相批判，形成一种自由争论的学术气氛。这些学派和教派的基本哲学观点都或多或少地导源于奥义书思想。它们大致可以划分为两大类：一类是继承和维护婆罗门教传统的，一类是批判和反对婆罗门教传统的。在前一类中，主要有数论、瑜伽论、正理论、胜论、前弥曼差论和后弥曼差论，即所谓正统的六派哲学。在后一类中，主要有耆那教哲学、佛教哲学和唯物主义的顺世论哲学，即所谓反正统或非正统的哲学。在正统的六派哲学中，前弥曼差论和后弥曼差论是直接从奥义书哲学派生出来的学派。这两个学派基本上是围绕着奥义书的“梵—我”这两个主要范畴来立论，对梵—我奥义作了新的发展。两派的哲学目的一致，但达到目的的方法不同。前弥曼差论强调奥义书的实践方面——祭天敬神，瑜伽反思，通过内在的直觉，达到对超验不灭之梵的亲证。后弥曼差论强调奥义书的原理方面——钻研奥义，阐明真理，通过正确的理解，达到对至善至上之梵的彻悟。因此，前弥曼差论又称为“业”弥曼差论，后弥曼差论又称为“智”弥曼差论。

智弥曼差论正是这个时期形成的吠檀多学派，它先后产生了两部重要的吠檀多哲学著作：《薄伽梵歌》（又称《世尊歌》）和《梵经》（又称《吠檀多经》）。前者原是大史诗《摩诃婆罗多》的第六篇《毗湿摩篇》，共700颂，分18章。它的成书时间约在公元前5世纪或稍晚，传说作者为广博仙人（毗耶娑）。后者由555条格言式的简短经文组成，共分4章：一、通诸义章；二、无相违章；三、修习因章；四、成就果章。此书在公元200—400年间写成，据说作者是跋陀罗衍那。《薄伽梵歌》吸收了当时正在发展中的各种不同的哲学思想，其中主要是吠陀的牺牲崇拜、奥义书的梵—我原理、数论的二元论和瑜伽实践等。它发展了梵的理论：梵产生精神世界和物质世界；世界依赖于梵，而梵不依赖于世界。世界是梵之幻现，不像梵那样是根本的存在，但又并非不存在。因此，它采取后期奥义书的原始数论哲学的二元论来说明世界产生的逻辑过程。这是吠檀多哲学刚从奥义书派生出来的初期理论，和《梵经》以及后期的不二论所区别。《梵经》集中阐明梵、我、幻三者不一不异的哲学原理，表现出鲜明的唯心主义一元论的倾向。奥义书、《薄伽梵歌》和《梵经》标志着吠檀多哲学思想的不同的发展阶段。奥义书提出的“梵我同一”的理论，是吠檀多哲学的形成阶段；《薄伽梵歌》继承“梵我同一”理论，同时吸收其他哲学观点，这是吠檀多哲学的发展阶段；《梵经》发展为“梵我不二论”，完善了吠檀多哲学体系，是成熟的阶段。所以，奥义书、《薄伽梵歌》、《梵经》三书通常合称为吠檀多哲学的三支柱。

7世纪初，一位叫作乔荼波陀（Gaudapāda，又译足目）的吠檀多论师，注解《蛙氏奥义》，写成《圣教论》（或称《蛙氏奥义颂》）。乔荼波陀曾学习当时尚在盛行的大乘佛教，深受大乘唯识论和中观论的“幻论”的影响，他以佛教的幻论来阐述吠檀多的幻论，从而深化了后者。他把吠檀多的幻论推到极端，认为梦时境界固然是幻，即使醒时境界也同样是幻，即把醒时的现实世界的相对存在也加以否定。这样，一切皆幻，唯梵独真——为吠檀多绝对不二论开创了理论的新纪元。而这正是中期吠檀多的一个重要标志。就是说，随着吠檀多哲学自身的系统化，开始产生关于梵、我、幻三个根本范畴的不同的解释——二元论→一元论→绝对一元论，而后者成为在乔荼波陀之后吠檀多各个支派的产生和在它们之间的争论的根源。

乔荼波陀的再传弟子商羯罗（Sankara，788—820）继承了他师祖的衣钵，同样摄取佛教哲学思想，特别是原始佛教的无常论和龙树的大乘空论，经过消化、吸收后，用来论证、建立他的“无分别不二论”。他对所有的主要奥义书以及《薄伽梵歌》和《梵经》作了注释。他的《梵经有身疏》是一部不朽的哲学巨著，具有丰富的独创见解，为其后乃至今天的吠檀多论者参考和遵循的主要经典著作。他写了《示教千则》和《辨髻摩尼》，表述他独立的哲学观点和基本的哲学立场。他是一位虔诚的宗教诗人，究竟（终身）梵行实践者，创作了一系列献给神明的美妙赞歌，著名的如《达衬神象之歌》（献给湿婆神）、《我赞柯利之歌》、《喜之浪花》和《美之浪花》等。他集奥义书时期以来所有吠檀多理论之大成，进一步完善了以“梵、我、幻”为核心的吠檀多范畴系统。

商羯罗以其杰出的理论活动和崇高的宗教实践在当时的哲学宗教界大放异彩，特别是婆罗门教徒把他看做婆罗门教（印度教）复兴的象征。因为此前千余年来，印度佛教鼎盛，气势宏大，包括婆罗门教在内的许多非佛教的宗教哲学派别一直遭受佛教的批判和压制，抬不起头来。现在，商羯罗作为一名婆罗门哲学家研究了佛教大小乘教理；他采取一种“取长补短”或“以退为进”的姿态，择取佛教理论中的优点，为我所用，然后转过身来，批驳其弱点，人们由此议论商羯罗是披着佛学的外衣的佛教敌人。这个问题迄今仍然是印度学术界争论未休的问题。它的结论将会如何，人们可以不管，但不能忽视这一事实：随着商羯罗这位婆罗门教哲学天才的出现，婆罗门教开始了它的复兴的进程，佛教在印度的意识形态领域的优势逐渐让位于婆罗门教。

商羯罗的主要哲学理论是他开创的“无分别不二论”（Nirviśeṣa - advaita）。“无分别”用我们的话说，就是“无规定”；“不二论”就是“一元论”。无分别不二论的核心是“梵、我、幻”的绝对同一，没有差别。商羯罗在他的著作中，特别是在他的代表作《梵经有身疏》中着重阐述这三个根本范畴，以此来确立无分别不二论的理论体系。他首先重申和承认他的前辈——吠陀和奥义书哲学家对自然的一个基本看法：自然（客观世界）不是无因而有；在自然出现之前就存在一个最初的宇宙生因——梵；自然和万有源出于梵，故梵是客观世界的本原（《梵经疏》I. 1. 2）。梵的存在是绝对的，但不是一种无知觉的存在。梵既有幻现宇宙的全能，又有遍观一切的全知。全知称为“我”，我又分为二：遍我和命我。遍我是宏观上的我，和梵同体同一；命我是微观上的我，是众生肉体内的灵魂和承受轮回转生的主体，故我是主观世界的本质。遍我和命我的关系正如火和火花的关系，二者既是同一，又是非一。具体地说，梵—我有绝对的一面，又有相对的一面。按绝对说，梵—我同体，绝对唯一；按相对说，梵—我分工，梵表现为客观世界的本原，我表现为主观世界的本原。其次，主观世界和客观世界有一个从梵—我衍生的过程和一个复归于梵—我的过程，而这两个过程实现的关键在于“幻”。所以，幻在吠檀多哲学上有三个内涵：①幻体。幻不能自生，也不能无因而生，必有所本，本即幻体——梵。幻体具有奇妙不可思议的幻力，魔术般地从自身变现出无穷无尽的幻象。②幻象。这是指由幻体变现出来的各种存在的形式在它们完全消失前一刹那的现象。幻象虽然千差万别，形式无穷，但不外“名”和“色”两大类；前者即精神现象，后者即物质现象。③幻翳。幻如障眼法，障翳着人们的视线，认不出幻象的虚妄，把幻象当作真实的存在。这种错觉或误认叫作“无明”（avidyā）。无明，意即无智慧，没有正确的知识，既不辨识幻象之假，也不了解幻体之真。商羯罗从这一幻义出发，猜测整个自然是幻象的总体。自然的运动和变化并不是基于自身的规律，而是由于一个超验的绝对体——梵所制约。然而，由梵而幻现出来的自然毕竟不是独立于梵，而是统一于梵。这便是他的无分别不二论的由来。

商羯罗并不像他师祖乔荼波陀那样把不二论推向极端。为了维护正统婆罗门教的宿命论和来世论，商羯罗没有否定幻象在特定的情况下有相对的存在。他认为，不能把名（精神现象）和色（物质现象）说成是“实在的”或“非实在的”。他常用三个譬喻来说明这一意义：①误认绳子为蛇；②误认贝壳为银片；③误认海市蜃楼为真景。蛇、银片和海市蜃楼的错觉原是虚妄非真，故不能说它们是实在；但在觉知它们的本相（绳子、贝壳、阳燄）之前，蛇、银片、海市蜃楼的幻象并未消失，所以也不能说它们非实在。名和色的幻象也是如此。现象界（精神的和物质的）由梵幻现，本非真实的存在，故不能说它们是实在；但无明障眼，暂时还未识破它们虚妄性质，现象世界仿佛存在，因此也不能说它们非实在。商羯罗这些譬喻还有一层深义：绳等实在，蛇等非实在；若识前者，则无后者。梵体是真，现象非真；若悟前者，则离后者。这样，了幻归真，唯一无二——主观和客观统一于梵。

商羯罗的“无分别不二论”提出后，引起当时印度宗教哲学界特别是吠檀多论者的强烈反响，其中有赞成的，有异议的，因而形成许多吠檀多支派。例如，光作（Bhāskara，1000）的“异不异论”、罗摩奴阇（Rāmānuja，1140）的“有分别不二论”、摩驮伐（Madhva，1238）的“有二论”、伐拉婆（Vallabha，1479—1544）的“清净不二论”、智比丘（Vijnāna - Bhiksu，1600）的“梵我一异论”和力天（Baladeva，1725）的“不可思议异不异论”，等等。其中罗摩奴阇的“有分别不二论”（Visista - advaita）比较典型，它和商羯罗的五分别不二论正好针锋相对。“无分别”和“有分别”的区别在于：①按商羯罗的理论，梵、我、幻三者同体统一；我和幻源出于梵，又将复归于梵，同一于梵，绝对无二，无有分别，故称无分别不二论。②按罗摩奴阇的理论，梵、我、物三者同体不统一：我和物一旦从梵分离以后，便将和梵永远分别存在下去，不复归为一体，故称有分别不二论。罗摩奴阇根据这种有分别的论点，对《梵经》重新注释，写成了《梵经吉祥疏》。他在这部著作中提出梵、我、物三实在论的原理。

（1）梵。梵是神，超验绝对；但梵不是一个空洞的本体，而是具有丰富内容的整体。梵把有限的差别统摄于无限的自身之内，并通过有差别的有限性表现自身无差别的无限性。梵是终极的真理，但具有规定、差别以及包摄一切存在的特征。梵包摄的一切总的不外两类要素：知觉要素（精神）和无知觉要素（物质）。这两种要素产生于梵，又异于梵；梵、我、物三者势似鼎足，永恒分立而不合一。

（2）我。我即知觉要素，也即是“命我”或“命”（主观世界）。命源出于梵，作为众生的灵魂存在于宇宙之间；命具有理性和自我意识，它是真实的、独特的、永恒的、极微细的、不可感知的。命是知者、作者和受用者，它不同于肉体、感官、呼吸，甚至不同于觉性。就人类而言，命依附于肉体和呼吸，又以肉体、感官和意识作为工具，即感官给“命”传递对外在物境（物质世界）的认识，意识给“命”通报内在心境（精神世界）的认识。命的特殊形式也许消灭，但命的本身不会消失。故命有三种：一是永生之命，它住于神宫，永享极乐，无业报，无物性；二是解脱之命，它通过精修瑜伽，作众善业，中断轮回，获得解脱；三是缠缚之命，它由于无明，自受束缚，生死流中，轮转不已。这三种命实质上是同一命在不同的条件下的三种不同的演变历程。

（3）物。物是非知觉要素，亦即物质（客观世界）。由梵体变现出来的另一种要素是物。物分三类：a）原初物质；b）时间；c）纯物质。三者属于非知觉的实体，是经验的对象，有运动和变化。a）原初物质有三特征：喜（轻清）、忧（冲动）、暗（呆滞）。这三特征从创造世界时起便联合发挥作用，推动原初物质逻辑地转变为现象界——范畴系统（罗摩奴阇实际上采用了早期数论的范畴系统）。b）时间具有独立的特点，是感觉的对象，是所有存在的形式；世间的年、月、日、时，都按照时间关系来划分。c）纯物质是永恒不灭的物质，原初物质有“喜、忧、暗”三种特征，纯物质只有“喜”的特征。梵既借原初物质来做宇宙游戏（创造世界），同时又用纯物质来展示自身永恒周遍、无始无终的超验性质。

命和物两个要素和梵的关系，正如属性和本质的关系，部分和全体的关系，肉体和灵魂的关系。肉体因灵魂的存在而存在，因灵魂的离去而死亡。同样，命和物依梵而存在，受梵的制约；梵把命作为它的内体，把物作为它的外体。命和物之间的关系是，命是受用者（主观），物是所受用者（客观），而梵则是命和物的起动者或创造者。然而，命和物虽是源出于梵，依赖于梵，但性质上又异于梵；即使命得解脱，原初物质变为纯物质，也不再和梵统一，只是独立地和梵共存下去。

罗摩奴阇这套梵、我、物三者独立共存的理论和商羯罗的梵、我、幻三者同一不二的理论相互对立。罗摩奴阇特别反对商羯罗的如幻论和无常论。他的有分别不二论，如果扬弃了它的一神论内容，无疑将是一种多元实在论，是对商羯罗的世界如幻论的批判。

3. 晚期吠檀多

这主要是指近代吠檀多哲学。在中期，吠檀多各个支派的争论焦点实际上不在于梵这个至高的精神范畴，而是在于梵、我、幻三者的相互关系上。近代吠檀多哲学基本上继续朝着这个方向发展。近代西方社会科学和自然科学的发展给近代吠檀多哲学家提供比其前辈有利得多的客观条件；吠檀多哲学家一方面研究西方进步思想和科学成果，一方面把吠檀多原理应用于近代印度社会改革上。

在一批近代吠檀多哲学家中，R. M. 罗易（Ram Mohan Roy，1772—833）是一位最杰出的先驱者。他出身于婆罗门种姓家庭，却先受伊斯兰教育，他因此通晓波斯语和阿拉伯语，并受到伊斯兰教一神论的影响。1803 年，他发表的第一部著作《一神论》就是用波斯语写的。随后，他学习梵语，研究奥义书。他发现奥义书的基本原理和伊斯兰教的一神论很近似。1816 年至 1820 年之间，他先后翻译和出版了四种奥义书，标志着他对吠檀多哲学研究的成果。此外，他受到西方文艺复兴的影响，读过洛克、休谟和卢梭的作品。他也没有忽视对基督教教义的研究。这些学术活动和思想背景使他形成与商羯罗无分别、不二论不大一样的吠檀多哲学。可以说，他的吠檀多哲学更多的是渊源于早期吠檀多，其次才是渊源于中期吠檀多。

可能由于受过伊斯兰教哲学的影响，R. M. 罗易的吠檀多哲学比较简单，没有复杂的范畴论和认识论。他根据《鹧鸪氏奥义》和《乔尸氏奥义》来阐述“梵我同一”的原理。他认为，梵是永恒不灭、不变的实在，包摄一切，产生一切。梵是绝对唯一，但又不是静止不动的绝对唯一，正因如此，梵又永远处于发展和进化中；而梵的发展和演化过程正是梵创造世界和众生的过程——梵是物质世界和精神世界的基础和生因。他一方面承认世界是由物质原素或最细的原子构成，另一方面又否认物质是世界的终极原因；只有梵才是世界的终极原因。其次，在他看来，“我”在本体上和梵同一，但我在作用上是精神世界的基础。生物界，特别是人类的喜怒哀乐、灵魂转生，都是我的作用。然而，我毕竟是梵的不可分部分，在特定条件下可以复归于梵。

基于奥义书的一元论，R. M. 罗易的宗教观也是一神论的。在这个基础上，他发展了一种可以称之为“泛一神论”的思想。他认为，宇宙只有一个至高之神，这个神有各种各样的称号：佛陀、菩萨、梵天、基督、阿拉、真主等，这些称号所代表的只是一个真神。称号反映宗教的形式，一神反映宗教的实质。在 R. M. 罗易看来，世界上存在着各色各样的宗教，但它们所崇敬的神，归根到底不外是一个“名异体一”的神。这便是他提倡“世界只有一个宗教”或“统一的世界宗教”的理论根据。罗易把他的一神论应用于改革印度教的实践上。他积极倡导印度教应从多神崇拜转为一神崇拜，废除一切偶像，简化烦琐的宗教仪式。他还主张社会改革，要求立即废除违反理性和非人道的童婚、殉葬（寡妇殉夫）、种姓歧视等社会陋习。

为了宣传他的吠檀多哲学和宗教改革的主张，R. M. 罗易于 1828 年在加尔各答创立“梵社”（Brāhma Samāj）。梵社的精神或宗旨，正如 R. M. 罗易在《梵社宣言》（1828 年 8 月 20 日发表）中所说的：“在社里不许带进偶像，不许传道，不许论道，不作祈祷，不唱圣诗；除非是这样的情况，它可以促进对创世主和护世主的沉思，可以推动布施、道德、虔诚、仁慈、美德以及可以加强不同宗教之间的团结和联合。”但是，《宣言》又说：“对过去或现在崇拜的对象，不论是活的或非活的，都不许以蔑视和傲慢的态度进行辱骂和批评。”梵社由于内部分裂，存在的时间不长，但它毕竟是印度新兴资产阶级的改良主义的反映，在当时是有其一定的历史意义的。R. M. 罗易把近代纪元引入印度，在印度人中赢得“近代印度之父”的称号，足见其业绩对印度近代的发展的影响。无怪乎后来印度大诗人泰戈尔这样高度评价他：“曾经有过一个时代，R. M. 罗易单独地站在人类共同的要求的立场上，奋力使印度和世界各国联系起来。他的眼界并没有被陈旧的常规和习惯弄模糊。他的豁达开朗的胸怀和他的同样豁达开朗的心灵鼓舞他去接受西方的信息而不致轻视东方。他冒着国人的愤怒而力图把一种作为人的人类普遍权利的知识灌输给他们。他教导我们，真理属于所有的人，我们印度人属于整个世界。罗易使印度的意识扩大于空间和时间。即使在今天，他的品格和事业仍然是一种导向创造一个新印度的强大力量。时间并不因到现在而停止，而是举着它的胜利旗帜进入未来。所有的人都要在它的旗帜下一同前进。”（泰戈尔：《印度向导 R. M. 罗易》）

在 R. M. 罗易之后，最杰出的近代吠檀多哲学家要算辨喜（Vivekānanda，1863—1902）。辨喜于 1883 年大学毕业后，师事当时著名的印度教改革家罗摩克利希那（Rāmakrishna Parmahamsa，1836—1886）。他出身于贵族的刹帝利种姓，但在其师教导和感召下，献身于印度教的社会和宗教改革运动。他不仅研究了世界各大宗教的教义，而且使自己熟悉近现代西方哲学和科学，从而使他能够在新的历史条件下，以比较新的方式方法来研究和阐述吠檀多哲学。他的新的吠檀多哲学见解构成了他的新的吠檀多主义的哲学体系。

（1）本体论。在本体论上辨喜和传统吠檀多论者一样，首先承认梵是宇宙本原，梵是创造者、统治者和破坏者。“因神的统治故，天空得以扩展；因神的统治故，空气得以呼吸；因神的统治故，太阳得以照耀；因神的统治故，一切存在得以生成；神是自然界的真实，是你灵魂中的灵魂。”（《辨喜全集》Ⅱ，第 226 页）但是，他认为，创造者是神，被创造者是世界，后者因而是前者的不可分的部分；在这一部分复归于创造者时，则为非真实；但在此之前，它是存在，是真实，下图便是辨喜这一理论的模式：

（a）　绝对
（c） 时间 空间 因果
（b）　宇宙

(a) 绝对——宇宙本体。(b) 当宇宙本体表现为宇宙状态时，宇宙不仅表现为物质世界，而且也表现为精神世界。这是宇宙的变化：精神是变化的名称，物质也是变化的名称；万象森罗，无穷变化，构成宇宙的整体。(c) 具体地说，变化就是时间、空间和因果关系。绝对现为宇宙时，宇宙就是通过它们——时空因果来体现。在辨喜看来，绝对是没有变化的，但变化（时空和因果）却因众生的心理活动而起（和佛教哲学说的"心生则种种法生，心灭则种种法灭"毫无二致）；因为时间、空间、因果等本身没有客观性，不是独立的形而上学的实体。辨喜以海洋和波浪的关系作譬喻，深入阐明他这个哲学模式的内涵："绝对者是海洋，而你和我，太阳和星星，以及所有的一切，都是这海洋泛起的不同形状的波浪。波浪有何差别？差别只是形状罢了；而这些形状就是时间、空间、因果；所有这些依于波浪而显得不同。"（《辨喜全集》，第 136 页）

辨喜这个模式所表述的哲学既不同于商羯罗的梵、我、幻三者同体同一，也有异于罗摩奴阇的梵、我、物三者分别共存，这是辨喜对吠檀多哲学的重要发展，也是他哲学和宗教实践的理论基础。

（2）认识论。辨喜的认识论是由他的本体论所决定的。世界是绝对的梵幻现的相对存在。如何认识这个幻现的存在？辨喜认为，梵之幻力（Māyā）是一个关于变化的基本原则，一种使创造成为可能的力量。"幻"不一定指通常的意义——"迷惑"或"错觉"。幻仅仅是对世界本质的事实说明，说明世界存在之所以。幻只不过简单地表明它是我们存在中的矛盾的基础。在我们的存在中充满着善与恶、丑与美、生与死、苦与乐等矛盾，幻本身不是矛盾而只是矛盾的名称，用以表现矛盾而已。所以，幻本身是中性的。"你可以随意把某物称为物质，称为精神，但事实是，我们不能说它是或不是，或一或多。光明与黑暗永恒对立存在，这是事实。同时也非事实。睡眠与醒寤也是如此。陈述事物的事实就是幻。"（《辨喜全集》Ⅱ，第 112 页）显然，辨喜把"幻"看做一种基本的哲学方法，或者说，观察一切事物的哲学根本原则。

其次，辨喜承认"幻"所说明的存在（经验世界）具有（绝对体的）一部分真实性，因而可以作为感官和认识的真实对象。用我们的术语说，超验世界作为超验对象可以作用于内感官，从而产生超验的认识；部分真实的经验世界可以作用于外感官，从而产生经验的认识。两种认识都是真实的。这实际上是对奥义书所说的二梵和二智的一种解释：上梵——超验境界，上智——超验认识，前者是后者的对象；下梵——经验境界，下智——经验认识，前者是后者的对象。这反映辨喜这一看法：无论是经验的境界或超验的境界都不是不可知的。他继承奥义书哲学，不承认此岸和彼岸之间存在着不可逾越的鸿沟。就是说，辨喜不仅没受到休谟和康德不可知论的影响，反而对他们持批判的态度。

（3）宗教理想。在辨喜的哲学中，一元论与一神论是统一的。一元论表现为哲学，一神论表现为宗教，是同一真理的两个方面。宗教的形式多种多样，例如，印度教、伊斯兰教、佛教、基督教等。不同的宗教又崇拜不同的神。其实，真正的宗教只有一个，真正的神明也只有一个。之所以出现不同的宗教仪式和不同的神的名字，是因为地域不同、国家不同、民族不同和风俗人情不同而形成的。基于这一思想，辨喜提出“世界宗教”或“人类宗教”的理想。他认为，当今世界各种宗教之间存在着相互冲突和相互抨击，但又相互依赖，共同存在。每一种宗教都在宣传自己的教义是最正确的教义。但究竟哪一种宗教的教义是最正确的呢？要解决这个问题，只有缔造一个“世界性的宗教”才能办到，这个世界宗教对一切人敞开大门，不分国籍、种族、种姓、姓氏、出身，只要愿意，便可加入，这个世界宗教是完整的和统一的，它只礼拜一个神，一个真正的神，但它并不消灭宗教的差别和不同的宗教派别，它只是对它们进行协调，引导它们走向信仰一个共同的真神。这既是辨喜的宗教理想，同时也是他设想中的一个“乌托邦”式的宗教。这样理想的宗教虽然已无法实现，但也看出他怀有创造一个世界大同的宗教的宏伟的抱负。

辨喜是一位虔诚而有独创见解的吠檀多论者，是世界著名的吠檀多哲学传播者。他旅行美国和欧洲各主要城市，不遗余力地宣讲吠檀多哲学，受到西方哲学宗教界的重视。他于1897年在加尔各答创建以他老师命名的“罗摩克利希那传教会”。1899年又在喜马拉雅山麓创立旨在宣传和研究吠檀多哲学的“不二论书院”。“罗摩克利希那传教会”发展得很快，除在印度本土各地建立组织外，还在欧、亚、美三大洲的著名都市建立活动中心，形成了“世界综合研究罗摩克利希那——辨喜运动”。这个运动对于西方资产阶级某些哲学派别有着一定的影响。辨喜写作了不少的哲学论著，其中主要有《业瑜伽》、《王瑜伽》、《信瑜伽》、《智瑜伽》、《吠檀多哲学》、《理性与宗教》等。

二 新吠檀多主义

新吠檀多主义是现代印度意识形态领域中最主要的一种哲学思潮。它是吠檀多哲学在现代的历史条件下，沿着近代吠檀多论者特别是辨喜所开辟的路线继续发展而构成的新的形态。它的特点之一是：它把理论（智弥曼差）和实践（业弥曼差）更加密切地结合起来，强调在内心直觉上下工夫，求得对绝对之梵的亲证。然后总结亲证的经验，现身说法，在哲学上构造新的理论体系。特点之二是：它要求研究东西方各国主要哲学流派，并和它们进行横向联系和比较；在比较中吸取它们的优点，丰富自身的理论；它重视现代自然科学的巨大成就及其对社会科学特别是对哲学的冲击，并利用某些科学成果来为自己的原理作注解。特点之三是：它结合现代印度社会生活，赋予吠檀多以新的解释，以便在当代印度思想界中继续保持其主导或支配地位；同时，尽可能地把吠檀多原理应用于解答当代的世界政治问题。

在现代吠檀多论者中有两位最杰出的和最有影响的吠檀多哲学家，他们是奥罗宾多和拉达克里希南。

1. 奥罗宾多（Sri Aurobindo，1872—1950）

奥罗宾多是印度西孟加拉人。他早年在英国受教育，1903 年回印度，在北方巴罗达（Baroda）邦从事反对英国的政治活动，1908 年被捕，1910 年出狱后移居原法属本地治理（Pondichery），在那里创办一所静修院，带领若干徒众，精修瑜伽，潜心反思。在亲证他所谓“神圣生活”后，他总结出一套以神圣经验为基础的新的吠檀多哲学理论，并且不遗余力地撰文著书，在国内外广泛传播。在他的许多哲学论著中，《神圣生活》、《人类循环》、《论瑜伽》、《人类的未来进化》等，特别是第一本，是他总结性的主要哲学著作。他的哲学理论核心由三个方面构成：一体三相论、幻力创世论和精神升降论。

（1）一体三相论。这是奥义书中的一个重要原理，谓梵之自体具有三个神奇的特征或三相——真、意、喜（Sac - cid - ānanda）。奥罗宾多发展了这一原理，用以统一一切矛盾，协调一切对立物。a）真。即真理、真实的存在、纯粹的存在。这是梵的绝对一面。在绝对中，一切平等，诸相寂灭；非一非多，非妄非真。事物的一与多是逻辑作出的明确的判断：因为一是真实，所以多是虚妄；因为绝对是纯在（sat），所以相对是非纯在（asat）。但对真理来说，这种逻辑推断是不全面的，或者说，是片面的。如果把这种片面的推理撇开，在多中求一，必然会发现一在多中；就是说，不离多而求一，不离一而见多；多中有一，一在多中；即多即一，即一即多。真与妄的道理也是如此：真与妄的区别只存在于世间推理之中；在绝对真理中，真与妄或纯在与非纯在的界限完全泯灭，圆融唯一。b）意，谓意识、心识——我。这是梵的相对一面中的精神因素。梵是绝对的实在，但不是无知觉的实在；它既有宏观的宇宙意识（大我），又有微观的个别意识（小我）。我就是灵魂，是承受轮回转生的主体；换言之，我就是世间圣凡升降、生死持续的基础。奥罗宾多说："肯定世上有神圣的生活，在凡人的存在中有超凡的感觉，这种看法会变成没有根据，除非我们不仅承认永恒的灵魂是肉体的居住者，是这件可以损坏的长袍（肉体）的穿着者；而且也承认制造肉体的物质是一种适当的和高洁的物质，永恒的灵魂使用这种物质不断地纺织他的衣服，循环往复地制造他的一系列躯体。"（《神圣生活》，第 8 页）灵魂不死、轮回转生，是奥义书基本原理之一，也是一切唯心主义宗教和哲学的根本标志之一。奥罗宾多毫无保留地继承了奥义书这一理论，正反映他的哲学的唯心主义的基本立场。c）喜，谓喜悦，享受，对物质的享受——物质。这是梵的相对一面中的物质因素。精神和物质是两个对立的范畴，但梵本身是精神和物质的基础，同时包摄精神和物质，散精神和物质二者在梵体中得到协调和统一。奥罗宾多说："既然我们承认纯粹精神在我们之中显示它的绝对自由，承认宇宙物质是我们精神显示的模式和条件，我们就必须寻找一种真理，后者完全能够协调这些对立物，能够在我们的生活中给予它们应占的份额，在我们思想中给予它们应有的证明。"（《神圣生活》，第 26 页）在奥罗宾多看来，物质与精神是同一物的两个方面，但二者不是截然地对立，更不是相互否定；因为如果物质上升到精神，精神也会与此相应下降于物质。物质不可能完全虚假，即使物质被精神化了，它还是被赋予某种性质或实在性。奥罗宾多试图在此构造一种比其前辈更加全面地对待精神与物质的观点。

（2）幻力创世论。刚才说的梵的第三个神奇的特征——喜悦是梵创造世界的“动机”。梵只是出于自我喜悦而创造世界，故称创世为“游戏”（līlā），或者说，创世是梵的一种自我享受。自奥义书时期以来的吠檀多论者几乎一致认为梵的“创世游戏”是通过梵的自身中的幻力（māyā）而实现的。“幻”的本义是虚幻、不真实；而幻现的世界无疑也是虚幻、不真实。人间的经验——苦乐祸福、善恶美丑、成败得失、寿夭穷通、贤愚贵贱，乃至生老病死，无常变易，等等，更加证明这一点。虚幻产生悲观，悲观产生否定：世间一切相对的和受时间制约的事物都不外是心理上的梦境和错觉，或者是一种神经错乱的情景。正如奥罗宾多所描绘的，世间一切功名成就都是幻觉“……人类的奋斗，循环往复，无有止境；而人类的生活和本性依然如故，始终是不完美。法律、组织、教育、哲学、道德、宗教教义都未曾塑造出一个完美的人，更不用说完美的人类……利他主义、慈善与服务、基督教的博爱、佛教的慈悲都不能够使这个世界变得更幸福些；它们只是在这里那里施予极其微小的短暂救济，在世界灾难的火焰上洒落几点雨水而已”。奥罗宾多认为，这种对世界极其悲观的看法也许是过于夸大，但它确实具有不可否认的力量，为人类千百年来的经验所支持；它本身具有一种十分重要的意义，这一重要意义迟早总会以自证不可抗拒的方式闯进人们的心灵。事实也已经证明如此。世界上一些哲人和智者总结和接受了这一意义，并使之构成为一种对世界否定的原则，一种普遍的、压倒肯定的绝对原则，由是产生了对世界持否定观点的各种伟大的宗教和哲学。例如，在印度，否定世界的哲学已由它的两位伟大的思想家释迦牟尼和商羯罗作了最有力和最有价值的阐述。其他哲学家也相继承认和宣传这一否定原则。

奥罗宾多似乎没有百分之百接受这个断然否定世界的原则。他认为，有两条来自同一真实的概念的思想路线：一条是导向普遍的如幻论的路线，一条是导向普遍的实在论的路线。奥罗宾多赞成后者。在奥罗宾多看来，纯粹的实在可以从两个不同的角度来观察，从经验角度看，只见实在幻现的现象，看不见实在的本体；从超验角度看，不仅看见实在幻现的现象，而且能够透过现象看到实在的本身。前一角度的观察叫作“无明”，无明即无知，不知现象依实在而幻起，为现象所迷惑。这便是第一条思想路线和执行这条路线所导致的结果——普遍的如幻论（迷于幻象）。后一角度的观察叫作“明”，明者谓透过现象洞察实在的本来面目，不为实在幻现的现象所迷惑。这便是第二条思想路线和执行这条路线所导致的结果——普遍的实在论。一般说来，第二条思想路线——“明”为哲学论证提不出事实的根据，不易表述清楚，特别是对此岸和彼岸之间的联系难以作出满意的说明。然而，两条思想路线——“无明”和“明”是一对对立的矛盾；对立不是绝对的，二者可以在一定条件下产生联系。因此，奥罗宾多认为，“如果说这个世界是一个为产生更大的创造性动因的领域……如果说包含在这个宇宙的安排中有一种强制——强制无明走向知识，强制不完美的形式向完美的形式发展，强制挫折作为走向最后胜利的步骤，强制痛苦为存在的神圣喜悦的出现作准备”，这可能是一个有说服力的解释。这个解释有两层意义。第一，从“无明”说明“明”的存在，二者都是客观的现象。第二，“无明”和“明”是一对对立又可以相互转化的矛盾。在这里，奥罗宾多列举了几对矛盾转化的例子：从无明转化为知识（明），从不美转化为完美，从挫折转化为胜利，从痛苦转化为喜悦。转化的条件是“强制”。何谓强制？如果可以理解为主观和客观的条件已从量变到了质变的阶段，转化已成为“瓜熟蒂落”的定局，那么这一解释是可以接受的。如果说强制是由某种超自然的力量所操纵，而不是事物本身的内因和外缘所引起的变化，那么这种解释显然还没摆脱形而上学的外罩。尽管如此，奥罗宾多的解释模式不能说没有半点辩证成分（引文均见《神圣生活》，第373—378页）。

（3）精神升降论。奥罗宾多提出他对“梵”和“幻”的新的解释，一方面用来建立他的理论体系的基础，一方面又用来批判传统哲学的两个偏向——物质一元论和精神苦修论（精神一元论），以论证他的完整不二论的正确性。所谓完整，是说既不执绝对的唯物主义，也不执绝对的唯心主义，而是把二者协调和统一于一个包括物质（精神化了的物质）在内的精神实体。这个精神实体本身是绝对唯一，寂然无二；但同时又外现众相——超验的精神特征和经验的精神特征。这些精神特征总共有8个，构成了奥罗宾多著名的范畴系统——精神升降论（或称精神进化论）。8个范畴是：

1. 纯在（Pure existence）
2. 意力（Consciousness force）
3. 喜悦（Bliss）
4. 超心智（Supermind）
5. 心智（Mind）
6. 心灵（Psychic）
7. 生命（Life）
8. 物质（Matter）

这8个范畴实际上是商羯罗的两个基本范畴“名”和“色”的扩展。“名”是精神世界，“色”是物质世界；前者即奥罗宾多范畴系统的前7个范畴，后者即奥罗宾多范畴系统的最后1个范畴。奥罗宾多承认物质具有物质性的存在，但不否认物质可以精神化。这样，他实际上把8个范畴都赋予了统一的精神性。在这统一的精神性中又细分为8个精神层次或级别。8个精神级别有两个相关的发展过程：（一）从第1级（纯在）向下演变到第8级（物质），称为精神下降过程；（二）从第8级（物质）向上升化到第1级（纯在），称为精神上升过程。前一过程在先，后一过程在后；前一过程是后一过程的基础；没有前一过程，不可能产生后一过程。其次，在这两个过程中，第一个下降过程，好像是种子；第二个上升过程因有第一个下降过程的种子，故能在一定条件下出现——萌芽以至开花结果。具体地说，8级范畴中第7级“生命”和第8级“物质”先按下降过程，生命降至物质——物质获得生命成分。其次，按上升过程，物质升至生命——物质中生命成分发展的结果。这就是说，生命和物质的相互发展的关系是，先有生命进入物质（下降过程），然后才有物质升华为生命的可能性（上升过程）。由此类推，第6级心灵和第7级生命的关系，第5级的心智和第6级的心灵的关系，第4级超心智和第5级心智的关系……也是如此。这两个过程合称为“精神进化论”。精神进化论不同于科学的物质进化论。物质进化论只讲上升过程（进化的结果），不讲下降过程（进化因素）。精神进化论同时讲两个过程，而且把下降过程作为上升过程的先导，因为如果不是先有下降过程，上升过程是不可想象的。从猿到人的进化所以成为可能，因为猿先有与人性有关的内在成分；要不然，为什么别的动物没有进化为人类？所以，在奥罗宾多看来，物质进化论是不够全面的。

奥罗宾多的精神进化论是讲人的精神进化。8 级精神范畴中，前 3 级是超验的圣位，后 4 级是经验的凡位；居中的第 4 级（超心智）是圣位和凡位之间的中介范畴。凡人（无智慧者）处于凡位的末位（物质）。凡人通过精修瑜伽和内在反思可以从凡位逐步上升（进化）到圣位。由凡转圣之所以成为可能，就是因为凡中存有圣的成分。精神下降过程实质上就是从圣至凡的过程；精神上升过程实质上就是由凡转圣的过程。或问，人为什么会从圣位下降至凡位？按照吠檀多哲学，那是由于人的最初一念的"无明"（avidyā，无智慧）所引起的。人为什么又会从凡位上升到圣位？那是由于"无明"转化为"明"（智慧）的结果。因此，奥罗宾多认为，站在超世俗的高度看，"无明"和"明"并不是绝对的对立，在一定条件下，无明是一种促使其自身转化为"明"的力量，它只是最高的意识力量的暂时隐蔽而已。

在这里有必要重点介绍一下 8 级范畴中的第 4 级"超心智"。这是一个关键性的范畴，是精神进化论的一个核心概念。根据奥罗宾多的解释，超心智具有"承上启下"和"引下向上"的作用。因为它处于圣位（前三级）和凡位（后 4 级）之间，无论从圣位下降到凡位，或者从凡位上升到圣位，它都是一个中间的过渡阶段；它上可以接圣位，下可以连凡位；所以它的性质很特殊。这主要表现在两个方面：a）超心智作为真理意识——作为精神原则，具有关于超验圣位的全部知识；它接近圣位，有圣位的成分，但还不是完全属于圣位范畴。然而，由于它是一个中介范畴，它既可以使下降过程通过它而顺利地向凡位过渡，又可以使上升过程同样顺利地通过它而过渡到圣位。b）超心智是心智（凡位 4 级中第 1 级）的最后发展阶断，称为心智的顶峰。当心智在上升过程中进化到这个阶段时，超心智便会帮助它过渡到圣位 4 级中的第 3 级"喜悦"；同样，当喜悦在下降过程中降至这一阶段时，超心智也指引它向心智过渡。心智是从属于超心智的一种力量，因而二者各有不同的作用——二者在把握实在方面是有区别的。超心智主要在于把握实在的全貌，而心智由于它自身性质所决定，把整体打破，划分若干部分——心智主要在于制造区别，不仅在于能知和所知之间，而且也在于它所认识的对象之间。心智和超心智之间的这一区别本身是一个指示器，指明这一事实：心智不外是一种要求实现超心智的冲动。

精神升降论（精神进化论）是奥罗宾多哲学的核心部分，是他对吠檀多哲学的重大的、具有独创性的发展。精神升降论的诞生不仅丰富了吠檀多哲学，而且在整个印度哲学界中大放异彩，推动了现代印度哲学向前发展。正因如此，奥罗宾多的哲学受到印度国内外哲学同行的高度重视和评价，并被赐予许多的“美称”：一元论、完整的不二论、完美的唯心论等。

2. **拉达克里希南**（S. Radhakrishnan，1888—1975）

在现代吠檀多哲学家中，最博学的、最具有哲学综合比较才能的哲学家要数拉达克里希南。他既精研了印度传统哲学，又博通希腊哲学和西方古典哲学。这使他能够对东方和西方古今哲学进行比较研究，并把它们融会贯通，形成自己的哲学体系，为现代印度东西方哲学比较研究作出前所未有的贡献。拉达克里希南早年在南印度教会学校接受中学和大学教育，为掌握英国语言和文学打下了牢靠的基础。他转向研究哲学后，一直用英语写作哲学著作，形成一种具有自己特点的优美而流畅的英语风格。他著作中的代表作是《印度哲学》和《唯心主义的生活观》。前者是关于印度哲学发展史的世界名著，后者是他东西方哲学比较研究的结晶。

（1）唯心主义。拉达克里希南的哲学，扼要地说，是商羯罗的无分别不二论在现代的继续和发展，是一种立足于吠檀多唯心主义的现代印度比较哲学。他在他的《唯心主义的生活观》一书中开宗明义便为唯心主义辩解。他在简要地引述东西方古今著名的哲学家关于唯心主义这一概念的论述后认为，观念是实在的部分，我们经常要和它们联系。如果我们不做不同哲学流派之间的争论噪音的俘虏，而是在注视那些产生它们的更深层的思潮，那么我们就好像找到了一种坚持唯心主义见解的强烈倾向，当然，在表述这种见解的语言和风格上是有所不同的。今天，唯心主义在介入我们的问题，并帮助我们对付它们。拉达克里希南甚至认为，把所有的存在归于物质，物质便成为一种非具体的东西，而是一种抽象的观念，因此，绝对的唯物主义就是唯心主义（《唯心主义的生活观》，第16页）。

（2）直觉主义。a）直觉境界。拉达克里希南的哲学核心是直觉主义或直觉认识论。在认识论上他首先区别西方哲学传统和印度哲学传统，前者强调科学、逻辑和人道主义；后者相信自己具有一种比理智更加内在的力量，它使我们亲自体会到实在，不仅仅在其表层或可以辨别的方面，而且在其直接的个体上。对印度教徒说来，哲学是见地，是“见”（Darsana）。“见”意即对真理的洞见，而不是逻辑的辩论和证据。他们相信，心灵通过内在的修持可以摆脱思辨理性和过去习气（印象）的影响，使它自身和客体统一起来；而此时客体的自性得到最充分的体现。他们争辩说，他们能够凭借真理的力量来控制自己的命运。知识就是力量。缺乏这种（内在）知识便是烦恼的根源。明（vidyā）是解脱，无明（avidya）是轮回。直觉的领悟是解脱的手段。谁有这种知识，谁就直接地和当即地以此而得救。“谁认识‘我即是梵’，谁就完全变成为梵。”（《广林奥义》I.4.10、15）“他悟知那至上之梵，他就成为梵的自我。”（《秃顶奥义》Ⅲ.2.9）直觉的洞见是和解脱同一。因此，除非我们体会其本质，心灵和梵打成一片，我们是不能够完全地、真正地知道梵的。作为真理之梵同时是神圣的知识和直觉的智慧。直觉的智慧具体化为宇宙的第一原则。知此道理的人便知宇宙的本体。印度各派哲学对吠陀权威的接受就是承认直觉的见解在哲学的奥义问题上是一种比逻辑论证更加伟大的光体。例如，商羯罗把完整的经验（anubhāva）当作一种最高的领悟。这种领悟也许不清楚，但却是肯定的、生动的。佛教祖师释迦牟尼特别强调“菩提”（bodhi，觉悟）的重要性。众所周知，他不喜欢形而上学的细微分析。在释迦牟尼看来，理性的诡辩是对高级精神生活的障碍。人们要在心灵上下功夫才能获得对实在的知识。实在（真理）不能靠构思去悟得，而只能靠修持而悟得。在早期佛教中，佛教哲学家提出的“般若”（prajnāna，智慧），或称直觉的洞见，就是反映人类心灵的最高活动。印度教和佛教的思想倾向于在追求更高的精神生活中把握人类灵魂的渴望，并把这一事实看做表述宇宙的钥匙。所有批判性的哲学都以此来说明（《唯心主义生活观》，第127—129页)。b) 直觉知识。拉达克里希南认为，知识有概念知识和直觉知识的区别。他说，西方的唯心主义哲学家如布莱雷德、柏格森、克罗斯（Croce，意大利哲学家和评论家，1866—1952）等提出两种知识：直觉知识和逻辑知识。逻辑知识使我们离开个人和真实而进入抽象观念的世界，而直觉知识则使我们洞见个人真实的世界。逻辑知识即概念知识。印度哲学家也有两种知识的理论。这两种知识的术语是：“现量”(pratyakṣa)和“现前”(aparokṣṣa)。按印度逻辑，前者是特指“感官的直接知识”，也是我们常说的“感性认识”；后者是指“非感官的直接知识”。直觉知识就是指“非感官的直接知识”。这种知识产生于心灵与实在的直接融合；产生于存在，而不是产生于感官或象征，是对事物同一的真实知觉。这就是说，知识与实在达到了同一：知识的对象并不是一个见于自我以外的对象，而是自我的一部分。这种和知识同一的对象是一种内在的心灵境界，而不是外在的对象定义。逻辑和语言是一种低级的知识形式，一种降格的知识形式（《唯心主义的生活观》，第138页）。

拉达克里希南指出，印度哲学家关于直觉知识的重要说明是“自我知识”。“我”是我们自觉自己的我，正如我们觉知自己的爱和恨，直接地和它有某种的同一性。自我知识是和自我存在分不开的。这好像就是我们所具有的唯一的真正和直接的知识，其余一切都是推理的知识。商羯罗认为，自我知识既不是逻辑的，也不是感性的，它是一切别的知识的先有条件，它是自我观念的对象，人们由于它的直接出现而知道它的存在。自我知识不可能被论证，因为它是一切论据的基础；它是光，这光既不是自然，也不是人类，却又同时是此二者。总之，在直觉知识中“能知和所知原是一回事”。

（3）哲学的宗教观。拉达克里希南是现代的吠檀多论者，同时也是现代的印度教教徒。说他是现代印度教教徒，是因为他从纯理性角度而不是从传统教规角度来看待印度教和其他宗教，他甚至反对对宗教的非理性主义的盲从。1920年，他发表了他早期有关宗教的著作《当代哲学中的宗教统治》。在这部著作中，他扮演了一个反宗教非理性主义的英雄角色。他从理性主义出发，强烈地批评宗教抓住人类的弱点不放，没完没了地在说教。他把宗教看做是“哲学中的不安定因素”。他说：“宗教系统虽然是哲学的终点，但不应对哲学有支配性的影响。那对宗教或哲学的未来都不会预示吉兆，如果宗教变成为哲学的起点和支配动机的话。”然而，拉达克里希南考察了莱布尼茨、柏格森、鲁道夫·尤金等人的观点，他们出于有神论和宗教的偏向而对哲学一元论加以否定。他本人则不像他们那样去扩大宗教和哲学之间的鸿沟。事实上，他在他的早期和稍后的著作中都曾表示过哲学和宗教之间并不存在根本对立的看法。

拉达克里希南批评印度教，目的在于反对印度教的非理性成分，而不是反对作为一个伟大宗教的印度教。1926 年他在《印度教徒的生活观》一书中，特地为印度教的传统优点进行辩解。他认为，印度教不是一套严厉僵死的教条，而是一种生活方式，一种表现出宽容、同情和视野开豁的特点的态度。显然，他后来对印度教从批评转为辩护——宣扬印度哲学和印度宗教的共同的优点。他的下述一系列著作《人的精神》（1931）、《东西方的宗教》（1933）、《东方宗教和西方思想》（1939）、《宗教和社会》（1947）等充分反映拉达克里希南已把印度教，不，已把东西方各大宗教的超验神圣和哲学的绝对纯在完全统一起来；除在形式上的仪轨之外，他已看不见宗教和哲学的终极目的有什么两样。拉达克里希南被誉为现代印度第一流的积极的哲学家和人道主义者。他的声音总是站在和谐、统一和完整一边而发，以反对所有倾轧和分裂的现象。可以说，在哲学实践中，拉达克里希南基本上摆脱了宗教的形式主义，但摄取和实践了宗教的人道主义精神。

（原载《南亚研究》1989 年第 1 期）

《奥义书》及其唯物论哲学

内容提要 传统的观念认为，在印度哲学发展史上，只有唯心主义哲学，而无唯物主义哲学；或者说唯心主义哲学支配着印度哲学发展史的全过程，而唯物主义哲学只是作为唯心主义哲学的批判对象而存在。近现代的一些印度学者提出要纠正这种偏见，要恢复唯物主义哲学在印度哲学史上应有的地位。对此，作者表示完全赞同。本文着重从印度古籍《奥义书》中摭拾唯物主义的思想，证明印度古代的唯物主义思想资料十分丰富；指出《奥义书》不仅是唯心主义哲学的权威典籍，而且也是印度唯物主义哲学的重要记录。

印度哲学传统地划分为“正统”和“非正统”两大系统。正统和非正统是以《吠陀》和《奥义书》的神圣权威为分水岭，承认者为正统，反之，为非正统。正统哲学主要有：弥曼差论、吠檀多论、数论、瑜伽论、正理论、胜论，即所谓六派哲学。非正统哲学特指耆那教哲学、佛教哲学和顺世论的唯物论哲学。因此，《吠陀》和《奥义书》属于印度正统哲学的经典，耆那教和佛教的经论属于非正统哲学的典籍。

从公元67年至1032年将近一千年中，我国由梵译汉的佛教经论（非正统哲学的书籍）几达五千余卷。然而在这浩若烟海的“三藏”中，几乎找不到一卷介绍印度正统哲学的主要经典——《吠陀》和《奥义书》，这不能不是我国梵汉翻译史上的一大空白。最近，徐梵澄先生译的《五十奥义书》的出版（中国社会科学出版社1984年版）填补了这个空白，这对我国的印度学研究说来是一个具有重大意义的贡献，值得祝贺。本文拟借此机会，对《奥义书》哲学作一扼要的介绍，并将着重从《奥义书》

中摭拾唯物论的思想颗粒，用以说明《奥义书》同时是印度唯心论哲学和唯物论哲学的思想来源。

一

在印度文化传统中有所谓吠陀文献。吠陀文献主要包括两类古籍——《吠陀》和《梵书》。吠陀是一个总称，实际上是指四吠陀：《梨俱吠陀》、《娑摩吠陀》、《夜柔吠陀》和《阿闼婆吠陀》。四吠陀各由三部分组成：一、本集（四吠陀诗集的本身）；二、梵书（解释《吠陀》下述三方面内容的著作：1. 解释《吠陀》的祭祀仪轨；2. 训诂《吠陀》的字源词义；3. 阐述《吠陀》的哲学奥义）；三、经书（解释《吠陀》关于行为准则、道德规范的著作，主要有三种：1. 传闻经；2. 家庭经；3. 法经）。《梵书》虽然是《吠陀》的组成部分，但由于它内容的重要性和独立性，一般把它单列为一类，仅次于《吠陀》。《梵书》也由三部分构成：1.《梵书》（专讲吠陀祭仪）；2.《森林书》（因在林间静处讲授《吠陀》而得名）；3.《奥义书》（专讲《吠陀》哲学）。《森林书》和《奥义书》实际上是《梵书》的附录，由于它们的内容和《梵书》本身相对地独立，故一般又把它们和《梵书》平行并列，以突出它们的重要性。因此，“吠陀文献”又可以说包括四个主要部分：《四吠陀》、《梵书》、《森林书》和《奥义书》。按照这个次序，《奥义书》排在最后，故又称为“吠檀多”（Vedānta，吠陀末分）。吠檀多一词见于《秃顶奥义》（Ⅲ.2.6）和《白骡奥义》（Ⅵ.22）。根据这二书的说明，吠檀多是“知识”，是“密义”；换句话说，就是一种比较朴素的思辨哲学。因此，吠檀多含有二义：按文献说，它是吠陀文献的终结；按义理说，它是吠陀哲学的总结。正因如此，所有较古老的《奥义书》都和《吠陀》有直接的渊源关系。吠陀哲学家之间，由于对《吠陀》的不同的解释而产生不同的吠陀学派，不同的吠陀学派又产生不同的《奥义书》。下表便是最古老的，也是主要的《奥义书》和它们所属的吠陀学派：

1. 《梨俱》
   - 他氏学派：《他氏奥义》
   - 乔尸氏学派：《乔尸氏奥义》

2. 《娑摩》
   - 坦多氏学派：《歌者奥义》
   - 阇弥尼学派：《由谁奥义》

3. 《夜柔》
   - 《黑夜柔》
     - 鹧鸪氏学派
       - 《鹧鸪氏奥义》
       - 《大那罗延奥义》
     - 石氏学派：《石氏奥义》
     - （缺学派名）：《白骡奥义》
     - 慈氏学派：《慈氏奥义》
   - 《白夜柔》：力授氏学派
     - 《广林奥义》
     - 《自在奥义》

4. 《阿闼婆》
   - 《秃顶奥义》
   - 《疑问奥义》
   - 《蛙氏奥义》

上述分属前三种《吠陀》的十一种《奥义书》，公认为最古老且直接阐述《吠陀》哲学的原始作品。属于《阿闼婆吠陀》的《奥义书》比较复杂，学派也不易考定，一般只列出它三种公认较早的《奥义书》，并略去它们所属的学派名字。这样，公认的古老的《奥义书》一共十四种。此后，陆续出现许多新的《奥义书》，到了十五六世纪时竟达二百余种。当然，原始而可靠的《奥义书》仍推上列的十四种。

《奥义书》实际上是一种哲学类书或对话录，确切点说，是这个时期执“梵我同一”论的各家言论集。《奥义书》中提到的哲学家，数达百余名，其中有出身婆罗门种姓者；有出身刹帝利种姓者；甚至有来自下等种姓者。婆罗门和刹帝利这两个高级种姓在各自势力范围的统治（婆罗门种姓在意识形态领域中的至上地位，刹帝利种姓在军政国务中的垄断地位），随着奴隶占有制的发展而日益巩固。这两个处于统治地位的种姓集团一向是相互勾结，相互利用，对广大的下等种姓群众进行无情的剥削和奴役；但同时，由于奴隶制的种姓社会相对安定，以国务活动为己任的刹帝利似有余力和余时去做“分外”的事，干预婆罗门独占的知识范围内的活动。结果，在二者之间产生内讧，相互斗争。这具体表现在，一方面，婆罗门千方百计向刹帝利和其他下等种姓勒索尽可能多的所谓供养、供品（物质财富）；另一方面，刹帝利和一些下等种姓的理论家联合起来参与婆罗门主持的哲学讨论会，在和婆罗门的辩论中显示出高于婆罗门的理论水平，使婆罗门不得不低头认输。这一形势，从总的方面看，预示着哲学逐步脱离宗教思想体系、独自形成一种纯哲学的思想体系这种新的思想倾向即将出现（即指稍后出现的六派哲学、顺世论哲学、耆那教哲学、佛教哲学以及其他所谓外道哲学）。

二

《奥义书》哲学是印度古代自然哲学发展到一个新的阶段的标志——形成比较成熟的唯心论的自然哲学。《奥义书》继承和发展《梵书》的“梵我”原理，集中阐述梵（Brahman）、我（Ātman）、幻（Māyā）三个核心范畴和它们之间在哲学上的相互关系，从而创立梵我同一说。扼要地说，梵、我、幻的基本内涵和相互关系是：梵是客观世界的本原，我为主观世界的本原；梵与我在本体上同一，在形式和作用上差别。幻是主观和客观的现象，产生于梵我本体；现象是虚幻，本体是真实。幻在哲学上是一种观察世界的基本方法，或者说，是一种如幻论的认识论，因为按照《奥义书》哲学，凡是感官（包括内在的意感官）所接触的对象都是由梵幻现出来的境界，不是真实的存在，最终还会复归于梵。梵—我—幻这套唯心论学说，表面上看，似乎是贯穿着十四种原始《奥义书》的主要内容，但细读全书特别是那几种最古老的《奥义书》如《广林奥义》、《歌者奥义》、《自在奥义》、《石氏奥义》、《由谁奥义》、《他氏奥义》和《鹧鸪氏奥义》，就会发现，在《奥义书》的百余名哲学家中，有以耶若婆伽仙人为代表的唯心论多数派，有以邬达罗迦仙人为代表的唯物论少数派。后者虽然占少数，但敢于提出和唯心论者相反的意见，在思想领域中若明若暗地向唯心论哲学家挑战。我们还可以发现，《奥义书》中不少唯物论思想遭到唯心论者的压制和歪曲的批判，或者，被包裹在唯心论和神秘主义外衣之内，像金沙淹没在沙碛之中，须待挖掘和淘洗。因此，要在《奥义书》中探寻唯物论思想，需要花大气力。尽管如此，本文还是想试一试能否在《奥义书》唯心论的沙碛中淘洗出几粒唯物论的金沙。

首先，在宇宙本原这个哲学的基本问题上，《奥义书》唯物论者采取了《梨俱吠陀》中的朴素唯物论观点，而这种观点恰恰和《奥义书》唯心论者的观点针锋相对。《奥义书》唯心论者假设抽象的梵我为宇宙的本原，唯物论者从怀疑进而否定这一说法出发，大胆地提出与此相反的见解——物质原素才是宇宙的本原。关于物质原素唯物论者也有不同的解释，有的唯物论者认为单一物质原素是宇宙的本原，有的则主张复合原素或其他某种物质是宇宙的本原。

（一）单一原素说（认为单一物质原素是宇宙的本原）。1. 水原素说。最初，《吠陀》智者提出水原素乃宇宙的本原。“太初宇宙，混沌幽冥，茫茫洪水，渺无物迹。由空变有，有复隐藏，热之威力，乃产彼一。”（《梨俱吠陀》X. 129）《吠陀》哲学家在这首诗中猜测，天地初开，空无一物，唯有洪水一片，孕育着一物——世界（彼一）。《奥义书》唯物论者完全继承此说，并且具体地作了发挥。他们认为，太初之时，此界唯水，水生实在，实在即梵，梵出生主，生主育诸神（《广林奥义》V. 5）。又说，大地天空，气层山岳，神人鸟兽，草木牲畜，虫蝇蚂蚁等诸物形状，皆由水构成（《歌者奥义》Ⅶ. 10. 1）。“梵对我说：诸水既是我的世界，也是你的世界。”（《乔尸氏奥义》I. 7）这一说法十分典型，它点明：（1）水是世界，是梵—我这两个概念赖以产生的物质基础；离开水，就没有梵我；（2）梵、我、水三者同一的意义：梵我是精神界的幻象，原非真实，真实者唯水，水即梵我的实体；故梵、我、水三者同一的实际意义是：三者同归于唯一的水。2. 火原素说。在《吠陀》中常把火和水并列为世界本原。例如：“洪水泱泱，弥满大荒，摄为胎藏，产生火光，诸天精魄，从此显现。此是何神，吾当供奉？”（《梨俱吠陀》X. 129）有的《奥义书》唯物论者着重发展火原素为宇宙本原的思想。他们认为，火是宇宙的种子，犹如胎儿，怀在母腹，种子成熟，变为宇宙。《石氏奥义》写道：“遍知者火，隐于二木，犹如胎儿，孕妇怀育。警觉男子，应具牺牲，每日行祭，此即是彼。”（Ⅱ. 18）此中“二木”有二解：一解为上木下木，二木和合，产生火种；犹如父母交合，产生胎儿。一解是，一木为"神我"（精神），一木为"自性"（物质），二者和合，产生主观和客观世界，而这一切是宇宙本原火原素存在的表现。3. 气原素说。此说是《吠陀》风原素说的发展。《奥义书》唯物论者把风作为气的一部分。他们认为，宇宙的本原是气，气分为外气和内气，外气是体外的空气（风），内气是体内的气息（呼吸）。空气是外在世界的吸收者：火灭后入于空气，太阳和月亮没落后也入于空气。气息是内在世界的吸收者：人入睡后，他的话语、视觉、听觉、意识都吸入于气息。这是说，精神世界和物质世界俱产生于气，又回归于气。气是宇宙之本，万有之源（《歌者奥义》Ⅳ.3.1—4）。

另一方面，《奥义书》唯心论者也以某种方式承认物质原素火和气是宇宙变化的根本。例如，他们把火和气看做外在世界的本原，把我（意识、灵魂）看做内在世界（众生）的本原。火和气进入世界，化作与它们所进入的每个对象相应的形式。我亦如此，进入众生界，化作与它所进入的每个众生相应的形式，但它并不住在这些变化形式之内（《石氏奥义》Ⅱ.2.9—10）。《奥义书》唯心论者企图在此说明：（1）物质原素火和气是外在世界变化的根本；（2）我是内在世界变化的根本；（3）火、气、我三者都是客观存在的。在我们看来，第一点是正确的，第二点是荒谬的，第三点是正误参半（说火和气是客观存在是正确的，说我也是客观存在则是错误的；因为我是幻想中的精神现象，根本不是实有的客观现象）。同样，有些唯心论者把虚空和绝对之梵联系起来。他们认为，如果把地原素或虚空当作梵来反思，可以获得真正的解脱（《歌者奥义》Ⅶ.9.1—2）。唯心论者这些说法是把具体物质和抽象精神结合起来、借前者证明后者，又用后者统摄前者的一种特殊的思辨形式。《奥义书》唯心论者清楚地知道，他们构思出来的梵是抽象的、假设的，不能作为产生物质世界的基础，只有物质原素才能作这样的基础。因此，他们假设梵的表现形式是物质原素，和梵同一本体，因而可以代替梵作为产生物质世界的基础。《奥义书》唯心论者关于梵我的种种假设虽然荒谬可笑，但他们承认物质原素与梵—我同源，同是具体现象的基础，则不能斥之为完全的错误（说物质为基础是对的，说梵我为基础是错的）。

（二）复合原素说（认为宇宙本原是由若干物质原素合成）。吠陀仙人在一首《万神颂》的长诗中神化了多种物质，并一一赋予它们创造宇宙的神奇品格，其中就有水、火、风、空、地诸原素（见《梨俱吠陀》Ⅰ.168；《阿闼婆吠陀》Ⅺ.6）。《奥义书》的复合原素说是《吠陀》多原素说的继续和发展。一部分《奥义书》哲学家承认，宇宙本原不是单一的物质原素，而是由几种物质原素合成。按《广林奥义》关于宇宙形成的描写，太初之际，乾坤混沌，荡然无物，惟有死寂，笼罩其上；随后我现，由我生水，由水生火，由火生地（Ⅰ.2.2—7）。又按《歌者奥义》记载，火、水、地三者复合而为宇宙本原。火以红为形式，水以白为形式，地以黑为形式，从人间的山河大地到天上的日月星辰都不出这三种形式，或者由这三种形式复合而成（Ⅵ.4.1—7）。有人认为，世界的基础是五种物质原素的混合体。《广林奥义》说："……如是，五重祭仪，五重牺牲，五重的人，世间一切，俱为五重。"（Ⅰ.4.17）五重，指由五种物质的复合。《鹧鸪氏奥义》对五重作了具体的说明：

A. **外在（世界）五重性**

1.	大地	气层	天空	四方	四维
2.	火	风	日	月	星
3.	水	草	树	空间	人

B. **内在（肉体）五重性**

1.	呼吸	遍气	下气	上气	中气
2.	视觉	听觉	意识	言语	触觉
3.	皮	肉	腱	骨	髓

这里所讲的遍气，指遍于全身的气息。此中视觉、听觉、意识、言语、触觉，都属于精神方面。这清楚反映表A是解释物质世界的成分，表B是说明精神世界的成分；而无论前者或后者都是以物质为其基础的。《鹧鸪氏奥义》这个范畴系统，共有30个范畴。《疑问奥义》（Ⅳ.8；Ⅵ.4）提出

一个比这更详细的系统，共有 36 个范畴。它们是：

1. 地 水 火 风 空 （五大）
2. 地微 水微 风微 空微（五微、五原子）
3. 眼 耳 鼻 舌 皮 （五根）
4. 色 声 香 味 触 （五唯、五境）
5. 口 手 生殖器 肛门 足 （五作根）
6. 言说 操作 性交 大便 行走 （五作业）
7. 意 觉 我慢 心 炎光 （五意识）
8. 所知 所觉 执我 所思 所照 （五对象）
9. 气息（命）
10. 生存（因命而存在）

《疑问奥义》这个范畴系统在概括精神现象和物质现象方面显然比较确切和合乎逻辑，尤其是对精神范畴，作了较细致的发展。后期的数论哲学的二十五范畴论正是以此为蓝本。在这个系统中，哪一个范畴是最初的范畴？或者说，产生这些范畴的基础是什么？唯心论者认为梵我（精神）是基础，唯物论者认为原初质料（物质）是基础。在《奥义书》哲学家看来，范畴是说明事物生灭变化的逻辑构架，而构架的基础是“不灭者”（无生灭变化的本体）。谁是不灭者？是精神还是物质？由是引起一场争论。以耶若婆伽为代表的《奥义书》唯心论者在《广林奥义》中断言，婆罗门哲学家称之为不灭者是梵（精神），而不是别的什么（物质）（Ⅲ.8.8）。白骡仙人在《白骡奥义》中更加明确地说，“可灭者是原初质料，不可灭者和不死者是柯罗之神”（I.10）（质料是指物质原素，柯罗是幻想中至上之神）这两位婆罗门智者的话是对不信神不灭论的人的答复，因为后者站在唯物论立场反对唯心论者的神不灭论，指出不灭者是原初质料，根本不是什么神或梵。《广林奥义》是《奥义书》中最古的一种，《白骡奥义》是较晚的一种。二者先后涉及不灭者问题，反映在唯心论者和唯物论者之间这场关于谁是不灭者的论争，开始于《奥义书》早期，一直延续到《奥义书》末期。

（三）金卵说（认为宇宙的本原是一个环状的微型物体）。此说源出《吠陀》：“太古之初，金胎始现，万物之主，生而无两；既定昊天，又安大地。此是何神，吾当供养？”（《梨俱吠陀》X.121）《奥义书》哲学家把金胎改为金卵，更加形象地说明太初世界的本原的物质性：“太初之际，此界为无，其后为有。有复发展，变为一卵。孵育一年，卵壳裂开，分为两片：一片为银，一片为金。银者作地，金者作天；表为群山，里为云雾，脉为河流，液为洋海。”（《歌者奥义》Ⅲ.19）此中“此界为无”一句有不同的解释：“太初之时，此界唯有，独一无二。亦有人云：太初之时，此界唯无，独一无二，由无生有。”（同上书，Ⅵ.2.1）这里表明有两种对立的看法。一种看法认为，太初之际，世界空无一物，笼罩着一片凝厚而死寂的气氛。梵首先出现，创造了意识，由它产生水，由水产生火（《广林奥义》Ⅰ.2.1）。又认为，太初之时，世界唯“我”存在，现形为人，自称“我是”。他感到孤单寂寞，念念想找一个异性伴侣。于是他创造了一个和他一样大小的女人，跟她结合，繁殖后代，是为人类的祖先（同上书，Ⅰ.4.1—3）。这是说，在太初真空状态中，最初出现的是意识或精神。另一种看法认为，由所谓梵或我在太初真空中出现而创造的世界是名称、形式和作业三者的组合体。名称之本是言语，形式之本是眼睛，作业之本是身体。而言语、眼睛、身体三者合成一个“我”或“梵”（同上书，Ⅰ.6.1—3）。这表明幻想出来的我或梵由几种成分构成，本身非实在；但构成它的诸成分却是实在的。所以，事实是：“太初之际，宇宙唯水，水生真实，真实即梵，梵产生主，生主产诸神……”（同上书，Ⅴ.5.1）太初之水是物质，是实有；梵从水生，证明太初唯有，有产生无，无以有为基础（《歌者奥义》Ⅵ.2.2）。就是说，在太初真空状态中最先出现的不是抽象的精神，而是具体的客观或物质。无疑，前一看法是唯心的，后一看法是唯物的。

其次，《奥义书》唯物论哲学家也反对唯心论者把梵我看做内在世界（意识）本原的说法。前边提到，我有“命我”和“遍我”两个方面。当我在客观上表现为遍我时，则与梵同体；在主观上表现为命我时，则是肉体内的意识、灵魂。唯心论哲学家构想两个我的目的是显然的。在他们的想象中，两个我因为在本体上同源同一，可以通过特定的瑜伽行法统一起来，同归于梵。但在此之前，二者在形式上和作用上完全不同。遍我是绝对的精神，常存不变，不受客观规律的制约；它是不死者，是精神的控制者，遍于外在的一切，亦住于内在的一切（《广林奥义》Ⅲ.7.1—15）。命我则不然，它的本质虽然是精神，却受客观规律制约，受肉体活动所留下的影响（即所谓业力）限制——在肉体消亡后，它将随肉体活动留下的善或恶的影响而另寻新的肉体（轮回转生）。唯物论者不承认梵和遍我的存在，只承认肉体内的命我；但命我的本质不是精神，而是物质。它随着肉体产生而产生，随着肉体消亡而消亡；它根本不会随业转生，另找新体。在《奥义书》中，唯物论者一再强调空气（风）为世界的本原。吠陀哲学家阿尼罗仙人在他的《风神颂》中说，（风神）“按所定路线，跨越太虚空，飞行无中止，一日亦不息。诸天之灵魂，诸有之胎藏，正是此明神，任意逍遥游。能听彼声音，不见彼身形；吾应俱牺牲，敬礼此风神。”（《梨俱吠陀》X.168）此中“诸有”是指天、地、空三界，以及生活在三界中的一切天神、人类及其他生物。就是说，包括天上人间一切生物在内的自然界都是由风原素所孕育、所产生。《奥义书》唯物论者发展《吠陀》这一风原素说，把气细分为外气和内气。外气即空气（风），是一种永恒的物质，山河大地，日月星辰，都有一个从产生、变化直至消亡的过程，空气则没有这个过程。内气即呼吸，也是一种永恒的物质；肉体内的诸气（遍气、下气、上气、中气）俱受客观条件的限制，会因条件的变化而变化，以至完全消失。呼吸则不受此限制。死神可以占有人体的各个感官，但无法占有呼吸：无论动或不动，呼吸也不会遭受干扰和毁灭。任何东西都有它衰落的阶段，但不是空气（《广林奥义》I.5.22—23）。可见，呼吸既是一种永恒不灭的物质，又是肉体内的内我。不过，肉体内的呼吸是不是永不停止？由呼吸构成的内我是否就是唯心论者所说的承受轮回转生的主体？这是值得商榷的。但认为气是物质，内我也是物质，不能说没有道理。有的唯物论者认为，内我由意识、呼吸、言语三者构成，而“……意识靠食物来维持，呼吸靠水来维持，言语靠热量来维持”（《歌者奥义》Ⅵ.7.6），明确地承认内我是意识、呼吸、言语三者的集中表现，而这三者是基于食物、水、热量三种物质的。因此，他们把意识、呼吸、言语叫作物质的细质，把食物、水、热量叫作物质的粗质。在后三者中，食物至关重要。这些唯物论者在《鹧鸪氏奥义》中把食物看做原初的生物，是其他生物赖以存在的基础。凡具有物质的三种细质者便具有生命的内我，而内我必须靠食物来维持（Ⅱ.1）。他们甚至认为食物即梵，众生从食物生，生已靠食物来维持，灭已还归于食物（同上书，Ⅲ.2.1）。此中所谓食物即物质的异名。唯物论者似乎在此把唯心论者幻想中的梵我概念还原于物质。

三

印度哲学史的一个“奇特的”现象是，唯心论哲学支配着印度哲学史发展的全过程。唯物论哲学只是作为唯心论哲学的批判对象而存在。近现代的一些持公允态度的印度学者和有马克思主义倾向的哲学家，主张纠正印度哲学史这一“不合理”的现象，试图重建印度唯物论哲学体系，恢复它在印度哲学史上应有的地位。本文对此主张表示完全的支持。

印度哲学从吠陀的萌芽期起，就有唯心论和唯物论两种思想形态和这二者之间的对立斗争。它们有时候楚河汉界，泾渭分明；有时候相互渗透，难分难解；在许多情况下，唯心论占了上风，唯物论遭到歪曲和批判，或者，唯物论的思想内容被重重包裹在密封的唯心论外壳之内。特别是到了吠陀末期，《奥义书》作者只就《吠陀》和《梵书》的唯心论哲学进行片面的总结，使唯心论成了书中左右全局的主角，唯物论只是扮演一个无足轻重的配角，受到唯心论进一步的封锁和压制。在《奥义书》之后（约公元前600—前200），印度思想界出现了一个新的局面：各种宗教组织和哲学派别相继建立，相互争鸣；其中多数继承《吠陀》和《奥义书》的唯心论思想而成为唯心论哲学派别，少数继承《吠陀》和《奥义书》的唯物论思想而成为唯物论哲学派别。后者在前者的联合围攻下，不久便销声匿迹，或者隐伏起来，处于潜存的状态。这种状态竟一直延续了两千余年。

当然，唯物论虽然在印度哲学史上没有形成具体的哲学派别（除了昙花一现的顺世论以外），但不能说唯物论的思想不存在。正相反，唯物论思想的潜在影响，千百年来，依然未衰，而且常常使唯心论学派感到它的存在和威胁，不敢放松对它的批判和压制。在本文里，我们对《奥义书》中的唯物论思想所作的重点探讨，目的之一就是要还《奥义书》的本来面目：《奥义书》不只是唯心论思想的权威典籍，而且也是唯物论思想的重要记录；在《奥义书》中，唯心论哲学虽然占着主导地位，但时刻受到唯物论观点的挑战。目的之二就是要证明印度古代唯物论的思想资料十分丰富，在浩瀚的《吠陀》文献和各类哲学著作中，随处都可以透过唯心论和神秘主义的纱罩看到唯物论思想的颗粒或闪光点。只要运用辩证唯物论和历史唯物论的科学方法进行认真的探索和精心的整理，重建印度唯物论哲学体系或学派，为它在印度哲学史上正名，是完全可能的。

（原载《哲学研究》1986 年第 4 期）

奥义书的禅理

禅，是一门高深的思维科学。在印度既有禅的理论，也有禅的实践。禅，随着印度佛教的传播而传入中国，受到中国佛教徒特别的钟爱，并被结合中国实际，发展成为具有浓厚中国佛教特色的禅学，即所谓如来禅、祖师禅。然而，无论是印度本土的禅，或是从印度传到其周边国家的禅，都可以在奥义书中找到它们的根源。本文正是就此进行探讨，阐述禅那在奥义书的原始模式，论证禅那、瑜伽（yoga）和圣字唵（Om）是以奥义书的“禅法六则”作为实践的理论基础，可以总称之为“定”（Samādhi）或定的异名。由是得出结论，奥义书禅法是印度本土和从印度传到别国禅法的原始形态。

在印度婆罗门教传统的吠陀文献中，奥义书是第一部阐述禅法的经典。后奥义书的宗教哲学流派，包括印度佛教在内，几乎都是在继承奥义书禅理基础上发展、建立各自的禅的理论模式和实践方法。换句话说，印度各种宗教（包括佛教在内）和哲学流派，都可以在奥义书中找到它们的禅法的共同原始形态。本文特就此作概要的探讨。

一 禅那的模式

禅那 Dhyāna，梵语动词根“dhyai”，意为“思维、思念、思考”，由它派生构成的抽象名词有两个形式：一个是“dhya”，见于《梨俱吠陀》，是古老的形式；一个是“dhyāna”，见于后吠陀的奥义书，并由此逐渐形成为一个被各个哲学流派接受的共同术语。Dhyāna 传到中国后，被音译为“禅那”，或略说为“禅”。它的意译在唐以前是“弃恶、功德丛林、思惟修”；唐以后的意译是“静虑、思维、摄念”。最初，在奥义书中“禅那”

是指修订过程中出现的一个重要心理活动。《歌者奥义》（Ⅶ.1—26）描绘这个过程共有26个心理活动或阶段：1. 名（nāma）；2. 言（Vāc）；3. 意（manas）；4. 愿（samkalpa）；5. 心（cita）；6. 静虑（dhyāna，禅那、禅）；7. 知识（vijnāna）；8. 力量（bala）；9. 食物（anna）；10. 水（āpa）；11. 热（tejas）；12. 空间（ākāśā）；13. 忆念（smara）；14. 希望（ā śā）；15. 呼吸（prāṇa，生命）；16. 谛（satya，真理）；17. 智（vijnāna）；18. 慧（mati）；19. 信仰（śraddhā）；20. 成就（niṣṭhā）；21. 活动（kṛti）；22. 快乐（sukha）；23. 无限（bhūman）；24. 有限（alpam）；25. 我（aham，ātman）；26. 一切来自于我（ātmata evedam sarvamiti）。从哲学上看，这个定中心理活动过程具有如下的重要意义：（一）过程中的第1、2位（名、言）和第9至第12位（食物、水、热、空）表明物质首先存在，意味着定中的心理活动是基于对物质存在的反映而引发的。（二）过程中的第6位（静虑—禅那）、第7（知识）和第19位（信仰）表示禅定、智慧、信仰三者在内心寻求悟证梵—我谛理上的相辅相成的密切关系；正如佛家经常强调“戒、定、慧”三学是导向般若真空、涅槃寂静的正道（佛家的三学无疑是对奥义书的禅定、智慧、信仰三者的发展和完善）。（三）过程的末位（一切来源于我），是说修定者已在定中修完整个心理过程，在过程的尽头悟证到我的真理；这个“我”是个我与真我的统一，修习禅定的最高成就，终结在“一切即我，我即一切”——心物相即相融的胜妙境界。是故《歌者奥义》哲学家称赞说：

> 见到此者不见死，不见疾病与痛苦；见到此者见一切，于一切处得一切。

歌颂中“此者”是指谁而言？《白骡奥义》（I.3）说：

> 禅那与瑜伽，随悟即见到：隐藏于自德，神明之自力。
> 彼正是唯一，总持并支配，从时直至我，所有诸因素。

奥义书哲学家在这里点出“此者”乃是唯一的神明的自我力量。“神明”

即数论哲学的第一范畴“神我”。“自德”是说困扰着神我自身的三种属性：喜（轻清）、忧（冲动）和暗（愚钝）。修道者苦修禅那与瑜伽，由此便能悟知、见到被“三德”（三属性）遮蔽起来的神我本来面目。神我即世界主、自在天。“从时直至我”的“时”是物质世界，“我”即精神世界。世界主是所有这一切物质的和精神的现象的创造者和持有者，因而也是这一切的产生、存在和消亡的根本原因。神我本来唯一不二，清净无染，包摄大千，常存遍在。在禅那与瑜伽的加行过程中见到“他”，自然就是见到不死者，见到宇宙万有的创造者，因而获得包括解脱生死烦恼在内的一切。

《白螺奥义》这个颂实际上是对《歌者奥义》26 个定中心理活动的次序进行调整，把其中第六位的“禅那”、第 7 位的“知识”、第 17 位的“智”和第 18 位的“慧”合成为“禅那”（定）和“悟知”（慧）。二者似有先后，但实质上是相辅相成，是二而一，是习定的重要手段，在向超验的精神顶峰攀登中共同起着无可代替的决定性作用。这就是说，“定、慧”的修持，到了超验的深层次时，便能当下直接地顿悟，亲证“一切来源于我”的梵—我一如的境界。

对于这种在深层次的定慧加行中所产生的超验效应，同书第一章第 11、12 两个颂还有更确切的表述。

> （11）悟知神明已，粉碎众桎梏；由灭除烦恼，断绝生与死。沉思彼之故，产生第三境；肉体消亡时，升华世自在；单独住世时，众愿得满足。

此颂具体地描述定慧加行深入到精神世界的超验阶段时所产生的神奇的效应。颂中的“悟知”（jnāna）即是“慧”，“沉思”（abhidhyāna）即是“定”。“第三境”意即“第三种情况或作用”。定、慧是同一超验性质，互为因果——定是慧中之定，慧是定中之慧；二者的作用共有二种，但范围各有侧重。“慧”的作用一是悟知神明，砸碎精神枷锁；二是消灭烦恼，脱离生死。“定”的作用，即所谓“第三境”。这有两个方面：一是在肉体消亡时，灵魂（个我）立即与神（真我）同一，逍遥自在，充遍宇宙；

二是若单独生活在世间，一切愿望得满足。

（12）彼常住于我，为智之所知；但在此之外，更无可知者。
悟知受所受，及其起动者，一切俱说已；此即三重梵。

此颂强调，只有从禅定中产生的智慧才能悟知“三重梵”的原理。颂中的“常住于我”是指住于我中的真我，是智慧的对象。“受”是能享受者（神），“所受”是被享受者（宇宙万有），“起动者”即创世主，一切事物的产生、存在、消亡的支配者。这三者是“梵”的三种天然的属性——一梵三用（一体三相），故曰：“三重梵。”梵的三相（三特征），内涵无限丰富，摄尽了世间能够用语言文字表述的一切抽象或具体的范畴、概念，“一切俱说已”即指此意。

二　禅那与瑜伽

从上节所论，可以看到禅那在早期《歌者奥义》26 个定中心理活动系列中处于并不重要的第 6 位。而随着奥义书禅理的发展，禅那逐步上升到左右修订成败的关键位置——和瑜伽（Yoga）同一起来，构成为直接悟证“梵我”真理的主要手段。较晚的《慈氏奥义》（Ⅵ. 18）说：

实现与梵同一，应知其加行规则：调控呼吸（prāṇāyāma）、抑制感官（pratyahāra）、禅那静虑（dhyāna）、总持意念（dhāraṇā）、觉观思维（tarka）、三摩提定（samādhi）。此六者称曰：瑜伽（Yoga）。

按此瑜伽加行，便能：

犹如见者亲见证，辉煌金色创造主，自在原人及梵胎；如是智者舍善恶，圆融统摄一切法，会归最胜不灭者。

这段引文清楚地说明“瑜伽”包摄着“禅那”和“三摩提”；三者（瑜

伽、禅那、三摩提）事实上都是“定”的意义，是三个内涵相同、名称相异的术语。然而，瑜伽是禅那和三摩提的发展，具有比较丰富的理论和实践两个方面的意义：

（A）理论的意义。瑜伽，是梵语“yoga”的音译，是从动词根“yuj”派生而构成的抽象名词。yuj 原意为“（给牛、马）上轭、套轭；相连、相应”。在《梨俱吠陀》中，瑜伽除了保留词根的原意外，还有“时机、时代”① 和“财产、财物”② 等意义，但常见常用的是词根的原意。到了后吠陀的时代，特别是在奥义书中，瑜伽有了哲学上的新义，甚至被拔高为“原人”理论的一个内容。原人（Puruṣa）理论最初见于《梨俱吠陀》（X. 90）：

原人之神，微妙现身，千头千眼，又具千足；
包摄大地，上下四维，巍然站立，十指以外。(1)
唯此原人，是诸一切：既属过去，亦为未来；
唯此原人，不死之主，享受牺牲，升华物外。(2)

这里，吠陀仙人哲学家提出“原人”作为最高的哲学范畴，设想“他”为绝对抽象的精神实在——不死之主；同时，由自身外化为宇宙创造主，创立时空和大地的一切。这一理论为奥义书哲学家继承下来，并创造性地加以发展：

太初之际，唯我独存，原人为形，环顾四周，除我之外，不见其他。③

不死原人，于此大地，永放光辉；不死原人，内我为体，永放光辉；他正是我，此是不死，此即是梵，此即一切。④

---

① 《梨俱吠陀》Ⅰ. 30—7。

② 同上书，X. 166. 1。

③ 《广林奥义》Ⅰ. 4. 1。

④ 同上书，Ⅱ. 5. 1。

奥义书哲学家在原人理论基础上发展了两个新范畴——梵、我，并赋予此二者与原人相等的内涵。这样，原人、梵、我三者是异而实一——一体三说。三者的次序是先“原人”，后“梵我”。随着奥义书哲学的发展，这个次序被逐渐颠倒过来，即先“梵我”，后“原人”；原人甚至在许多场合为梵我所代替，这在《鹧鸪氏奥义》第二章中有典型的阐述。此书作者似乎要突出梵我的新理论，故以梵我为“体”，以原人为“相”，阐述奥义书这一核心理论——梵—我一如论。按照这个理论，梵（我）有绝对一面和相对一面；前者称为无形（无特征）之梵，后者称为有形（有特征）之梵。“以原人为相”就是指无形之梵借自身的幻力（摩耶，māyā）外现高大而神圣的原人形象——经验世界的创造主。其次，作者认为原人的头部象征着“虔诚 śraddhā”，他的右侧表示“规律 ṛta”，他的左侧表示“谛理 satya”，他的身体象征着“瑜伽 yoga”，他的下部象征着“宏大 mahat”和“基础 pratiṣṭhā”；换句话说，原人本身具有这五个方面的内容。值得注意的是，作者在这里把“瑜伽”和原人联系起来。在这位奥义书哲学家看来，瑜伽（原意为“联系”）在这里已被看做走向超验世界的一个重要的精神范畴，一种高级的思维活动，是和神圣的超验境界——原人密切联系着的。

（B）实践的意义。理论上的瑜伽是讲瑜伽的哲学道理，实践上的瑜伽是讲瑜伽的加行方法；前者指导后者，后者实现前者。前文所列《慈氏奥义》中的六条瑜伽加行规则正是实现理论上的瑜伽的正确的具体措施或方法。六条规则中的第一条“调控呼吸”和第二条“抑制感官”是瑜伽实践的第一步，是一切禅定的基础。《白骡奥义》（Ⅱ.8—15）对此作了详细的说明：第一，（瑜伽行者首先）选择一个土地平坦、环境雅静、离诸喧嚣的地方。第二，就地盘膝打坐，双目闭合，身体挺直——胸、颈、头三部分端正笔直；然后，感官和意识脱离与外境的接触，摄入于心。第三，调节体内气流运动，使用鼻孔，减弱呼吸；犹如御者，驾驭野马，瑜伽行者，控制心意，勿使放逸。第四，潜心静虑，集中思维，到了一定程度，便会在定境中出现某些自然现象（如日月星光，风火水气，烟雾荧光等），自觉身体轻松，颜脸光洁，声音悦耳，气味馨香，排泄容易。这些定中景象被认为是瑜伽加行的初步结果，也是在瑜伽实践过程中亲证梵的初级形象。

在定中亲证梵的初级形象，表明瑜伽加行进入纯心理活动（纯精神的意境）。按照《白骡奥义》（Ⅱ.4.1），心理活动有两个阶段，即“意识”阶段和“了知”阶段。前者是说外感官与外在境界接触而产生的认识（感性认识），后者是指内感官与内在对象接触而产生的认识（理性认识）。内在的理性认识（了知）的对象正是原人所包含的五种内涵——虔诚、规律、谛理、瑜伽、宏大；或者说，开始取得超验性的认识，因而能够取得和原人的超验境界相应的效应。奥义书哲学家对这内在的瑜伽效应作了结论性的肯定：

彼实难得见，隐藏不显现，坐在秘密地，住于深远处。
借修内瑜伽，智者始悟知，亲见此神明，舍离苦与忧。[①]
五知根与意，活动俱静止，菩提觉不动，此称最妙境。
念此即瑜伽，安稳持诸根，是时离放逸；瑜伽来又去。[②]

这两个颂总结实践“内瑜伽”过程中所产生的实际效果——摄眼等内外诸根、消除产生意识的条件，体验不动菩提妙境，亲见隐藏内心深处的神明：“获得内在的满足，获得二相违忍（苦乐矛盾消失），以及安乐寂静……”[③]

三　禅那与唵

奥义书哲学家根据对宇宙的直观观察，运用梵语字母为宇宙现象制作一套并不系统、但含有神秘意义的符号——为一些主要的自然现象（如地、水、火、风、空或大气层、明、暗、雷、雨、时间、空间，以及幻想中的鬼神，等等）建立代号，并借此来对自然现象进行说明。这些代号（密码），从较早的《歌者奥义》开始，到较晚的《慈氏奥义》，逐步发展

① 《石氏奥义》Ⅰ. 2. 12。
② 同上书，Ⅱ. 3. 10 11。
③ 《慈氏奥义》Ⅵ. 2 9 。

成为一个神秘符号系统。

奥义书这个神秘符号系统的中心符号——符号中最重要的一个是“om”。om 的元音“o”是一个复合元音，由“a + u”复合而成。故 om 也写作“aum”，常常交替使用。om，汉语传统音译为“唵”或“蓬”；意译为“极赞、极致”。在奥义书中，此字被赋予深奥的神学和哲学的内涵。在神学上，om 字是婆罗门教（印度教）三大主神的密咒（代号、密码）。om 字的 a、u、m 三个成分中，“a”代表遍人天（Viṣṇu，毗湿奴），“u”代表紧思天（Rudra 鲁陀罗，吠陀后的湿婆 Śiva），“m”代表大自在天（Brahmā，大梵天）。它是人神万众一心同念、同归的根本的秘密神咒。它还被尊为婆罗门教三大圣典——《梨俱吠陀》、《娑摩吠陀》、《夜柔吠陀》的精华、核心。它的神秘作用（神秘的知识内涵，神秘的美妙效应）被无限地夸大为包摄甚至超越三大神明和三大圣典。[①] 在哲学上，om 字是印度唯心主义哲学范畴系统中的最高范畴——梵（原人、我）的别称，被赋予与梵一样的哲学内涵，包摄着经验世界和超验世界的一切；此岸众生，彼岸神明，都住在这个圣字之中：“aum kāra evedam sarvam，om 字就是这个世界的一切。”[②] “aum iti brahma，aum itīdam sarvam、om 就是梵，om 就是这个世界的一切。”[③] 复次，“aum，此字（akṣara）即此一切；它的解释是：过去、现在、未来，一切唯此 aum 字。此外，超三世者，亦惟此 aum 字”[④]；“一切皆此梵，此我即是梵，此我有四足”[⑤]。

奥义书哲学家制作了好几个。m 字所摄的范畴系统，其中《歌者奥义》和《慈氏奥义》二书所列者较为详细。

A.《歌者奥义》（第 2 章）的五重精神性的和物质性的。m 字范畴系统：

---

① 《歌者奥义》Ⅰ.1—9；《慈氏奥义》Ⅳ.5。

② 《歌者奥义》Ⅱ.23.3。

③ 《鹧鸪氏奥义》Ⅰ.8.1。

④ 《蛙氏奥义》第 1 则。这里的 akṣara 有二意：（一）文字；（二）不灭；意指 om 是不灭之圣字。

⑤ 《蛙氏奥义》第 2 则。说明 om 字在哲学意义上就是“梵我”。“此我有四足”意指梵外现为“个我”时有四个心理活动阶段，即，醒位、梦位、熟睡位、第四位（超验意境）。

om(唵)

↓

包摄

- 五重物质
  - (1) 地　火　大气层　太阳　虚空
  - (2) 风　云　雨　电　雷
  - (3) 云　雨　水（东流）　水（西流）　洋
  - (4) 春　夏　雨季　秋　冬
- 五重精神
  - (1) 绵羊　山羊　牛　马　人
  - (2) 呼吸　语言　眼睛　耳　意

B.《慈氏奥义》（第6章）按om字三个成分——a、u、m所含不同的意义提出一个三重形式的范畴系列：

om字包摄
1. （性别三形式）：阳性、阴性、太阳。
2. （光的三形式）：火、风、太阳。
3. （王权三形式）：梵天、紧思天、遍入天。
4. （口呼三形式）：家主祭火、（祭坛）南文祭火、东方祭火。
5. （知识三形式）：《梨俱吠陀》、《夜柔吠陀》、《娑摩吠陀》。
6. （时间三形式）：过去、现在、未来。
7. （世界三形式）：大地、大气层、虚空。
8. （热的三形式）：气息、火、太阳。
9. （滋养三形式）：食物、水、月亮。
10. （思维三形式）：智、意、我（灵魂）。
11. （气息三形式）：呼吸、下气、遍气。

这个表的3、5、7、10四个形式属于抽象范畴，其余属于具体范畴。在奥义书哲学家看来，om 字密咒像一个神奇的“容器”，储存着整个宇宙。经验世界的语言逻辑，概念范畴，尽管多不胜数，也只能描绘、解释这个神奇“容器”中的极其有限的内容（少数自然现象）。至于想要探索、悟知它的全部内容（宇宙真理），这固然是超凡人圣者的事；凡愚俗流，尽管三毒未除，但如能信受奥义书智者的教导，决心皈依，持念 om 字神咒，也不能说完全与此绝缘，望洋兴叹。

奥义书智者的教导是：修行者不仅仅要在理论上理解 om 字与梵同一的原理，而且还要采取一种修持方法，使自己的心灵内在地亲证与梵同一的胜妙境界；只有这样，才能在精神上彻底地解脱世间苦恼，获得永恒安乐。奥义书智者指出，实现这一要求的修持法，正是“om 字禅法”①。他以弓与箭的关系形象地描写 om 字禅法的作用——om 字与梵同一的境界：

> 圣字 om 是弓，箭则为自我，说梵作鹄的，瞄准射出去；与梵相结合，如箭之中的。②

这个颂阐明实践 om 字禅法的重要意义：将“自我”的意念（喻如箭），集中在 om 字上（喻如弓），瞄准至上之梵（喻如目标），坚持冥思、参究下去，直至意念与梵合一（喻如箭中鹄的）。这就是说，om 字禅法是使“个我”走向与梵合一的有效捷径。奥义书智者称此为“有声之梵”与“无声之梵”的结合：

> 应知有二梵，声梵及上梵；了知声梵者，悟入于上梵。③
> 上下梵之神，名字称曰 om；无声空实在，应记脑门上。④

这两个颂涉及奥义书的二梵理论：（一）梵有绝对一面和相对一面，前者称为上梵，后者称为下梵。上梵又叫作无相之梵和无声之梵，下梵又叫作

① 《歌者奥义》I. 1. 1；《鹧鸪氏奥义》 I. 8. 1。
② 《秃顶奥义》 II. 2. 4。
③ 《慈氏奥义》 VI. 22。
④ 同上书，VI. 23。

有相之梵和有声之梵。（二）上梵是体，下梵是相，“神”即体相（用）合一的绝对唯一，无声无相（空实在）。（三）om 字神咒被看做“有声之梵”，是悟入“无声之梵”的直接手段。om 字甚至被拔高为代表二梵之神的名称。故持念 om 字密咒，即是持念二梵之神的名号，即是赞美二梵之神的威德。

《蛙氏奥义》的权威注释者、吠檀多学派的创始人乔荼波陀在他的名著《圣教论》（Āgamaśāstra）中盛赞持念代表二梵之神名号的 om 字所获得的效应或功德。这里特引该书第 1 章末的几个颂作为本节论述的结尾：

25. 心与 om 字应相应，om 字即是无畏梵；常与 om 字相应者，住何处所俱无畏。

26. 牢记 om 字即下梵，om 字同时是上梵；无前无内亦无外，om 字无二亦无变。

28. 须知 om 字即自在，住于一切之心中；悟得 om 字遍一切，智者安然无忧虑。①

四 结语

就上述议论，我们可以作如下的归纳：（一）“禅”是奥义书哲学家最先提出来的，并且从理论和实践两个方面进行了比较系统的阐述。理论，即他们设想中的“梵（原人、我）”的原理；实践，即他们创造的使“个我”（意识、灵魂）复归于梵的修持方法——禅那、瑜伽、om 字密咒。这三种修持方法，从形式上看，三者似有先后，但事实上，三者是同一禅定（samādhi）的三个名称，因为三者所要达到的最终目的同是梵的境界，正如瞄准同一鹄的射出的三支箭。（二）《慈氏奥义》（Ⅵ.18）所列瑜伽加行的六条规则——1. 调控呼吸；2. 抑制感官；3. 禅那静虑；4. 观觉思维；5. 总持意念；6. 三摩提定，实为一切禅法的最初基础。印度古今各

① 拙译《圣教论》（《蛙氏奥义颂》），载《东方文化》集刊，第 1 辑，商务印书馆，1989 年，第 62—65 页。

派宗教哲学（除唯物论的顺世学派外）全都接受了这六条规定，并以此为依据发展各自的禅法系统。最典型的是婆罗门传统六派哲学的瑜伽哲学，它的根本典籍《瑜伽经》所使用的范畴术语几乎和奥义书一模一样。佛家小乘禅法，入门第一课就是练习“安般念”（安般念定）。① “安般”（ānāpna）意即“呼吸、出入气息”。“安般念”意即“以意念来调控呼吸”；“安般念定”意即“以调息为入门的禅定”。简单地说，“安般念”是佛教小乘习禅程序的第一个步骤。对照奥义书瑜伽加行六条规则，“安般念”正是其中的第1、2条，“安般念定”正是第6条。显然，佛家小乘禅法是在奥义书禅法的基础上发展而成的。（三）奥义书六条瑜伽规则不仅是印度本土禅法的渊源，而且也是从印度传到他国的禅法的基础。例如，中国的“止观”（samatha – bhāyanā），从意义上说，概括了奥义书瑜伽加行六则。可以这样说，中国的止观系统是对奥义书瑜伽加行六则的创造性的发展。特别要提及的是 om 字密咒，传到中国后，竟发展成为中国佛教密宗的咒语系统中的中心咒语、最神秘的神咒。它的内涵比原来婆罗门教所赋予的更加丰富、更加超越。因此（四）本文可以暂时作这样的结论：奥义禅法是包括印度本土和从印度传到他国的一切禅法的最初的，或者说，最原始的形态。

（原载《世界宗教研究》1996 年第 4 期）

① 安般念 ānāpāna – smṛti，安般念定 ānāpāna smṛti – samādhi。参看安世高译《安般守意经》；玄奘译《俱舍论颂》第 8 章；叶均译《清净道论》（中国佛教协会，1981 年），第 78—79 页及第 240—241 页。

奥义书的禅理(下篇)[1]

一 “禅”的哲学与修持

奥义书哲学家在《歌者奥义》阐述定中26个心理活动（概念）的同时，把它们与奥义书哲学的最高范畴“梵—我”联系起来，赋予它们以“梵—我”的哲学内涵。他们提出表述这一原理的方法是很独特的。例如，“……大地似乎在参禅，上天似乎在参禅，水域似乎在参禅，山岳似乎在参禅，天神与人似乎在参禅。因此，在众人中悟得伟大真理者，他就好像获得禅的一部分……是故应参禅”。这则奥义阐述设定的超验实在“梵”是经验世界的本原，在这个视角上，经验世界的精神现象（如参禅）和物质现象（如天上地下、山水人神）是不一不异的。不一，是说二者（精神现象与物质现象）在经验意义上，相对地有差别；不异，是说二者在超验意义上，绝对地无差别。同书（Ⅶ.6.2）说：

> 事禅如梵者，随禅修所至，随得如意行，彼事禅如梵。

这个颂说明“禅”被赋予“梵”的内涵，二者同一。颂中“事禅如梵”意即在哲理上把“禅”拔高到与“梵”相等，即禅即梵，即梵即禅。“随禅修所至，随得如意行”表示按照“禅—梵相融”原理来修定，禅修到什么程度，便证得什么程度的梵理——“如意行”（定即“自由、解脱”），“好像获得禅的一部分”（定即是梵的一部分）。在这里，“禅”显然和

---

① 《奥义书的禅理》有上下两篇。上篇见于拙著《印度哲学》（第237—250页）。本文是下篇。

“梵”一样，是被参究的对象。

二 “禅”与 om 和瑜伽

“禅”作为被参究的对象，等同于圣字“唵”。此字的梵语原文是“aum”，见于奥义书，后又简写为“om”；汉语传统音译作“唵”或“蓬”，意译是“极赞、极致”。《鹧鸪氏奥义》（Ⅰ.8.1）说：“om 就是梵，om 就是这个世界的一切”。

这就是说，“梵、禅、唵”三者是形异义同——在哲学上，三者同一超验含义，同是被参究的对象。复次，om 的元音“o”是一个复合元音，由“a + u”复合而成。故 om 包含三个字母“a、u、m”（即最初见于奥义书的形式 aum）。它是奥义书神秘符号系统中的原符号。在神学上，“a”是遍入天（毗湿奴）的代号，“u”是紧思天（鲁陀罗）的代号，“m”是大自在天（大梵天）的代号。在哲学上，om 字具有不可思议的超验作用，它总摄三大神为一神，总摄“原人、梵、我”三位为一体，总摄经验世界所有精神现象和物质现象。它像一个神奇的“容器”，储存着整个宇宙。所以奥义书哲学家强调“om 字就是这个世界的一切”；“aum，此字即一切，它的解释是：过去、现在、未来，一切唯此 aum 字。此外，超三世者，亦唯此 aum 字”（《蛙氏奥义》第一则）。总之，这些奥义是在说明“禅、梵、唵”是被参究的超验对象，并且指出修订者必须采用参禅的方法来参究它们。

“禅”作为参究的方法相等于“瑜伽”。梵语“yoga”，汉语音译为“瑜伽”。Yoga 是从动词根 yuj 派生而成的抽象名词，原意为“（给牛、马）上轭、套轭、相应”。在《梨俱吠陀》（Ⅰ.30—37；X.166.1）里，瑜伽除了保留词根的原意之外，还有“时机、时代”和“财产、财物”等意义，但常见常用的是词根的原意。奥义书中的“yoga（相应）”是说通过禅那而与“梵我”真理相应的方法。禅那，在早期《歌者奥义》26 个心理活动中处于并不重要的第 6 位。随着奥义书禅理的发展，禅那逐步和瑜伽同一起来，上升到左右修订成败的关键位置。《白骡奥义》（Ⅰ.3）说：

禅那与瑜伽，随悟即见到，隐藏于自德，神明之自力。
彼正是唯一，总持并支配，从时直至我，所有诸因素。

《白骡奥义》这个颂实际上是对《歌者奥义》26个定中心理活动的次序进行调整，把其中第6位的“禅那”、第7位的“知识”、第17位的“智”和第18位的“慧”合成为“禅那”（定）和“悟知”（慧）。二者似有先后，但实际上是相辅相成，是二而一，是习定的重要手段，在向超验的精神顶峰攀登过程中共同起着无可代替的决定性作用。这就是说，“定、慧”的修持，到了超验的深层次时，便能当下直接地顿悟“一切来源于我”的梵我一如的境界。较晚的《慈氏奥义》（Ⅵ.18）提出包括禅那在内的瑜伽六法——瑜伽的六个方面的内容：

实现与梵同一，应知其加行规则：调控呼吸、抑制感官、禅那静虑、总持意念、觉观思维、三摩提定。即此六者，称曰瑜伽（yoga）。

这段引文清楚地说明“瑜伽”包含着“禅那、三摩提”，三者（瑜伽、禅那、三摩提）事实上都是“定”的意义，是三个内涵相同、名称相异的术语。这六条瑜伽加行规则正是实现禅那与瑜伽同一，构成对被参究对象进行参究的正确方法——借此能够悟见到“隐藏于自德，神明之力量”。再者，六条规则中的第一条“控制呼吸”和第二条“抑制感官”是瑜伽实践的第一步，是一切禅定的基础。《白骡奥义》（Ⅱ.8—15）对此作了详细的说明：第一，（瑜伽行者首先）选择一个土地平坦、环境雅静、离诸喧嚣的地方。第二，就地盘膝打坐，双目闭合，身体挺直——胸、颈、头三部分端正笔直，然后，感官和意识与外境脱离接触，摄入于心。第三，调节体内气流运动，使用鼻孔，减弱呼吸，犹如御者，驾驭野马；瑜伽行者，控制心意，勿使放逸。第四，潜心静虑，集中思维，到了一定程度，便会在定境中出现某些自然现象（如日月星光，风火水气，烟雾荧光等），自觉身体轻松，颜脸光亮，声音悦耳，气味馨香，排泄容易。这些定中景象被认为是瑜伽行的初步结果，也是在瑜伽实践过程中亲证到梵的初级形象。

在定中亲见梵的初级形象，表明瑜伽行进入纯心理活动（纯精神的意境）。按照《白骡奥义》（Ⅱ.4.1），心理活动有两个阶段，即“意识阶段”和“了知阶段”。前者是说外感官与外在境界接触而产生的认识（感性认识），后者是指内感官与内在对象接触而产生的认识（理性认识）。内在的理性认识正是取得超验性认识的开始。奥义书哲学家高度评价这一内在理性认识的取得。

三　“禅、唵、瑜伽”的修持效应

以上对“禅”作为被参究对象与“唵字、瑜伽”同一的过程中，已部分地涉及“禅那、唵字、瑜伽”的修持效应，三者分开修持，或者合一修持，其最后的效应是完全一样的——获得与梵同一的超验精神效果。

（一）“禅”的修持效应。禅，作为被参究的对象，与“梵”同一，即所谓“事禅如梵”。“禅”作为修持方法，它的修持、参究的对象正是“梵”。按照这个方法，即用参禅的方法来参究“梵”。《白骡奥义》（Ⅰ.10）说：

> 可灭者质料，不灭者诃罗，支配二灭者，乃唯一神明。
> 由参究他故，与他同一故，继思其存在，终结摩耶界。

颂中“参究”和“同一”是参禅的方法。参究的对象有三个：“诃罗、神明、他”。这三者实质上是“梵”代名词。参究它们，也就是参究梵，与它们同一，也正是与梵同一。“终结摩耶界”是参究梵、与梵同一的修持效应。摩耶界，意为幻伪的世界，即我们说的经验世界。终结，是说结束在这个幻伪世界的生死轮回。同书（Ⅰ.11）进一步阐述禅的修持效应：

> 悟知神明已，脱离诸束缚，由灭烦恼故，断绝生与死。
> 参究彼之故，出现第三境，肉体消亡时，升华世自在，
> 绝对唯一故，彼愿得满足。

此颂具体地描述定慧加行深入到精神世界的超验阶段时所产生的神奇效应。颂中的“悟知”即是“慧”，“参究”即是“定”。“第三境”意即“第三种情况或作用”。定、慧是同一超验性质，互为因果——定是慧中之定，慧是定中之慧，二者的作用合共三种，但范围各有侧重。“慧”的作用，一是悟知神明，砸碎精神枷锁。二是消灭烦恼，脱离生死。三是“定”的作用，即所谓“第三境”。这包含两种情况：一是在肉体消亡时，灵魂（个我）立刻与神（真我）同一，逍遥自在，充遍宇宙；二是绝对唯一，愿望满足。

（二）“瑜伽”的修持效应。上文引了《慈氏奥义》（Ⅵ.18）所列瑜伽加行六条规则。实践这六条规则将会获得什么样的效应？同书回答说：

按此瑜伽加行，就能够：

犹如见者亲见证，辉煌金色创造主，自在原人及梵胎；

如是智者舍善恶，圆融统摄一切法，汇归最胜不灭者。

颂中“创造主、原人、梵胎、不灭者”表述同一最高的超验精神境界。“原人”原是吠陀仙人用以表述设想的超验实在的代号。奥义书哲学家继承此说，并进一步发展为原人即梵、原人即我的“原人、梵、我”三位一体的奥义书理论。本颂的“创造主、梵胎、不灭者”同样是奥义书对原人原理的发展。瑜伽行者通过苦修瑜伽，亲自见证原人，悟知神明。这正是内在瑜伽的修持效应：

彼实难得见，隐藏不显现，安坐秘密地，住于深远处。

借修内瑜伽，智者始悟知，亲见此神明，舍离苦与忧。

（《石氏奥义》Ⅰ.2.12）

五知根与意，活动俱静止，菩提觉不动，此称最妙境。

念此即瑜伽，安稳摄诸根，是时离放逸，瑜伽来又去。

（同上书，Ⅱ.3.10—11）

这两个颂总结实践“内瑜伽”过程中所产生的实际效果——摄眼内外诸根，消除产生意识的条件，体验不动菩提妙境，亲见隐藏内心深处的神明，“获得二相违忍（苦乐矛盾消失），以及安乐寂静……”（《慈氏奥义》Ⅵ. 29）

（三）“唵 om”的修持效应。如上文所述，om 是由“a、u、m”三个字母组成，分别代表印度教三大神明。“a”代表遍入天（毗湿奴），“u”代表紧思天（鲁陀罗），“m”代表大自在天（大梵天）。这就是说，“om”是三大神明的共同密咒（符号、代号）。在神学上，三大神各有不同的形象和特征；在哲学上，三神同一神体，这个神体便是绝对唯一之“梵”。《鹧鸪氏奥义》（Ⅰ. 8. 1）说；“om 就是梵，om 就是这个世界的一切”。因此，奥义书智者教导，修道者只要虔诚持念圣字 om，便能获得与梵同一的超验效应。《秃顶奥义》（Ⅱ. 2，4）形象地提出“弓、箭、鹄的”来比喻“om、自我、梵”的关系：

> 圣字 om 是弓，箭则为自我，说梵作鹄的，
> 瞄准射出去，与梵相结合，如箭之中的。

此颂具体地阐明持念圣字 om 的方法：以“箭”喻如“自我”的意念；以“弓”喻如集中在 om 字上；以“目标”喻如瞄准至上之梵；以“箭中鹄的”喻如坚持冥思，参究下去，直到意念与梵合一。《慈氏奥义》（Ⅵ. 22—23）称此境界为“有声之梵”与“无声之梵”的结合：

> 应知有二梵，声梵及上梵，了知声梵者，悟入于上梵。
> 上下梵之神，名字称曰 om，无声空实在，应记脑门上。

这两个颂阐述二梵原理：1. 梵有绝对一面和相对一面，前者称为上梵，后者称为下梵。上梵又叫作无相之梵和无声之梵（空实在），下梵又叫作有相之梵和有声之梵。2. om 字神咒被看作“有声之梵”，是悟入“无声之梵”的直接手段。om 字甚至被拔高为“上下二梵”的神秘代号。故持念字 om 密咒，即是持念二梵之神的名号，可以得到与二梵同一的效应。

《蛙氏奥义》的权威注释者、吠檀多学派的创始人乔荼波陀在他的名著《圣教论》(商务印书馆1999年版)中高度评价持念代表二梵之神的名号om字的修持方法。他特在该书第一章末撰写了四首颂诗,盛赞持念om字的效应和功德:

> 25. 心与om字应相应,om字即是无畏梵,常与om字相应者,任何处所俱无畏。
> 26. 牢记om字即下梵,om字同时是上梵,无前无内亦无外,om字无二亦无变。
> 27. 唵字神咒即一切,统摄初中后三际。如是认识唵字已,当即悟得其妙理。
> 28. 须知om字即自在,住于一切之心中,悟得om字遍一切,智者安然无忧虑。

四 “禅”的原始超验奥义

六祖惠能大师说:

> 菩提本无树,明镜亦非台,本来无一物,何处惹尘埃?

从以上的讨论中,可以了解到,奥义书哲学家所阐述的“禅”的原始奥义,就是“原人、梵、我”三位一体的超验圆满奥义。按《广林奥义》(V.1.1),圆满奥义是:“彼是圆满,此是圆满,从圆满到圆满。若从圆满取走圆满,圆满依旧存在……”这则奥义对“超验的圆满”作了最完整、最深刻的表述。超验的圆满,不增不减:不增,是说本来不多一物;不减,是说本来不少一物。不多不少,本来圆满,不正是所谓“本来无一物”的绝妙境界吗?而这也正是奥义书哲学家所要阐述的重要哲学命题之一——“禅”的原始奥义。

印度哲学中的场有思想

唐力权教授所倡导的场有论是当代自然科学和人文科学同步发展过程中出现的一种新型的哲学体系。唐教授的哲学论著，我还没有来得及细读，对他的场有哲学，不敢妄加评说。但我倾向于同意对他这样的评价："唐先生在《周易与怀特海之间——场有哲学序论》等著作中，站在西方哲学新近发展的高度上，将对于西方传统哲学的反省中悟出的道理，反观中国固有的哲学，从中找出可资比较和融通的广阔领域，形成了既吸取西方哲学智慧，又具有中国特色的场有论观点。场有论阐发了哲学的相对相关性原理，主张存有即场有，万物皆依场而有，彻底否定了西方传统哲学的绝对实体观、绝对主义的场外观，以及与此相关的二元论和主客对立的传统模式，反映了当代世界哲学的一种发展趋势。"①

依我的浅见，场有论不仅包含西方哲学智慧的成分，而且也具有印度哲学智慧的成分，虽然它没有明显地把印度传统的和现代的哲学理论融摄在内。本人不揣简陋，试从印度哲学角度，为场有论的"场"与"有"这两个基本范畴作一探讨性的"脚注"或比较。

一 吠陀神曲中的场有思想

"存在"或"存有"这个哲学的基本问题，亘古恒新。就印度而言，对存在的哲学反思，可以追溯到印度文明的萌芽期（吠陀的早期，公元前2000—前1500）。《梨俱吠陀》的十卷神曲，如果把它们的神话外罩揭开，便可发现吠陀诗人和哲学家曾经对（宇宙）存在提出过许多直观的观察和

① 《主编的话》，《场与有》（第1辑），东方出版社1994年版，第3页。

朴素的思考。在他们不同的思考中总有一个共同的猜想：存在的背后是一个永恒不变的实在，宇宙正是依它而存在。这个永恒不变的实在是精神性的，还是物质性的；能依（存在）和所依（永恒的实在）之间的关系如何；吠陀哲学家还未能在哲学上作出合理的解释。他们根据自己直观的推测，姑且名之曰“原人”；同时，凭着自己单纯的想象，用诗的语言，创作了一首《原人歌》。歌的头两个颂（诗节）是：

原人之神，微妙现身，
千首千眼，又具千足；
包摄大地，上下四维；
巍然站立，十指以外。(1)

唯此原人，是诸一切，
既属过去，亦为未来；
唯此原人，不死之主，
享受牺牲，升华物外。(2)

“原人”的梵语原文是 Puruṣa，意思是“人”。吠陀哲学家在这首《原人歌》神曲中，赋予这个“人”以双重特征：既是神又是人。把“他”拔高为第一哲学范畴，称为“原人”。原人的哲学内涵是一体二相；二相是绝对方面和相对方面；前者是原人的神的特征，后者是原人的人的特征。神曲中“原人之神”、“不死之主”正是原人的神的特征；“微妙现身”、“是诸一切”正是原人的人的特征（包括经验世界的精神现象和物质现象）。吠陀哲学家还在同一神曲中赋予原人以创世的神力：原人从自己的口、臂、腿、足上下四部分，分别创造了人类四种姓（婆罗门、刹帝利、吠舍、首陀罗），以此来阐述原人在精神方面是主观世界的本原。又说，原人以其身体的其他部分创造了天上人间，以表明原人在物质方面是客观世界的基础。这一理论，如果和场有论比较的话，那么可以说，原人的神的特征和人的特征分别融摄在场与有的哲学之中。

《梨俱吠陀》另有一支著名的神曲，叫作《有无歌》。在这支神曲中可以看到类似场有论“一切事物都是相对相关的”这一思想。《有无歌》第一颂说：

无既非有，有亦非有；
无空气界，无远天界。
何物隐藏，藏于何处？
谁保护之？深广大水？①

这支吠陀神曲是一篇纯哲学的诗，重点阐述“有”与“无”两个哲学概念，故称为《有无歌》。吠陀哲学的“有”与“无”原理，既有本体论意义，又有认识论意义。

本体论意义。“无既非有，有亦非有；无空气界，无远天界。”这四句的前两句表述虚构的实在本体不受“有”与“无”的概念所规定；后两句表述实在本体的绝对性中不存在任何客观事物。这又可按下述模式来解释：

a）“无”＝否定，“无既非有”＝否定之否定＝“有”；
b）“有”＝肯定，“有亦非有”＝否定＝“无”。

这样，第一阶段a）的“有”与“无”（经过逻辑规定）变为第二阶段b）的“有”与“无”。显然，前一个“有无”和后一个“有无”是有区别的。前者经过第一阶段的逻辑规定，后者经过第二阶段的逻辑规定。因此，后一个“有无”要比前一个“有无”更精细、更深化、更彻底。在吠陀哲学家看来，他们虚构的本体或实在，是绝言诠，离物象；但在表述它时，可以权宜地借用逻辑的规定。“有”与“无”是对它的规定；“非有非无”也是对它的规定；但规定最终必然发展到无可规定——必然复现它的无规定性的绝对唯一的本来面目。

复次，“绝对唯一”意味着本体脱离一切推理和判断。既不能把它判

① 《梨俱吠陀》X. 129。

断为无——“无既非有”；也不能把它判断为有——“有亦非有”；对它说来，任何人为的规定或判断都是无效的。因此，“无既非有，有亦非有”意在排除对本体作任何两个相反的命题或判断；例如，有与无、善与恶、好与坏、美与丑、贵与贱、高与底、断与常、生与死等。

认识论意义。这是说吠陀哲学家运用辩证思维方法来观察事物——认识到事物既是矛盾（相对）又是统一（相关）的客观规律。“无”与“有”是事物矛盾的一面（相对关系），“非无”与“非有”是事物统一的一面（相关关系）。这是吠陀哲学中的朴素的辩证思想[1]；而场有论关于事物相对和相关的观点似乎至少部分地与此有着思想渊源的关系。

二　奥义书中的场有思想

奥义书哲学家在奥义书中继承、发展了吠陀的原人哲学，构建了一个以“梵、我、幻”为中心的范畴系统；以“梵”来体现原人的神性，以“我”来体现原人的人性；同时提出“梵我同一”的理论：梵与我是一而二，是二而一；即梵即我，即我即梵，相涉无碍，圆融同一。“若言梵我有异者，是不知梵也。”[2] 梵—我同一论显然是在本体论上总结原人的开展与复归的两个历程——原人先是“微妙现身”，展示其自身的神与人的特征，后又“升华物外”，复归为“不死之主”；是故“原人即我，我即不死之梵；梵—我同一之体，神圣清净，无有形相，无寿无识，即外即内，赛过最胜不灭者”[3]。梵—我同一之理又被说成是“真理中之真理”[4]（sat-yasya satyam）。它又是“非如此，非如此”。前一个“非如此”是对“梵”的一切规定的否定；后一个“非如此”是加强对前一个“非如此”的否定，即把前一个“非如此”也否定了。[5] 为了使这个否定模式达到完全彻

---

① 详见拙文《龙树的中观论及其几个重要发展阶段》，载《场与有》（第1辑），第137—139页。

② 《广林奥义》Ⅱ.4.6；Ⅳ.5.7。

③ 《秃顶奥义》Ⅱ.1.2。

④ 《广林奥义》Ⅱ.3.6；Ⅲ.9.26。

⑤ 同上。

底，奥义书哲学家还采用了一个“系列否定模式”。按照这个模式，梵（梵—我同一之体）被推断为“不可感触，不可描写，不可按特征来定义；它是不灭者，故非粗、非细、非短、非长、非赤、非湿；无影、无暗、无空、不粘、不臭、无味；无眼、无耳、无语、无识、无精力、无呼吸、无相貌、无量度；非内、非外；它不吞噬任何物体，亦无能吞噬之者”①。从而，把“梵”置于否定的顶峰——无。“诸天之初际，从无产生有。”② 原来“无”乃宇宙的本原，万物依之而产生（有）。奥义书有两首著名的诗节，对此作了生动的描写：

太初之际，此界为无，
其后为有，有复开展；
化为一卵，孵育一年，
卵壳裂开，分成两片。(1)

一片为银，一片为金，
银者为地，金者为天；
表为山川，里为云雾，
脉为河流，液成洋海。(2)③

这两个诗节的描写，洋溢着诗人的浪漫想象。然而，在哲学的根本问题上，诗人的观点是不含糊的：梵的至高境界就是“无”，依无而有，就是依梵而有。这个“有”正是“幻”。梵与幻的关系是一真一假的关系。“梵”是真理中真理，常住不灭，故是真；“幻”是我们这个现实的或非现实的经验世界，是依梵而出现，本身没有实在性，故是假。奥义书中有一个很典型的比喻，专门用来说明梵与幻的真假关系：“应知自性是幻象，

① 《广林奥义》，Ⅲ.8.8。

② 《梨俱吠陀》X.72.2—3；《阿闼婆吠陀》XⅦ.1.19；《鹧鸪氏奥义》Ⅱ.7.1。商羯罗（Sankara）对“无”（asat）的权威解释，即“无名——无精神界”又“无色——无物质界”。

③ 《歌者奥义》Ⅲ.19.1—2。

大自在天乃幻师；他之肢体是众生，以此充遍全世界。"① 此中"自性"即自然界（包括生物界和非生物界）；"幻象"即虚妄现象，意谓经验世界是一个没有实体的假象。"大自在天"又名大梵天，是"梵"外现的化身，这里是指"梵体"而言；"幻师"是魔术师，用魔术变出来的物象是似真非真，而魔术师本人则是真非假。大梵天就像魔术师那样，以自身的神奇幻力，变现出一个森罗万象的世界，这个世界像用魔术变出来的东西，是一个没有实体的幻象，是假非真；但大梵天则是真非假。因此，在梵、我、幻三者的关系中，"我"与"幻"都是依"梵"而有，梵与我可以同一，相即相融，永恒共存；但梵与幻不能同一，更不是梵本身也在幻中。从场有论观点看，较早的奥义书哲学只有"依场而有"（依梵而有）的思想，还没发展到"场本身也是有"（梵自身也是幻）这个较高的哲学阶段。

三 吠檀多论中的场有思想

"吠檀多"是梵语 Vedānta 的音译，意为"吠陀的末分"或"吠陀的终结"，是专指奥义书而言。因为奥义书是吠陀系列文献的最后一部，是总结吠陀哲学的专书。在奥义书之后，凡是专门修学、传播奥义书哲学的人，都被叫作吠檀多论者。公元初，伟大的吠檀多论师跋陀罗衍那（Bādarāyaṇa）撰写了具有划时代意义的吠檀多经典《梵经》（Brahma-sūtra）。此经总摄了奥义书哲学的精髓，和奥义书、《薄伽梵歌》并列为吠檀多哲学三基石，由是建立了有完整的理论体系的吠檀多学派，成为印度传统六派哲学之一。公元 6 世纪，另一位杰出的吠檀多哲学家乔荼波陀（Gauḍapāda）在注释《蛙氏奥义》的基础上写成了《圣教论》（Āgamaśāstra）。此论充分利用佛教哲学范畴来阐述吠檀多原理，进一步深化、完善吠檀多的理论体系；同时，提出一个十分重要的理论——绝对五分别不二论，把奥义书的"幻"推向绝对化。论主断言，除了"唯一"这个第四位的最高精神状态（梵的至上境界）之外，在经验世界中无论是梦境或非

① 《广林奥义》Ⅱ.5.19；《白骡奥义》Ⅳ.9—10。

梦境，都是虚妄如幻，不是真实的存在。[1] 这个观点在吠檀多学派内部引起长时间的争论。就在争论过程中，一方面，产生了七八个不同观点的吠檀多支派；另一方面，也是至关重要的方面，奥义书哲学，特别是它的幻论，有了新的发展：从绝对如幻论走向相对如幻论和幻非幻论（梵幻同一论）；也就是说，幻论从“依梵而有”（依扬而有）跃进到“梵自身是幻”（场本身也是有）的较高阶段。

奥义书“幻”的哲学的新发展在吠檀多学派的两个主要支派的理论中得到反映。这两个主要支派是：商羯罗（7 世纪）倡导的无分别不二论和罗摩奴阇（11 世纪）提出的有分别不二论。这二论实际上是关于“梵、我、幻”三个基本范畴的不同的理解和诠释。

（一）按无分别不二论

梵，是绝对的存在，宇宙万有（自然）的根源。我，梵不是一种无知觉、无意识的存在，它既有幻现宇宙的全能，又有遍观一切的全知。全知叫作“我”。我又分为二：遍我和命我。遍我是宏观上的我，与梵同一同体；命我是微观上的我，是众生肉体内的灵魂和承受轮回转生的主体。因此，在绝对意义上说，梵—我同体，绝对唯一；在相对意义上说，梵—我分工，梵表现为客观世界的本原，我表现为主观世界的本原。幻，是说主观世界和客观世界有从梵我衍生的过程和复归于梵我的过程，而这过程实现的关键在于“幻”。幻有三义：（1）幻体。幻不能自生，也不能无因而生，生必有本，本即幻体——梵。幻体具有奇妙不可思议的幻力，魔术般似的从自身变现出无穷无尽的幻象。（2）幻象。这是指由幻体变现出来的形形色色的存在和它们完全消失前一刹那的现象。（3）幻翳。幻如障眼法，障翳着人们的视线，认不出幻象的虚妄，误把幻象当作真实的存在。这种错觉或误认叫作“无明”（avidyā）。无明，意即无智慧，没有正确的知识：既不认识幻象之假，也不了解幻体之真。商羯罗从这一幻义出发，猜测整个自然是幻象的总体，自然的运动和变化并不是基于自身的规律，而是由于一个超验的绝对体（梵）所制约。然而，由梵自身幻现出来的自

① 《圣教论》不二章第三，第 27—31 颂。

然毕竟不是真实的存在——不是独立于梵；而是必然统一于梵。统一即是不二，不二即是无分别（无规定），故曰：无分别不二论。不过，商羯罗并不像他的前辈乔荼波陀那样，把不二论推向极端。他没有否定幻象在特定的情况下有相对的暂存性。他认为，不能把名（精神现象）和色（物质现象）说成是“实在的”，或“非实在的”。他使用三个譬喻来说明这一意义：（1）误认绳子为蛇；（2）误认贝壳为银片；（3）误认海市蜃楼为真景。蛇、银片和海市蜃楼的错觉原是虚妄非真，故不能说它们是实在；但在觉知它们的本相（绳子、贝壳、阳焰）之前，蛇、银片和海市蜃楼的幻象并未消失，所以也不能说它们非实在。名和色的幻象也是如此。幻象依梵幻现，本非真实的存在，故不能说它们是实在；但无明障眼，暂时还未识破幻象的虚妄性质，幻象仿佛存在，因此也不能说它们非实在。这些譬喻尚有一层深义：绳等实在，蛇等非实在；若识前者，则无后者。同样，梵体是真，幻象是假；若悟前者，则离后者；这样，了幻归真。唯一无二。[①]

（二）按有分别不二论

梵，是神，超验绝对；但不是一个空洞的本体，而是具有丰富内容的整体。它将有限的差别统摄于无限的自身之内，并通过有差别的有限性表现自身无差别的无限性。它是终极的真理，但具有规定、差别，以及包摄一切存在的特征——两种要素：知觉要素（精神）和无知觉要素（物质）。这两种要素产生于梵又有异于梵。我——知觉要素，也即是“命我”或“命”（主观世界）。命源出于梵，作为众生的灵魂存在于宇宙之间；命具有理性和自我意识，它是真实的、独特的、永恒的、极微细的、不可感知的。命是知者、作者和受用者；它不同于肉体、感官、呼吸，甚至不同于觉性。就人类而言，命依附于肉体和呼吸，又以肉体、感官和意识作为工具：感官给“命”传递对外在物境（物质世界）的认识，意识给“命”通报内在心境（精神世界）的认识。命的特殊形式也许消灭，但命的本身不会消失。故命有三种：（1）永生之命：住于神宫，永享极乐，无

---

① 商羯罗：《梵经有身疏》第一篇。

业报，无物性；（2）解脱之命：精修瑜伽，作众善业，中断轮回，命得解脱；（3）缠缚之命：由于无明，命受束缚，生死流中，轮转不已。这三种命实质上是同一命在不同的条件下的三种不同的演变历程。物——非知觉要素，亦即物质（客观世界）。由梵体变现出来的另一种要素是物。物分三类：原初物质、时间、纯物质；三者属于非知觉的实体，是经验的对象，有运动和变化。（1）原初物质有三特征：喜（轻清）、忧（冲动）、暗（呆滞）；这三特征从创世时起便联合发挥作用，推动原初物质逻辑地转变为现象界。（2）时间具有独立的特点，是感觉的对象，是所有存在的形式；世间的年、月、日、时，都按照时间关系来划分。（3）纯物质是永恒不灭的物质；原初物质有“喜、忧、暗”三特征，纯物质则只有“喜”的特征。梵既借原初物质来做宇宙游戏（创造世界），同时又用纯物质来展示自身永恒周遍的超验性质。至于梵、我、物三者之间的关系，（1）我与物依梵而存在，受梵的制约；梵把我（命）作它的内体，把物作它的外体；（2）我与物的关系是：我是受用者（主观），物是所受用者（客观），而梵则是我与物的起动者或创造者。然而，我与物虽是源出于梵，依赖于梵，但性质上异于梵；即使我得解脱，原初物质变为纯物质，也不会复归于梵。梵、我、物三者势似鼎足，永恒分立而不合一。此即所谓有分别不二论。①

如上两种不二论清楚地说明后奥义书的“梵、我、幻”理论有两个重要的发展阶段。第一阶段：商羯罗在“无分别不二论”中虽然重申依梵而有的“幻”（经验世界的精神现象和物质现象）的虚妄性，最终还是复归于梵；但在特定的情况下，仍有其暂存性。这反映幻论从绝对虚妄形态向相对暂存形态转变。第二阶段：罗摩奴阇在“有分别不二论”中首先对“幻”作了否定，以“物”取代“幻”，从而，将传统的“梵、我、幻”三范畴改为“梵、我、物”三范畴。罗摩奴阇虽然承认经验世界是依梵而有，但不承认它是“幻”，但承认它是“物”。“幻”是虚妄，“物”是实在。这就是说，依梵而有的经验世界是真实的存在，不是虚妄的幻象；不仅如此，经验世界（主观的我和客观的物）一旦从梵异化出来之后，便独

① 罗摩奴阇：《梵经吉祥疏》第一篇。

立存在，不再依赖梵；甚至不论何时何地也不会复归于梵（意即它只有“造化的历程”，而没有还原的历程）；梵存在多久，它就独立存在多久——梵、我、物三者，势似鼎足，三分而立，永不合一。另一方面，“我”与“物”从“梵”异化出来后，虽然独立于梵，但它们毕竟源出于梵，是梵的“血亲”；如果说“我、物”之中有梵，或梵在“我、物”之中，或梵自身也是“我”与“物”（场本身是有，或“场有综合”），那是合乎逻辑的。这反映奥义书中的幻论已从相对的暂存形态跃进到实存形态。从吠檀多哲学发展史观点看，这种思想跃进模式，是具有重要意义的。

因为，这一跃进的思想模式在近现代吠檀多哲学中仍在继续发展，并且取得新的模式。例如，近代吠檀多大师辨喜（Vivekananda，1863—1902）创立一个新吠檀多理论模式——（a）绝对；（b）宇宙；（c）时间、空间、因果。按他的解释，宇宙有体有相；宇宙之体是绝对，宇宙之相是时空因果。宇宙之相是“幻”的具体的表现。依梵（宇宙之体）而起的“幻”是一个关于变化的基本原则，一种使创造成为可能的力量。“幻”不一定是通常意义的“迷惑”或“错觉”，幻仅仅是对世界本质的事实说明，说明世界存在之所以。幻只不过简单地表明它是我们存在中的矛盾的基础。在我们的存在中充满着善与恶、丑与美、生与死、苦与乐等矛盾，幻本身不是矛盾，而只是矛盾的名称，用以表现矛盾而已。所以，幻本身是中性的。“你可以随意把某物称为物质，称为精神，但事实是，我们不能说它是或不是，或一或多。光明与黑暗永恒对立存在，这是事实，同时也非事实。睡眠与醒悟也是如此。陈述事物的事实就是‘幻’。”[①] 显然，辨喜把“幻”看做一种基本的哲学方法；或者说，观察一切事物的哲学根本原则。其次，辨喜承认“幻”所说明的存在（经验世界）具有（绝对体的）一部分真实性，因而可以作为感官和认识的真实对象。用我们的术语说，超验世界作为超验对象可以作用于内感官，从而产生超验的认识；部分真实的经验世界可以作用于外感官，从而产生经验的认识。两种认识都是真实的。基于此，辨喜得出结论：无论是经验的

① 《辨喜全集》Ⅱ，第112页（英文版）。

境界或超验的境界都不是不可知的，此岸和彼岸之间不存在不可逾越的鸿沟（部分地也是对休谟和康德的批判）。又例如，现代著名的吠檀多导师奥罗宾多（Sri Aurobindo，1872—1950）创造性地提出新的吠檀多理论“精神升降论”。此论以“精神”和“物质”作为基本范畴；精神范畴再分作7个级别，连同物质范畴，合成一个8范畴系统，即：1. 纯在；2. 意力；3. 喜悦；4. 超心智；5. 心智；6. 心灵；7. 生命；8. 物质。所谓升降，是说这个范畴系统有从纯在逐级下降到物质的“来程”和从物质逐级上升到纯在的“回程”。“来程”是精神向物质转化的过程；“回程”是物质向精神转化的过程。奥罗宾多在这精神升降论中，一方面，把物质看做和精神一样的真实；另一方面，又以精神来统摄、同化物质——目的在于使精神和物质消除二者之间的主客的隔阂，达到心物一如，形神不二，住于“真、意、乐”的神圣境界（与场有论的“场有宇宙的曼陀罗格局”相仿）[①]。奥罗宾多的哲学，和辨喜的哲学一样，基本上否定了传统意义上的“幻”，肯定经验世界不是“如幻虚妄”，而是“如实存在”，尽管这两位吠檀多论师在别处对“幻”作新的解说时，还若显若隐地为奥义书原来的幻义留有余地。

四 “三分法”表述模式的比较

“三分法”是说带有“三”这个数字的语言模式（如带“三”的术语或短语），用以表述哲学（或宗教）的特定概念或意义。“三分法”包括“一分为三”和“合三为一”的方法。这种表述方法在印度哲学（和宗教）中是最常见的。场有论也有多处采用“三分法”；其中有些看似直接或间接从印度哲学“嫁接”过来的。兹举若干例子作一对比。

（甲一）印度哲学：

唯一三分——唯一外现三相：1. 周遍；2，火光；3. 有慧。

我之三分——梵我之体外现三相：1. 外慧；2. 内慧；3. 深慧

① 奥罗宾多：《神圣生活》英文版，第236—240页。

这是《圣教论》用两个不同的带“三”的模式来表述同一含义的哲学范畴（梵我之体和相）。

唵之三音——“唵”是梵语“om”之音译。om是“梵”的神秘代号，由a、u、m三个字母组成，分别音译为“阿、乌、摩”。“om”代表“唯一”，“a、u、m”分别代表“周遍、炎光、有慧”。

（甲二）场有论：

蕴徼三义[①]——1. 互相涵摄；2. 虚构了断；3. 境界开显。

（乙一）印度哲学：

三重法界——1. 理法界；2. 理事无碍法界；3. 事事无碍法界。

（乙二）场有论：

三数与三界——1. 理数界；2. 事数界；3. 象数界。

（丙一）印度哲学：

三相——1. 解脱相；2. 离相；3. 灭相。

（丙二）场有论：

三相——1. 无相；2. 物相；3. 事相。

（丁一）印度哲学：

三观——1. 空观；2. 假观；3. 中观。又：1. 真空观；2. 理事无碍观；3. 周遍含容观。又：1. 有观；2. 空观；3. 中观。

（丁二）场有论：

三观——1. 观本（空/无相）；2. 观末（假/物相）；3. 观行（中/事物）。

（戊一）印度哲学：

三觉——1. 自觉；2. 他觉；3. 觉行圆满。又：1. 本觉；2. 始觉；3. 究竟觉。

（戊二）场有论：

三觉——1. 圆觉；2. 统觉；3. 方觉。

---

① 以下所用《场有论》的例语俱是摘自唐力权教授《蕴徼论：场有经验的本质》一文，载《场与有》（第1辑），第21—74页。

此外，场有论还采用了印度哲学中一些常见的术语，如业、缘、实相、正觉、正慧、正行、中道、胜义、断常、一多、曼陀罗、如实观、法界圆融等。

五 本文小结

我在本文开头说过，我没有来得及遍读唐力权教授的主要著作，我只看过一篇论文《蕴微论：场有经验的本质》。我对场有哲学的理解无疑是肤浅的。尽管如此，在我看来，场有哲学既融汇中西哲学智慧成分，也蕴含印度哲学智慧因素。我们已看到，场有论采用了不少印度哲学术语，这表明场有哲学在某些方面是和印度哲学相通、相涉的。本文虽然只限于从印度哲学视角上来注解场有哲学的两个基本范畴——“场”与“有”，但也可以看出，在印度哲学和场有哲学之间进行比较研究，不仅是可能，而且有令学者感兴趣的学术意义。

本文讨论了印度哲学和场有哲学之间的一些（作者自己认为）相通、相似的观点，还没有研究二者之间相异、相反的观点。人们都知道，传统印度哲学的若干重要流派（包括吠檀多学派中的一些支派）迄今依然站在“场外观”的瞭望台上坚执虚构的绝对实在。他们承认万物依绝对实在而有，但否认这个“有”是真有，否认绝对实在也是有；这个“有”是幻有，像魔术师的把戏，是瞬间的现象，最终趋于消亡。正是这种“幻有论”，自古以来，在印度人的人生观和世界观形成过程中，在社会实践和生产实践过程中，产生着有害的负面影响；而今天，它在印度人民争取社会改革和思想解放的道路上仍然起着绊脚石的作用。我认为，若能在印度哲学和场有哲学之间开展进一步的比较研究，彼此取长补短特别是场有哲学的科学性和先进性，肯定会有利于批判印度哲学中的绝对主义和幻有论。

（原载《场与有——中外哲学的比较与融通（二）》，1995 年）

奥义书哲学和佛教

奥义书，梵语原文是 Upaniṣad，音译“优波尼煞驮”，意译“坐近”（“坐近师前，恭聆义理”的意思）。奥义书是吠陀文献的最末部分，故又称为“吠檀多 Vedānta”，意即“吠陀之末、吠陀终结”。吠檀多，按《秃顶奥义》（Ⅲ.2.6）和《白骡奥义》（Ⅵ.22）的解释，是“知识”，是“密义”；换句话说，就是一种朴素的、带有神秘主义色彩的思辨哲学。因此，吠檀多，按文献说，是吠陀文献的终结；按义理说，是吠陀哲学的总结。正因如此，奥义书是传统印度哲学的思想渊源，印度古今一切哲学流派，包括佛教哲学在内，都可以寻根于此书。

奥义书，实际上是一种哲学类书或对话录，确切地说，是奥义书时期执“原人—梵我同源”论的各家言论集。奥义书中提到的哲学家，有数十名。其中有出身婆罗门种姓者，有出身刹帝利种姓者，甚至有来自下贱种姓者。婆罗门和刹帝利这两个高级种姓在各自势力范围的统治，随着奴隶占有制的发展而日益巩固；又由于奴隶制的种姓社会相对安定，以国务活动为己任的刹帝利似有余力和余暇去做“分外”的事，干预婆罗门知识分子世袭的垄断的知识范围内的活动。他们（刹帝利种姓）和一些下等种姓的理论家联合起来参加由婆罗门仙人、论师或智者主持的哲学或神学的讨论会或辩论会，在和婆罗门的辩论中显示出高于婆罗门的理论水平，使婆罗门知识界折服、甘拜非婆罗门种姓的哲学家为师。这种情况是印度哲学发展史上的一个重要转折点，它预示着后奥义书哲学逐步脱离宗教思想的局限，独自形成一种比较自由的纯哲学的思想倾向即将出现——其后出现的传统六派哲学、顺世论哲学、耆那教、佛教哲学，以及其他的所谓外道哲学。

本文拟就奥义书中若干主要哲学思想作一简介，并略论佛教如何继承和发展这些奥义书哲学思想。

一 原人与梵理

原人，是吠陀哲学家创造的一个具有特殊哲理内涵的概念，用以表述和体现他主观世界中设定的不灭的超验实在。吠陀仙人那罗延的《原人歌》说："唯此原人，是诸一切，既属过去，亦为未来。唯此原人。不死之主，享受牺牲，升华物外。"① 反映原人的内在和外在的特征既是超验性的，又是经验性的。奥义书哲学家继承吠陀哲学这一原人理论，并在这基础上创造性地构筑了"原人即梵、原人即我，以及原人、梵、我"的一个比较完整的三位一体的哲学体系。在奥义书中，愿人即梵，二者同时被描述为宇宙万有演化的根源和宇宙万有复归的终极。② 梵又被发展为二梵，形象地反映原人的二特征（超验性的和经验性的）。二梵即无相梵和有相梵。③（一）无相梵，又称上梵，不灭者。奥义书哲学家制作一个特殊的系列否定模式进行表述；无相不灭之梵是"不可感触、不可描述、不可按特征定义；它是不灭者，故非粗、非细、非短、非长、非赤、非湿、无影、无暗、非空、不粘、不臭、无味、无眼、无耳、无语、无识、无精力、无呼吸、无相貌、无量度、非内、非外；它不吞噬任何物品，亦无能吞噬之者"④。这一连串的否定又被总结为一个类似"否定之否定"的双否定模式："非如此，非如此，是故非如此；没有比此更加崇高者，所以称名为真理中之真理。"⑤ 是中第一个"非如此"是对梵的一切规定的否定；第二个"非如此"是把前一个"非如此"也都否定——任何否定都不可得，这就是真理中之真理（无相梵的绝对唯一）。（二）有相楚。无相梵从自身异化出一个和自己相对立的现象，称为有相梵。无相梵，无规定性，不可描述；有相梵，有规定性，可以描述。奥义书哲学首先确立有

① 《梨俱吠陀》X. 90. 2。
② 《广林奥义》Ⅱ. 5. 18；《歌者奥义》Ⅲ. 12. 5—9。
③ 《广林奥义》Ⅱ. 3—1；《慈氏奥义》Ⅵ. 3。
④ 《广林奥义》Ⅲ. 8. 8。
⑤ 同上书，Ⅲ. 3. 6。

相梵是先于天地的唯一存在“太初之时，唯梵存在。彼知自己，我就是梵。是故梵即一切”[①]。这表明有相梵是经验世界的最初基础。“……生主诸世界在梵天诸世界中建立”[②]，进一步指出梵天就是创世主，就是有相梵。它创造了器世间和包括人类四种姓的情世间。有相梵是吠陀原人现身为一具有千头—千眼—千足[③]的宇宙创造者的具体而宏大的形象在奥义书中的直接替代者。

在佛教经典里，梵语 Puruṣa，音译为“补庐娑”，意译为“人、丈夫、男人、神我、原人”等。最后二译义（神我、原人）为数论外道哲学的术语，除了在对外道批判外，佛教的大师们一般不正面地使用它们。中国佛教华严宗传人之一（华严五祖）宗密禅师（780—841）似是例外。他以“原人”为题撰写了他的名著《原人论》（具称《华严原人论》）。此论以“原人”为唯一的哲学命题，按照华严宗教义探讨了生物界特别是人的本源，认为人的精神世界的发展是从低级（人天境界）起，经过中级（小乘境界）、高级（大乘空有二宗境界）而到达最高级或极级（一乘显性、一真心体的境界）。这一极级境界即指于一心中主客无间、物我相融、事理无碍、事事无碍的最高精神境界。这时候，人已升华为原人、为佛陀：“……故须行依佛行，心契佛心，返本还源，断除凡习；损之又损，以至无为自然，应用恒沙，名之曰佛。当知迷悟同一真心。大哉妙门，原人至此。”[④]《原人论》乍看起来，似是对吠陀经的《原人歌》的创造性的诠释，是对奥义书的超验原人原理作出更为完整和深入的表述。

佛教也一般地接受“梵”这个概念。梵语 Brahman，作阳性单数时，意指“大梵大土”；作中性单数时，意为“祈祷、神咒”和哲学上的“梵理、超验精神”。但此字的基本意义是“清净、洁净”。佛教经论多采用这一意义。故通常译作“梵志、寂静、清净、离欲”等，如说“梵行”便是指离欲清净的戒德而言。甚至佛德有时也称作“梵德”，因而称佛为

① 《广林奥义》Ⅰ.4.10。

② 同上书，Ⅲ.6.1。

③ 《梨俱吠陀》X.90.1。

④ 宗密：《华严原人论》，《大正藏》第45卷，第710页。

“梵”[1]。然而，在哲学上，奥义书的二梵理论似乎没有对佛教产生明显的影响，因为佛教不认无相梵，但认有相梵——色界的最高天天主大梵天王。佛教传说，大梵天王是一位笃信佛法的佛弟子，每逢有佛出世，是他先诣佛前，请转法轮。佛经的序品常列有“天龙八部”作为佛的护法神。大梵天王便是其中积极的一员。在世尊面前，梵天王只是众多佛教信徒之一，谁都没有承认他原是婆罗门教所敬奉的创世主。不过，和梵天以下的天神比较起来，梵天王及其梵众被认为享受着更大的福乐和更长的寿数。

二 我论与无我

我论是说奥义书哲学在阐述原人即梵论的同时，阐明原人即我论。前者主要把“梵”看做是物质世界的基础；后者主要把“我”看做是精神世界的基础。“太初之际，唯我独存，原人为形，环顾四周，除我之外，不见其他。”[2] 这里说明“我”是一个精神性的实体，它的外在形式是“原人”。二者的关系是内在的主体与外现的形相的关系。《广林奥义》（Ⅲ.10—17）提出“原人八身说”，对这一关系作了具体的阐述。原人八身，意谓原人一身分为八身——八个原人形式。每一原人都有自己的物质基础，其中“光”反映他内在的意识（知觉、知识）；这样的原人称为一切我的支持者、终极的归宿、究竟的依止。《广林奥义》这数则经文揭示如下几点重要的哲学奥义：（一）意识有自己的物质基础（亮光），意识随物质的产生而产生（这显然是一种朴素的唯物主义思想）；（二）原人具有内在的意识，而这样的原人是一切我的终极依止（这显然是一种唯心主义的思想）；（三）两种对立的观点并存，说明奥义书文献同时是唯心主义哲学和唯物主义哲学的思想来源。

其次，“一切我”的“我”是复数（ātmanaḥ）意指一切众生。一切众生是个我（jīva）或命我（prāṇa）。[3] 一切众生赖以存在和依止的具有内在

① 《俱舍论》二十四。
② 《广林奥义》Ⅰ.4.1。
③ 《慈氏奥义》Ⅵ.19。

意识的原人则是大我（Mahātman）。[①] 大我和无相梵同一真理模式："非如此，非如此。"[②] 故与超验原人同源同体，离诸规定，常存不灭。大我和个我（小我）的关系，犹如瓶外的大空和瓶里的小空。大空小空，体本无二；但小空限于瓶内，似与瓶外大空有异。一旦瓶被打破，瓶内小空归瓶外大空；此时，唯有一空，并无二空（大空与小空）。大我与小我的关系也如此。小我一旦从轮回中解放出来，复归于大我，则大小二我，无有差别，平等一体，如如自在。[③]

对上述我论的否定是无我论。无我的观点，在奥义书之前，吠陀仙人就作为一个问题提了出来："……从地生气血，何处有我在？谁去寻智人，请教斯道理？"[④] 这是一个关于肉体与灵魂（意识）的问题。"地、气、血"是指那些构成肉体的众物质原素。"我"是"灵魂、意识"。意谓肉体的成分是四大的物质原素，我（意识、灵魂）产生于肉体的构成；灵魂是否随肉体的产生而产生，随肉体的消亡而消亡？肉体是不是灵魂赖以存在的物质基础？事实上，肉体在解剖后复归于地水火风四大原素，灵魂（我）又在哪里？佛教哲学的无我论，在思想渊源上，可以追溯到吠陀这一观点。不过，佛教对无我论作了重大的发展，构筑了著名的哲学三原则（三法印——无常、无我、涅槃），无我正是这三原则之一。在佛教哲学家看来，无我这一原则，既适用于精神世界，也适用于物质世界。精神世界的"我"是就生物界的肉体而言。佛家认为，生物界的肉体，尤其是人类的肉体，是由色、受、想、行、识五种成分（五蕴）集合产生。这五种成分的第一种是物质性的，其余四种是精神性的。它们是受客观的生灭规律制约的。因此，它们的存在一旦衰变，乃至消亡，由它们组成的"我"也立即随之消失。这就叫作"无我"或"人无我"。物质世界的"我"是指世间各色各样的具体实物。任何一种物体都是由四大基本原子构成。原子一旦分离，物体也同时消亡。这叫作"法无我"。佛教既以无我论来确立

① 《白骡奥义》Ⅳ.17；V.3。

② 《广林奥义》Ⅱ.3.6；Ⅲ.9.24。

③ 《圣教论》（Āgama－Śāstra，即乔荼波陀的《蛙氏奥义颂》不二章第3，载《东方哲学与文化》，社会科学文献出版社1995年版，第127—128页）。

④ 《梨俱吠陀》Ⅰ.164.4。

自己的基本哲学原理，同时也是用以批判执我论的奥义书哲学家和后奥义书执同一我见的哲学流派。不过，在轮回转生问题上，佛教哲学和非佛教哲学同样承认有承受轮回的主体。这个主体，非佛教哲学称之为“个我”，佛教哲学称之为“中有身”或“中阴身”。“中有 antarbhara”和“无我 anātman”似有理论上的矛盾；遗憾的是，佛教哲学家没有给予合理的解决。

三　摩耶的幻义

梵语 māyā，音译为“摩耶”；意译为“幻、幻象、幻现、幻术”。按吠陀经，吠陀仙人、哲学家从他们对森罗万象变动不居的自然界的视察中猜测，宇宙只是一个广大无垠的幻象，而幻象的制造者是大神婆楼那。宇宙幻象沿着这个大神制定的“幻”的规律发展、存在，乃至消亡——复归于它的制作者婆楼那[①]。在奥义书中，阐述幻义的哲学家约分三派。一派认为，世界（宇宙）是大神因陀罗以自身的幻力变出来的，[②] 所以只是一个幻象，非真存在。第二派认为，世界是由物质原素集合形成的。《广林奥义》（Ⅰ.2.2—7）说：“太初之际，乾坤混沌，荡然无物，惟有死寂，笼罩其上；随后我现，由我生水，由水生火，火生大地。”此中的“我”是神学上的假设，事实上，太初宇宙，惟有水、火、地存在。所以《歌者奥义》（Ⅵ.4.1—7）强调宇审本原就是火、水、地三者：火以红为形式，水以白为形式，地以黑为形式，从人间的山河大地到天上的日月星辰都不出这三种形式，或者由这三种形式复合而成。还有的奥义书哲学家完全承袭吠陀仙人的说法：“太古之初，金胎始现，万物之主，生而无两；既定昊天，又安大地。此是何神，吾当供养。”[③] 推测开天辟地之前，宇宙孕育在一个物质性的金胎之内，并把金胎改为“金卵”，具体地阐述宇宙物质性的本原：“太初之际，此界为无，其后为有。有复发展，变为一卵。孵

---

① 《梨俱吠陀》Ⅷ.41.3、8。

② 在吠陀经时期，婆楼那和因陀罗都被尊为幻象的制作者。到了奥义书，婆楼那为有相梵大自在天所代替，只剩下因陀罗。而因陀罗和有相梵都是无相梵外现的化身。

③ 《梨俱吠陀》X.121。

育一年，卵壳裂开。分为两片，一片为银，一片为金。银者作地，金者作天；表为群山，里为云雾，脉为河流，液为洋海。”① 总之，这一派奥义书哲学家认定天地万物是实实在在的东西，并非幻象——质料不灭论。第三派认为，太初之时，神我（精神）和自性（物质）同时并存。二者随着内在和外在条件的发展，从相互影响到相互和合，从而产生构成经验世界的一系列精神性现象和物质性现象。② 这是一种心物二元论。它并不认为经验世界是一个绝对的幻象，相反，认为世界有它的相对存在性。在后奥义书哲学流派中，执第一种见解者有瑜伽论、胜论、前—后弥曼差论；执第二种见解者有顺世论和佛教的小乘有部哲学；执第三种见解者有数论和耆那教哲学。

和别的哲学派别一样，佛教哲学也吸取了奥义书的幻义作为自己的哲学体系中的一个重要的组成部分。不过，佛教哲学对幻义的诠释，对照奥义书三派的见解，显得比较合理。佛教哲学把“幻”看做事物本身因客观规律的制约而产生的一种必然现象。所谓客观规律是指事物的生灭规律，具体地说，就是事物的产生（生）、暂存（住）、衰变（异）、消亡（灭）的四阶段。每一阶段都是由与事物有密切关系的内在和外在条件和合而出现——事物随其内外条件的成熟而产生，随其内外条件相对稳定而暂时存在，随其内外条件的损坏而变异，最后因其内外条件的完全破坏而消亡。所谓内在和外在条件（主观和客观因素），即佛家的“缘”（因缘）。佛典常说：“诸法从缘生，诸法从缘灭。”③ “诸法”即指经验世界的一切物质现象和精神现象。“生、灭”包摄生、住、异、灭的全过程。过程中的每一阶段既借因缘（内外条件）和合而出现，其自身便没有独立的和恒存的实体；离开因缘，便不存在。不存在，便是“空”。龙树菩萨说：“未曾有一法，不从因缘生，是故一切法，无不是空者。”④ 这里“空”的哲学意义是现象（事物）本身没有自性（实体），但构成现象的因缘（条件呢）没有完全破坏之前，这个现象仿佛存在。这个仿佛存在的现象，正是

① 《歌者奥义》Ⅲ.19。

② 《石氏奥义》Ⅰ.3.10—13；Ⅱ.3.7—8。

③ 《大智度论》卷18，《大正藏》第1卷，第192页。

④ 龙树：《中论颂》观四谛品第二十四。

佛教哲学所说的“幻象”、“幻有”。《维摩诘所说经》说：“一切法生灭不住，如幻如电……如梦如焰，如水中月，如镜中像……”[①] 又如《金刚般若波罗密经》的著名偈颂：“一切有为法，如梦幻泡影，如露亦如电，应作如是观。”[②] 这是佛家关于幻义的典型的表述。

如上所述的哲学派别，包括佛教哲学在内，它们对幻义虽然各执各的见解，但在“二幻”的基本意义上还是达成共识——经验世界，本无自体，如幻不实，非真存在。正是这个普遍的如幻观，从吠舵时期起，数千年来一直是印度人的人生观和世界观的主要内涵，即一种悲观厌世、逃避现实的消极思想。

四　无有与空有

“无”与“有”是印度哲学两个最基本的概念。早在奥义书之前，吐陀仙人、哲学家从观察宇宙千变万化的现象过程中发现事物本身存在着“无”与“有”的矛盾（即非存在与存在的矛盾），并且在哲学上提出对矛盾的规定：“无既非有，有亦非有。”[③] 这反映“无”与“有”并非静止固定，而是处在经常的运动变化之中；“无”不是永恒为无，“有”也不会永远是有。吠陀哲学家似乎隐约地观察到“无”与“有”二者既有对立的一面，又有统一的一面。这些观察标志着辩证思维在古代印度哲学家的思辨中业已初步形成。到了奥义书飞，这一辩证思维获得新的发展。《歌者奥义》（Ⅵ.2）说：“太初之时，此界为在（sad），唯一无二。亦有人云，太初之际，此界为无，唯一无二，从无生有。”这暗示，关于“无”与“有”的辩证模式，有两派奥义书哲学家的看法。一派认为，宇宙间事物的发展是先“有”后“无”，然后从“无”生“有”。另一派认为，是“有”先出，然后从“有”发展到“无”。从形式上看，两派似乎都是把“无”与“有”截然分开，区别先后。但在考察“唯一无二”的

① 《维摩诘所说经》卷上，弟子品第三。

② 《金刚般若波罗密经》结尾颂。

③ 《梨俱吠陀》X. 129. 1。

深层内涵之后，两派又似各有统一矛盾的方法。按执“有”的一派，“此界为有，唯一无二”是说在这个“有”中并没有扬弃“无”，而是汇“无”于“有”；这样的“有”便是“无、有”相涉相即，唯一无二的超验实在。按执“无”的一派，“此界为无，唯一无二”意谓在这个“无”中也没有扬弃“有”，而是将“有”融合于“无”；这样的“无”便是“无、有”圆融，唯一无二的超验的统一体。据某些后奥义书哲学家的解释，“无”作为“有”的根本时，“无”并不意味着绝对的“无”，而只是一个居前的，或先行的“无”（prag－abhāva），也可以说是一个潜隐的“有”——世界在创造之前是“无”，是潜隐的“有”；或者看做一个“有”的可能性，尽管不是现实性。创世并不是起于绝对的“无”，而是于先行的“无”，或起于世界的可能性。这种形式的“无”是有始无终。然而，“无”究竟是什么？《广林奥义》（Ⅰ.4.9）说：“太初之时，唯梵存在；彼知自己，我就是梵。因此，梵就是一切……”《蛙氏奥义》（2）和《慈氏奥义》（Ⅵ.17）一再复述这一奥义，明确回答：“无”就是梵。其次，关于“有”。“有”即“是”，即“神”；“有”超越所有名言概念和思维分别。“有”先于一切；所有其他事物都是来自“有”，住于“有”，终于“有”。世界除“有”之外，别无他物。然而此中说的“神”又指谁？据以上的奥义，除梵之外，别无他神。故结论是：“无”与“有”同时来源于梵，又复归于梵；梵就是“无”，梵就是“有”，梵就是经验世界和超验世界的一切。①

佛教哲学接过吠陀—奥义书的“无有说”，并根据缘起性空原理把它改造为“空有说”。空、有被赋予新的内容，成为佛家专用的哲学术语——空→真谛；有→俗谛（假谛）。佛教哲学认为，空、有是一对矛盾；二者既有外在的对立，同时又有内在的联系。空、有不可截然分家，互不相涉。如果完全抛开空来说有，这固然是错误；但如果倒过来，在与有完全绝缘的情况下来观空，也同样有过。龙树菩萨告诫说：“若人见有无，见自性他性；如是则不见，佛法真实义。”② 这意思是说，以绝对的观点来

① 参看S. 拉达克利希南《十八主要奥义书》精选本（并附英译及注释），第448页。

② 龙树：《中论颂》观有无品第十五。

谈空或说有，都是同样对佛法真义的无知。无知的具体反映是："定有则著常，定无则著断；是故有智者，不应著有无。"① 在佛教哲学中，常（常见，执有常存不灭的主体的观点）和断（断见，执没有常存不灭的主体的观点）被批判为外道邪见，不是佛教的正见。常见起于执定有（绝对的有），断见起于执定无（绝对的空）。在空有的理论上，如果坚持定有的观点，必然导致执常的邪见；而如果坚持定无的观点，必然走向执断的邪见。然而，如何理解才是正见？为此，龙树提出一个为佛教徒普遍接受的理论：

众因缘生法，我说即是空，
亦为是假名，亦是中道义。②

龙树在这首颂诗中提出的观点，是他的著名的三谛原理：空谛（真谛）、假谛（俗谛）和中谛（中道义）。三谛是有机地相互关连、不可分割的；应被同时运用来观察、说明宇宙间一切依赖因缘和合而产生的矛盾现象：（一）空谛——"我说即是空"。这个空，并不是绝无之空，而是相对于有而言。有，即是诸法，亦即一切抽象的和具体的事物和矛盾。诸法依赖于因缘而产生、存在、变化、消亡，本身没有常存不坏的主体（自性）；没有主体，意味着本来就不存在；本来不存在便是"空"，或说"性空、自性空"。自性空，意谓在理论上当体之空，不待对事物分析后始见其空。（二）假谛——"亦为是假名"。"假"谓假说、假设；给事物假设名称，故曰"假"。因缘和合所生之法，既然理论上本无实体，则只有形式上的存在；这样的存在，虽然随顺世俗，有其名言称谓（概念、范畴），但都是假设，并非真实，故曰"假谛"（俗谛）。（三）中谛——"亦是中道义"。这里的"中"字，表面意义是"居中"，但实际的意义是联系"空"与"假"的关系而作全面的、合理的辩证观察。众缘所生之法，本来性空，无有实体，但存假的名称；如果执诸法为"定有"或"定

① 龙树：《中论颂》观有无品第十五。
② 同上书，观四谛品第二十四。

无”（连它们名义上的存在也否定），正如刚才论及的，将会导致走上执常见或断见的歧途。由是而论，正确的观点应该是：站在中谛立场上，全面地把握空、有的理论特点，如理地融会空、有的内在关系，从而达到：（一）谈空而不斥有，而以空即有，假有明中；（二）论有而不离空，而以有即空，会空显中；（三）如是空有相即，真俗融通，最圆满地和最充分地开显龙树的中道胜义——对三谛原理的完整而准确的表述。

空有理论是印度佛教的主流哲学思想，由于不断地发展和丰富，在印度佛教史上形成了两个大乘哲学学派：一个是谈空不舍有的中观论学派，一个是说有不离空的瑜伽行学派。这两个学派的理论体系从公元4世纪至7世纪先后传入中国。中国佛教哲学家在它们的理论基础上，结合中国佛教实际加以发展，建构了中国大乘佛教八大宗派，即三论宗、天台宗、贤首宗、禅宗、唯识宗、净土宗、律宗、密宗。前四宗以演绎模式阐述空的原理（谈空不舍有），后四宗以归纳模式阐述有的道理（说有不离空）。佛教传入中国两千年后的今天，中国佛教大乘哲学的这八大宗派仍然是中国佛教哲学的主流。此外，在其漫长的发展过程中，它们还越出国界，传播远至我国周边国家和地区，并在后者的文化、思想领域里起着重要的作用。

五　体系与范畴

一个哲学体系的形成在于它能够提出一套说明经验世界的物质现象和精神现象。就印度哲学来说，奥义书哲学家是印度哲学范畴系统的最初制作者。如上文提及的，奥义书哲学家继承了《梨俱吠陀》（X. 90）的原人理论，并把这一理论发展为“原人即梵、原人即我、梵我一如”的奥义书哲学理论。最古老的《广林奥义》（Ⅱ. 5. 15）说：“这个光辉、不死的原人（Puruṣa），他在大地之内，和我自身有关。这个光辉、不死的原人，在肉体之内。他确实就是这个我（ātmā）。这是不死者，这是梵（Brahman），这就是一切。”这则奥义阐明，“原人、梵、我”是同一永恒实在的异名。在超验意义上，三者同是“非如此、非如此”，是真理中之真理（《广林奥义》Ⅱ. 3. 6；Ⅳ. 2. 4），是不灭者，是不可描述者（同上书，

Ⅲ. 8. 1 –8)。在经验意义上，三者各有不同但又相似的说明经验世界的范畴系统。

A. 原人范畴系统（《广林奥义》Ⅲ. 9. 10）

1. 抽象的超验范畴：

　　原人（超验本体）。

2. 具体的经验范畴：

原人外现八个形相：
- 原人一：不死之神（基于大地）；
- 原人二：爱之女神（基于爱欲）；
- 原人三：真理之神（基于现象）；
- 原人四：空间之神（基于虚空）；
- 原人五：死亡之神（基于黑暗）；
- 原人六：生命之神（基于食物）；
- 原人七：婆楼那神（基于水域）；
- 原人八：生主之神（基于精液）。

（原人现八个外在形相，既各有所属的世界，又同具内在的意识）

B. 梵我范畴系统（《广林奥义》Ⅲ.7. 1—23）

1. 抽象的超验范畴：.

　　梵我（超验本体）。

2. 具体的经验范畴：

　　风、地、水、大气层、天、
　　太阳、方位、月亮、虚空、暗、
　　光、众生、生命、语言、眼睛、
　　耳朵、意识、皮、知识、精液。

范畴系统B，共有20个范畴，比范畴系统A更加具体、详细。20个范畴中，物质性范畴18个，精神性范畴两个（意识、知识），基本上统摄了经验世界的主要现象。这两个范畴系统，随着奥义书哲学发展到中期，逐渐演变为若干新的、系统而比较完善的范畴系统；其中《疑问奥义》（Ⅳ.8）的“42 范畴系统”更像具有科学性的模式：

C. **胜我范畴系统（《疑问奥义》Ⅳ.8；Ⅵ.4）**

1. 抽象的超验范畴：

胜我（=原人、梵、超验本体）

2. 具体的经验范畴：

1）地、水、火、风、空（五大）；
2）地微、水微、火微、风微、空微（五微、五原子）；
3）眼、耳、鼻、舌、皮（五根）；
4）色、声、香、味、触（五唯、五境）；
5）口、手、生殖器、肛门、足（五作根）；
6）说话、操作、性交、大便、行走（五作业）；
7）意、觉、我慢、心、炎光（五意识）；
8）所知、所觉、执我、所思、所照（五对象）；
9）气息（命）；
10）生存（因有命而存在）。
（前 6 类是物质性范畴，后 4 类为精神性范畴）

上述 A、B、C 三个范畴系统，都是以超验的精神实在（原人、梵、我）为根本范畴，即最初范畴。这三个系统显然反映着它们的作者唯心主义一元论的观点：只承认超验精神（原人、梵、我）是永恒不坏的实在，而不是其他。然而，到了奥义书哲学末期，唯心主义一元论发展而为唯心主义的心物二元论。据公元前 7 世纪成书的《白骡奥义》（Ⅲ.8.8），在奥义书哲学家之间似曾发生过一场持续相当长的哲学论争。论争的焦点集中在一个基本的本体论问题上——世间不灭者是神（Hari，湿婆大神）还是物（Pradhāna，原初质料）。而在执神不灭论者与执物不灭论者之间的论争僵持不下的时候，另有一批奥义书哲学家站出来，提倡调和两派对立观点的折中主义式的哲学；在承认神的不灭的同时，也承认物的不坏。

D. **人与物范畴系统（《慈氏奥义》Ⅵ. 10）**

1. 非变异范畴：

意识原人（神我），
原初质料（自然、自性）。

2. 变异范畴：

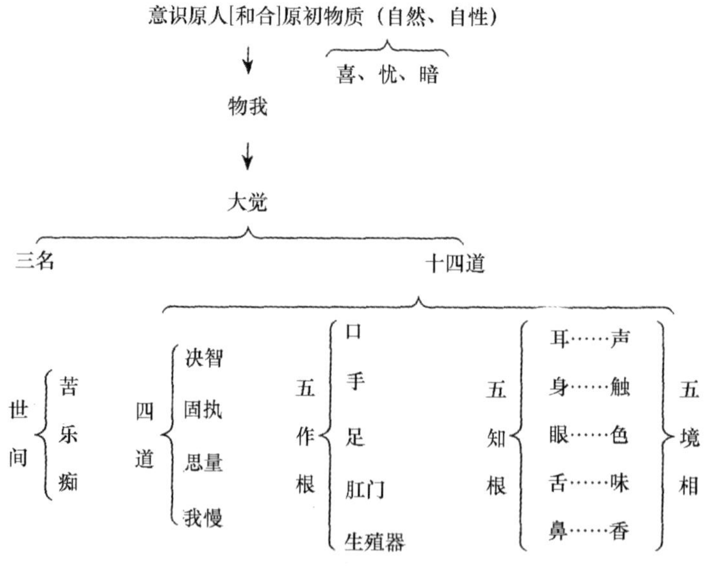

这个范畴系统反映奥义书哲学末期的新的发展，其特殊意义在于（一）意识原人（精神）和原初物质（物质）具有完全一样的非变异性，同是基本的第一范畴；（二）意识原人与原初物质由于后者“喜、忧、暗”三个内在因素的推动而和合起来，变为有变异的形式；由是衍生整个经验世界的一切（物我、大觉、三名、十四道等）；（三）《慈氏奥义》作

者描绘意识原人处在原初物质之内；他是享用者，享用着自然提供的物质资粮（食物）。“食物是此我的最高形式”（同上书，Ⅵ. 11），在本体论上把物质拔高到与精神同等的位置——二元实在论，同具常存性和不灭性。在上帝创世之前，如果说，物质不是先有，至少也和精神同时出现。

奥义书哲学的范畴系统是后奥义书哲学范畴系统的“蓝本”——后奥义书的哲学流派，包括佛教哲学在内，基本上参照奥义书哲学范畴系统模式来制作各自范畴系统。不过，一般地说，执神不灭论的学派，在制作它们的范畴时，将精神范畴列为基本的第一类范畴；将物质范畴列为第二类的派生范畴。例如，瑜伽论哲学在25冥谛系统之上，冠以“自在天”为最高的范畴；正理论、胜论、后弥曼差论，这些哲学派别虽有相当多的唯物主义思想，也不排斥自在天在它们的范畴系统中占据首位。佛家的大乘百法系统也是把精神范畴看做根本范畴，列居第一位。与此相反，执物质不灭论的学派则将物质范畴置于精神范畴之前，暗示物质第一性，精神第二性；如顺世论哲学和佛教的有部哲学。还有，执心物二元论的学派如数论哲学，在它的25冥谛系统中，把精神（神我）和物质（自性）并列第一位。

全面考察后奥义书各哲学流派所制作的范畴系统之后，不难发现，佛教《俱舍论》的“75法”是其中一个比较完善的、具有科学性的范畴系统。它很像是在《疑问奥义》（Ⅳ. 18）的“42范畴”基础上发展而成的。在这里，试将二者作一对照：

- 《俱舍论》75法
  - 有为法
    - 色法（11）………五大、五微、五根；五唯、五作根、五作业
    - 心法（1）…………五意识
    - 心所有法（46）……五对象
    - 心不相应法（14）……命、生存
  - 无为法（3）

（右侧所列五大、五微、五根、五唯、五作根、五作业、五意识、五对象、命、生存，合为）《奥义书》42范畴

在这表上，《俱舍论》的“75法”和《疑问奥义》的“42范畴”，看似不同的两个范畴系统，却又同是对经验世界的主要现象的描述和概括。然而，《俱舍论》作者的本体论观点的确不同于《疑问奥义》作者的观

点。《疑问奥义》作者在制作他这个范畴系统的前一刻就说："如是这一切皆会归于上我。"（《疑问奥义》Ⅳ.7）"上我"即超验之我。意谓经验世界的一切皆衍生于"上我"，最后又复归于"上我"。这就是说，他设定，并且承认，在经验世界的背后存在着一个支配宇宙万有的超验的精神实在——"原人、梵、我"。《俱舍论》是佛教小乘有部的根本的理论著作。有部哲学主张"法体恒有"（经验世界的客观事物，无论是物质性的或精神性的，永恒存在不灭）和"三世实有"（时间也是客观存在，不会消失）。对有部哲学家来说，不存在支配、创造经验世界的超验精神或其他幻想中的万能创世主。所以，《俱舍论》作者在制作他的"75法"的过程中，如果真的曾经参考过奥义书哲学的范畴系统模式，他似乎只吸收了奥义书哲学表述经验世界那部分范畴，却没有采用那些肯定超验精神的范畴。

（原载《印度哲学》）

摩耶(幻)的奥义

梵语 māyā，音译“摩耶”，意译“幻、幻象、幻术”。

这个词从它在吠陀经的最初出现，便被吠陀仙人、智者、哲学家赋予了深奥的哲理内涵：“摩耶”是说包摄在时间和空间中的一切具体的和抽象的现象，只不过是设想中的神在宇宙游戏中变现出来的非实有的幻象。吠陀后的宗教哲学流派，包括佛教在内，一致接受吠陀仙人给“摩耶”所下的这个基本定义：“幻、幻象”；并且按各自的理论需要加以发展，成为各自哲学体系中的一个不可或缺的组成部分。实际上，它在所有唯心主义哲学派别中形成了一个认识论上的共识——经验世界的“如幻论”。本文拟从历史和哲理视角，对摩耶“幻论”及其在印度意识形态发展的全过程所扮演的“永不褪色”的角色，试图作一“深入浅出”的探讨。

一　吠陀经的幻论

在吠陀经中，甘婆子仙人似是第一位提出“幻”的概念的哲学家。他把“幻”看作是他设想的神本具的创世神通。他在他所写的一支歌颂大神婆楼那的神曲中说：“彼以摩耶，揭示宇宙，既摄黑夜，又施黎明……彼之神足，闪烁异光，驱散摩耶，直上穹苍。”（《梨俱吠陀》Ⅷ.41）甘婆子在这支神曲中提出两个摩耶（幻）。第一个摩耶表示婆楼那神以幻术（神通）变出宇宙；第二个摩耶表示婆楼那神以幻术回收宇宙。在他看来，森罗万象的宇宙，包括时间和空间，本无客观实在，其所以出现和（暂时）存在，完全由于婆楼那神的摩取幻力的作用；换句话说，那是婆楼那以幻术制作出来的幻象（第一个摩耶的作用：揭示宇宙）。因为是幻象，所以它的存在受着自然淘汰规律的制约。待到某一特定的时段，大神婆楼那又用幻术把它收回，复归本位（第二个摩耶的作用：驱散摩耶）。其次，从吠陀的“无”与“有”的辩证观点看，第一个摩耶“提示宇宙”，意即存在——有；第二个摩耶“驱散摩耶”意即非存在——无。住顶仙人同时用两个“非有”进行否定，使“无”与“有”同一起来：“无既非有，有亦非有”（《梨俱吠陀》X.129）。这是“对立统一”的辩证思维的原始的、粗糙的形式。

伽尔伽仙人是另一位执摩耶（幻）为设定之神的幻术（神通）的哲学家。他在一支歌颂雷电神因陀罗的神曲中说：

因陀罗，按照本相变多相，
　　　　此为展示其自相；
因陀罗，彼施摩耶变多相，
　　　　千驹套在车轭上。（《梨俱吠陀》，Ⅵ.47.18）

在《梨俱吠陀》神话中有两个威力无比的大神；一是因陀罗，一是婆楼那。吠陀诗人把自然现象雷电人格化为司雷电的大神因陀罗；同时，凭借丰富而浪漫的想象力，虚构出人格化的因陀罗形象，威武庄严，栩栩如生，具有不可思议的神奇力量：天上地下，纵横腾跃，杀敌降魔，制恶护善，所向披靡，无有匹比。在《梨俱吠陀》1028支神曲中，以歌颂因陀罗为主题的就有250支，几乎占全书四分之一。这表明因陀罗在《梨俱吠陀》神话世界中是一个何等突出和重要的主神。这个颂就是赞扬因陀罗这位三界主神运用奇妙的摩耶幻术，变现出众多与其本相一样的化身“因陀罗”。这在吠陀神学上叫作“一神变多神”，反映着吠陀经的多神论或泛神论的发展趋势；在哲学上，反映着吠陀哲学家所悟知的“一”与“多”的哲理：“一”意谓设定的唯一的超验实在；“多”意谓杂多，经验世界的纷繁现象。“一”与“多”之间的哲学关系是内在地不二，外在地不一。不二，谓设定的超验实在（本体）绝对唯一，不存在杂多现象，不一，由超验实在幻现的经验世界、现象杂呈、纷繁差别。

有些吠陀哲学家在歌颂自己设定的大神的创世神力时，并没有直接使用“摩耶”（幻）一语，而是采取别的说法。例如，那罗延那仙人在他的印度哲学史上的千古名篇《原人歌》（《梨俱吠陀》X. 90. 1—2）中采用“微妙现身”和“升华物外”来表述“幻现—幻归”的二幻原理。“微妙现身”意谓“原人”从自身施出幻术，现身为一位具有千头千眼千足的超级大神，并同时变出一个世界。这世界横有无边无际的空间，纵有无始无终的时间；在它的天界住着大大小小具有神性的生物；在它的地界生活着形形色色的非神性的生物。“升华物外”意谓原人是不灭的主神，但他变出来的幻象（世界）有生有灭。因此，到了特定的时限，原人自会按自然规律将之回收（世界趋于毁灭之时）。

上述三位吠陀仙人显然是执神创世说的哲学家。他们的关于创世说的观点基本上是一致的：他们所设定的神所使用的摩耶（幻术、神通）既能把宇宙变出来，又能把它回收。神是真实的存在，宇宙只是神在神通游戏中变出来的一个广大无垠的幻象，非真实的存在。不过，另有一些吠陀哲学家对摩即（幻）持不同的理解。他们首先怀疑是否真有所谓神的存在？其次怀疑所谓的神是否真有把宇宙制作出来的幻术、神通？他们的看法是，宇宙不是一个绝对的摩耶（幻象），因为它是由物质产生的。宇宙由何种物质产生？或者说，宇宙的本原是什么？吠陀哲学毕竟是哲学思想的萌芽，这些持疑神论的吠陀仙人还无法准确地道出宇宙的本原是什么？尽管知道神创世说不是无可置疑，但一时间也说不上何物可以合理地取代神的位置。因此，对自然，只能进行“盲人摸象”式的猜测。他们当中，有人推测水、或风、或火、或以太（气）、或时间、或多种物质集合是宇宙本原。例如，住顶仙人在他的《有转神颂》（《梨俱吠陀》X. 129）中说：“太初宇宙，混沌幽冥，茫茫洪水，渺无物迹。由空变有，有复隐藏，热之威力，乃产彼一。”推测开天辟地之初，宇宙空空，唯有一片洪水。水中孕育一物（乃产彼一）。此物为何？生主子仙人在他的《敬谁歌》（《梨俱吠陀》卷121）中对此作了说明：“洪水泱泱，弥满大荒，摄为胎藏，产生火光；诸天精魄，从此显现。此是何神，吾当供养？”洪水中孕育的一物乃是“宇宙胎儿”，妊娠期满，宇宙从水脱胎而出，于是天地安立，乾坤始定。这是从横向猜测宇宙的空间产生于水。祛罪子仙人又从纵向猜测宇宙的时间也是产生于水：“真思与真悟，俱生于苦行；由此生黑夜，由此生海洋。后复因海洋，乃有岁神生，协调日与夜，时刻统治者。”

（《梨俱吠陀》卷190）年岁是人间时间最大的单位，它周而复始，运转不息，因而统摄一切时刻。在祛罪子仙人看来，一切时刻即一切变化，而一切变化正是由于年岁（时间）往复的运动。年岁（时间）是宇宙现象演变的总根子。他似乎猜测到时间的运动是永恒的，是客观存在的。阿尼罗仙人则推测风是宇宙的胎藏。他在他的《风神颂》（《梨俱吠陀》卷168）中说："（风神）按所定路线，跨越太虚空，飞行于中止，一日亦不息。诸天之灵魂，诸有之胎藏，正是此明神，任意逍遥游。能听彼声音，不见彼身形；吾应具牺牲，敬礼此风神。"诗中"诸有"是说"三有"，亦即天、地、空三界，以及生活在三界中的一切天神、人类及其他生物。就是说，包括天上人间一切生物在内的自然界都是由风原素所孕育、所产生。又如长阇仙人在他的长诗《万神颂》（《梨俱吠陀》I. 164）中把多种物质（如地、水、火、风、空等）神格化为自然神，而每一个神都被赋予创世的摩耶神力。这在一方面说明像长阇仙人这样的吠陀哲学家显然是典型的自然神论者和泛神论者；在另一方面也反映着他们所写的神创世说是以物质为其创作基础；在他们的笔下，物质只是换上神的名字，或者说，神的名字作了物质的另一种荒诞的代号。

二 奥义书的幻论

《梨俱吠陀》第十卷记录着吠陀末期的宗教哲学的发展形势——在神学上，多神论、泛神论基本上完成了向一神论、尊一神论的过渡；在哲学上，开始了超级自然神的哲学化进程，出现了纯哲学化的抽象神，萌发了朴素的辩证思想；这些都标志着"吠陀经的终结"、"吠陀哲学的总结"。奥义书哲学正是在吠陀终结的基础上构建起来，因而也正是吠陀哲学的继续和发展。

奥义书哲学家首先从吠陀抽象神群中选出"原人"（Puruṣa）作为表述设定的超验实在的最高范畴，然后提出具有与原人一样的哲学内涵的"梵"（Brahman）与"我"（Ātman）。这样，"原人、梵、我"三者构成一个"三位一体"式的特殊的哲学概念，并且成为奥义书哲学所要阐述、论证的主要哲学命题。《广林奥义》（Ⅱ. 5. 1）说："……光辉、不死之原人，在这大地上；光辉、不死之原人，是内我，在肉体之内；此正是他，正是此我；此是不死，此是梵，此即一切。”这则奥义完整地阐述了原人即梵、原人即我的“原人、梵、我”三位一体的本体论原理。在超验意义上，“原人、梵、我”是绝对的、不死的，是“不可感触、不可描述、不可按特征定义……”（《广林奥义》Ⅲ.8.8）；在经验意义上。“原人、梵、我”天然地具有不可思议的摩耶幻力，能够从超验的本体变现出经验的世界，因而是可说的、可以描述的。奥义书哲学家正是根据“摩耶”在超验本体与经验世界之间所起的微妙而神奇的作用，构筑了奥义书哲学的基本框架——原人八相论、二梵论、二我论。

（一）原人八相论。奥义书哲学家吸收了吠陀的“原人”理论，把“原人”拔高为奥义书哲学的最高范畴：“原人非如此，非如此，没有比之更高大者；他是真理中之真理。”（《广林奥义》Ⅱ.3.6）此中前一真理是经验性的，后一真理是超验性的。这表明原人具有二重真理。第一重——超验真理，是绝对的、不可以描述的；第二重——经验真理（依超验真理而现起）是相对的，是可以描述的。基于后者（第二重真理），原人先在吠陀经中现身为千头、千眼、千足的创世大神形象，然后再以自身的幻力，转变为奥义书中的“原人八相”——超验原人幻现外在八个似真非真但形相无异的原人化身。它们各有不同的内涵和外在特点：

原人一：住于大地，火为世界，不死者是他的神明；
原人二：住于爱欲，心为世界，女人是他的神明；
原人三：住于色（物质），眼为世界，真实是他的神明；
原人四：住于虚空，耳为世界，方位是他的神明；
原人五：住于黑暗，心为世界，死神是他的神明；
原人六：住于诸色，眼为世界，生命是他的神明；
原人七：住于水域，心为世界，婆楼那（水天）是他的神明；
原人八：住于精液，心为世界，生主神是他的神明。

原人的这八个化身，外在地虽有这许多差别，内在地却有共同的特征——他们都具有意识，都是生物的灵魂的依靠者和归宿。很显然，所谓原人八相是在哲学上把宇宙划分为八大范畴，是奥义书哲学家对经验世界的精神现象和物质现象进行演绎与归纳的特殊的逻辑模式。正如《广林奥义》(Ⅲ.9.26)总结："此是八住处、八世界、八原人。凡能将它们分开、又和合者，他就是奥义书中所讲的原人。"此中"分开"意即"幻现"——超验的原人幻现八个化身，游戏于经验世界。"和合"意即"幻归"——超验的原人回收外现的八个化身，使之复归于唯一。这便是奥义书哲学家表述"一多"原理方法之一：既用"一多"原理来阐述原人八相论；反过来，又以原人八相论来验证吠陀的"一多"理论。

（二）二梵论（原人即梵）。梵，随着奥义书哲学的发展，几乎完全取代了原人。它被赋予与原人同样的特征，而其哲学内涵变得更加丰富、更加奥妙。"二梵"是吠陀原人说在奥义书中的新的发展，并成为奥义书哲学的理论系统的核心部分。首先提出二梵论的《广林奥义》(Ⅱ.3.1)说："诚然，梵有两个形式，谓有相与无相，有死与不死，呆板与灵活，此岸与彼岸。"这则奥义阐明"梵"的特征既是绝对的，同时又是相对的——唯一之梵的两个形式。一个形式是：无相、不死、灵活、彼岸——超验、绝对之梵；另一形式是：有相、有死、呆板、此岸——经验、相对之梵。《秃顶奥义》(Ⅱ.2.9)称前者为"上梵"，后者为"下梵"。上梵是唯一之神，下梵是（由一神幻现的）多神。上梵是"不灭者，见不到的见者，听不到的听者，超思维之思者，不可知之知者。故舍此，别无见者；舍此，别无听者；舍此，别无思者；舍此，别无知者。此不灭者，犹如经纬，纺成虚空"(《广林奥义》Ⅲ.8.11)。所谓舍此别无见者、听者、思者、知者，正是反映这样的超验实在：全知全能，但超越已知，超越未知。(《由谁奥义》Ⅰ.5)为了把上梵的无相、不死、灵活、彼岸的本体奥义表述得更加完整，奥义书哲学家制作了一个连锁否定模式——运用绝对否定的模式来表述超验实在的绝对本体："不可感触、不可描述，不可按特征定义；它是不灭者，故非粗、非细、非短、非长、非赤（如火）、非温（如水）、无影、无暗、非空、不粘、不臭、无味、无眼、无耳、无识、无精力、无呼吸、无相貌、无量度、非内、非外；它不吞噬何物，亦无能吞噬之者"(《广林奥义》Ⅲ.8.8)。这个否定模式，换句话说，是对上梵的奥义作肯定的论证，即上梵和原人一样"非如此，非如此，是真实中之真实”。然而，上梵外现的幻象——下梵却是“如此，如此”，是可感触的、可见的、可闻的、可知的；是可以用语言文字来描述的。具体地说，下梵是上梵的经验世界的化身——大梵天王。“太初之时，唯梵独存。”（《广林奥义》I. 9. 9—10）据奥义书神话，大梵天出现在创世之前，故他一出现，立即创造世界，创造了包括因陀罗、婆楼那、苏利耶（太阳）、苏摩（月亮）、鲁陀罗、阎摩、死神等天上神群，以及包括人类四种姓的地界神录和生物。（同上书，Ⅰ. 4. 11）这梵天俨然一位神通广大的魔术师（māyin），祭起摩耶（幻术），变出整个宇宙（现象界）。（《白骡奥义》Ⅳ. 9—10）较晚的《慈氏奥义》（V. 3）总结二梵原理为一真一假——上梵是真，真实的存在；下梵是假，非真存在。二梵总结为一真一假，正好说明摩耶是奥义书哲学家在真假二梵之间精心设定的哲学“纽带”，以此阐明唯一超验的“一梵”同时显示：一真一假，由真而假，假本非实，终归一真（一梵）；如是真假圆融，悟入唯一，消除心结，获上智慧。

（三）二我论（原人即我）。原人即梵、原人即我，是在超验意义上表述“原人、梵、我”三者同一不二的无差别的哲学内涵（设定的超验实在）。在经验意义上，三者各有外在的经验性形相：原人全部经验性的内涵演化为两部分，一部分构成梵的经验性的特征，一部分构成我的经验性的特征。梵与我的主要区别在于二者在不同的范畴中随着不同的功能：梵被看作是客观世界的基础，我被认为是主观世界的根源。由此再发展：一梵变为二梵（如上节所述），一我变为二我。二我谓遍我（主我）和个我（众我）（《歌者奥义》V. 12. 1—17）；前者是超验性的，后者是经验性的。超验之我是“非如此，非如此”；“（此我）无声、无触、无相、无灭、无味、常住、无香、无始无终、超越广大、不变”（《石氏奥义》I. 3. 15）。这两则奥义重申前边说的——在超验意义上，“原人、梵、我”是同一不二，无有差别。经验之我，似是奥义书哲学家特意提出来，借以解决经验世界的精神和心理上的复杂问题。经验之我是超验之我借摩耶而外现的化身。化身的超级形式便是创世之我：“世界之初，唯我独存……除我之外，别无他物。”（《广林奥义》Ⅲ. 4. 1—2）创世之我与创世之梵，同一性质，即同是超验实在的两个经验性的形式：“太初之际，唯梵独存，彼知自己，我就是梵。”（《广林奥义》I. 4. 9—10）这说明“梵”与“我”

二者同具创造物质世界和生物世界的神奇幻术；而且还共同为生物界创造了意识："太初之时，此界空无……彼造意识，并祈有我。"（《广林奥义》I. 2. 1）这里涉及的重要哲学问题是：1）是神（梵—我）创造了生物的精神世界（意识）？2）意识是构成"我"的主要因素或内涵？关于这个问题，吠陀哲学家早已提出，虽然没有作出肯定或否定的回答。长阇仙人说："从地生气血，何处有我在？"（《梨俱吠陀》I. 164. 4）。这意思是说，"我"就是肉体，它是由地、气、血构成的；离开这些物质原素，所谓之我便不存在。换句话说，"我"产生于物质。随后，住顶仙人说："初萌欲念，进入彼内，斯乃末那，第一种识。"（《广林奥义》X. 129. 4）他肯定了意识（末那，manas）是在物质性的肉体构成之后进入体内的。但是，他没有阐明意识如何产生：意识是神造的，还是物造的或自然而有？意识是否就是"我"？后吠陀的哲学家，特别是奥义书智者，似乎比吠陀人更加重视意识和与此有关的问题。他们深入探索，并提出他们的答案："创世之父为自我创造了意识（manas）、语言（vāca）和气息（prāṇa命）……诚然，我乃由语言、意识、气息三者构成"（《广林奥义》I. 5. 3）。在这里，如异把"创世之父"的神话撇开，一个具体而典型的经验之我便会呈现在你面前——它的三个成分，内涵丰富、形式多样，包摄了经验世界的主要范畴：

我：
- 语言 → 地界、《梨俱吠陀》、天神、母亲、已知、地身。
- 意识 → 大气层、《夜柔吠陀》、祖先、父亲、现知、天身。
- 气息 → 天界、《娑摩吠陀》、人类、后裔、未知、本身。（《广林奥义》）Ⅰ. 5. 3—13）

这个表反映这一事实：我们所称之"我"是由意识、语言、气息三者集合而构成；离开这三个成分，我便不存在。这三个成分中，"语言"和"气息"是物质，"意识"是精神；三者相互依存，互为条件，谁也不能独立于谁，从而协调地构成一个和合体"我"；这也同时表明意识是在与其有关的物质基础上产生、存在，并不是什么天父或大自在天所创造。

奥义书哲学家还利用二我论来传播唯心主义的所谓因果轮回理论。二我，又称为外我（遍我、大我）和内我（个我、小我）。外我，谓在肉体之外，充遍宇宙，无始无终，无灭无相，只可意会，常住吉祥。（《白骡奥义》V. 13—14）内我，谓在肉体之内，受着生、住、异、灭的自然规律的制约，因而是承受苦乐因果、轮回转生的主体。在理论上，内我是外我的幻现。因而始终存在着幻归于外我的可能——内我是此岸的经验意识，外我是彼岸的超验境界；在奥义书哲学家看来，此岸和彼岸之间并不存在一条绝对不可逾越的鸿沟。只要设法（如按奥义书苦修瑜伽或持诵 om 字神咒）在肉体消亡之前使内我摆脱过去和现在的业力（行动后留在心灵上的潜隐的影响）的束缚，便能自由地离开肉体（即使肉体尚未死亡），与外我统一起来，获得完全的解脱。这便是奥义书哲学家首先创立的比较系统的关于“我”（灵魂）从轮回到解脱的理论。乔荼波陀在《圣教论》中使用生动的譬喻来解释奥义书这一轮回理论。他说，生物的肉体喻如瓶子，瓶内的空间喻如内我，瓶外的空间喻如遍我。瓶内空和瓶外空在形式上有广狭的区别。但在空的性质上二者毫无二致。只要把瓶子打破，瓶内空和瓶外空便立即同一起来。[1] 同理，肉体、内我、遍我三者的关系，只要设法使内我从善恶行所造成的肉体囹圄中解放出来，便即与遍我合而为一，恢复精神上的完全的自由和安乐，并最终结束轮回转生的痛苦的历程。

正如在上文提到《慈氏奥义》（V. 3）对二梵论的总结：上梵幻现出下梵，故上梵是真，下梵是假。同理，二我论也是如此，遍我是真，个我是假。真，意即真实的存在；假，意即非真实的存在。非真实的存在，意思是说，这个存在不可能持久，迟早会变化，以至完全消失。换言之，它只有暂时的存在。暂时存在是否意味着绝对的、完全的不存在？我们注意到，奥义书哲学家一再阐述摩耶幻论，揭示经验世界（下梵、个我）的妄伪性质，他们却没有明确地或断然地否定它的暂时存在。而且，他们还在特定的范畴内肯定它的暂时存在：“这个世界是由名、色、业三者构成。……生命（气息）诚然是不死者。名、色都是真实（satya），遮蔽着

---

① 《圣教论》梵文本，第 50 页，第 3 颂；第 51 页，第 4 颂；汉译本，不二章第三，第 3 颂和第 4 颂（巫白慧译，商务印书馆 1999 年版，第 107、108 页）。

生命。”（《广林奥义》I. 6. 1—3）此中“名”即精神，“色”即物质，“业”即实践；由这三者合成的世界，正是我们说的经验世界。“真实 satya”，用佛家术语说，就是“俗谛”（samvṛt－satya）。在俗谛意义上，名、色都是真实的存在。认为经验世界是真实的另一个重要原因是：经验世界是超验实在的“摩耶”。摩耶尽管是幻象，非真存在，但与超验实在有着千丝万缕的关系。经验世界与超验实在并非两个绝对的互不相干的存在："犹如蜘蛛沿着网络行走，犹如火花发自火源。同理，一切生命、一切世界、一切神灵、一切众生，来自此我。这一奥义就是真实中之真实。生命是真实，在生命真实中的真实则是它（我）。”（《广林奥义》Ⅱ. 1. 20）这则奥义阐明经验世界的一切精神和物质现象都是真实（俗谛），而这真实中的真实则是超验之我（真谛）。俗谛与真谛的关系正如火花与火源的关系。火花与火源在形式上是两种不同的现象，但在性质上完全同一非异。同理，俗谛与真谛在俗谛意义上似是两种不同的存在，但在胜义谛上（本体意义上）则是同一不二。

三　佛家和吠檀多的幻论

从上节关于奥义书的幻论的讨论中，清楚地看到摩耶（幻）在早期的奥义书中常用作神的幻术（神通），神以此变现宇宙（世界）或变一神为多神（《广林奥义》Ⅱ. 5. 19）。在较晚的奥义书中，“摩耶”意即“幻象”，而幻象就是直指经验世界而言：

> 应知自性乃摩耶，摩耶作者大自在，
> 彼之肢体即众生，一切遍住此世界。
> （《白骡奥义》Ⅳ. 9—10）

颂中“自性”即自然、自然界；“摩耶”即幻象；“大自在”即大自在天、大梵天王。在奥义书神话里，大自在天被尊为创世主，他像一名特级魔术师那样，施展神奇的魔术，变出一个有各类生物居住的世界。这个世界是一个纯粹的摩耶（幻象），非真存在。奥义书这套世界如幻说，为其后包括佛家哲学和吠檀多哲学在内的一切唯心主义哲学流派所继承、接受。各派又据自宗的理论需要，分别发展为各宗大同小异的幻论。就佛家幻论来说，佛教三藏十二部 3973 卷经典（据吕澂《新编汉文大藏经目录》，齐鲁出版社 1981 年版），几乎每一卷都或隐或显地涉及“幻”的理论。佛家的幻论，语言绚丽多彩，义理透彻深入。它的要旨可以归纳为二义：一是哲学上的幻伪义，一是神学上的幻术义（神通）。前者是主要的，后者是次要的。在神学上，佛家确认佛教神话所讲的诸佛菩萨的超验性神通，但否认大自在天是经验世界的创造主，即不承认任何超级大神，甚至像大梵天王，具有不可思议的创世神力。在哲学上，佛家承认经验世界只不过是一个摩耶（幻象），非真存在。在这里，特选引两部权威的大乘经典，它们对佛家这种世间如幻说的表述是最典型的：a）《金刚般若波罗密多经》（结尾颂）：“一切有为法，如梦幻泡影，如露亦如电，应作如是观。”b）《维摩诘所说经》（卷一，弟子品）：“一切法生灭不住，如幻如电；诸法不相待，乃至一念不住。诸法皆妄见，如梦如餤，如水中月，如镜中像，以妄想生。”引文中的“一切有为法”和“诸法”正是经验世界的一切精神性和物质性的现象。把经验世界看作“如梦幻泡影，如露亦如电”的幻象，反映出佛教哲学关于幻（摩耶）的理论“要害”。不过，佛教哲学似比别的唯心主义学派略高一筹，它对“幻”提出较为合理的表述：世间任何事物都有一个从产生到消亡的过程，它本身不存在常住不变不灭的成分。事物本身没有不变不灭的成分，意同“无常”；“无常”既是“幻”的异名，也是“幻”的本质。佛教哲学家从这一观点出发，创立佛教著名的哲学三原则：“诸行无常，诸法无我，涅槃寂静”（龙树《大智度论》卷 22）。此中“诸行”意同精神现象、心理活动；它们因与之有关的内外条件的成熟而产生，又因与之有关的内外条件的破坏而消亡；故曰：“无常”。“诸法”包括精神现象和物质现象，它们本身没有不变不灭的成分或主体，故曰“无我”。在佛家看来，“无常、无我”是制约事物自身的规律；因此，事物（经验世界）毕竟“非真存在”。非真存在，意即“幻”；而“幻”就是“空”，亦称为“涅槃寂静”。这便是佛家从对幻（摩耶）的反思、推理所得的哲学结论。

“吠檀多”（Vedānta）是传统六派哲学的第六派——智弥曼差派。它以阐述奥义书哲学著称，故又叫作“吠檀多派”。这派的开山祖师乔荼波陀（公元7世纪末），既全盘地继承了奥义书的幻论，又吸收了佛家对幻论的较为合理的解释。他对“幻”作出创造性的发展，其中最重要的一点，是他对经验世界的暂时存在的绝对的否定。按乔荼波陀的哲学，设定宇宙间存在着一个超验的精神实在，它是永恒的唯一的存在；由它变现出来的经验世界，只是像魔术师用魔术变出来的一个大幻象，非真存在。然而，人们从来没能洞悉幻象（经验世界）的妄伪性质，往往误认幻相为真相。比如说，按世俗常识，梦时所见的与醒时所见的，有真假的区别：梦境是假，醒境是真。其实，二者都是假，不是真：“梦时意识不怀疑，不二仿佛见有二；醒时意识亦无疑，不二仿佛见有二。”（《圣教论》汉译本，第三章，第30颂）[①] 此中“仿佛”即“迷惑”，也正是佛家所说的“无明”。“无明”使人误执1. 梦境中有能见的主观和所见的客观的区别；2. 醒时境界，也是这样。“意识所见此二者，是由心动与不动；意识若不起思量，有二境界不可得。”（《圣教论》汉译本，第三章，第31颂）乔荼波陀在这里提出“心动说”来说明有二境界（能见、所见）产生的原因在于“心动”。心动，即意识的思量（分别）。思量若不起，能见所见的区别不可得。他特地引用佛家唯识宗的“唯识无境”的理论来论证他这一心动说的观点：“犹如火炬被摇动，仿佛似直又似曲；如是唯识起变动，似有能执与所执。”（《圣教论》汉译本，第三章，第47颂）这个颂意显然来自世亲的《唯识三十颂》（第17颂）：“是诸识转变，分别所分别；由彼此皆无，故一切唯识。”这里的“分别、所分别”即《圣教论》的“能执与所执”；“似有”意即“非真有”，也就是“彼此皆无”。这正反映乔荼波陀从极端唯心主义出发，把吠檀多的幻论绝对化，甚至连现象界（经验世界）的暂时存在也被彻底地否定。

乔荼波陀的哲学在印度哲学史上称为“不二论（绝对不二论）”。他的再传弟子商羯罗（约公元8世纪初）承袭他的衣钵，把不二论发展为“无分别不二论”（Nirviśeṣa - advaita），但没有使之绝对化。商羯罗沿用奥义书

---

① 《圣教论》第四章第62颂重申此义：“无疑心处梦境时，不二而现似有二；无疑心在醒觉时，不二而显似有二。”

的“梵、我、幻”三个基本范畴作为他的无分别不二论的理论构架，并创造性地作出新的诠释；其中对“幻”（摩耶）的阐述尤为精辟。按照他的幻论，“幻”有三个哲学内涵：1. 幻体。幻不能自生，也不能无因而生，必有所本，本即幻体——梵。幻体具有奇妙的幻力，魔术般从自身变现出无穷无尽的幻象。2. 幻象。这是指由幻体变现出来的各种存在的形式在它们完全消失前一刹那的现象。幻象虽然千差万别，形式无穷，但不外“名”与“色”两大类；前者即精神现象，后者即物质现象。3. 幻翳。幻如障眼法，障翳着人们的视线，认不出幻象的虚妄性质，把幻象误作真实的存在。这种错觉或误认，叫作“无明”（avidyā）。无明，意即无智慧、没有正确的知识：既不辨幻象之假，亦不知幻体之真。商羯罗从这一幻义出发，猜测整个自然是幻象的总体。自然的运动和变化并不是基于其自身的规律，而是由于一个超验的绝对体——梵所支配。由梵自身幻现出来的自然毕竟不是独立于梵，而是最终复归于梵。其次，商羯罗并不像他师祖乔荼波陀那样把不二论绝对化，没有否定幻象在特定的情况下有相对的存在。他认为，不能把名（精神现象）和色（物质现象）说成是“实在的”，或“非实在的”。他常用三个譬喻来说明这一意义：（1）误认绳子为蛇；（2）误认贝壳为银片；（3）误认海市蜃楼为真景。蛇、银片和海市蜃楼的错觉原是虚妄非真，故不能说它们是实在；但在觉知它们的本相（绳子、贝壳、阳焰）之前，蛇、银片、海市蜃楼的幻象并未消失，所以也不能说它们非实在。“名”和“色”的幻象也是如此。现象界（精神的和物质的）是梵外现的幻相，本非真实的存在，故不能说它们是实在；但无明障眼，暂时还未识破它们的虚妄性质，现象界仿佛存在，因此也不能说它们非实在。商羯罗的这些譬喻还有一层深义：绳等实在，蛇等非实在；若识前者，则无后者。梵体是真，现象是假。若悟前者，则离后者。这样，了幻归真，唯一无二——主观客观、圆融同一的梵的超验境界。[①]

商羯罗对梵的阐述——无分别不二论提出后，在当时印度宗教哲学界，特别是在吠檀多本派内引起强烈的反响和争论，因而形成许多与商羯罗观点不一致的吠檀多支派，而其中比较重要的支派是罗摩奴阇的“有分

① S. 拉达克利希南：《〈梵经〉译注》，伦敦 George Allen & Uncoin LTD，1960 年，第 357—359 页。

别不二论”。此论与商羯罗的无分别不二论正好针锋相对。“无分别”和“有分别”的区别在于：a）按商羯罗的理论，梵、我、幻三者同体同一；我和幻源出于梵，又将复归于梵，同一于梵，绝对无二，无有差别，故称无分别不二论。b）按罗摩奴阇的理论，梵、我、物三者同体不同一；我和物一旦从梵分离以后，便将和梵永远分别存在下去，不复归为一体，故称有分别不二论。罗摩奴阇把商羯罗的“梵、我、幻”三范畴改作“梵、我、物”，即认为“幻”（经验世界）并不是一个空洞不实的幻象，而是实实在在的物质的存在。换句话说，“梵”和由它变出来的“我”和“物”三者是“鼎足之势”，谁也不能同化谁；是永恒分立，共同存在。这一独特的吠檀多观点，可以溯源于奥义书，后者记录着一场关于神不灭还是物不灭的争论。罗摩奴阇很可能就此提出自己的看法：神与物二者同样是不灭者。（《白骡奥义》I. 10）

四 “幻”即是“物”——结论

我们在前文讨论了吠陀经、奥义书、佛家和吠檀多的幻论，并同时评论了这些幻论基本上是在“幻、幻象、幻术”三种意义内兜圈子，但又不约而同地突出三义中的第一义“幻”——它们一致阐述经验世界是一个虚妄的幻象，不是真实的存在。持这一哲学观点的论师。大都是唯心主义哲学家。我们也提到了一些唯物主义哲学家和有唯物论倾向的唯心主义论师。他们怀疑，甚至不接受唯心主义者的经验世界幻象说。他们的看法是：经验世界的存在是真实的，不是虚幻的。看来，哲学立足点的不同，自然对“幻”有不同的理解和诠释。持唯心主义观点的论师，执经验世界只是一个妄伪的、无常的幻象，非真实的存在。持唯物主义观点的论师则与之相反，他们执经验世界就是一个事实的存在，而不是什么幻术变出来的幻象。带有唯物论倾向的唯心主义哲学家，典型的如罗摩奴阇论师，他在他的“有分别不二论”中阐明“幻”即是“物”（经验世界），而且和“梵”一样永存不灭。这一观点，如果不能说是百分之百正确，但说它在某种程度上接近、反映客观实际，似无不可。

（原载《少林文化研究论文集》，2001 年）

译　序

一　论主乔荼波陀

乔荼波陀是本论作者。梵语 Gauḍapāda，意译“糖足”[①]，音译“乔荼波陀”。他是当代印度哲学主流派吠檀多主义（Vedānta）早期奠基人之一。关于他的生平和事迹，仅有传说，没有可靠的历史或记载。据说，乔荼波陀是戈文陀（Govinda）的老师，戈文陀是商羯罗（Sankara）的老师。商羯罗曾说他受过乔氏的教导和影响，还谈论过乔氏的其他弟子的道德文章。这就是说，乔氏生活在商羯罗的学生时代。至于商羯罗的年代问题，虽然有些争议，但学术界一般地接受这一说法：商羯罗的年代约为公元788—800年。由是推定，乔氏既然能够直接教导商羯罗，那么他（乔荼波陀）至少活到公元800年——乔氏的年代约为7世纪末至8世纪初。[②]

传说乔荼波陀写过好几部哲学著作，[③] 但公认是他本人的原作，只有一部《乔荼波陀颂》（Gauḍapāda - kārikās），即通常说的《圣教论》（Āgama—śāstra）。此论一般地阐述奥义书哲学，而专门为《蛀氏奥义》作注

① Gauḍa（红糖）是印度北方一个盛产甘蔗的地方，俗称“糖国”。pāda（足）是尊称，意即“足下、阁下”，和 caraṇa 或 ācārya（导师）同一含义。据推测，Gauḍapāda 可能是一位活跃在这个“糖国”、享有盛誉的吠檀多大师。（参看月顶论师《圣教论》梵文精校本，绪论，§7。）

② S. 塔斯笈多：《印度哲学》第1卷，第423页。

③ 署名乔荼波陀的著作中，主要有《自在黑数论颂疏》（Sāmkhya - kārikā - bhāṣya）、《人师子精要奥义疏》（Nṛsimhatapaīya - Upaniṣad - bhāṣya）、《后圣歌》（Uttaragītā，即《薄伽梵歌》）、《难近母七百颂》（Durgā - saptaśati）、《善施牛经》（Subhagodaya）、《吉祥明宝经》（Śrīvidyāratna - sūtra）。甚至有人认为乔氏还写过《中论颂注》（Mādhyamika - kārikābhāṣya），参见 S. 拉达克利希南《印度哲学》英文本，第464页脚注。

解，故又称为《蛙氏奥义颂》（Māndūkya—Upaniṣadkārikās）。乔氏对奥义书哲学和佛家大乘学说有独到的研究，在《圣教论》中提出一系列新见解，构建了一个新的吠檀多体系。因此，《圣教论》不仅仅是一部对《蛙氏奥义》的权威注释，而且变成为一部自成体系的独立作品。

二 《圣教论》的结构

《圣教论》在结构上是颂诗体裁。在众多的奥义书注解作品中，它是唯一一部诗作。它之所以又称为《蛙氏奥义颂》或《乔荼波陀颂》，就是这个缘故。全书四章，共215个颂，即，圣教章第一（Āgamaprakaraṇa，29个颂），虚妄章第二（Vaitathyaprakaraṇa，38个颂），不二章第三（Advaitaprakaraṇa，48个颂），炭灭章第四（Alātśāntaprakaraṇa，100个颂）。

第一章的题目“圣教”（Āgama）一语，广义上泛指吠陀文献，狭义上特指四吠陀和奥义书；并且表示本论论主乔荼波陀在遵循吠陀—奥义书哲学传统的基础上提出自己的新见解：a）以“唯一分三”的模式解释《蛙氏奥义》的“四足”（四分）原理；b）确认奥义书中设定的超验性的精神实在“梵—我”是真实存在，唯一不二。以下两章（第二、第三章）特就这两个命题（梵是纯真存在，梵是唯一不二）进行全面的论述。第二章称为“虚妄章”是根据“幻”的理论来论证，除了梵—我之外，经验世界的一切，皆是伪妄如幻，非实存在：“梦里出现诸境界，心内分别故非真”；①“醒时所见诸境界，心内分别故非有”；②“醒境如同梦里境，二者覆障无区别”；③“梦时醒时二种境，智者称言本是一。”④ 所谓梦境和醒境即指经验世界的精神现象和物质现象。二种境界，同是虚妄，非真存在。第三章称为“不二章”，是用“不二、无生、无差别、无分别”等否定模式来否定经验世界“有二、有生、差别、分别”等妄执，以论证“有

① 本论，Ⅱ.9（以下凡不注明“本论”，即是本论的章序和颂序）。
② Ⅱ.10。
③ Ⅱ.4。
④ Ⅱ.5。

二境界不可得”；[1]“不二称作至上义”；[2]“可知境界无生故，无生称曰一切智”；[3]“此为至上之真理，于中无有一物生”。[4] 第四章称为“炭灭章”。“炭灭”即佛家的“涅槃寂静”。论主在这一章里采用佛家大乘哲学的范畴，再深入论述前二章的“虚妄”和“不二”的观点，并自由地摘引非吠檀多但具有正确性和权威性的论据。

三　新吠檀多主义

考察《圣教论》四章内容，可以看出论主乔荼波陀是在努力构建一个新的吠檀多理论体系（这里所谓“新”是说与其前辈论师对奥义书的解释不一样）。这个体系基本上包括本体论、认识论、方法论、范畴论、解脱论或目的论等内容。

I. 在本体论上，乔氏确认宇宙间存在一个永恒的精神实在。他沿着奥义书哲学家的思想路线，使用下列模式来表述：

原人→梵→我 { 梵 / 我 } 同一不二

“原人”（Puruṣa）是吠陀仙人哲学家首先创立的，用以表述他们设想中的永恒实在：原人就是精神世界和物质世界的本原。[5] 在本论，论主用一个颂（仅仅一个颂）[6] 追述原人理论，然后以奥义书的“梵”（Brahman）取代原人。梵，具有和原人一样的特征——宇宙本原，但梵的哲学内涵更丰富，它既有绝对的一面，又有相对的一面。绝对的一面是“否定

① 本论，Ⅲ. 31。
② Ⅲ. 18。
③ Ⅲ. 47。
④ Ⅲ. 48。
⑤ 《梨俱吠陀》X. 90。
⑥ Ⅰ. 6。

一切可说者”;[1] “一切言说俱远离”;[2] “常与非常名俱灭”;[3] “最上快乐不可说”。[4] 这叫作“上梵”、[5] “涅槃”;[6] 又叫作“胜义谛”、[7] “真实义”[8]、“真谛”。[9] 故就真谛而言，即使法门无量，佛亦无法可说。[10] 相对的一面，则是有法可说，可开方便之门，启发众生；为弱智者“诸佛说有生”;[11] “不同物类话创造，此为方便人真理”。[12] 这叫作“下梵”、假谛、世俗谛。按俗谛说，诸法“和合生成”;[13] 依他而起，有生有灭;[14] 有分别、有差别。[15] 然而，这些俗谛上的事物是圣人“为示教故作是说”,[16] “以慈悲故宣此义”。[17] 梵，作为宇宙本原，显然是一个客观唯心主义概念。本论论主有时把它看作“所知”，即客观对象。[18] 但是，他并不认为它是纯客观性的。在许多场合，他把梵和佛家的“识”（vijnāna）[19] 和“心”（hrd，ceta）[20] 等同起来。这样，梵既是客观性的，同时又是主观性的。梵的主观性又叫作“我”（Ātman）。梵与我，外在地似有分工——梵是客观世界的基础，我是主观世界的根源；内在地则完全同一不二：梵即我，我即梵；梵我一体，圆融互涉。这一理论，几乎在所有奥义书中都可以读到。但比较典型的表述，在本论论主看来，要算《蛙氏奥义》（第2

---

① 《梨俱吠陀》Ⅲ.26。
② Ⅲ.37。
③ Ⅳ.60。
④ Ⅲ.47。
⑤ Ⅲ.12。
⑥ Ⅲ.47。
⑦ Ⅰ.16；Ⅱ.32。
⑧ Ⅲ.27。
⑨ Ⅳ.73。
⑩ Ⅳ.99。
⑪ Ⅳ.42。
⑫ Ⅲ.15。
⑬ Ⅲ.10。
⑭ Ⅳ.73、74。
⑮ Ⅱ.4、14；Ⅲ.14、19。
⑯ Ⅰ.18。
⑰ Ⅲ.16。
⑱ Ⅲ.33。
⑲ Ⅰ.20。
⑳ Ⅰ.2、25。

节）：“一切皆此梵，此我即是梵，此我有四足”。论主正是根据这则奥义写出《圣教论》开宗明义的第一章第1颂：

外慧宽广日周遍，内慧炽热日炎光，
深慧内照日有慧，唯一住此三分中。

颂中的“唯一”和“三分”是对“此我有四足”的诠释。“四足”即是四分：外慧、内慧、深慧、我。此中“我”就是“唯一”。故“唯一”与“三分”亦即“我”与“三分”（详见本论第一章第1颂释）。至于“唯一”与“三分”之间在哲学上的关系，奥义书如《广林奥义》、《歌者奥义》、《石氏奥义》、《慈氏奥义》等，一般地提出“会三归一”（会多归一）的模式。然而，“三分”依“唯一”而起之后，是否独立于“唯一”？“唯一”是否遍在“三分”之中？这些问题似未在奥义书得到明确的解答。乔荼波陀则在本论中肯定“唯一住此三分中”，意思是说，“三分”依“唯一”而起，“唯”又同时“住”在“三分”之中。这里的“住”字具有深刻的哲学意义；它意味着“唯一”与“三分”的关系，既有“依一分三”的演化过程，又有“会三归一”的还原过程。“三分”之所以能够最终复归于“唯一”，正是因为“三分”实质上是“唯一”幻现的外在似真非真的现象——“三分”不是真实的存在，“唯一”才是真实的存在。

其次，“唯一住此三分中”的“唯一”着重表述“此我即是梵”的梵—我同一的奥义。“梵”与“我”这两个概念，用现代哲学术语说，前者（梵）属于客观唯心主义范畴，后者（我）属于主观唯心主义范畴。乔荼波陀用“唯一”将二者同一起来，构成一个纯粹的唯心主义的统一体，一个想象中的超验精神实在。在奥义书[①]和在本论第一章里称为心理四位的“第四位”，就是这一最高精神境界的另一名称。《蛙氏奥义》（第7节）是这样描绘这一超验精神境界：“非内慧，非外慧，非内外慧，非慧密集，非慧，非非慧。不可见，无所设施，无所执著；无相，不可思，不可名，我缘真实，息灭戏论，寂静，吉祥，不二，以为第四；是为我，

① 《广林奥义》Ⅱ.5.19；《慈氏奥义》Ⅶ.11。

是应知。”表明这个最高精神境界是纯粹的主观唯心主义性质的。本论第一章第10颂复述这段奥义：

> 自在灭除一切苦，威德全能不变者，
> 诸有不二之神明，第四遍在应记知。

反映论主接受奥义书哲学家关于“第四位”的设想，确认它为唯一、绝对的精神实在：“自在、灭除一切苦”和“不变、不二”。论主在第一章之后，分别设立“虚妄”和“不二”两章，正是为了论证“第四位”这一超验精神境界是唯一真实的存在；除此之外，经验世界的一切，包括梦境和非梦境，俱是“摩耶”幻相（māyā），子虚乌有，非实存在；换言之，在绝对的超验精神中没有任何经验世间的差别。这就是论主乔荼波陀在本论所阐述的吠檀多观点——无差别不二论（Nirviśeṣa－advaita）：

> 吠檀多论哲学家，如是观察此世界，
> 如见梦境与幻境，如见乾达婆城楼。①

Ⅱ．乔荼波陀认为，他的吠檀多观点——无差别不二论，是和佛家的“大乘法”一致的。② 他盛赞此法，义理甚深，难得遇见。③ 他劝告人们应对“大乘法”进行了解、认识。认识此法即是“智慧”，认识此法的人称为“大智者”。④ 如何获得这种智慧（认识）？他在本论的后三章提出他的方法论——一个复杂的范畴系统；人们只要按照这个系统所提供的方法进行观察、反思，定能达到“住于自我之智慧，无生证人平等性”。⑤ 这个范畴系统总的划分为两类否定模式：直接否定和间接否定。直接否定是基于两个特定的前提而起作用：1）设定的超验精神实在自身具有如下的否

① 《广林奥义》Ⅱ.31。
② Ⅳ.90。
③ Ⅳ.100。
④ Ⅳ.89。
⑤ Ⅲ.38。

定特征——不二、无生、无差别、无分别、不动、不变、离老死、不可说、不可得、无著、无始、无终、非物质等；2）经验世界的精神现象和物质现象——有二、有生、差别、分别、动、变、老死、可说、可得、始、终、物质等，和合而生，本非实在，是被否定的对象。间接否定是基于三个特定的前提而起作用：1）设定的超验精神实在天然具有如下的正面特征——上梵、无相梵、大我、唯一、第四位、唯心、唯识、圆成实等；2）超验精神实在自身神奇地外现种种幻相——下梵、有相梵、个我、三分（杂多）、外现诸法、似外境、依他起等；3）幻相毕竟是“摩耶”，纯妄非真；故可用“幻”作为中介进行复归式的否定。

A. **直接否定**

不二→（否定:）→有二
无生　（否定:）有生
无差别　（否定:）差别
无分别　（否定:）分别
非有　（否定:）有
非无　（否定:）无
不动　（否定:）动
不变　（否定:）变
离老死　（否定:）老死
不可说　（否定:）可说
不可得　（否定:）可得
无著　（否定:）执著
无始　（否定:）始
无终　（否定:）终
非物质　（否定:）物质

B. **间接否定**

上梵→（以“幻”否定:）→下梵

无相梵　（以“幻”否定:）有相梵
大我　（以“幻”否定:）个我
唯一　（以“幻”否定:）三分（杂多）
第四位　（以“幻”否定:）三位
唯心　（以“幻”否定:）现起诸法
唯识　（以“幻”否定:）似外境
圆成实　（以“幻”否定:）依他起
真谛　（以“幻”否定:）俗谛
胜义谛　（以“幻”否定:）世俗谛

这两个否定模式事实上概括了《圣教论》四章反复论述的主要命题，构成了乔荼波陀的新吠檀多主义理论体系。在乔氏看来，他这个新体系基本上实现了对奥义书的精髓——无差别不二论（绝对一元论）的准确的表述。凡如此理解他这套理论者，肯定能够“观察此乃五分别，不二息灭诸戏论”①，从而“悟得一切智”②，达到“具足智慧者境界”③。

Ⅲ. 印度哲学流派主要有六个属于婆罗门教意识形态的所谓“六派哲学”——数论、瑜伽论、正理论、胜论、前弥曼差论、后弥曼差论。前后两弥曼差派共同奉吠陀经和奥义书为根本经典。两派的区别在于对“知、行”关系的看法上。前弥曼差论重“行”，强调对吠陀—奥义书的祭祀仪轨的实践，故又称为“业弥曼差”。后弥曼差论重“知”，强调对吠陀奥义书的哲理的理解，故又称为“智弥曼差”，也就是通称的“吠檀多派”。智弥曼差，梵语是 Jnānamīmāmsā，意为“探求吠陀奥义书知识的学派”。就《圣教论》来说，乔荼波陀遵循着后弥曼差的传统，也是把理论放在首位。但他并没有忽视实践。他认为，从实践（瑜伽行）中也同样能够悟得吠檀多真理。他在《圣教论》里特别提出两种实践方式：

第一种方式是持诵 Om 字神咒。Om 字是奥义书神秘符号系统的中心

① 《广林奥义》Ⅱ.35。
② Ⅲ.36。
③ Ⅲ.34。

符号。Om 最初在奥义书中以“aum”的形式出现，故 Om 的元音“O”是一个复合元音，由“a + u”复合而成。Om，汉语传统音译为“唵”或“蓬”，意译为“极赞、极致”。在奥义书中，它被赋予深奥的神学和哲学内涵。在神学上，Om 字是婆罗门教（印度教）三大主神的密咒（代号、密码）。Om 字的 a、u、m 三个成分中，“a”代表遍人天（Viṣṇu，毗湿奴），“u”代表紧思天（Rudra 鲁陀罗，吠陀后的湿婆Śiva），“m”代表大自在天（Mahesvara，亦即梵天 Brahman）。在哲学上，Om 字是印度唯心主义哲学范畴系统中的最高范畴——梵（我）的代号，具有像梵一样的特征，包摄着经验世界和超验世界的一切；此岸众生和彼岸神明都住在这个圣字之中：“Om 字就是这个世界的一切。”[①] “Om 就是梵，Om 就是这个世界的一切”。[②] “一切皆此梵，此我即是梵……”[③] 乔荼波陀综合奥义书关于 Om 字神咒的哲学奥义，在本论第 1 章中写了 11 个颂，大大丰富了 Om 字的哲学内涵。他认为 Om 字有四个字母（成分），即其中三个是含音的字母，一个是无音的字母——阿音（a）、乌音（u）、摩音（m）和无音。这四个音体现“唯一”与“三分”的原理：

> 阿音（第一）导周遍，乌音（第二）导炎光，
> 摩音（第三）导有慧，无音（第四）导不动。[④]

此中“导”字有“导致、引发”的含义。换句话说，四个音各具与其相应的哲学奥义。“无音”意谓 Om 字虽然派生出“阿 a、乌 u、摩 m”三音的区别，但它所代表梵—我本体则是无音、无区别，唯一不二，寂然不动——无音之上梵。因此，凡持诵 Om 字神咒者，完全有可能领悟到它的哲学奥义：

> 心与唵字应相应，唵字即是无畏梵；

---

① 《歌者奥义》Ⅱ.23.3。
② 《鹧鸪氏奥义》Ⅰ.8.1。
③ 《蛙氏奥义》第 1 则。
④ Ⅰ.23。

常与唵字相应者，处何场所俱无畏。[①]

唵字神咒即一切，统摄初中后三际。
如是认识唵字已，当即悟得其妙理。[②]

论主对唵字神咒的阐述，好像把它物化为一个神奇的“宇宙容器”，包容着无边无垠的空间和无始无终的时间。这又似对吠陀—奥义书的“宇宙胎藏说”的一新的发展。[③]

第二种实践方式是勤修“无触瑜伽”。梵语 Yoga，汉语音译“瑜伽”。早在吠陀时代，“瑜伽”原意是“（给牛马）上轭、套轭；相连、相应”。在后吠陀，特别是到了奥义书时期，“瑜伽”有了宗教哲学的新义，“实现与梵同一，应知其加行规则：调控呼吸、抑制感官、禅那静虑、总持意念、觉观思维、三摩提定。此六者称曰：瑜伽”。[④] 这则奥义说明，“瑜伽”（Yoga）、“禅那”（Dyāna）、“三摩提”（Samādhi）三者事实上都是“定”（静坐）的意义，是三个内涵相同、名称相异的术语。从那时到现在，这三个术语一直被广泛地交替使用。“无触”是一个特殊的瑜伽名称。“无触”瑜伽，也叫作“离染”瑜伽。它的定义是：“调伏意识离分别”；[⑤]“无生无睡又无梦，亦不存在名与色”；[⑥]“一切言说俱远离，一切思维皆不起”；[⑦]“既无能取及能舍，住于自我之智慧”。[⑧] 论主说，这是一种在修持上十分困难的瑜伽；但是，如能不怕艰难，坚定修习，最后定会获得预期的结果——“安稳寂静、最上快乐，无生一切智”。[⑨]

Ⅳ. 目的论、解脱论。在印度，从古至今，无论哪一种宗教和唯心主

① 《蛙氏奥义》Ⅰ. 25。
② Ⅰ. 27。
③ 《梨俱吠陀》Ⅹ. 82. 5—6；《歌者奥义》Ⅲ. 19. 1。
④ 《慈氏奥义》Ⅵ. 15。这六条瑜伽规则是后来一切“定”的修持基础。
⑤ 《慈氏奥义》Ⅲ. 34。
⑥ Ⅲ. 36。
⑦ Ⅲ. 37。
⑧ Ⅲ. 38。
⑨ Ⅲ. 47。

义哲学流派，在宣传自宗教义和理论的同时，必然宣布自宗的宗旨和目的——谋求最终能够从此岸的经验世界超越到（幻想中）彼岸的世界，从而“破除痛苦成正觉，安住寂静恒不灭”①。乔荼波陀的哲学也不例外。他在本论中所阐述的新吠檀多理论（无差别不二论）和所提供的两种实践修持的方式实际上也是为其目的论服务的。不同的是，在理论（知）和实践（行）的次序上，他把理论放在第一位，认为通过对奥义书的哲理（一元论、无差别不二论）的研习和了解，会更快获得解脱（涅槃、最上快乐）。《圣教论》四章，几乎每一章都强调“知”的重要性：“如是了知唵字者，彼即牟尼非他人”②；“如是了知灭戏论，念念应系不二中”③；“洞悉内在真实义，亦从外在见斯理”；④“由于觉知我真理，对境不起妄分别”⑤；“悟知离因性谛理，其余他因不可得；由是证得此境界，无忧无欲亦无畏”⑥；“自性善调故调伏，如是知者达寂静”⑦。这些引文中的“知、了知、觉知、悟知、洞悉”等，是讲解脱之因；“牟尼（圣者）、灭戏论、不起妄分别、无忧无欲亦无畏、达寂静”等是讲解脱之果。阐述解脱的因果，引导人们获得解脱，正是论主乔荼波陀撰写《圣教论》的最终目的。

四　乔荼波陀理论上的贡献和品格

《圣教论》是乔荼波陀在发展吠檀多理论方面所作的里程碑式的贡献，它直接地和间接地推动吠檀多学派朝着成为印度哲学流派中的主流派方向发展。兹就下述若干方面略说他在吠檀多理论上贡献的意义：

1. 不违古义、创立新说。印度六派哲学中最末一派是智弥曼差派，通常又叫作吠檀多学派。吠檀多（Vedānta），意为“吠陀文献的最后部分”，

① 《慈氏奥义》Ⅲ. 40。
② Ⅰ. 29。
③ Ⅱ. 36。
④ Ⅱ. 38。
⑤ Ⅲ. 32。
⑥ Ⅳ. 78。
⑦ Ⅳ. 86。

也就是给吠陀哲学作总结的部分——奥义书（吠陀经末期，婆罗门仙人、哲学家讨论哲学问题的对话录）。故“吠檀多”既是奥义书的别称，也是吠檀多学派的名字（是因专门从事研究、解释奥义书哲学而得此名）。在乔荼波陀之前，吠檀多论师，包括著名《梵经》（Brahma - sūtra）作者伐蹉衍那（Bādarāyaṇa），都曾对奥义书作过注解，其中有的论师采用二元论观点来讲解奥义书哲学。在乔氏看来，他这些前辈的注解，特别是那些采用二元论或类似二元论模式对奥义书哲学作的解说，是背离奥义书的基本原理的。他在全面、深入研究吠陀—奥义书的基础上，提出他的“无差别不二论”（新吠檀多主义理论体系），准确地表述奥义书的精义——唯心主义绝对一元论。同时，他把这一理论拔高到和佛家大乘法（中观论和唯识论）相等的高度，使它在唯心主义哲学领域里比其他吠檀多理论更加具有正确性和权威性。后起的伟大吠檀多导师商羯罗十分赞赏他的新理论。商氏在他的《梵经有身疏》（Śarīraka—Bhāṣya，Ⅰ.4.14）中引用了《圣教论》的一个颂（Ⅲ.5）；在为《蛙氏奥义颂》（《圣教论》）作注时说，奥义书一元论面貌的恢复应归功于乔荼波陀。

2. 借助佛理、丰富自宗。印度六派哲学，在思想渊源上，都属于婆罗门教意识形态系统。但六派各有自己的根本经典。例如，数论派的《金七十论》、瑜伽论派的《瑜伽经》、正理论派的《正理经》、胜论派的《胜论经》、业弥曼差派的《弥曼差经》和智弥曼差派（吠檀多派）的“三基”经典——奥义书、《梵经》、《薄伽梵歌》。各派的根本经典同时也是它们各自解释经验世界和超验世界的范畴系统的依据。佛教哲学也同样有自己的根本经典和范畴系统。然而，佛教的根本经典，无论在数量上或质量上，远非其他学派所能比拟的；它的范畴系统也同样比其他学派严密、复杂。在表述超验的绝对实在方面，六派哲学基本上沿用“梵我”作为最高范畴。佛教则另创新的最高范畴如“真如、实相、涅槃、如来藏、圆成实”等。佛教哲学还改造了“梵我”内涵，将“梵我”的超验特征，改为经验特征，即否定“我”乃是永恒的主体；以“无我”取代“有我”。“梵”也被剥夺了创世神权，只保留其“自在天”的形相，生活在轮回六道中的天道。在乔荼波陀的心目中，佛教范畴系统似是最完善的。尽管佛教取消了“梵我”作为哲学的最高范畴，但他所理解的“梵我”在抽象内涵方面是和佛教的最高范畴“真如、实相”等没有两样，不在取消之列。所以，他特意地采用佛家范畴来充实、丰富自宗的范畴系统，使自己所理解的“梵我”（无差别不二论的观点）取得完善而有说服力的表述。

3. 服膺大乘、仰止佛陀。公元647年，印度北方（今之北方邦）的著名统治者戒日王（Harṣavardhana，606—647）去世。此后至公元8世纪，印度北方一直是政局动荡，民心不安。这在当时的意识形态领域有这样的突出反映：佛教失去昔日的活力和辉煌，日趋末法的衰微。与此形成对照，婆罗门教（印度教）却处于全面复兴的势头。然而，在北方某些地区，佛教的大乘学派如龙树的中观论和世亲的唯识论，余风犹存，传习未衰；坚守着佛教思想最后阵地，抵御婆罗门教和伊斯兰教的冲激波。另一方面，佛教和婆罗门教，在神学和哲学上，尤其是在秘密宗教仪轨方面，相互影响，相互渗透，乃至合流，越来越朝着有利于婆罗门教方向发展。在这样的历史背景下，出现这种现象——偶有佛教徒改信婆罗门教，婆罗门教徒皈依“三宝”，是不足为怪的。乔荼波陀的故乡“糖国”（Gauḍa）可能正是佛教的大乘学派和婆罗门教的吠檀多学派同时盛行的地方。乔氏在这里生活和从事宗教、哲学活动。他在《圣教论》（第四章）引用大量的佛教范畴来论证他的“无差别不二论”，说明他曾经深入研究过佛家的大乘教义，从中受到教益和启发。他不仅从学理上，而且从感情上，服膺大乘，敬佩佛陀。且看他所写两个向佛陀的致敬颂：

能知智慧如虚空，所知境界无差别，
正觉诸法如空者，礼彼二足中最尊。①

难遇甚深与无生，正等无畏及非异，
如是道理悟知已，我等如力致敬礼。②

作者在这两个颂中流露出对“二足中最尊”（佛陀）的无限崇敬的感

① 即本论第四章开章第1颂（Ⅳ.1），归敬颂。

② 即同章第100颂，信受颂（意即在讲完佛道后，表示接受）（Ⅳ.100）。详见二颂释。

情。这是一种发自内心深处的敬意。如果不是一个“尽形寿”献身佛教事业的信徒，很难想象还有谁能够会这样真挚地归敬自己所崇拜的偶像。

4. 尊重真理、反对虚伪。读了本论第四章，特别是上引的两个致敬颂，人们很自然会问：乔荼波陀究竟是一位佛教论师，还是一位吠檀多论师？从乔氏那些饱含着对佛陀的虔诚恭敬的语言来说，答案是肯定的——他很可能就是一位佛教徒。从他的吠檀多学派立场来说，他仍然是一位吠檀多论师，一名婆罗门教徒。这一点，乔氏自己讲得很清楚：

光明之我具自幻，由是以我执著我，
是我觉知诸差别，斯乃吠檀多结论。①

吠檀多论哲学家，如是观察此世界：
如见梦境与幻象，如见乾达婆城楼。②

这两个颂中的前一颂讲的是典型的吠檀多观点；后一颂讲的是典型的佛家幻论。正如我们刚才说的，乔氏所理解的“梵我”理论是和佛家的大乘法别无二致。所以，他在这里把佛家的幻论也看成是吠檀多的幻论，这是顺理成章的。这就是说，他并没有离开吠檀多立场去讲佛法——在顶礼佛陀、称赞大乘的场合上，他没有改变他的婆罗门教教徒的身份。乔氏这样做，似有两个原则：1）尊重真理。乔氏在本论中一再强调“如理”来理解哲学理论。③ 如果遇见不同的观点，要慎重考虑，择其最合理者接受。④ 如果确认某一理论是合理的，就应坚持不舍离。⑤ 这里的“理”字，即合理的真理。在他看来，佛家的大乘法是真理，他的“无差别不二论”也是真理；是真理，就要接受、坚持。2）反对虚伪。尽管乔氏对待佛陀和他的大乘教义的态度比一个真正的佛教弟子还要虔诚，但他从未企图伪装为佛教徒。乔氏认

① 《圣教论》Ⅱ.12。

② Ⅱ.31。详见二颂释。

③ Ⅱ.30；Ⅲ.23。

④ Ⅱ.13。

⑤ Ⅱ.38。

为，佛家大乘法是真理。真理是永恒的、普遍的。只要“如理”去研究、认识，无论他是佛教徒或非佛教徒都会自觉地“信受奉行”。乔氏对待真理的认真态度似乎反映他不赞成有人“明里敬佛，暗里谤佛”的做法——一方面从佛教那里吸取理论养料，另一方面又无情地批判，乃至无理地非难佛教。总之，乔荼波陀“尊重真理、反对虚伪”正好说明他是一位伟大的吠檀多学派的祖师，具有崇高的道德品格，是值得称赞的。

5. 引发争鸣、扩大影响。乔荼波陀在《圣教论》中提出的、用佛家范畴所论证的“无差别不二论”在当时的宗教哲学界，特别是在本宗的吠檀多学者中间，引起相当大的反响。但这并不是说没有不同的看法。正相反，一些同派的吠檀多论师强烈反对乔氏把奥义书的“梵我”和佛家的“真如、实相、阿赖耶识”等最高范畴等同起来。随后，商羯罗继承乔氏的哲学，大力弘扬无差别不二论。他撰写了公认为权威著作《梵经有身疏》（简称《梵经疏》），集中地阐述这一理论，并创造性地作了发展。与商氏同时代和在他之后，有一批吠檀多论师不同意他用无差别不二论观点疏解《梵经》，纷纷站出来，从不同的理论角度注解《梵经》，从而形成了许多与商氏观点相左的吠檀多支派和理论。其中主要的有：分别不分别论、差别不二论、有二论（二元论）、二不二论、湿婆差别不二论、分别不分别我差别不二论、清净不二论、梵我一如分别论、不可思议分别不分别论等。[①] 这些吠檀多支派的理论，从总体上说，扩大了吠檀多学派在学术界的影响，使它逐渐在印度意识形态领域中占据主导地位，成为占印度人口 75% 的印度教徒的人生观赖以形成的思想基础。今天，吠檀多哲学已不成文地被印度统治集团奉作治理国家大事的指导思想。因此，研究吠檀多哲学，特别是乔荼波陀和商羯罗的无差别不二论，对于了解印度人的思想，无论是它过去的渊源或现在的趋势，无论它是官方的或民间的，同样具有不容忽视的现实意义。

（原载《圣教论》）

---

① 拉达克利希南：《梵经·精神生活哲学》英文译本，伦敦 George Allen and Unwin，1971 年，第 27 页。

文殊菩萨与梵本《金刚针论》

一 归敬颂

像其他经论一样，梵本《金刚针论》开章就有一首归敬颂。颂曰：

南无妙德主
身口意敬礼，　妙音世之师。
马鸣如理趣，　阐述金刚针。

文殊菩萨在大乘经论中最常见的称号是 Manjusri。这个梵文称号在汉语中有不同的音译，如文殊师利、满殊尸利、曼殊室利；或简缩为“文殊”二字。意译也有好几种，如妙首、濡首、妙德、妙吉祥、妙吉祥尊。此外，还有别的名号，例如：

Manjunātha（妙德主）；
Manjudeva（妙天）；
Manjughoṣa（妙音）；
Manjusvara（妙声）；等等。

本颂的归敬对象是“妙德主”和“妙音”，无疑就是指文殊菩萨。

这表明《金刚针论》作者是一位尊重文殊菩萨的佛教信徒，他心香一瓣，虔诚统摄身口意业，在写作本论之前，先向文殊菩萨顶礼致敬，恳求加被印可，并把它作为一份珍贵的精神供品奉献于菩萨。

二　梵本和它的作者

1950年印度国际大学梵文教授穆科波驮耶耶教授校勘、出版一个新的《金刚针论》梵文校本。这个校本是根据六个手抄本校订的，因而是一个精校本。[①] 它收有两篇梵文论文：一是《金刚针论》（*vajrasūcī*。以下简称《论》）。一是作为附录的《金刚针奥义书》（*Vajra - Upaniṣad*。以下简称《书》）。有的学者认为，前者是后者的注释。《金刚针奥义书》是晚出奥义书之一种，这似乎没有怀疑。但是《论》是不是就是《书》的注释，学者有不同的看法。[②] 穆科波驮耶耶教授在他的精校本绪言中详细论证了《论》不是《书》的注释，二书是各自独立的两篇论文，出自不同作者之手。[③] 本文同意这一论证。不错，二书的逻辑命题基本相同，即：一个人不能因他的“生命、种姓、肉体、知识、行为、职业”和通晓“吠陀”而得名为“婆罗门”。然而，二书文体，结构详略，显有差别；尤其重要的是，二书的基本哲学观点截然对立，因而彼此从对立的角度去论证，得出彼此对立的结论。这就是说，《论》的基调是反对婆罗门教的——批判后者的唯心主义的梵我说；而《书》的主旨则恰恰与《论》相反——维护婆罗门教唯心主义的梵我说。这个对照在二书各自的结束中显得尤为突出。《论》的结束语说：“我们讲说这一理论，目的在于破除丧失理智的二生者（婆罗门）的愚昧。如果这一理论是合理的，愿请诚实者接受之；如果是非理的，则请把它抛弃。”《书》的结束语则说：“奥义书如是说：愿人们修习我、真意乐之梵！”[④] 这两则结束语清楚地表明，《书》的作者是执梵我常在的吠檀多不二论者，而《论》的作者则是破梵我存在的无我

① 穆科波驮耶耶（Sujikumara Mukhopadh - yaya）校刊“*The vajrasūcī of Asvaghoṣa*”：（马鸣《金刚针论》）Sino—Indian Studies No. 2，Santiniketan，India，1950。

② 德国 A. Weber 和日本 J. Takakusu 都认为《论》是《书》的注解。穆科波驮耶耶的精校本所依据六个手抄本之一也题为“*Atha Vajrasucçupaniṣad - vyakbya*”（《金刚针奥义书释》）。同上书，绪言，V。

③ 同上书，绪言。

④ 真、意、乐（satcittananda）是“梵”的三个基本特征。

论者。由此可以进一步推断，不二吠檀多论者肯定是一名婆罗门教徒，否定梵我的无我论者很可能是一位佛教论师。事实上，《论》所根据的手抄本都注明作者是公元初的佛教大师马鸣菩萨（Asvaghoṣā），尽管此说尚有存疑之处。

三　我国的译本

我国藏经中有《金刚针论》的一个汉译本。它注明作者是法称（Dharmayasas），译者是法天（Dharmadeva），后者在公元986年翻译此论。[1] 这个汉译本在内容和形式上基本上和梵本《论》近似，但是译文诘屈聱牙，译意晦涩难解；而且谬误之处甚多，特别是一些印度古仙和智者的名字，张冠李戴，阴阳颠倒，是一篇蹩脚的译文。穆科波驮耶耶教授认为，法天这篇汉译所依据的梵本是一位叫作“法称”（Dharmayaśas）的作品，而不是马鸣的原作《论》。我对照考察了这两个本子——马鸣的梵本《论》和法天的汉译本，发现梵本《论》有作为开章的归敬颂，申述作者写作《金刚针论》的目的是献给文殊菩萨；汉译本既没有开章的归敬颂，也没有交代谁是作者的结束语。汉译本所依据的梵本是否是“法称”的作品，暂且不管，但它不是马鸣的作品《论》，这似乎是可以肯定的。同时，也可以断定，汉译本所依的梵本的作者是一位佛教论师，而不是印度教或其他非佛教学派的论师。

四　反对婆罗门传统

1. 批判种姓制度

这是《论》的主要内容之一。婆罗门教传统有所谓三纲，即，吠陀天启、祭祀万能、婆罗门至上。前二者是上层建筑，后一者是社会基础。种姓制的要害或核心就是要确立婆罗门种姓在四种姓中的至高无上的优越地位。《金刚针论》作者是一位熟悉婆罗门教教义的佛教论师，他充分利用

---

① 吕澂：《新编汉文大藏经目录》，第85页。《大正藏》第32卷，第169页。

婆罗门教教义上的矛盾来批判它的种姓制。他似乎认识到，“婆罗门至上”这一条是婆罗门教三纲中的根本（社会基础）；如果能够从理论上和实践上把它彻底批判、消除，其余二纲则不攻自破。这便是为什么他开宗明义就提出这个核心问题。他质问婆罗门教支持者：“阁下说，婆罗门种姓是一切种姓中的最高种姓；请问这个种姓因何而得名为婆罗门？是因为性命、种族、身体、知识、行为、职业，还是因为通晓吠陀经典？”作者按照这个问题提纲，逐一分析批判，最后得出结论：所谓婆罗门并不能因为性命、种族、身体、知识、行为、职业，或因通晓吠陀而得名。《论》的作者提出批驳婆罗门教种姓制的重要论点之一是他的历史发展观。他指出，种姓制的理论根据是吠陀的神话：

婆罗门生自梵之口，
刹帝利生自梵双臂，
吠舍者生自梵双腿，
首陀罗生自梵双足。[①]

因而确立婆罗门种姓居于其余三个种姓之上。这无疑是荒唐的。说同一梵体产生四种贵贱悬殊的种姓，正如说同一父亲生下四个身份（血缘）不同的儿了一样的荒谬。事实是：在早期吠陀社会里，根本就不存在所谓种姓，只有四种不同的社会分工。人们自发从事四种不同的工作：有人自发从事祈神祭天的事务（祭司）；有人自发承担保家卫国的责任（武士）；有人自愿去经营工农手工业（吠舍自由职业者）；有人自愿去从事体力劳

---

① Vajrasuci of Asvaghosa, P. F; ［A A］这首颂源出《梨俱吠陀》（Rigveda）第10卷，第90曲《原人歌》的第12颂：

原人之口，生婆罗门；
彼之双臂，生刹帝利；
彼之双腿，产生吠舍；
彼之双足，出首陀罗。

“原人”后来发展为“梵”，故梵即原人，原人即梵——梵被赋予原人创造人类四种姓的神力。梵创造四种姓，这已成为婆罗门教（印度教）基本信条之一。

动（劳动群众）。从事这四种工作的人无分高下，身份平等；而且，在他们之间社交开放，通婚自由，可以同桌共食，互换工种。随着社会的发展，四种分工变成四种职业。婆罗门人利用上述吠陀关于四种姓生成的神话，故意把从事四种不同职业的人说成是梵天创造的四种高低贵贱不同的种姓（阶级），而其中婆罗门是最高贵的种姓，凌驾于其余三种姓之上；四个种姓因为是梵天划分的，所以是命中注定的，改变不了的。显然，这完全是愚弄群众，一派胡言。[①]《论》的作者还为受歧视的妇女抱不平。他批评说，梵天既然创造了男婆罗门，自然也创造了女婆罗门。男女是出自同一生父（梵天）的亲兄妹或姊弟。按照婆罗门教的法规，婆罗门种姓者不得和在其下的三个种姓者通婚；这样，他势必要与同父所生的亲妹妹或姊姊结婚。这岂不是荒谬绝伦吗?[②] 佛教并没有否定梵（梵天）的存在，却不承认梵天有创造人类四种姓的神力；它也没有否定四种姓的制度，但不承认四种姓的高低贵贱是固定不变的，更不承认婆罗门种姓绝对高于其他三个种姓。《论》的作者正是根据这一观点来批判婆罗门教的种姓理论和实践，以抒发他四种姓无分轩轻的平等思想——一切众生平等的思想。

2. 批判婆罗门哲学

这是《论》的第二个主要内容。婆罗门教哲学的吠檀多论把“梵我”看做最高哲学范畴。它的一切经论集中在确立和表述“梵”为客观世界的

① 这是一首根据《梨俱吠陀》复制的颂。它的创世说虽然是神话，但它提及的四种姓在远古氏族社会中就已存在，则是历史事实，反映印度古代社会的发展已经形成阶级社会的雏形。《梨俱吠陀》的早期（公元前2000年至前1500年）是印度原始社会向奴隶社会过渡的时期。在此过渡时期，社会只有分工不同，没有职业的区别，更没有种姓（阶级）。的划分。到了《梨俱吠陀》的后期（公元前1500年以后），随着生产的发展，社会分工越来越明确。四种事务（祭祀巫术、军事行政、工农商业、体力劳动）变成四种范围固定的职业，从事这四种职业的人变成为四种不同的种姓——婆罗门、刹帝利、吠舍、首陀罗。随后，婆罗门为了巩固本身在四种姓中的优越地位编造了许多的所谓“法典”（Dharma - śāstra），宣传社会四种职业的区别和四种姓的划分是神意的、命定的，从而人为地把四个种姓固定为四个相互隔绝的集团，把他们从事的四种职业固定为界限分明的活动范围，在不同种姓之间和不同职业之间筑起一条不可逾越的鸿沟。这样，在古代印度便出现了一个带奴隶性质的封建“种姓制”社会。种姓制的形成意味着阶级的出现。

② 同上书，pp. 9—10，（KK）。

基础，“我”为主观世界的基础；同时，以“梵我同一”和“梵我常在”的理论将客观世界统一于主观世界。主客合一，能所不二；吠檀多论又称为“不二论”或“不二吠檀多论”。按照佛教哲学，执梵—我常存的观点称为“常见”，是外道两种基本邪见（常见和断见）之一。佛教哲学的基点是：无常、无我、苦空。它必须对与此对立的常见进行批判和否定。《论》的作者还是基于这一理论来批判“梵我”的永恒性和实在性。《论》的中心命题是：“婆罗门不能因心灵、种姓、肉体、知识、行为、职业或通晓吠陀而得名。”在形式上这是对婆罗门种姓的批判；在实质上，即在哲学上，是对“梵”的存在的否定。梵字 Brahman（婆罗门），作为中性名词时，称为“梵”，是指超验的绝对实在或宇宙本质；作为阳性名词时，(可以用它的派生形式 Brāhmaṇa）是指婆罗门种姓。婆罗门教之所以把婆罗门种姓看做人类四种姓中最神圣的和最高贵的种姓，正是因为它认为婆罗门种姓是至圣至上之梵（婆罗门）的神格化和人格化（化身）。《论》的作者首先在哲学上否定了抽象之梵（婆罗门）的存在，然后具体地分析它也不存在于任何事物之中，包括精神、种姓、身体、知识、行为、职业和通晓吠陀。抽象的“婆罗门——梵”既然不是实在，那么具体婆罗门种姓便失去“神圣”和“高贵”的特征；和其他种性一样！婆罗门种姓具有人的性质（生老病死），人的本能（饮食男女）和人的感情（喜怒哀乐）。这就是说，在社会上，四姓平等，没有命定的贫富贵贱；婆罗门并不比别的种姓者有什么特殊优越的地方。其次，“梵”的主观一面是“我”。在理论上，“梵—我”同质、同源。随着“梵”的永恒性被否定，“我”的实在性也自然而然地消失。这便是佛教哲学的批梵破我的方法论。

五　维护婆罗门传统

和《论》的观点针锋相对，《书》的作者竭力维护婆罗门传统，特别是要突出婆罗门哲学的主流派不二吠檀多论。《书》的命题和《论》基本上一致：一个人不能因生命、肉体、种族、知识、职业、法行（世俗习惯）而得名为婆罗门。但《书》的作者站在婆罗门教立场，顺应婆罗门教义，维护婆罗门传统，并且在结论中坦率地表明自己的基本哲学观点。

他说："然而，何者名为婆罗门？我，不二……本相无边，是真意乐……凡具有这些特征者便是婆罗门。故《奥义书》说，应修学真意乐、我、不二之梵；应修习我、真意乐之梵。"① 此中"婆罗门"是指抽象至上之梵，绝对不二之梵，就是说，具体之梵复归于抽象之梵。这是典型的不二吠檀多论。

《论》和《书》同名"金刚针"，但表述两种对立的哲学观点。从印度哲学史看，这是中世纪某一阶段上佛教和婆罗门教之间的哲学论争的反映；而佛教正趋于衰微，婆罗门教正走向复兴。

（原载《五台山研究》1989 年第 4 期）

① 《梨俱吠陀》第 10 卷，第 43 页。

大乘二十颂论[①]（梵汉对照）

atha[②]
ācāryanāgārjuna – kṛtam[③]
mahāyāna – viṁśakam

龙树菩萨造

namastriratnāya

敬礼三宝

1

namovācāvācym api　　dayayā yena deśitam/
dhīmate vītarāgāya　　buddhāyācintyaśaktaye//
归命我佛真实智，离贪不可思议力；[④]
诸法非言能表述，佛悲愍故善宣说。

2

paramārthena notpādo　　nirodho'pi na tattvaḥ/

① 旧有宋代施护（980）译本。今核对梵本，旧译与原文大有出入，故重译之。
② atha 是一个不变的语气词，意为“于是、复次、开始”。印度梵文作者传统地用此字作论著开头的第一字，示意“开笔吉祥”。按印度传说，此字最初出自梵天之口，故含有“神圣、吉祥”之意。
③ ācārya 我国传统音译为“阿阇梨”，不是“菩萨”。今沿旧称，仍作“菩萨”。
④ “真实智、离贪、不可思议力”是形容“佛”的定语。

buddhā ākāśavat tavat　sattvā apy ekalakṣaṇāḥ//
第一义上本无生，真实性中亦无灭；
诸佛犹如太虚空，众生与佛同一相。

3

nāsmiṁs tasmiṁs taṭe jātiḥ saṁskṛtam pratyayodbhavam/
śūnyam eva svarūpeṇa　sarvajnajnānagocaraḥ//
此岸彼岸俱无生，和合之物缘所起，
按其自性原是空，人于一切智智境。

4

sarve bhāvāḥ svabhāvena pratibimbasamā matāḥ/
śuddhāḥ śāntasvabhāvāś ca advayās tathatāsamāḥ//
智者洞悉诸有法，由自性故如映象，
无染及自性寂静，无二等同真如性。[1]

5

tattvenānātmani pṛthagjanenātmā vikalpitaḥ/
sukhaṁduḥkham upekṣā ca kleśo mokṣas tathaiva ca//
实际其中本无我，凡夫分别心计我，
欢乐痛苦与舍离，烦恼解脱亦如此。

---

① 旧有宋代施护（980）译本。今核对梵本，旧译与原文大有出入，故重译之。

6

gatayaḥ ṣaḍ hi saṁsāre sugatau sukham uttamam/
narake ca mahad duḥkhaṁ sarvaṁ na tattvagocaraḥ//
世间六趣常流转，上至天堂胜妙乐；
下及地狱极大苦，一切俱非真实境。

7

aśubhād duḥkham atyantaṁ jarāvyādhis tathā mṛtiḥ/
karmabhis tuśubhair eva śubham eva hi niścitam//
不善故得最大苦，衰老疾病及死亡；
是故修诸善业行，决定导致善结果。

—0—

mithyākalpanayā sattvā dāvāgnineva kānanam/
kleśānalena dahayante narakādau patanti ca//
众生由于妄分别，犹如野火焚森林；
烦恼之火燃烧起，堕入地狱等苦趣。

—0—

yathā yathā bhaven māyā sattvāḥ syur gocarās tathā/
jagan māyāsvarūpaṁ hi pratītyasambhavam tathā//
如此一切皆虚幻，众生亦是幻境界；
世间以幻为自相，依于因缘乃产生。

8

yathā citrakaro rūpaṁ yakṣasyātibhayaṅkaram/

samālikhya svayaṁ bhī taḥ saṁsār e'py abudhās tathā//

正如世间绘画师，画出夜叉怖畏相，

自己作画自恐怖，是故名为无智者。

9

svayaṁ calan yathā paṅke bālaḥ kaścin nimajjati/

nimagnāḥ kalpanāpaṅke sattvās tathodgamākṣamaḥ//

又如无知幼稚子，自行自走陷深渊；

众生堕入妄计坑，无力自拔不解脱。

10

bhāvadarśanto'bhāve vedyate duḥkhavedanā/

tayor jnānaviṣayayorbādhyante kalpanāviāṣaiḥ//

于非有中妄见有，深感苦受中痛苦；

智慧欲境二者间，妄想之毒作障碍。①

11

ālokya tān aśaraṇān karu ṇāvaśamānasaḥ/

sattvānām upakārāya bodhicaryāṁ samācaret//

---

① “智慧、欲境”即正确认识与对象。“妄想之毒作障碍”意为由于有错误的概念，不能正确反映（认识）外在事物（欲境）。

观察彼等无依者，我佛乃起悲悯心，
为诸众生利益故，广修菩提觉道行。

12

tayā sancitya sambhārān prāpto bodhim anuttarām/
kalpanābandhanān muktaḥ syād buddho loka bāndhavaḥ//
以此积集众资粮，取得无上菩提果，
妄想缠缚悉解脱，佛乃世间之至亲。

13

yaḥ pratītyasamutpādād bhūtārtham avalokate/
sa jānāti jagac chūnyam ādimadhyāntavarjitam//
彼据因缘所生法，观察其中真实义，
了知世间原是空，脱离初中后诸际。①

14

darśanenaiva saṁsāro nirvāṇaṁ ca na tattvatah. /
niranjanaṁ nirvikāram ādiśāntaṁ prabhāsvaram//
洞察生死与涅槃，二者俱是不真实，
既无污染亦无变，本来寂静常明照。

15

visayaḥ svapnabodhasya prabuddhena na dṛśyate/

① “脱离初中后诸际”即无初始、无中间、无终结；无时间与空间之限制。

mohāndhakārodbhudhena saṁsāro naiva dṛśyate//
犹因睡醒者醒寤，梦中境界无所见；
了悟愚痴之闇蔽，生死轮回亦不见。

—0—

māyaiva dṛśyate māyānirmitam saṁsk ṛtaṁ tadā/
naiva kincit tadā bhāvo dharmāṇām saiva dharmatā//
虚幻所成和合体，但是虚幻不真实，
一切本来都非有，此乃诸法之法性。

16

jātimān na svayaṁ jāto jātair lokair vikalpitā/
viklpāś caiva sattvāś ca dvayam etena na yujyate//
凡有生者不自生，生已世间妄分别，
如是分别与众生，二者因此不应理。①

17

cittamātram idam sarvaṁ māyāvad avatiṣṭhate/
tathā śubhāśubhaṁkarma tathā jātiḥ śubhdāśubhā//
凡此一切皆唯心，住于如幻之境界；
是故善与不善业，报得善与不善生。

① “有生者”指现在生存的众生；“不自生”意谓众生是众缘所生，本身是空，不能五条件单独出现。“生已世间”即已出现的众生；“妄分别”意谓众生愚痴，无生计有生。“不应理”即不合真空之理；人们认为有“分别（概念）”和“众生（生存）”的存在是与真空理论不相应的。

18

sarve dharmā nirudhyante cittacakranirodhataḥ/
anātmānas tato dharmā viśuddhās tata eva te//
若是心轮能停转，便见一切法消灭，[1]
是故诸法俱无我，是故诸法皆清净。

19

bhāveṣu niḥsvabhāveṣu nityātmasukhasaṁjnayā/
rāgamohatamaśchannasyodbhūo'yaṁ bhavāmbudhiḥ//
于无自性诸有中，思维分别常我乐；
障于爱痴闇之人，现见此诸有大海。

20

kalpanājālapūrṇasya saṁsārasya mahodadheḥ/
mahāyānam ānārūḍhaḥ ko vā pāraṁ gamiṣyati//
生死轮回大海中，妄计烦恼水充满，
若不乘搭大乘法，毕竟谁能到彼岸。

—O—

avidyāpratyayotpannasyāsya lokasya saṁvidaḥ/
kutaḥ khalu bhaved eṣām vitarkāṇāṁ samudbhavaḥ//
了知现实之世间，无明因缘之所生，

① “心轮”意即意识妄计，如轮不止。

且问此诸妄分别，将从何处得产生。

iti

ācāryanāgārjuna-kṛtam

mahāyāna—viṁśakam

pariniṣṭhitam

至此，龙树菩萨造《大乘二十颂论》终。

（原载《东方哲学与文化丛书之一》，1997 年）

梵本《因明入正理论》

——因三相的梵语原文和玄奘的汉译

提要

本文拟根据《因明入正理论》梵文原著，核对奘师汉译的“因三相”，从而论证他的译文的准确性和创造性。

Ⅰ. 关于因三相的译法。

梵语原文：pakṣadharmatvaṃ sapakṣe sattvaṃvipakṣe cāsattvam.

玄奘译文：遍是宗法性，同品定有性，异品遍无性。

原文第一相和第三相中没有“遍”字，第二相中也没有“定”字。这二字是奘师在译文中增补进去的。

Ⅱ. 将原文“eva”创造性地译作“遍”和“定”。

梵语原文：tatra kṛtakatvaṃ prayatnānantarīyakatvaṃ vā sapakṣa evāsti vipakṣe nāstyeva. ityanityādau hetuḥ.

玄奘译文：此中所作性或勤勇无间所发性，遍是宗法，于同品定有，于异品遍无，是无常等因。

这段原文也无“遍”和“定”的词义，但有一个加强语气的不变词“eva”。奘师根据三相不同的逻辑功能分别译作“遍”和“定”。

Ⅲ. 关于“同品”和“同法”

梵语原文：a）sapakṣa；b）sādharmya。

玄奘译文：a）同品；b）同法。

同品和同法同具一样的能立作用，但二者的逻辑应用范围有所不同。

Ⅳ. 关于同喻体和异喻体的表述

梵语原文：yatkṛtakaṃ tadanityaṃ dṛṣṭaṃ yathā ghaṭādir iti. yannityaṃ tadakṛtakaṃ dṛṣṭaṃ yathākāśaṃ iti.

玄奘译文：谓若所作，见彼无常，譬如瓶等。谓若是常，见非所作，如虚空等。

原文在表述同喻体的合作法和表述异喻体的离作法上，都采用了直言全称判断句。奘师在《正理门论》使用直言全称判断句，在《因明入正理论》则采用假言蕴含判断句。两类句型都可以用来表述公理和原则。

Ⅴ. 关于“若于是处，显因同品，决定有性”的读法

梵语原文：yatra hetoḥ sapakṣa evāstitvaṃkhyāpyate.

玄奘译文：若于是处，显因同品，决定有性。

原文是一个主谓直言判断句，不是两个句子。原文只是强调因在同品中肯定存在，而不是在构筑一个“因同品”术语，也不是“显因及同品（宗同品）俱决定有”。

近年来，古老的因明学在我国社会科学中，特别是在形式逻辑学术界，似乎形成一个热门的学科。因明学者在搜集、整理、校刊古今因明文献资料方面，在因明推理模式与现代逻辑比较方面，都作出了重要的贡献。不难理解，在这个过程中有些关键性的理论问题尚未获得满意的解决，“因三相”这个因明学的核心问题便是其中最突出的一个。如何理解、表述因三相？在因明学者中存在着不同的看法，[①] 甚至有人对玄奘的汉译中一些译文和术语产生疑问。我们知道，玄奘汉译的因明著作有两部：一

① 刘培育编：《因明新探》，甘肃人民出版社 1989 年版，第 326 页。

是陈那的《因明正理门论》（略称《门论》，公元649年译出），一是天主的《因明入正理论》（略称《入论》，公元647年译出）。前者的梵文原作尚未发现，后者的梵本业已在印度校刊出版，并且有两个附录，即柯利贤论师的梵文《入论疏》和胁天的梵文《入论疏释》。[①] 本文拟根据《入论》梵文原本和它的两个梵文疏释，提供有关“因三相”的原始资料，并以此评价奘师汉译的准确性和创造性。

一

在汉译因明著作中，提到因三相的具体名称的只有两部，即世亲的《如实论》（Tarkā Śāstrā；公元550年），真谛译[②]和天主的《入论》（公元649年，玄奘译）。《如实论》的因三相的汉译名称是：（一）根本法；（二）同类相摄；（三）异类相离。按意大利杜芝教授的《如实论》梵语还原本，这三个术语的梵文是：（1）pakṣadharma；（2）sapakṣa－satttva；（3）vipaksa－vyavṛtti。[③]《如实论》因三相的梵语原文是否就像杜芝教授从汉译还原的梵文，目前尚难断定，但有一点可以有把握推断：陈那和天主读过世亲《如实论》的原文，并且在这基础上作了修改——天主《入论》中所说的因三相：（1）pakṣadharmatvam；（2）sapakṣe sattvam；（3）vipakṣa casattvam。玄奘的汉译是：（一）遍是宗法性；（二）同品定有性；（三）异品遍无性。现在的问题是：玄奘的汉译是否准确地符合梵语原文？我们刚才说过，《入论》的梵本和解释此论的两部梵文疏、注，均已校刊出版，因此，我们可以有根据地来回答这个问题。

为了便于对照和讨论，兹先把《入论》有关因三相的梵语原文和玄奘的汉译同时列出：

---

① Anandashankar B. Dhruva 教授《入论》梵文精校本，Gaekẃvad's Oriental Series 卷38，1968年重印版。

② 《如实论》的梵文原著，失传已久，汉译仅有三章，不全。论的作者，有说是世亲，因其内容如“类 jati”与世亲的《论轨》（vāda－vidhi）相似；但也有人不同意此说。参见 Pre－Dignāga Buddhist Texts on Logic from Chinese Sources' Gaewad's Oriental Series 卷49，1930年，杜芝（Giuseppe Tucci）著译：第一部分（《如实论》梵文还原本）第1—40页。

③ 同上书卷。

1. tatra pakṣādivacanāni sādhanam/pakṣahetudṛṣṭāntavacanair hi prāśnikānāmapratīto'rthaḥ pratipādyata iti//
此中宗等多言，名为能立。由宗因喻多言，开示诸有未了义故。

2. tatra pakṣaḥ prasiddho dharmī prasiddhaviśeṣeṇa viśiṣṭatayā svayaṃ sādhyatvenepsitaḥ/pratyakṣādyaviruddha iti vākyaśeṣaḥ/tadyathā/nityaḥśabdo' nityo veti//
此中宗者，谓极成有法，极成能别，差别性故。随自乐为，所成立性，是名为宗。如有成立声是无常。

3. hetustritūtpaḥ/kiṃ punastrairūpyaṃ/pakṣadharmasatvaṃ sapakṣe sattvaṃ vipakṣe cāsattvam iti//
因有三相。何等为三？谓遍是宗法性，同品定有性，异品遍无性。

4. kaḥ punaḥ sapakṣaḥ/ko vā vipakṣa iti//
云何名为同品异品？

5. sādhyadharma – sāmānyena samāno 'rthaḥsapakṣaḥ/tadyathā/anitye śabde sādhye ghaṭādiranityaḥ sapakṣaḥ//
谓所立法均等义品，说名同品。如立无常，瓶等无常，是名同品。

6. vipakṣo yatra sādhyaṃ nāsti/yannityaṃ tad akṛtakaṃ dṛṣṭaṃ yathākāśaṃ iti/tatra kṛtakatvaṃ prayatnānantarīyakatvaṃ vā sapakṣaevāsti vipakṣe nāstyeva/ityanityādau hetuḥ//
异品者，谓于是处，无其所立。若有是常，见非所作，如虚空等。此中所作性或勤勇无间所发性，遍是宗法，于同品定有，于异品遍无；是无常等因。

7. dṛṣṭānto dvividhaḥ/sādharmyeṇa vaidharmyeṇa ca//
喻有二种：一者同法，二者异法。

8. tatra sādharmyeṇa tāvat/yatra hetuḥ sapakṣaevāstitvaṃ khyāpyate/tadyathā/yat kṛtakaṃ tad anityaṃ dṛṣṭaṃ yathā ghaṭādir iti//
同法者，若于是处，类因同品，决定有性。谓若所作，见彼无常，譬如瓶等。

9. vaidharmyeṇāpi/yatra sādhyābhāve hetor abhāva eva kathyate/tadyathā/yannityaṃ tad akṛtakaṃ dṛṣṭaṃ yathākāśaṃ iti/nityaś abdenātrānityatvasyābhāva ucyate/akṛtakaś abdenāpi kṛtakatvasyābhāvaḥ/yathā bhāvābhavo 'bhāva iti//
异法者，若于是处，说所立无，因遍非有。谓若是常，见非所作，如虚空等。此中常言，表非无常。
非所作言，表无所作；如有非有，说名非有。

10. uktāḥ pakṣādayaḥ//
已说宗等。

11. eṣāṃ vacanāni parapratyānakāle sādhanam/tadyathā/anityaḥ śabda iti pakṣavacanaṃ/Katakatvād iti pakṣa-dharmavacanam/yet kataka ṃtad anityaṃ dṛṣṭaṃ yathā ghaṭādir iti sapakṣānugamavacanam/yannityaṃ tad akṛtakaṃ dṛṣṭaṃ yathākāśam iti vyatirekavacanam//
如是多言，开悟他时，说名能立。如说声无常，是立宗言。所作性故者，是宗法言。若是所作，见彼无常，如瓶等者，是随同品言。若是其常，见非所作，如虚空者，是远离言。

12. etānyeva trayo ’vayava ityucyante//

唯此三分，说名能立。

二

上列的12个句组是按《入论》原文句序划分的。每个句组由一个或几个句子组成。[①] 在研究这些梵汉句组之后，我们认为有几个值得讨论的翻译和对原文理解的问题。

Ⅰ. 关于因三相的译法。

《入论》原著有二处具体地阐述因三相。一处见于第3句组，另一处是第6句组。

A. 第3句组

梵语原文：pakṣadharmatvaṃ sapakṣe sattvaṃ vipakṣe cāsattvam//

（宗法性，同品中有，异品中无。）

玄奘汉译：遍是宗法性，同品定有性，异品遍无性。

原文是三个省略结构，即省略了主语“因”，是三个单称直言判断，表述因所具有的三个方面的逻辑功能。玄奘在译文中创造性地概括为三个术语式的句子。我们注意到原文第一相和第三相没有“遍”字，第二相中也没有“定”字。“遍”和“定”这两个具有画龙点睛作用的词语，无疑是奘师翻译过程中按因支的逻辑特点补充进去的。

B. 第6句组

梵语原文：tatra kṛtakatvaṃ prayatnānantarīyakatvaṃ vā sapakṣa evāsti vipakṣe nāstyeva/ityanityādau hetuḥ//（在这里，所作性

① 梵语的标点符号主要有两个：“/”和“//”。前者类似逗号或分号，或一个未结束的句号；后者是一个句号，或总句号。还有一个特别的括号“iti”，表示在它之前的文句是引文，或者是一种特别说明或陈述。

或勤勇无间所发性，于同品中肯定有，于异品中肯定无。如是因在无常等。）

玄奘汉译：此中所作性，或勤勇无间所发性，遍是宗法，于同品定有，于异品遍无。是无常等因。

原文共有两个句子。第一句表述因（所作性或勤勇无间所发性）与同品、异品的关系；第二句总结因即无常——所作性或勤勇无间所发性与无常的必然的因果关系。原文没有提第一相“遍是宗法”，没有在第二相中用副词性的“定”字来修饰“有”，也没有用副词性的“遍”字来强调第三相中的“无”。原文但有两个加强语气的不变词“eva”：一个加在sapakṣa与asti之间，表示所作性或勤勇无间所发性（因）在同品中肯定地有；另一个加在vipakṣe nāsti之后，表示所作性或勤勇无间所发性（因）在异品中肯定地无。在词义上把两个“eva”都译作“肯定地”是确切的。然而，同品和异品是两个相异的逻辑范畴，二者与因的关系恰好是一正一反的关系。“eva”在这两个不同的逻辑范畴里所起的强调作用显然是有所区别。这种区别，对梵语因明论师来说，不难发现；但对汉语因明学者来说，并不见得那么容易识别出来。玄奘敏锐地观察到这一点，因而把同一梵语语气副词的“eva”译成两个不同的汉语副词——“遍”和“定”；并以前者（遍）修饰第一相“遍是宗法性”的“是”字，和第三相“异品遍无性”的“无”字；以后者（定）修饰第二相“同品定有性”的“有”字。这一译法完全符合因三相的逻辑原理。第一，“遍”字说明了因对宗（有法）的包摄或周延的程度和范围，并且使因与同品和因与异品的一正一反的关系鲜明地揭示出来。第二，“定”字反映玄奘在翻译《入论》的同时，已为翻译《门论》做准备；这就是说，他把强调第二相（同品中有）的“eva”译作“定”，是为九句因的第八句正因（同品有非有、异品非有）作伏笔，或者说，预设论证。第三，同一“eva”的两种译法是为了第3句组中所构建因三相的汉语术语（遍是宗法性，同品定有性，异品遍无性）提供理论依据——这三个汉语术语是根据这段对因三相理论的总结构筑的；这样，第3和第6两个句组关于因三相的译文便前后一贯，译意一致。

耆那教因明学者柯利贤论师（Haribhadra，公元1112年）在他的《入论疏》（Nyāyapraveśavṛtti）中对“eva”作了如下的解释：

āha ihaivāvadhāraṇe 'bhidhānaṃkimatrham / ucyate / atraivaikāntāsattvapratipādanārtham / sapakṣe tvekadeśe'pi sattvamaduṣṭameveti / tathā ca satyekāntato vipakṣavyāvṛttaḥ sapakṣaikadeśavyāpino'pi prayatnānantarīyakatvādayaḥ, saṃyagghetava evetyāveditaṃ bhavati//①

（问：这里表示强调语气的eva是要说明什么？答：此中eva是为了说明“于一处有”，在同品中［因］于一处有；无有过失。其次，表明勤勇无间所发性等是正确因；遍于同品一处，而此一处远离异品。）②

柯利贤论师这段释文中有两个关键性的词——“遍 vyāpin”和“一处 ekānta”。一处，是说同品范围内的一部分；遍，是说因遍于其同品中的一部分，而不一定要遍及同品中所有部分；而这一部分恰恰又是与其异品绝缘的。天主在“同品有、异品无”之后使用加强语气的“eva”正是要阐明因与同、异品的一正一反的逻辑关系。柯利贤论师这个解释——因“遍于同品一处”，“而此一处远离异品”，与玄奘的汉译——同品定有、异品遍无，在意义上毫无二致。柯利贤和玄奘对“eva”的理解如此默契一致，说明这两位因明权威有关因与同、异品的阐述是完全正确的。

其次，这段原文只讲因的第二、第三相，没有涉及第一相（遍是宗法），这是为什么？玄奘在译文中补写了第一相，这又是为什么？关于第一个问题，柯利贤论师提出一个解释：

āha/yadi sapakṣa evāsti tataśca tad vyatirekeṇānyatra pakṣe'pyabhāvāt dharmatvānupapattiḥ/na anavadhṛtāvadhāraṇāt/pakṣadharmatvasyāvadhāritvāt/③

① 《入论疏》，《入论》梵文精校本，Gaewad's Oriental Series 卷38，正文页16，第17—20行。

② 方括号标出的词语是本文作者所加。

③ 《入论疏》，《入论》梵文精校本，Gaewa' s Oriental Serie 卷38，正文第18页，第1—3行。

（问：如果［因］于同品中肯定有，则在此之外，余处［因］于宗［有法］非有故，法性不能成立。答：不是定理未被理解故；宗法性不言而喻故。）

发问者在这里的提问似乎针对这段原文没有论及第一相（宗法性），怀疑因除了于同品中有、异品中无之外，不与宗有法发生关系。果如是，便缺宗法性。疏主回答说，“说因宗所随，宗无因不有”，这个因明定理规定，因与宗绝对不能分家，谈因必然离不开宗。这段原文没有明确地论及宗法性，并不是天主论师不知道这个定理，而是宗法性在此不言而喻故。关于第二个问题，玄奘在译文中补上原文所缺的“宗法性”（遍是宗法），其理由可能是：（1）因的第一相是正因相，第二、第三相是助因相。在这里即使是重点阐述后二相，也应首先冠以第一相，表明助因相的作用在于加强、支持正因相的能立功能，从而具体地体现“说因宗所随”的原理。（2）这段原文是对因三相理论的总结，应该三相并提；这样做，又可以和第3句组中最先提出的因三相次序相应一致。如果在总结因三相理论时，仅提第二、第三相，省略第一相，便容易引起误解。这一点，对于并不十分熟悉印度传统逻辑的中国学者说来，尤其是如此。玄奘在他的译文中补写上“遍是宗法”这个原文略去的句子，只有利于对因三相理论的正确的理解，并无任何不妥之处。

Ⅱ. 关于同品、异品与同法、异法。

A. 同品、异品

梵语原文：1. sapakṣa；2. vipakṣa

玄奘汉译：1. 同品；2. 异品

这两个术语是在因支中讲的。原文是两个邻近释（avyayibhāva）的复合名词——sapakṣa 和 vi－pakṣa；直译是：“同于宗者”和“异于宗者”。玄奘所译的“品”，即“品类”的意思；谓有两类事物，一类与宗相同，一类与宗相异。这里的“宗”限指宗法而言，即宗之后陈（宗之谓语或变项——无常）。因此注疏家把它们分别称作“宗同品”和“宗异品”。

B. 同法、异法（同喻、异喻）

梵语原文：1. sādharmyeṇa；2. vaidharmyeṇa

玄奘汉译：1. 同法（喻）；2. 异法（喻）

同法、异法是“同法喻”和“异法喻”的简称，是在喻支中讲的。原文是两个变格（具格）的名词，是省略句型，即省去了主语 dṛṣṭānta（喻）；二喻的全称应是 sādharmyeṇa dṛṣṭāntaḥ和 vaidharmyeṇa dṛṣṭāntaḥ，直译为“以同法构成的譬喻”和“以异法构成的譬喻”。玄奘缩写成两个简明的中国术语：同法（喻）和异法（喻）。天主在《入论》中给这两个譬喻所下的定义是：

tatra sādharmyeṇa tāvat/yatra hetoḥ sapakṣaevā stitvaṃkhyāpyate/tadyathā/yat kṛtakaṃtad anityaṃdṛṣṭam yathā ghaṭādir iti（参考第 8 句组）

（就同法（喻）而言，是说这里因于同品中的肯定存在被揭示出来。就是说，凡是制作的产物，便见它是无常；譬如瓶等。）

vaidharmyeṇāpi/yatra sādhyābhāve hetor abhāva eva kathyate/tadyathā/yannityaṃ tad akṛtakaṃ dṛṣṭaṃ yathākāśam iti/（参见第 9 句组）

（就异法［喻］而言，是说这里在缺了所立［宗］的情况下，因也没有。就是说，凡是常存的东西，便见它是非制作的；譬如虚空。）

这两个定义，在我们看来，是在阐明：（1）同法的“法”是指物质的属性或特征。在“声无常”所立宗里，声是物体，它的属性是所作和无常。如果想要举出另一物体作譬喻，就得寻找具有所作和无常属性的东西。例如，举瓶为譬喻。瓶和声是两个不同的物体，但二者同具所作和无常的属性；因此，瓶可以引作譬喻来说明声的所作性和无常性。这就是说，作为喻依的瓶，其喻体（属性）与声的属性相同，故曰：“同法喻”。与此相反，异法喻是说作为譬喻的事物（喻依），其属性（喻体）是与所立宗的性质相反。例如，举虚空作譬喻，虚空的属性是非所作和非无常，与声的属性正好相反，故曰："异法喻。"（2）喻支的作用在于和因支配合，加强因支的能立功能。这一作用具体体现在正反两譬喻：一个是用与宗性质相同的事物来作譬喻，从正面（合）论证（声无常）；另一个是用与宗性质相反的事物来作譬喻，从反面（离）论证（声无常）。因此，就能立的功能而言，因支是主力，喻支是助力；就能立的性质而言，二者难分轩轾。柯利贤论师在解释同法喻时说：

tatra sādharmyeṇa tāvaditi/…/anena sādhanadṛṣṭānt ābhāsaḥ/①

（这里就同法喻而言者……谓借此显示能立喻。）

借此，即借"凡是所作，便见无常，譬如瓶等"这个同法喻来表示能立喻。能立喻，谓具有能立作用的譬喻。柯利贤的解释几乎是把喻支的能立功能和因支的能立功能同等看待。证诸窥基所说"二喻即因"，甚有道理。但是，（3）喻支的"法"和因支的"品"实际上是两个既相同又相异的逻辑范畴；因为，喻支的"法"，其内涵反映（声的）所有属性（所作性、无常）；因支的"品"其内涵侧重反映（声的）无常性。在逻辑应用上，"法"既联系着宗有法（所作性），又兼同于宗法（无常）；而"品"仅限于和宗法（无常）有关系。注疏家说喻支的"法"，"正取所作，兼取无常"，正是此意。在我国现代因明学者中，有人虽然承认因支中的同品为"宗同品"，喻支中的同法为"因同品"，但又认为既有宗同品，何必地又来个"因同品"。我们认为，这一说法是把"法"与"品"这两概念的内涵和外延混同起来，因而是一种误解。

Ⅲ. 关于"若于是处，显因同品，决定有性"的读法。

梵语原文：yatra hetoḥ sapakṣa evāstitvaṃ khyāpyate/（参见第8句组）

玄奘译文：若于是处，显因同品，决定有性。

① 《入论疏》，《入论》梵文精校本，Gaewad's Oriental Serie 卷38，正文第18页，第13、16、17行。

这是喻支中同法喻的定义。原文是一个主谓结构、被动态的直言判断句；直译是："在这里因于同品中的肯定有性被揭示出来。"（一）这显然是一个简单的句子，不是由两个句子组成的复合句。玄奘的译文是主从蕴涵的假言判断句。我国学者很可能据此而误读成两个句子，把"因于同品中"误作一个"因同品"的术语。（二）柯利贤论师对这句话的解释是：

abhidheyahetoruktalakṣaṇasya sapakṣa evāstitvaṃ khyāpyate/sapakṣa uktalakṣaṇastasminścāstitvaṃ vidyamānatvaṃ khyāpyate pratipādyate vaca－nena/①

（所指之"因"，即所说之相，在同品中的肯定有性被揭示出来。"在同品中"即所说之相在同品之中；"有性"即存在；"被揭示出来"即用语言表述出来。）

这个解释完全契合原文含义——原文的含义在于强调因（所作性）在同品中肯定存在，并不是在构筑一个"因同品"的术语。基于此，玄奘的译文"显因同品，决定有性"应读作"因于同品中，决定有性"。（三）这句话里的"同品"实质上是"同法"的异名。按照刚才就因支的"品"和喻支的"法"所作的简别，如果说这里的"同品"可以理解为"因同品"的话，那么其内涵显然比宗同品丰富得多：前者既周延于宗有法（所作性），又同时联系着宗法（无常）；后者仅与宗法（无常）发生关系。（四）还有些学者把这个定义理解为"显因及同品（宗同品）俱决定有"，这就不无牵强之嫌。

Ⅳ. 关于同、异喻体的表述。

《入论》原文在因支和喻支两处阐述喻的理论。在总结因、喻能立功能时，又复述了这一理论。兹引这段总结来讨论。

梵语原文：eṣāṃ vacanāni parapratyāyanakāle sāhdanam/tadyathā/anityaḥ

---

① 《入论》梵文精校本，Gaewad's Oriental Series 卷 38，正文 18 页，第 14、15 行。

śabda iti pakṣavacanam/kṛtakatvāditi pakṣadharmavacanam/yat kṛtakaṃ tad anityaṃ dṛṣṭaṃ yathā ghaṭādir iti sapakṣānugamavacanam/yannityaṃ tad akṛtakaṃ dṛṣṭaṃ yathākāśam iti vyatirekavacanam// (这些语言在启发他人的时候称为能立。例如，“声是无常”，便是宗的语言；“所作性故”，就是宗法语言；“凡是所作，见彼无常，犹如瓶等”，便是顺应同品的语言；“凡是常者，见非所作，犹如虚空”，便是远离［于宗］的语言。）参见第11句组。

玄奘译文：如是多言，开悟他时，说名能立。如说声无常，是立宗言。所作性故者，是宗法言。若是所作，见彼无常，如瓶等者，是随同品言。若是其常，见非所作，如虚空者，是远离言。

原文和译文都是根据“说因宗所随，宗无因不有”这一因明根本原理，以合作法表述同喻体，以离作法表述异喻体。然而，在表述的模式上（语言形式的运用），《入论》的原文和《门论》的译文都使用全称肯定判断。柯利贤论师的《入论疏》也是按原著的肯定判断来解释。[①] 玄奘先在《入论》译文中使用蕴涵的假言判断，后在《门论》译文中采取全称肯定判断。我们都知道，在现代科学中，假言判断常被用来反映事物的规律性，表述科学预见和科学原理。玄奘交替使用直言判断和假言判断来表述同、异喻体。这似乎在说明，早在1300多年前，玄奘已悟知同一普遍命题或原理可以按不同的情况采用不同的语言形式来表达。

V. 关于宗支译文中的删节。

梵语原文：tatra pakṣaḥ prasiddho dharmī prasiddhaviśeṣeṇa viśiṣṭatayā svayaṃ sādhyatvenepsitaḥ/pratyakṣādyaviruddha iti vākyaśe

① 柯利贤在解释中实际上复述了天主的表述模式。见《入论》梵文精校本，Gaewad's Oriental Series卷38，正文第18页，第13—20行。

ṣaḥ/tadyathā/nityaḥ sabdo'nityo veti//（在这里，宗是极成有法，以有极成能别及差别性故；是按自己的意愿而所立性。还应补充：不违现量等。例如，立声是常或是无常）参见第2句组。

玄奘译文：此中宗者，谓极成有法，极成能别，差别性故。随自乐为，所成立性，是名为宗。如有成立声是无常。

核对原文，玄奘在译文中作了两处删节。一处是 pratyakṣādyaviruddha iti vākyaśeṣaḥ(余言应说：不违现量等)。按原文，这个句子是在“……是名为宗”与“如有成立声是无常”之间。句中的“余言”意即“补充说明”。天主在给“宗”定义后，再补充一句：“不违现量等。”在天主看来，这句话是成立一个极成的宗的前提。天主提醒立论者，尽管立宗可以“随自乐为”，但不要忘记“不违现量等”这个重要的前提。否则，所立宗便变成“似宗”。事实上，这句话也是为下文所论的似宗而预作规定——之所以成为似宗，就是因为所立的宗与现量等相违。玄奘在译文中删去这个句子，似乎是因为他认为在宗支的定义中，只讲成立极成的所立；即仅仅阐明正宗，不涉及似宗。因此，在论述正宗时，“不违现量等”这个前提，是不言而喻，毋须明言。关于第二处的删节是“声常”二字。按原文，tadyathā/nityaḥ śabdo 'nityo veti//（例如，成立声常或无常）。这个例句是一个选言句型，用以说明“随自乐为，所成立性”，意思是说，谁都可以按照自己的意乐成立所立：“声是常”，或者“声是无常”。原著作者的用意是显然的：执声常者（尤其是吠陀语法学家或声论师）可以按照自己的意乐成立“声常”宗；持声无常论者（特别是佛教徒）也可以按照自己的意乐成立“声无常”宗。玄奘的译文中，把原文的选言句型改为直言句型；删去“声常”，留下“声无常”作例子。从逻辑和语言角度看，删去“声常”，无关宏旨。但从佛教徒的立场说，把“声常”删去，似有特殊意义。在印度，无论是婆罗门传统的正理学派，或是佛教的因明学派，他们首先是宗教家和哲学家，其次才是逻辑学家。对他们说来，逻辑仅仅是手段，而不是目的；哲学才是目的。在任何一个辩论场合，他们总是利用各自的逻辑手段来达到宣传本宗或本派的主张的目的。不难理解，在所有重要的正理和因明的论著中，开宗明义就有作者表明自己写作目的的卷首献词。天主在《入论》的开章颂中就说得很清楚：他撰写《入论》在于“悟他 parasaṃvide”（启发他人的正智）和“自悟 ātmasaṣvide”（提高自己的觉悟）。柯利贤论师的《入论疏》有两个开章颂：一个表示为了把“入论”的因明原理表述清楚；一个表示为了怜悯众生而写作。不消说，玄奘作为一位伟大的佛教徒和梵汉佛典权威，在译述三藏圣典中自然怀有同样自利利他的崇高愿望。这里，他把“声常”二字删去，突出地反映他如何高度地热爱佛教教义，如何坚定地维护佛教正统：因明正理的首要任务在于宣传自宗的哲学。“声常”是外道的邪见，“声无常”是佛教的正见。一个真正的佛家因明论师不能单纯地为讲因明而讲因明，应该借助因明这个科学的推理工具来传播自宗的佛教哲学。就以《入论》而言，它应该重点地宣传佛教正确观点：一切有为法（包括声在内）皆是无常。基于这一看法，在译文中列举正面的例子“声是无常”就足以说明问题，不必再引反面观点“声常”。玄奘之所以把原文“tadyathā/nityaḥ śabdo 'nityo veti//（例如，成立声常或无常）”译作“如有成立声是无常”，而删去“声常”的例子，其理由很可能就在于此。

三

根据以上的讨论，我们认为玄奘对因三相的翻译，完全符合原著意旨，契合因明原理；特别是他按梵文因明原著构筑了一套因明学汉语术语，表现出他无愧为一位非凡的因明学理论天才。我们根据《入论》原文澄清了一些对玄奘译文的误读和误解，同时，指出玄奘在译文中删去的、迄今尚未为中国学者知道的个别原文词句；而这些词句在某种意义上说，并不是不重要的。本文为此替玄奘作了推测性的，但未必正确的辩解。

（原载《印度哲学》）

术语表（中文与梵文对照）

外慧 bahiṣprajna
周遍 viśva
内慧 antaḥprajna
炎光 taijāsa
深慧 ghanaprajna
有慧 prajna
唯一 eka eva
体（身体） deha
意识 manas
心 hṛd
空间 ākāśa
享用 bhoga
粗食 stulabhuj
细食 praviviktabhuj
喜食 ānandabhuj
满足 tṛpti
能享用（享受者） bhoktṛ
所享用（受用物） bhojya
阶段 dhāman
存在 bhūta
起源 prabhava
气息（呼吸） prāṇa
原人 puruṣa
创世 sṛṣṭi
创世相信者（创世论者） sṛṣṭ-icintaka
梦 svapna
自相 svarūpa
幻（摩耶） māyā
创世论坚信者 sṛṣṭauviniścita
神（主宰） prabhu
时间 kāla
时间论师 kālacintaka
享受 bhoga
游戏 krīḍā
神明 deva
自性 svabhāva
不变者 avyaya
诸有 sarvabhāva
不二 advaita
第四 turya，turīya
因果（果因） kārya—kāraṇa
自我 ātman
有二论 dvaita
种（种子） bīja
睡眠 nidrā

善决理者 niścita
谛理 tattva
颠倒 viparyāsa
无始 anādi
摩耶（幻） māyā
生灵（个我） jīva
无生 aja
无眠 anidra
无梦 asvapna
戏论 prapanca
胜义谛 paramārtha
分别 viklpa
示教 upadeśa
共性 sāmānya
音（音节） mātra，mātrā
认识（识） vijnāna
字（音） kāra
大牟尼（大圣人） mahāmuni
平等 tulya
无音（无音节） amātrā
足（分、音） pāda
唵字 Om（唵字的发音）
心 ceta
唵字 praṇva（唵字的名称）
无畏 nirbhaya
梵 brahman
相应 yunjīta，yukta
下梵 aparam brahma
上梵 param brahma
自在 īśvara
智者 dhīra
非音（无音） amātra
无限音 anantamātra
善吉祥 śiva
二元 dvaita
牟尼（圣者） muni

虚妄（vaitathya）章第二：
虚妄 vaitathya
封闭 saṃvṛtatva
因 hetu
智者 manīṣina
神传（天启经典）śrūyate，śruti
差别 bheda
内在 antaḥsthāna
醒 jāgarita
平等 samatva
极成 prasiddha
初际 ādi
后际 anta
现在（现际） vartamāna
虚妄（邪妄） mithyā
具原因性 saprayojanatā
无前 apūrva
梦里诸法 sthānidharmāḥ
天上（住于天上） svarganivāsin
善觉者 suśikṣita
梦里境界 svapnavṛtti
醒时境界 jāgradvṛtti
如理 yukta

辨识者 vikalpaka
光明 deva（天神）
吠檀多结论 vedāntaniścaya
最胜尊 prabhu
心时 cittakāla
二时 dvayakāla
他因 anyahetuka
不显者 avyakta
明显者 sphuta
差别 viśeṣa
根之异 indriyāntara
命根（个我） jīva
外在 bähya
内在 ādhyātmika
妄计（妄执） viklpita
我之决定 ātmaviniścaya
生命（命、气息、呼吸） prāṇa
提婆（天神） deva
大（地、水、火、风） bhūta
德 guṇa
实 tattva
足（部分） pāda
境 viṣaya
世 loka
天 deva
吠陀 veda
祭祀 yajnā
受用者（能受用） bhoktṛ
食物（所受用） bhojya
细物 sūkṣma
粗物 sthūla
有形 mūrta
无形 amūrta
时间 kāla
方位 diśa
辩论 vāda
诸有 bhuvanāni
末那（意） manas
菩提（觉） buddhi
质多（心） citta
法 dharma
非法 adbarma
二十五（谛） pancavimśaka
二十六（谛） ṣaḍvimśa
三十一（谛） ekatrimśaka
无尽 ananta
世间 loka
四期 āśrāmāḥ
阴阳中 strīpumnapumsaka
上下 parāpara
创世 sṛṣṭi
毁灭 laya
安住 sthiti
存在 bhāva
无异 apṛthak
有异 pṛthak
胜义性 paramārthatā
不二性 advayatā
知真理者 tattvavida
吠陀彼岸（到达者） vedapāraga

不二（Advaita）章第三
优婆散那　upāsanā
梵天（梵）　Brahman
无生　aja，ajāti
平等　samatā
一我　ātman
和合　sanghāta
大空（空、虚空）　ākāśa
形式　rūpa
作业　karya
名称　samākhyā
变相（变形）　vikāra
肢体（四肢）　avayava
死亡　maraṇa
生存　sambhava
上我　ātmā paraḥ
类　kóśa
上梵　param brahma
方便　upāya
见地　dṛṣṭi
层次　āśrama
自宗　svasiddhānta
体系　vyavasthā
矛盾　virudhyate（viruddhatā）
有二（二）　dvaitā
有死　martyatā
不死　amṛta
自性　Prakṛti，svabhāva
他性　anyathābhāva
人为　kṛtaka
常住　sthāsyati
实（存在）　bhūtataḥ
非实（非存在）　abhūtataḥ
神传（天启）śruti，āmnāya
帝释（因陀罗）　Indra
杂多（众多）　nānā
否定　pratiṣidhyate
可说者　vyākhyata
真实（义上）　tattvataḥ
实际（义上）　tattvena
石女　vendhyā
意识　manas
思量　manībhāva（不思量 amanībhāva）
我真理　ātmasatya
无念境　amanstā
无执　agraha
不可执　grāhyābhāva
智慧　jnāna
所知　jneya
五分别　akalpaka
常　nitya
调伏　nigṛhīta
寓分别　nirvikalpa
无畏　nirbhaya
一切智　sarvajna
假设　upacāra
三摩提　samādhi
住于自我　ātmasamstha
无触瑜伽　asparśayoga
瑜伽修持者　yagin

正觉 prabodha
寂静 śānti
不坏 akṣaya
爱欲 kāma
享受 bhoga
散乱 vikṣipta
般若 prajnā
无著 niḥsanga
不动 niścala
出离 niścarat
归一 ekīkṛ
勤勇 prayatnataḥ
无意象 anābhāsa
安稳 svastha
涅槃 nirvāṇa
不可说 akathya
至上真理 uttaman satyam

炭灭（Alātaśānti）章第四
能知（智慧） jnāna
所知（境界） jneya
虚空（天空） ākāśa，gagana
正觉 sambuddha
二足中最尊 dvipadām varam
无触瑜伽 asparśayoga
无诤 avivāda
无相违（无矛盾） aviruddha
示教者 deśita
现实存在 bhūta
非实存在 abhūta
无生义 ajāti
随喜 anumodāmahe
无争议（无诤，不辩论） avivāda
自性 prakṛti
自成 sāmsiddhiki
自然 svabhāvikfī
与生俱来 sahaja
老死 jarā－maraṇa
因 kāraṇa
果 kārya
无有尽（无止境） na－vyavasthā，anavasthā
同时 yugapad
譬喻 dṛṣṭānta
所立法 sādhya
尚待论证 sādhyasama
始终（前后） pūrva－apara
否认 aparijnāna
自生（从自身生） svato jāyata
他生（从他身生） parato jāyate
有 sad
无 asad
有无俱 sadasad
始点 ādi
假名 prajnapti
有因相 sanimittatva
污染 samkleśa
依他起性 paratantrāśtitā
推理观点 yuktidarśana

如实观点 bhūta－darśana
外境（境） artha
似外境 artha-ābhāsa
颠倒想 viparyāsa
能缘心 citta
所缘境 dṛśya
轮回 samsāra
解脱 mokṣa
伪妄 vitatha
似真实 sadṛśa
封闭 samvṛta
肉体 kāya
因 hetu
有生（生） utpāda
存在实有论 astivastutvavāda
经验（有生） upalambha
习惯（有生） samācara
唯识 vijnāna
能执 grahaṇa
所执 grāhaka
火炬 ālāta
心识 vijnāna
物 dravya
因果 hetu－phala
俗谛 samvṛti
自性 svabhāva
真实义 tattva
摩耶（幻） māyā
幼芽 ankura
常 nitya
断 ucchedi
文字 varṇa
识别 viveka
不二 advaita，advaya
有二（二） dvaya
卵生 aṇḍajān
湿生 svedajān
梦者 svapnadṛś
醒者 jāgrat
互为缘 anyonyadṛśya
相空 lakṣaṇāśūnya
生物（个我） jīva
生 jayate
死 mriyate
神变 nirmitaka
至上真理 uttamam satyam
无著 asanga
分别俗谛 kalpitasamvṛti
胜义真谛 paramārtha
不退转 vinivartate
法界 dharmo dhātuḥ
薄伽梵 bhagavān
有德 bhagavān（的意译）
四边际（四句） koṭyaś catasra
遍知 sarvadṛk
一切智 sarvajnatā
婆罗门位 brāhmanyam padam
自性调顺 prakṛti－dantatva
调伏 damaḥ
世间事 laukika

超世事 lokottara

一切种智 sarvajnatā

大智者 mahādhiyaḥ

大乘 agrayāna